빛의 혁명

국민이 지켜낸 민주주의

빛의 혁명

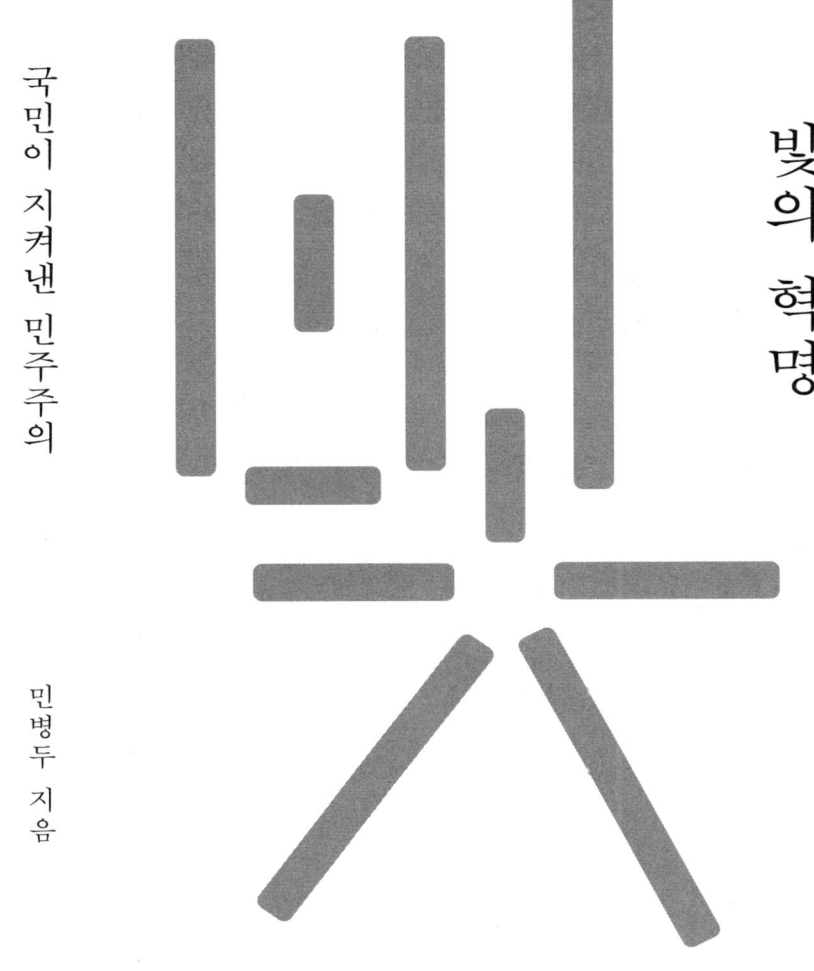

민병두 지음

메디치

추천사
우원식 국회의장

지난해 12월 3일 밤, 비상계엄 선포 소식을 듣고 곧장 관저에서 나와 국회로 향했습니다. 그 시간 국회의원이 있어야 할 곳은 국회였습니다. 국회의원은 임기 개시와 함께 헌법을 준수하겠다고 선서합니다. 국회는 비상계엄을 해제시킬 수 있는 유일한 기관입니다. 국회에 도착한 즉시 대국민 담화를 발표했습니다.

"국민 여러분, 국회의장입니다. 대통령의 비상계엄 선포에 대해 국회는 헌법적 절차에 따라 대응 조치하겠습니다. 국민 여러분께서는 국회를 믿고 차분하게 상황을 주시해주시기 바랍니다. 모든 국회의원께서는 지금 즉시 국회 본회의장으로 모여주시기 바랍니다. 특별히, 군경은 동요하지 말고 자리를 지켜줄 것을 당부합니다."

1980년 광주의 마지막 밤이 떠올랐습니다. 시민군과 광주를 지키자는 마지막 방송, 마지막 호소가 귀에 울렸습니다.

"시민 여러분, 지금 계엄군이 쳐들어오고 있습니다. …우리를 잊지 말아주십시오."

시민군은 민주주의를 수호하다가 산화했고, 우리는 그들을 잊지 않았습니다. 그때의 '5·18정신'이 살아있어서 오늘 우리의 민주주의를 성취할 수 있었습니다. 그런데 비상계엄이라니 상상할 수 없는 일입니다. 12월 3일 그날 밤, 국회의원들은 계엄군보다 빨리 국회로 모였고, 국민 또한 빠르게 국회 앞에 모여 민주주의를 지켰습니다. 그 덕분에 국회의원들이 계엄 해제 요구안을 의결할 수 있었습니다.

국회가 비상계엄 해제 요구를 의결하면, 대통령은 즉시 비상계엄을 해제해야 합니다. 하지만 해제 소식은 곧바로 들리지 않았습니다. 만일의 경우를 대비해 본회의를 산회하지 않은 채로 상황을 주시하며, 대통령에게 즉시 해제를 촉구했습니다. 군 지휘관과 장병들에게는 헌법과 계엄법을 위반하는 명령은 단호히 거부해야 한다고 당부했습니다. 국무회의가 열렸고 국회의 요구를 수용했다는 사실을 공식적으로 확인한 것이 4일 오전 4시 반, 계엄 해제 의결 후 3시간 반이 지나서였습니다.

그날부터 123일, 우리 국민은 또 한 번 새로운 역사를 썼습니다. 이 책에 그 시간과 역사가 생생하게 담겼습니다. 이 책은 '12·3 비상계엄'이라는 대한민국 민주주의 위기 상황과 이를 극복한 승리의 역사에 대한 기록물입니다. 기록은 진실을 지키는 힘입니다. 3·1운동과 항일독립투쟁, 4·19와 5·18 같은 민주화운동의 역사만 봐도 그렇습니다. 많은 사람의 노력으로 발굴되고 보존되고 기록된 진실이 왜곡과 폄훼에 맞서는 힘이 되고, 오늘의 우리가 앞으로 나아가는 이정표가 됩니다. 12·3 비상계엄 관련 법정의 거짓 주장을 떠올려보면, 그 중요성이 더욱 분명하게 다가옵니다.

'도대체 어떻게 2024년 대한민국에서 비상계엄이 일어날 수 있었을까?'

'어떻게 이렇게까지 사회가 분열되고 나라가 흔들릴 수 있을까?'

많은 이들의 의문이고, 탄식이었습니다. 저자는 계엄 전후 상황을 옴니버스 형식으로 풀어내며 여기에 답합니다. 사실관계 서술에서 한 걸음 더 나아가 외교·안보, 국방 등 정부 정책 기조와 정치 상황, 또 이를 둘러싼 여러 집단을 분석합니다. 비상계엄의 징후를 포착해내고, 우리 사회 각 분야에서 발견되는 민주주의의 취약성을 진단합니다.

'더 단단한 민주주의'라는 렌즈를 통해 우리 사회와 역사를 심도 있게 들여다보면서, 12·3 비상계엄을 다룬 최초의 계엄백서라는 것에 이 책의 매력이 있습니다. 무엇보다 이 책은 민주주의의 승리를 이끈 위대한 국민에 대한 헌사입니다. 국민의 헌신과 용기, 그리고 연대가 대한민국 민주주의가 가진 힘이라는 사실을 분명하게 보여줍니다. 응원봉과 선결제로 이어진 123일의 대서사, 광주의 횃불이 촛불에서 응원봉으로, 광주의 주먹밥이 광장의 선결제로 진화한 그 빛나는 역사의 현장을 따라가다 보면, 저절로 눈물이 납니다. 민주주의를 되돌릴 수 없는 흐름, 반드시 지켜야 할 가치로 세운 위대한 국민을 다룬 역사서, 이 책이 독자에게 주는 감동적인 선물입니다.

민주주의 승리의 역사를 다룬 이 기록은 우리 모두의 것입니다. 우리가 마음으로 합하고, 깃발로 일어선 역사입니다. 우리 모두의 자산이 되기를 바랍니다. 끝으로 이 책의 저자이자 나의 동료인 민병두 전 의원에게 감사드립니다. 국민과 국회가 함께 민주주의의 위기를 극복한 전 과정을 빠짐없이 기록해야 한다고 생각하던 차에 이 책의 출간 소식을 접했습니다. '역시 민병두구나' 했습니다. 이 책이 널리 읽혀, 민주주의로 가는 우리의 길이 더 넓어지기를 바랍니다.

추천사
김민석 민주당 수석 최고위원

2024년 8월 12일, 윤석열이 김용현을 국방부 장관 후보로 지명했습니다. 이상했습니다. 그때부터 다양한 조사와 정보 수집을 시작했습니다. 결국 계엄령을 준비하고 있다는 확신에 도달했습니다. 나의 확신을 알리고 경고하는 것이 계엄령 발동을 막아내는 길이라고 생각했습니다. 8월 21일 최고위원회의를 통해서 경고했습니다.

"차지철 스타일의 야당 '입틀막' 국방부 장관으로의 갑작스러운 교체와 대통령의 뜬금없는 반국가 세력 발언으로 이어지는 최근 정권 흐름의 핵심은 국지전과 북풍 조성을 염두에 둔 계엄령 준비 작전이라는 것이 저의 근거 있는 확신입니다. 탄핵 국면에 대비한 계엄령 빌드업 불장난을 포기하기 바랍니다. 계엄령 준비 시도를 반드시 무산시키겠습니다."

이재명 대표도 힘을 실어주었습니다. 9월 1일 한동훈 국민의힘 대표와 회동하면서 모두발언을 통하여 의혹을 제기했습니다.

"최근 계엄 이야기가 자꾸 나옵니다. 종전에 만들어졌던 계엄안을 보면, 계엄 해제를 국회가 요구하는 걸 막기 위해 계엄 선포와 동시에 국회의원을 체포·구금하겠다는 계획을 꾸몄다는 이야기도 있습니다."

9월 2일 김용현 인사청문회가 열렸습니다. 대통령실과 여당은 나의 문제 제기를 괴담으로 여겼습니다. 김용현은 이날 청문회에서 계엄 의혹을 제기할 가능성에 대비하여 특별팀까지 운용했던 것으로 나중에 밝혀졌습니다.

정부와 여당에서는 헌법상 국회가 과반수 의결을 요구하면 계엄이 바로 해제될 것이기 때문에 '사실상 계엄은 불가능하다'라고 주장했습니다. 그럼에도 불구하고 계엄령을 발동할 수 있다는 것이 나의 강력한 의심이었습니다. 박근혜 정부 당시 기무사령부가 작성한 '계엄문건(전시 계엄 및 합수업무 수행방안)'이 합리적 의심의 근거였습니다. 그 '대비계획 세부자료'는 "계엄사령부가 국회의원의 반정부 활동 금지를 포고하고 위반 시 집중 검거 후 사법 처리해 의결정족수에 미달하도록 한다"고 되어 있었습니다. 국회가 계엄 해제 표결을 시도하면 찬성표를 던질 만한 국회의원들을 미리 체포해 의결정족수를 채우지 못하게 만들겠다는 것으로, 윤석열과 김용현도 같은 수단을 동원할 것으로 파악했습니다.

나와 동료 의원의 계속된 질의에 김용현은 부인으로 일관했습니다. "지금 대한민국 상황에서 과연 계엄을 한다면 어떤 국민이 이를 용납하겠나. 시대적으로 맞지 않으니 우려 안 해도 된다"는 등 그가 강하게 부정할수록 준비되고 연출된 발언으로 보였습니다. 그해 국정감사에서 김용현과 장군들이 보인 행태는 오만하기 짝이 없었습니다. 그들에게서 계엄군의 냄새가 진동했습니다.

나의 목표는 반복적으로 경고하여 계엄 준비를 끝내 무산시키는 것이었습니다. 기자회견을 열어 "대통령의 지속적인 반국가 세력 척결 주장과 대통령 부부가 수사 대상에서 벗어나려는 동기는 그들이 권력에 비정상적으로 집착할 개연성을 높이고 있다"고 근거를 제시했습니다. 동료 의원들과 함께 계엄 방지 4법을 발의했습니다. 계엄 방지법은 대통령이 계엄을 선언하기 전후로 국회 동의 절차를 거쳐야 하는 이중 장치를 마련하는 내용이었습니다.

한동훈 대표는 "있지도 않은 외계인에 대비하겠다는 것과 다를 바 없다"고 비판했습니다. 지금에 와서 보면 부끄러운 발언이 아닐 수 없습니다. 나는 "국민의힘에서 '근거가 없으면 의원직 사퇴하라'고 나왔던데, 대통령이 반국가 세력 암약의 구체적 근거를 대지 못하면 대통령부터 사퇴하고 내게 오라고 얘기하고 싶다"고 반박했습니다. 나와 동료 의원들은 계엄을 꾸미는 비밀의 방 문턱까지 갔습니다.

2024년 12·3 쿠데타에서부터 2025년 4월 4일 헌법재판소의 대통령 윤석열 파면까지 123일의 역사는 진정한 민주주의의 역사였습니다. 세계 어느 나라에서도 볼 수 없는 민주주의의 놀라운 회복력을 보여주었습니다. 헌법의 적들을 헌법으로 심판한 평화적인 혁명의 역사였습니다.

이 책은 계엄의 기원, 파시즘이 태동할 뻔했던 뿌리를 파헤쳤습니다. 그리고 쿠데타를 격퇴한 국민과 민주당의 항쟁을 다루었습니다. 그들의 역습을 낱낱이 파헤쳤습니다. 다시 헌법과 제도를 통해 최종적으로 윤석열을 파면하기까지를 깊이 있게 다루었습니다. 12·3 쿠데타를 다룬 역사적 교과서이자 정본이라고 할 수 있습니다.

들어가며　　12·3 빛의 혁명이라고 부른다

4·19혁명, 6월항쟁, 5·18민주화운동과 함께 우리나라 '4대 혁명'

민주주의 선진국에서 일어난 친위쿠데타의 충격 때문에 사람들은 2024년 12월 3일 내란에 초점을 맞춰 이 사건을 기억하고 기록한다. 윤석열의 초현실적 계엄, 망상 계엄 등등 무엇이라고 부르든 간에 이것은 12·3 쿠데타에 초점이 맞춰져 있다.

　관점을 바꾸어서 보면 윤석열을 대통령직에서 탄핵하고 헌법재판소에서 파면에 이르기까지 행동에 나선 국민이 보인다. 응원봉, 선결제, 키세스 등 새로운 세대, 새로운 문화가 만들어낸 '빛의 혁명'으로 명명하는 것은 분명 타당성이 있다. 5·18광주민주화운동의 횃불이 촛불혁명으로, 촛불혁명이 다시 빛의 혁명이 된 진화의 역사가 담겨 있다.

12월 3일 그 기습적인 내란에서부터 실로 많은 사건이 있었다. 독재시대로 역사를 돌리려는 윤석열의 반동과 민주주의를 수호하려는 혁명 진영의 일진일퇴가 있었다. 윤석열의 내란(12월 3일 1차내란)은 불과 몇 시간 만에 진압됐다. 국회가 바로 소집되어서 이를 무효화했다. 의회혁명이다. 계엄군보다 먼저 국회의원들이 국회로 왔다. 계엄군이 국회의원을 끌어내기 전에 시민들이 먼저 와서 스크럼을 짰다. 그런 점에서 시민혁명이다.

윤석열의 2차내란이 있었다. 국회가 그를 탄핵하려 하자 12월 12일 담화문을 통해 반민주·반헌법 세력의 결집을 호소했다. '반국가 세력'과의 전면전을 평계 삼은 윤석열의 뒤에 행렬이 형성되었다. 극우 유튜버가 1차로 선봉을 자처했다. 국민의힘 지도부가 재편되면서 대열에 합류했다. 전광훈 목사 등 개신교 극우 세력이 거리에 나섰다.《조선일보》등 보수 언론이 가세했다. 헌법의 적 진영이 틀을 갖추었다.

12월 14일 윤석열 탄핵안이 가결되어 대통령의 직무가 정지되었다. 12월 3일부터 국회의사당을 둘러싸고 시민들이 매일 응원봉을 들고 나서지 않았다면, 국민의힘에서 일부 의원의 이탈을 끌어내기 쉽지 않았을 것이다. 매일매일이 K-팝 경연장이 되었다. K-팝 팬들이 자기들이 좋아하는 아이돌의 응원봉을 들고 나왔다. 집회 연단에서는 아이돌 응원봉을 소개했다. 나와 음악적 취미가 같은 사람들이 집회에 참여하는 것을 보면서 위로가 되고 힘이 되었다. 나의 정체성인 응원봉이 두려움을 이기는 연대의 상징이 되었다.

윤석열을 파면하기까지 혁명은 순탄하지 않았다. 헌법재판소를 완성체로 만드는 일에 한덕수와 최상목이 저항했다. 완전히 반헌법적인 발상이자 권한 남용이었다. 그들이 반혁명 대오로 돌아선 것은, 윤석열과 개인적인 인간관계 때문만은 아니다. 그들을 둘러싼 구체제의 기득권자, 지배 엘리트라는 동맹체가 행사한 압력에 구속된 점이 크게 작용했다고 볼 수 있다.

국민의 저항은 남태령을 넘어섰다. 전봉준 투쟁단이 1박 2일 대치 끝에 경찰 저지선을 해체했다. 모든 종류의 소수파들이 모여 연대한 끝에 이뤄낸 성과다. "전봉준이 130년 만에 드디어 서울로 입성한다." 우금치 전투의 한을 푼 '남태령 대첩'이라는 말이 나왔다. 1894년 녹두장군 전봉준은 청나라 군대와 일본군이 진주한 한성 탈환을 위해 북상하다가 공주 우금치 고개에서 조선과 일본 연합군에게 패배했다. 그해 12월 7일 일본군에게 인계되어 한양으로 압송되었다. 남태령 고개를 넘었을 것이다.

한남동에는 전봉준 투쟁단을 마중 나온 시민들로 가득 차 있었다. 응원봉을 들고 노래를 부르면서 농민들의 트랙터가 용산으로 오기만을 기다렸다. 남태령에서 건너온 트랙터 10대가 모습을 드러내기 시작하자 세상이 떠나갈 듯 일제히 환호성이 울렸다. 트랙터를 몰고 온 농민들도 울고, 시민들도 함께 울고 웃었다. 눈물이 웃음이 되고, 웃음이 눈물이 되었다. 순간 헨델의 개선행진곡 〈보아라, 용사 돌아온다(See, The Conqu'ring Hero Comes)〉가 하늘에 울려 퍼지는 듯했다.

그 사이에 윤석열은 한남동에서 똬리를 틀고 진지전에 들어갔다. 전광훈에 이어 손현보의 세이브코리아(SAVE KOREA)가 출범했다. 공수처는 영장을 발부받아 윤석열 체포 작전에 나섰으나 순순히 응하지 않았다.

2025년 1월 5일 새벽, 서울에 7mm의 눈이 내렸다. 눈은 내리면서 녹기도 했다. 기온은 영하 3도에서 영상 1도 사이였다. 윤석열 한남동 관저 앞 도로에서 시민들은 은박담요를 깔거나 몸에 덮고 자고 있었다. 그 위에도 눈이 내렸다. 눈이 사람을 덮었다. 볼에 느껴지는 차가운 눈방울을 맞으면 한 명, 두 명 일어났다. 온 세상이 눈으로 덮였다. 모두가 눈사람인 듯했다. 세상이 갑자기 순백으로 느껴졌다.

그 장면이 사진으로 하나둘 담겼다. 그리고 SNS를 통해 퍼졌다. 신경림 시인의 글처럼, 어둠 속에서 새벽이 태어났다. '어둠을 몰아내는 싸움 속에서 태어난' 새벽과 같이 한뜻을 품은 사람들은 눈과 어둠을 몰아냈다.

윤석열은 결국 체포되었다. 3차내란이 진압되었다. 경호처가 분열되고 무너졌다. 윤석열은 체포되면서 정치적 유언을 남겼다. 유튜브를 열심히 보라고 했다. 반복적인 선동의 결과, 반동 세력들이 서부지원에서 난동을 부렸다. 헌정 사상 초유의 일이 일어났는데 대법원장은 한마디 말이 없었다. 폭도들은 사회적으로 고립되었다. 하지만 아스팔트 보수는 세를 불려나갔다.

혁명 세력이 잠시 숨을 돌리고 있는 틈에 법원에서 윤석열 구속취소 결정을 내렸다. 내란수괴 현행범을 풀어준 것이다. 이 어처구니없는 반혁명적 사건이 아스팔트 보수와 유튜버들을 흥분시켰다. 4차내란의 조짐이었다.

다시 국민이 결집했다. 12·3 쿠데타가 있은 지 123일 만에 헌법재판소가 대통령 윤석열 파면을 결정했다. 윤석열 즉각퇴진·사회대개혁 비상행동은 전국 1,732개 단체로 구성되었다. 2024년 12월 14일 발족하여 시민항쟁을 이끌었던 비상행동은 123일 간의 역사적 의미를 가졌다.

"12·3 쿠데타 사태 발발 123일 만에 내란수괴 윤석열이 마침내 대통령직에서 파면됐습니다. 무장한 계엄군은 시민들을 향해 총부리를 겨누었지만, 시민들은 비폭력적·평화적 방식으로 맞섰습니다. 촛불과 여러 응원봉을 든 사람들이 한데 어우러져 빛의 향연을 이루며, 민중가요와 K-팝이 함께 울려 퍼지며, 광장은 민주주의를 수호하고자 하는 시민들로 가득 찼습니다. 내란세력은 한국 민주주의의 시계를 40년 전으로 되돌리려 했지만, 시민의 힘으로 민주주의를 지켜냈습니다. 시민이 승리했습니다."

12월 3일 내란을 진압하고 윤석열을 파면하기까지에 이르는 사건은 민주주의의 교과서다. 국민이 만들어낸 놀라운 회복력이다. 여기에 대한 올바른 정명이 필요하다. 국민 절대 다수가 이룩한 승리를 기억하기 위하여 '12·3 빛의 혁명'이라고 명명하고 싶다. 4월혁명, 6월항쟁 5·18과 함께 4대 혁명이라고 할 만한 충분한 가치가 있다.

이 책은 12월 3일 국회와 국민이 나서서 내란을 진압하고 마침내 윤석열을 파면하기까지의 기록이다. 또한 계엄의 기원을 해부했다. 어떻게 해서 윤석열이라는 괴물이 탄생했는가를 살펴보았다. 돌이켜보면 그는 계엄과 독재라는 망상을 향해 검찰총장 시절부터 달려왔다. 그것을 견제하고 감시하지 못한 정부와 언론, 조직의 한계도 살펴보았다.

그러고는 반헌법 세력과의 일진일퇴 공방을 가능하면 실록처럼 묘사했다. 특별히 한국개신교의 보수화, 20대 남성의 보수화, 중국 혐오론의 실체에 대해서는 자세히 다루려고 노력했다. 여의도 대첩, 남태령 대첩, 한강진 대첩 이른바 3대 대첩에 대해서는 생생하게 묘사하고자 했다.

사람들의 기억은 짧고 왜곡되기 마련이다. 당시에는 실황을 중계하듯이 상황을 볼 수 있었지만 시간이 지나면 누군가의 기억이나 강한 주장 그리고 왜곡된 편집의 영향을 받게 된다. 그래서 기록을 정리해 둘 필요성을 느꼈다. 이 역사적 시기를 가능한 왜곡 없이 기록하고 보존하려고 노력했다. 12·3 빛의 혁명에 대한 정본으로 남기고자 노력했다.

이 글은 대부분 간접취재를 토대로 했다. 기존 언론 보도와 SNS를 많이 참고했다. 2025년 2월 말부터 70일 동안 50회에 걸쳐 연재하게 해준 뉴스투데이의 강남욱 대표와 원고를 봐준 이태희 편집인에게 고마운 마음을 표하고 싶다. 무엇보다 일찍이 이런 역사적 사건을 들여다볼 수 있는 안목을 키워준 부모님, 형제 남매 그리고 우리 가족들에게 감사하는 마음이다.

12·3 비상계엄부터 파면까지

2024년

12월 3일 ● 윤석열, 비상계엄 선포.

12월 4일 ● 국회, 비상계엄 해제 요구 결의안 통과.

12월 7일 ● 대통령 1차 탄핵소추안, 국회 의결정족수 부족으로 투표 불성립.

12월 14일 ● 대통령 2차 탄핵소추안 국회 본회의에서 가결.

12월 18일 ● 검찰, 윤석열 수사 공수처 이첩.

12월 30일 ● 공수처, 윤석열 체포영장 청구.

2025년

1월 3일 ● 공수처, 윤석열 체포영장 집행 1차 시도.

1월 7일 ● 서울서부지법, 윤석열 2차 체포영장 발부.

1월 14일 ● 탄핵심판 1차 변론.
윤석열 불출석으로 4분 만에 종료.

1월 15일 ● 공수처, '내란 우두머리 혐의' 윤석열 체포영장 집행.
대통령 측, 서울중앙지법에 체포적부심사 청구.

- 1월 16일 ● 탄핵심판 2차 변론.
  국회·대통령 측 소추 사유에 대한 입장 발표.

- 1월 17일 ● 공수처, 서울서부지법에 윤석열 구속영장 청구.
  서울서부지법, 윤석열 체포적부심사 청구 기각.

- 1월 19일 ● 서울서부지법, 윤석열 구속영장 발부.
  서부지원 난동 사건 발생.

- 1월 21일 ● 탄핵심판 3차 변론.
  윤석열 직접 출석.
  계엄 당시 폐쇄회로(CC)TV 영상 재생 등 증거조사.

- 1월 23일 ● 탄핵심판 4차 변론.
  김용현 전 국방부 장관 증인신문.
  공수처, 검찰에 윤석열 공소제기 요구 송부.
  검찰, 서울중앙지법에 윤석열 구속기간 연장 신청.

- 1월 24일 ● 서울중앙지법, 윤석열 구속기간 연장 신청 불허.

- 1월 26일 ● 검찰 특별수사본부, 윤석열 내란 우두머리 혐의로 구속기소.

- 2월 4일 ● 탄핵심판 5차 변론.
  이진우 전 육군 수도방위사령관, 여인형 전 국군방첩사령관, 홍장원 전 국가정보원 1차장 증인신문.

2월 6일	●	탄핵심판 6차 변론. 김현태 특전사 707특수임무단장, 곽종근 전 육군 특수전사령관, 박춘섭 대통령실 경제수석 증인신문.
2월 11일	●	탄핵심판 7차 변론. 이상민 전 행정안전부 장관, 신원식 국가안보실장, 백종욱 전 국가정보원 3차장, 김용빈 중앙선거관리위원회 사무총장 증인신문.
2월 13일	●	탄핵심판 8차 변론. 조태용 국정원장, 김봉식 전 서울경찰청장, 조성현 수도방위사령부 제1경비단장 증인신문.
2월 18일	●	탄핵심판 9차 변론. 국회와 대통령 측, 각각 2시간씩 현재까지 주장과 서면증거 요지 등 정리 및 발표.
2월 20일	●	탄핵심판 10차 변론. 한덕수 국무총리, 홍장원 전 국가정보원 1차장, 조지호 경찰청장 증인신문. 헌재, 2월 25일 변론 종결 고지.
2월 25일	●	탄핵심판 11차 변론. 추가 증거조사, 국회·대통령 측 종합변론(각 2시간), 정청래 국회 법사위원장·대통령 최종의견진술(시간 무제한). 변론 종결.
3월 7일	●	대통령 구속 취소.

3월 8일   ●   윤석열 석방.

4월 1일   ●   헌재, 탄핵심판 선고기일 4일로 통지.

4월 4일   ●   헌재, 재판관 전원일치로 대통령 윤석열 파면 결정.
                윤석열 오전 11시 22분 기점으로 대통령직 상실.

**'12·3 비상계엄'
그날 밤 이동 경로**

■ 제3공수 특전여단

이천

제707특수임무단 ■

■ 특수전 사령부

특수작전항공단
(충북 음성)

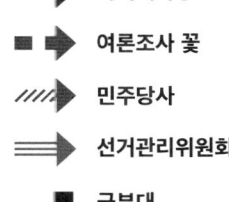

➡ 국회의사당
■▪➡ 여론조사 꽃
⧸⧸⧸➡ 민주당사
⇒ 선거관리위원회
■ 군부대

차례

추천사	4
들어가며 12·3 빛의 혁명이라고 부른다	10
12·3 비상계엄부터 파면까지	16
'12·3 비상계엄' 그날 밤 이동 경로	20

1부 계엄의 기원을 파헤치다

1장 쿠데타 속내 드러낸 검사 윤석열	28
2장 대호 프로젝트, 윤통 만들기	32
3장 검찰 역사는 빨갱이 척결	36
4장 21대 총선 충격, 부정 선거론에 빠져들다	40
5장 전두환도 업적 많다는 윤석열	44
6장 국민 속으로 No, 군대 속으로 Yes	48
7장 남산을 바꾼 김용현, 용산도 바꾸다	52
8장 창밖에는 잠수교가, 취임사에는 쿠데타가 보인다	56
9장 이태원 참사도 좌파의 음모	61
10장 음주운항 비행기에 5천만 명을 신고	65
11장 김이 곧 국가다	70
12장 윤석열, 방첩사 부활시키다	75
13장 계엄 첫 번째 징조, 경호처 차지철 시대로	81

14장 계엄의 빌드업, 역사 전쟁　　　　　　　　　　　85
15장 김태효의 수상한 방문　　　　　　　　　　　　91
16장 강서구청장 보궐선거와 국정원의 의심스러운 발표　98
17장 계엄의 단초, 김건희의 명품가방　　　　　　　103
18장 돌아오지 못한 해병　　　　　　　　　　　　109
19장 뜻밖의 변수, 신원식 대오 이탈　　　　　　　115
20장 인생은 속도가 아니라 방향　　　　　　　　　122
21장 2017년 계엄문건 열공한 김용현　　　　　　131
22장 국지전 유도했나　　　　　　　　　　　　　137
23장 명태균 게이트, 정권을 붕괴시키다　　　　　144
24장 밀물 같은 시국선언　　　　　　　　　　　　153

2부 국민이 만든 '빛의 혁명'

25장 왜 12월 3일이었을까　　　　　　　　　　　166
26장 계엄의 막후 설계사, 노상원의 등장　　　　　178
27장 왜 밤 10시에 계엄령을 선포하려 했나?　　　191
28장 윤석열의 아메리칸 파이　　　　　　　　　　205
29장 내란의 밤 재구성　　　　　　　　　　　　　218

30장 이재명의 유튜브, 한동훈의 선택	239
31장 우원식의 월담	265
32장 계엄에 저항한 최초의 시민들	283
33장 계엄의 고발자들	306
34장 윤석열의 담화문 저항	320
35장 선결제와 응원봉, 그리고 평화의 깃발	329
36장 헌법을 부정하는 반동 세력	347
특집❶: 한국의 개신교 보수화	364
37장 두 번째 대첩, 남태령	393
38장 한강진 대첩 이끈 키세스군단	406
39장 윤석열의 농성전	418

3부 헌법의 교과서 탄생하다

40장 서부지원 난동, 극우 파시즘의 태동	430
특집❷: 20대 남성은 왜 극우가 되는가?	444
41장 음모론의 생산자들 그리고 맹신자들	460
특집❸: 우리 안의 미중전쟁	473
42장 극우화된 국민의힘, 미래가 보이지 않는 보수	488

43장 보수의 마지노선 지킨 조갑제·정규재의 재발견	499
44장 문재인의 사과	507
45장 헌법재판관의 송곳질문 vs 윤석열의 거짓말	520
46장 내란세력의 헌법재판소 흔들기	539
47장 민주주의를 수호한 헌법재판관	555
48장 검찰 공화국의 일몰	577
49장 국회가 묻고 답하다	592
50장 오전 11시 22분, 윤석열을 파면한다	595

글을 맺으며	612
참고자료	619

1부 계엄의 기원을 파헤치다

1장 쿠데타 속내 드러낸 검사 윤석열

쿠데타는 윤석열의 로망이었다. 그는 평생에 한 번은 쿠데타를 해 보고 싶었다. 그런데 두 번이나 쿠데타를 감행했다. 첫 쿠데타는 검찰총장을 하면서 문재인 정부를 정조준한 검난이었고, 두 번째는 영구집권을 꾀했을 가능성이 큰 12·3 군란이었다.

그는 2020년 4월 총선 직전, 쿠데타 생각을 처음 드러냈다. 2020년 3월 19일 서울 서초구 서래마을에 위치한 '어여쁜 한우'에서 윤석열 검찰총장과 대검 부장들이 모였다. 윤석열은 기분 좋은 상태에서 소주와 맥주를 섞은 폭탄주를 여러 잔 마셨고, 호기로운 말을 많이 했다.

"만일 육사에 갔더라면 쿠데타를 했을 것이다. 쿠데타는 김종필처럼 중령이 하는 것인데 검찰에서는 부장에 해당한다. 나는 부장 시절로 돌아갔으면 좋겠다."

한동수 대검 감찰부장은 기수를 따지는 의전상 윤석열 총장 옆자리에 앉아서 그가 하는 말을 정확하게 들었고 회식이 끝난 뒤 이를 수첩에 기록해 두었다. 판사 출신으로 대형 로펌에 재직하고 있었던 한동수는 어느 날 법률신문에 실린 광고에 사로잡혔다. 감찰부장을 모집한다는 것인데, 검찰개혁에 힘을 보태고 싶었다.

대검 감찰부장은 '검찰총장의 칼' 역할을 해왔다. 검사들을 감찰하여 총장의 하명 수사는 더 강하게, 총장의 뜻에 맞지 않는 수사는 흐지부지하게 만드는 도구 비슷했다. 검사의 비리를 캐기도 하고, 묵히기도 했다. 애초의 취지는 검찰총장을 포함하여 검사들의 권력 남용, 탈선 등을 감찰하기 위해 만들어졌다. 한동수 부장은 '검찰총장의 칼' 역할을 거부하고 검찰 권력을 감시했다.

윤석열은 한동수와 첫 만남에서 감찰 관련 보고를 할 것과 대검 부장단 회의에 들어오지 말 것을 주문했다. 둘 다 위법한 사항이다. 감찰부장은 감찰의 개시와 종료에 대해서만 보고하고 내용을 보고해서는 안 된다. 총장이 감찰 내용에 대해 압력을 행사할 수 있기 때문이다. 부장단 회의에 들어가야 권력을 감시할 수 있는데 배제했다.

한동수는 윤석열의 쿠데타 발언이 심상치 않게 느껴졌다. 이를 메모하고 훗날 '고발 사주 의혹'■ 재판에서 의견서 형식으로도 제출했다.

> "쿠데타는 국민의 의사와는 관계없이 무력 등의 비합법적인 수단으로 정권을 빼앗으려고 일으키는 정변을 말한다. 우리나라에는 5·16군사쿠데타와 12·12군사쿠데타가 있었다. 5월민주화항쟁의 숭고한 희생과 하나회 해체 등을 통해 군대 민주화가 이루어졌다. 그 결

■ 윤석열 검찰총장 재직 시절 검찰이 2020년 총선을 앞두고 야당 측에 범여권 측 주요 인물들에 대한 형사고발을 사주했다는 의혹

과 우리나라에서 무력에 의한 군사쿠데타는 불가능해졌다. 그리하여 다른 방법으로 정권을 바꿀 수 있다는 허황된 꿈을 꾸는 세력은 극보수 언론과 검찰뿐이다. 군대 무력이 아닌 합법적인 수사권과 기소권과 여론조작을 통한 새로운 유형의 쿠데타다." ['한동수 법정 의견서' 2020년 3월 19일 윤석열 "육사 갔더라면 쿠데타 했을 것", 《오마이뉴스》]

여론조사에 들뜬 윤석열, 대권을 꿈꾸다

이때만 해도 한동수 부장은 2024년의 비상계엄을 예상하지 못했다. 검찰쿠데타와 검언유착에 의한 정치관여 정도로 생각했던 것 같다. 윤석열이 검찰총장이 된 후 조국 법무부 장관 일가를 수사하고 울산시장선거 관련 기소장에 문재인 대통령을 35차례 언급한 것 등을 검찰쿠데타로 보았다. 윤석열이 박근혜, 이명박 두 전직 대통령과 삼성그룹 총수까지 구속하여 죽은 권력, 살아있는 권력 할 것 없이 자신이 모든 명줄을 쥐고 있다고 생각하던 시기였다.

그는 2020년 1월 《세계일보》가 한 여론조사에서 차기 대통령 후보에 이름을 올렸다. 현직 검찰총장을 차기 대통령 후보로 올려놓고 한 조사는 이것이 처음이었다. 윤석열이 두 자릿수 이상 지지율을 보인 것도 이 조사가 처음이었다.

《세계일보》가 의뢰한 리서치앤리서치 조사에서 윤석열은 1위 이낙연(32.2%)에 이어 10.8%로 2위를 차지했다. 10.1%을 얻은 황교안과 오차범위 내에서 접전이었지만 이 조사 이후에 보수 유권자들이 그를 중심으로 결집했다. 윤석열은 훗날 대권행보를 하면서 국회 소통관을 방문했을 때(2021년 6월) "그때 그 조사 아니었으면 내가 여기까지도 안 왔다"고 감회를 털어놓았다.

《세계일보》조사가 있은 지 두 달이 지난 이날 회식 자리에서 윤석열이나 검찰 간부들은 모두 들떠 있었던 것으로 보였다. 검찰총장이 도착하기 전 대검 부장들은 너나없이 당시 최대 관심사였던 4·15 국회의원 선거에 대해 이야기를 나누었다고 한다. 이정수 기조부장은 코로나로 인해 야당인 미래통합당■이 우세할 것이라고 전망했다. 미래통합당이 총선에서 승리하면 문재인 대통령을 탄핵할 것이고, 그 경우 윤석열이 대통령이 될 수 있다는 그들 나름의 암묵지가 있었다.

한동수 감찰부장은 후일 의견서에서 이 순간을 이렇게 기록했다.

"문득 튀어나온 말, 쿠데타라는 단어가 충격적이었다. 윤석열 총장은 삼권의 한 축인 사법부 수장 대법원장을 구속시켜 보았고, 대통령인 이명박, 박근혜를 잇따라 구속 수사한 사람이다. 그 어조와 톤이 본인의 의지가 담긴 것이어서 단순한 농담이나 소회로 들리지 않았다. 검찰로 치면 부장에 해당한다는 말까지 하는 것을 보아 수사권, 기소권을 통해 국내 정세를 좌우하는 권력을 지금 실감하고 있다고 생각되었다. 부장 시절로 돌아갔으면 좋겠다는 말은 현장에서 직접 선수로 뛰고 싶은 일종의 호승심을 표현하는 것으로 느껴졌다. 윤석열 검찰총장의 이른바 '대호프로젝트'가 가동되던 때이기도 했다." ['한동수 법정 의견서' 2020년 3월 19일 윤석열 "육사 갔더라면 쿠데타 했을 것",《오마이뉴스》]

■ 2020. 2. 17. 자유한국당 등이 모여 창당하고, 2020. 9. 2. 국민의힘으로 당명 변경

2장   대호 프로젝트, 윤통 만들기

월간 신동아는 2019년 9월 25일에 '윤석열 대통령 만들기 프로젝트'가 가동되고 있다고 보도했다. 7월 26일 그가 검찰총장에 취임한 지 얼마 안 되어서이다. 8월 9일에는 검찰 개혁의 과제를 맡은 조국 전 민정수석이 법무부 장관에 지명됐다. 그날부터 조국 가족을 둘러싼 각종 의혹이 흘러나왔고, 검찰이 조국 일가를 멸문지화하는 지경으로 수사했다. 윤석열이 늘 말하는 대로 '살아있는 권력 수사(살권수)'의 덕에 그는 영웅으로 부상했다.

"윤석열 총장은 인사청문회를 거치면서 '서울 촌놈 검사'라는 별명이 생겼다. 출세욕이 있고 사명감도 굳건해 검찰 내부에서는 '정치 욕심을 배제할 수 없다'는 말이 나왔다. 측근을 중심으로 대권 프로젝트인 '대호 프로젝트'를 가동했다는 말도 나왔다. 여러 차례 정권 핵심 인사를 퇴출한 일본 도쿄지검 특수부처럼 '권력의 저승사자'가 되어 수사하면 대권도 가능하다는 구상이었다.
  검찰이 조국 장관 임명 당일 국회 패스트트랙 관련 사건을 넘겨받은 것도 예사롭지 않다. 연루된 자유한국당 의원만 59명인데, 현직 장관을 강제수사하는 검찰이 야당 국회의원들을 수사하는 만큼

'야당 탄압'이라고 할 수도 없다. 살아있는 권력도 수사하고 야당도 수사하면서 국민의 지지를 끌어올릴 수 있다."[《신동아》 2019년 9월 25일]

대호는 윤석열의 별칭이다. 과거 정치인들을 영문 이름 이니셜로 부른 적이 있는데 그런 별칭의 일종이다. 12·3 비상계엄 이후 윤석열의 변호인단을 이끈 석동현 변호사의 회사도 대호 법무법인이다. 대호 프로젝트가 실제로 추진되고 있었는지 확인되지는 않으나 윤석열이 권력을 탐하는 얘기를 했다는 증언이 있다.

황희석 전 법무부 인권국장은 "사석이든 공석이든 '문재인은 우리 덕에 대통령이 되었다. 우리는 대통령 2인과 대법원장을 구속시켰다. 문재인이라고 구속 못 할 것 없다'는 취지의 말을 한 적이 있는가?"라고 페이스북(2020년 4월 11일)을 통해 윤석열에게 질의했다. 윤석열이 이런 발언을 한 것을 직접 들은 사람이 있었다고 한다. 황희석 전 인권국장은 총선을 앞두고 벌어지는 일련의 사건을 보면서 이런 질문을 공개적으로 할 필요성을 느꼈을 것으로 보인다.

윤석열은 2019년 7월 검찰총장 취임사에서 "저는 이 자리에서, 우리 헌법 체제의 핵심인 자유민주주의와 시장 경제 질서의 본질을 지키는 데 형사 법집행 역량이 집중되어야 한다는 것을 다시 한번 강조합니다"고 밝혔다. 총장으로서는 이례적인 취임사이다. 그는 다른 총장들이 취임사에서 거의 쓰지 않은 '헌법(11회)', '자유(6회)', '시장(5회)' 등의 단어를 사용했다.

대단히 이례적인 총장 취임사의 배경

대검찰청 대변인실은 보도자료를 통해 "신임 총장은 시카고 학파인 밀턴 프리드먼과 1947년 스위스에서 자유주의 학자들의 모임인 몽펠르랭 소사이어티(MPS)를 결성해 자유주의 가치를 지키고 확산하는 데 힘을 쏟은 오스트리아 학파 경제학자인 루트비히 폰 미제스의 사상에 깊이 공감하고 있고, 자유 시장경제와 형사법 집행 문제에 관해 고민해왔다"라며 "시장경제와 가격기구, 자유로운 기업 활동이 인류의 번영과 행복을 증진해왔고, 이는 역사적으로도 증명된 사실이라는 강한 믿음을 가지고 있다"라고 설명했다.

이 또한 이례적인 일이다. 검찰총장 취임사에서 자유주의 경제사상의 대부인 밀턴 프리드먼이 언급된 것이다. 프리드먼은 미국 대통령 레이건과 영국 총리 대처의 이념적 스승으로 신자유주의 사상의 원조라고 할 수 있다. 윤석열은 검찰총장 인사청문회 답변서에서도 "본인의 가치관을 형성하는 데 가장 큰 영향을 끼친 책"으로 프리드먼의 《선택할 자유》를 꼽았다. 후에 대통령 취임사에서는 '자유'라는 단어가 35차례나 언급되었다.

그는 2024년 12월 3일 비상계엄을 발동하면서도 '자유'를 무한 반복했다. "종북세력을 척결하고 자유 헌정질서를 지키기 위해 비상계엄을 선포한다", "이 비상계엄을 통해 망국의 나락으로 떨어지고 있는 자유대한민국을 재건하고 지켜낼 것", "계엄 선포로 인해 자유대한민국 헌법 가치를 믿고 따라주신 선량한 국민께 다소의 불편이 있겠지만…", "이와 같은 조치는 자유대한민국의 영속성을 위해 부득이한 것", "저는 오로지 국민 여러분만 믿고 신명을 바쳐 자유대한민국을 지켜낼 것" 등이 있다.

그를 자유주의자로 만든 것은 밀턴 프리드먼일까? 아니면 우리나라의 보수주의자일까? 그 해답은 다시 2020년 3월 19일 '어여쁜 한우'에서 그가 한 말에서 찾을 수 있다.

3장   검찰 역사는 빨갱이 척결

"《조선일보》 사주를 만났다. 《조선일보》 일가는 평안도 사람이고, 반공 의식이 아주 투철하다."

윤석열은 2000년 3월 대검 부장검사들과 회식하면서 《조선일보》 방상훈 사장과 만난 얘기도 털어놓았다. 그가 《조선일보》 사주를 만났는지 여부에 대해서는 워낙 민감한 사안이라서 박상기 당시 법무부 장관도 여러 경로로 사실 확인을 하고 있는 사안이었다. 그는 회동 사실을 거리낌 없이 측근에게 공개했다.

   1933년 《조선일보》를 인수한 방응모와 1954년부터 1964년까지 《조선일보》를 경영한 방일영, 1964년부터 1993년까지 《조선일보》를 경영한 방우영 모두 평안북도 출신이다. 1993년부터 현재까지 《조선일보》를 경영하고 있는 방상훈은 1948년 서울에서 출생하였으나 평안도 출신인 방일영의 아들이다.

   윤석열은 검사장으로서는 이례적으로 보수 언론 사주를 만났다. 편집국장이나 사회부장이 아닌 사주를 만나 대화한 것은 두 가지 점에서 문제가 되었다.

   하나는 이해충돌이다. 서울중앙지검장 재임 기간(2017년 5월

~2019년 7월) 《조선일보》 관련 고소·고발 사건이 많았다. 고 장자연 씨 사건도 검찰과거사위원회가 발족하면서 재수사에 들어갔다. 윤석열이 피의자로 입건될 수 있는 이해 당사자와 만난 것으로 윤리 규정에 위반한다고 볼 수 있다.

윤석열은 방상훈과 특별한 친분은 없었다. 2002년에 1년간 법무법인 태평양에서 변호사로 일한 적이 있다. 이때 태평양의 형사팀은 《조선일보》 방상훈 사장의 탈세, 횡령 등의 혐의에 대해 변호를 맡고 있었다. 직접 담당한 것은 아니지만 이때부터 인연이 있었던 것으로 보인다.

다른 하나는 그가 다른 꿈을 꾸고 있어서 이 같은 만남을 갖지 않았겠냐는 점이다. 《조선일보》의 한 간부(이동한 사회부장)가 조현오 경기지방경찰청장에게 "《조선일보》는 정권을 창출할 수도 있고 정권을 퇴출시킬 수도 있다"고 말해서 논란이 된 바 있다. 그런 《조선일보》 사주와 만났다. 이날 회동은 큰 꿈을 가진 윤석열의 검언유착 단초로 보일 소지가 충분히 있었다.

조선일보 사주로부터 학습한 자유민주주의

실제로 윤석열이 정치에 몸을 담그기로 결정하고, 검찰총장직을 그만둔 날, 〈TV조선〉은 그를 이날치의 '범 내려온다'와 오버랩시키면서 이렇게 예찬했다. 다음은 22대 총선에서 국민의힘 국회의원이 된 신동욱 앵커의 클로징 멘트이다.

"구름과 바람은 앞을 내다보기 어려운 풍운조화를 불러옵니다. 구름은 용을 따르고, 바람은 범을 따른다는 말도 있습니다. 사람에게 충성하지 않는다는 풍운아 윤석열이 비바람 몰아치는 광야로 나섰습니다. …그가 다음 발을 어디로 내디디든, 검사로서 보여줬던 용기가 빛을 발할 곳을 찾아가길 바랍니다. 이 정권 들어 더 커진, 정의와 공정에 대한 국민의 목마름을 풀어준다면 더 좋겠습니다. 겨울 나무가 끝끝내 꽃 피는 봄 나무로 서듯 말입니다. 3월 5일 앵커의 시선은 '범이 내려온다'였습니다."[<TV조선 앵커의 시선> 중에서, 2021년 3월 5일]

응원도 이런 응원이 없었다. 극찬도 이런 극찬이 없다. 편파도 이런 편파가 없었다. 금도를 넘어섰다. 나중에 윤석열은 이 이미지를 차용하여 "범 내려온다, 석열이가 내려온다"는 동영상 이미지를 만들었다. 언론판 대호 프로젝트를 보는 것 같았다.

다시 윤석열의 2020년 3월 회식 자리로 돌아가보자. 윤석열은 "평안도 출신의 결속력은 아주 대단하다. 평안도 출신 사람들은 같은 평안도 출신인 리영희 기자에 대해 진실을 보도한 기자일 뿐 빨갱이는 아니라고 보고 있다"고 말했다. 리영희는 《전환시대의 논리》, 《8억 인과의 대화》, 《우상과 이성》 등의 저서로 1970~80년대 학생운동에 큰 영향을 준 《조선일보》 기자 출신이다. 보수의 시각에서 보면 '빨갱이의 원조'인데 평안도 사람들끼리는 그렇게 보지 않는다는 것이다. 아마도 방상훈의 평안도 사람 자랑을 들은 듯하다.

이날 회식 자리 마지막에 윤석열은 "검찰 역사는 빨갱이 색출의 역사다"라고 했다. 평생을 특수부에서 일한 윤석열은 늘 공개적인 자리에서 살아있는 권력 수사를 강조했다. 그런데 이날은 검찰의 임무를 다르게 규정한 것이다. 윤석열은 해방 정국에서 반공검사로 유명한 평안도 출신 오제도 검사의 역할에 관한 이야기를 하면서 공안 관련 자료를 찾아 검찰 도서관에 비치하였다고 말했다.

이날의 대화를 기록한 한동수 대검 감찰부장은 이렇게 기록했다.

"빨갱이 색출은 공안부 검사의 역할이었는데, 특수부의 수장 격인 윤석열 검찰총장에게서 빨갱이 색출의 역사라는 말이 나와 생경했다. 만일 《조선일보》 사주가 반공의식이 투철하다면, 《조선일보》 사주와 공감하는 과정에서 이 말이 나왔을 것이고, 《조선일보》 사주로부터 반공의식에 관한 일종의 점검과 교양이 이루어졌을 수도 있지 않을까 하는 추론을 해본다. 그리하여 나는 윤석열 검찰총장이 검찰에 있을 때든, 대통령 선거 후보로 나섰을 때든 자주 사용한 자유민주주의라는 말은 반공 이데올로기를 의미한다고 이해하고 있었다." [한동수가 본 윤석열과 검찰… '빨갱이와 쿠데타', 《뉴스타파》 2023년 10월 31일]

4장   21대 총선 충격, 부정 선거론에 빠져들다

윤석열은 2020년에 치러진 21대 총선에서 미래통합당의 승리와 민주당의 패배를 믿었다. 그렇게 되기를 기대했다. 자신이 주도한 조국 법무부 장관의 사퇴, 청와대의 울산시장선거 개입 의혹 기소로 민심이 문재인 정부에서 떠날 것으로 예상했다.

《조선일보》는 사설을 통해 "울산시장 선거 공작 사건이 사실로 밝혀진다면 대통령 탄핵 사유가 되는 중대 사안이다. 박근혜 전 대통령은 이보다 훨씬 가벼운 선거 개입 문제로 징역 2년 형을 선고받았다. 현직 대통령이 실정법을 위반하면 탄핵소추 대상이 된다"고 바람을 잡았다. 훗날 윤석열의 멘토로 알려진 신평 변호사는 "민주당 총선 참패하면 탄핵 소용돌이"라고 응원했다.

그즈음에 문재인 대통령은 2020년 1월 신년 기자회견에서 윤석열에 대해 평가해 달라는 질문에 "윤석열은 엄정한 수사, 그다음 권력에도 굴하지 않는 수사. 이런 면에서 이미 국민의 신뢰를 얻었다고 생각한다"고 했다. 윤석열의 기세에 눌린 듯 했다. 윤석열이 《경향신문》을 통해 "문재인 대통령에 대한 나의 충심은 변함이 없다", "문재인 정부의 성공을 위해서 내가 악역을 맡았다(2019년 12월 6일)"라고 흘린 것에 말려든 것일까?

총선에서 반전이 일어났다. 3월 초 공적 마스크 유통이 원활하게 되면서 시민들이 정부에 대해 신뢰를 하고, 현금 지원이 개시되면서 여론이 완전히 역전되었다. 결과는 민주당의 대승(180석), 미래통합당의 패배(103석)였다. 한 달 사이에 전세가 뒤바뀌었다. 문재인 대통령 탄핵 후 대선 출마를 기대했던 윤석열은 이 결과를 믿기 싫었다.

당시의 상황을 그가 어떻게 보았을까? 그는 국민의힘 대선 후보 토론회(2021년 9월 16일)에서 "검찰총장 시절 4·15 총선 결과를 지켜보고… 종로구에서 동별로 비율이 비슷하게 나온 거나 또는 관외 사전투표 비율이 일정한 것 등에 관해 통계적으로 볼 때 의문을 가졌다"고 말했다. 또 헌법재판소 탄핵심판 변론에서 "검찰에 있을 때부터 선거 사건, 선거 소송에 대해 쭉 보고 받아보면 투표함을 개함했을 때 상식적으로 납득이 안 가는 엉터리 투표지들이 많이 나왔기 때문에, 이게 여러 문제가 있다는 생각을 해왔다(2025년 2월 4일)"고 했다.

윤석열은 검찰총장 시절 양정철 당시 민주연구원장과 중국의 유착설을 들었다고 한다. 민주연구원이 양정철 재임 시절인 2019년 7월 중국공산당 중앙당교와 베이징에서 교류 협약을 맺었는데, 이때 부정선거 기술이 한국에 넘어왔고 중국 해커도 영입됐다는 말이 안 되는 얘기다. [《시사IN》 2025년 2월 12일] 12·3 계엄령을 발표하면서 느닷없이 체포 및 수거 대상에 양정철이 포함된 배경을 알 수 있게 하는 대목이다.

부정선거음모론에 빠진 윤석열

윤석열은 이때부터 부정선거음모론에 빠져들었다. 그가 이긴 선거에 대해서도, 표차가 적다며 부정선거음모를 대입했고, 그의 잘못으로 인해 패배한 선거에도 대입했다. 정작 선거에서 패배한 국민의힘 후보 중에 그 누구도 21대 총선의 중국 개입설이나 중국 음모론을 제기하지 않았다.

2020년 총선을 전후해 윤석열에 대한 정부 여당의 공세도 시작되었다. 도이치모터스 주가 조작 고발 등으로 윤석열 일가를 정조준했다. 윤석열은 탈원전 정책을 수사하는 것으로 맞공세를 펼쳤다. 문재인 대통령을 잠재적 피의자로 만들어가고 있었다.

그러면서 윤석열의 발언 강도도 강해졌다. 2020년 8월 신임 검사 임관식에서 "자유민주주의는 민주주의라는 허울을 쓰고 있는 독재와 전체주의를 배격하는 진짜 민주주의를 말하는 것"이라고 했다. 원론적인 발언이라고 해명했지만, 문재인 정부를 겨냥하고 보수층을 의식한 정치적 발언이다.

그러던 중에 2020년 10월 국회 법사위 국정감사에서 윤석열이 폭탄 발언을 했다. '대선에 출마할 것이냐'라고 묻는 국회의원의 질문에 "퇴임 후 국민을 위해 어떻게 봉사할지 생각해보겠다"라고 답하며 사실상 대권 행보를 시작했다. 여론조사에서 이미 유력 대선후보로 등극한 그가 말한 봉사가 정치 아니고 무엇이겠는가?

추미애 법무부 장관이 칼을 뽑았다. 판사 사찰 문건 작성 논란, 국정감사 정치 발언 등을 문제 삼아서 직무 집행정지 명령을 하고 징계를 청구했다. 징계는 정당했다. 하지만 윤석열은 '부당한 징계에 맞서 저항하는 정의로운 검사'로 코스프레를 했다. 부담을 느낀 문재인 대통령은 12월 추미애 법무부 장관에게 사표를 낼 것을 압박했다.

추미애는 언론 인터뷰에서 "내가 사퇴하면 윤석열도 사퇴할 줄 알았다"라며 윤석열이 눈치도 없고 국민에 대한 예의도 없다고 비판했다. 문재인은 2021년 1월 신년기자회견에서 "윤석열이 정치를 염두에 두고, 정치할 생각을 하면서 검찰총장 역할을 하고 있다고 생각하지는 않는다"며 "윤석열을 한마디로 평가한다면 문재인 정부의 검찰총장"이라고 평했다. 윤석열의 손을 들어주었다. 답답했다.

드러난 두 얼굴의 실체

윤석열은 침을 뱉고 등에 칼을 꽂는 것으로 답을 대신했다. 그해 3월 3일 총장직을 그만두기 직전 대구고검을 방문했다. 검찰 개혁을 반대하는 발언을 하면서 기자들에게 "고향에 온 것 같은 느낌"이라고 했다. 대구와는 아무런 혈연이나 지연 관계가 없다. 보수의 심장인 대구를 의도적으로 선택했다. 언론 인터뷰에서는 "갖은 압력에도 굴하지 않으니 칼을 빼앗고 쫓아내려 한다"며 순교자처럼 행세했다.

그리고 3월 4일 사퇴했다. 윤석열은 대검찰청 앞에서 "이 나라를 지탱해 온 헌법정신과 법치 시스템이 파괴되고 있다. 그 피해는 고스란히 국민에게 돌아갈 것"이라며 "이 사회가 어렵게 쌓아 올린 정의와 상식이 무너지는 것을 더는 두고 볼 수 없다"라고 말했다. 이 광경을 본 이들은 퇴임사를 읽는 것이 아니라 대선 출사표를 던지는 것 같다고 했다. 검찰 쿠데타로 절반의 성공과 총장 사퇴로 절반의 좌절을 맛본 윤석열은 정치라는 제3의 길을 통해서 그가 평생 갖고 싶었던 대권을 향해 이렇게 나아갔다.

5장 전두환도 업적 많다는 윤석열

윤석열이 비상계엄을 선포할 것이라고 믿은 국민은 거의 없었다. 상상할 수 없는 일이기 때문이다. 정상적인 사고체계를 갖췄다면 꿈에서도 생각해볼 수 없는 일이다. 민주당이 계엄설을 유포할 때마다 국민들이 잘 믿을 수 없게 만들었던 이유 중 하나로 그가 퍼트린 무용담을 들 수 있다.

윤석열은 2021년 9월 19일 SBS 예능 '집사부일체'에 출연해 1980년 5월 초 서울대 교정에서 열린 12·12군사반란 모의재판에서 전두환에게 무기징역을 선고했던 일화를 소개했다. "나는 그때 재판장으로, (반란)수괴로 기소된 당시 대한민국 최고의 실권자였던 전두환을 결석으로 (처리)해가지고 무기징역 선고했다"고 설명했다.

이때는 전두환이 5·17비상계엄 전국 확대를 하기 직전이었다. 전국의 모든 대학에서 매일같이 독재 타도를 외치는 집회 시위와 철야농성, 문화제가 있던 시기였다. 경찰의 교내 진입이 어려워서 대학은 해방구 같았다. 외양만 보면 대학은 평화로웠다.

서울대 학보인 《대학신문》 5월 12일 자에 따르면 5월 8일에 법대, 경영대, 음대 학생들이 철야토론을 벌였다. 이날 문화행사 모의재판도 열렸다. 그가 전두환에게 사형도 아니고 무기징역을 언도하는 것은 문제가 있는 판결이었다. 하지만 당시의 상황을 잘 모르는 시청자들에게는 갑자기 윤석열이 용기 있는 민주투사로 비쳐졌고 미담으로 회자되었다.

윤석열은 계엄군을 피해 다녔다고 회고했다. 그는 "5월 17일 보안사령부에 근무하는 먼 친척이 집에 전화를 걸어 '석열이를 빨리 피신시키라'고 했다"라고 언론 인터뷰에서 밝혔다. 5월 17일 24시를 기해 비상계엄이 전국적으로 확대가 됐는데 먼 친척이 계엄에 관한 그런 정보를 미리 파악하고 도피를 권했다고 하는 것은 당시의 시대적 기억에 배치된다.

야당과 재야는 신군부가 도발할 것이라는 예상을 하고 있었고, 그래서 학생운동 쪽에 자제를 요청했다. 역사적 비판을 받는 서울역 회군도 이런 배경하에서 결정된 것이었다. 회군을 한 뒤에 김대중 등 정치인, 한완상 등 재야인사, 그리고 전국의 총학생회장은 군부가 도발할 명분이 없어졌다고 생각했다. 그날 밤 이런 도발이 있을 것이라고 예상 못 한 채 모두 잡혀가거나 가택연금되었다. 그런데 윤석열만이 이를 알고 사전 도피했다는 것은 불가능한 일이다. 지명수배가 되지도 않았다. 계엄령 확대로 학교가 봉쇄되자 외가가 있던 강릉에 가 있었던 정도였다고 본다.

5·18정신을 헌법 전문에 넣겠다는 거짓말

예능 방송의 위력이 커서인지 광주 사람조차도 그를 5·18민주화운동 유공자로 생각했다. 그가 2021년 7월 17일 광주를 방문하여 민족

민주열사묘역에서 참배했다. 5·18민주화운동 관련하여 한 구속자가 "법이 바뀌어 수배자나 단순 조사를 받은 사람도 유공자로 재심의 하도록 했다"며 유공자 신청을 하라고 권했다. 윤석열은 웃으며 대답을 하지 않았다. 5·18정신을 헌법 전문에 포함시키겠다고 수차례 약속했지만, 결국 5·18정신을 짓밟은 비상계엄을 발동했다.

그의 본심은 한 달 후에 드러났다. 10월 20일 국민의힘 부산 해운대갑 당원협의회를 방문했다. "전두환 대통령이 잘못한 부분이 있지만, 군사쿠데타와 5·18을 빼면 정치를 잘했다고 말하는 분들이 많다. 호남에서도 그렇게 말하는 분들이 꽤 있다. 왜 그러냐? 맡겼기 때문이다. 이분은 군에 있으면서 조직 관리를 해보았기 때문에 맡긴 거다. 그 당시 정치했던 사람들이 그러더라 '국회는 잘 아는 너희가 해라'며 웬만한 거 다 넘겼다."

파문이 크게 일었다. 내란을 통해 권력을 불법적으로 찬탈했기에 전두환이 행정 수반을 할 수 있었던 것이다. 12·12쿠데타와 5·17비상계엄 전국 확대를 빼고서는 전두환을 말할 수 없다. 그런데 이를 빼고서 전두환을 평가한다는 발언은 그의 역사관과 철학의 빈곤을 드러내는 것이었다.

독일에서 유대인 학살을 제외하고 히틀러의 아우토반 건설을 재평가하자는 얘기를 한다면 어떻게 보겠는가. 윤석열이 극우 유튜브를 열심히 시청하면서, 전두환 재평가를 주장하는 것에 심취했던 것으로 보인다.

파장이 커지자 윤석열은 해명에 나섰다. "어제 제가 하고자 했던 말씀은 대통령이 되면 각 분야 전문가 등 인재를 적재적소에 기용해서 제 역량을 발휘하도록 하겠다는 것이었습니다. 대통령이 '만기

친람(萬機親覽, 임금이 모든 정사를 친히 보살핌)'해서 모든 걸 좌지우지하지 않고 각 분야의 뛰어난 인재들이 능력과 기량을 충분히 발휘할 수 있도록 국정을 시스템적으로 운영하겠다는 것입니다.…"

만기친람하지 않고 인재를 활용한 역대 정부의 다른 사례를 들면 되는데 콕 집어서 전두환을 거명했다. 그가 책을 읽지 않고 〈제5공화국〉 같은 드라마에 빠진 결과로밖에 볼 수 없다. 그는 이 같은 해명과 달리 대통령이 된 후 늘 만기친람을 했다. 국회는 국회를 잘 아는 국회의원들이 하라며 맡기지도 않았다.

6장 국민 속으로 No, 군대 속으로 Yes

대통령이 국민 속으로 들어가는 것은 당연하다. 어떤 방식으로 들어가고 소통하는가의 문제일 뿐 그런 의지는 인정받을 만하다. 문제는 용산 이전 결과 대통령이 국민 속으로가 아닌 군대 속으로 들어가게 되었다는 점이다. 대통령은 국방부와 합동참모본부, 국방부 장관과 늘 가까이 있게 되었다. 군대를 늘 곁에 둔 대통령은 군대를 국민의 군대가 아니라 대통령의 군대로 착각할 수 있다.

대통령실의 용산 이전, 그리고 집무실부터 한남동 관저까지 군대에 둘러싸인 대통령. 이것이 12월 3일 망상적 비상계엄, 초현실적 비상계엄의 단초를 열었다고 볼 수 있다. 한남동 관저에서 저항하다가 연행되는 모습이 중계되게 된 것도 자업자득이다. 북악산을 배후로 둔 청와대는 요새화되어 있는데 관저 밀집촌인 한남동은 노출되어 있다.

윤석열은 국민의힘 후보 시절 광화문 시대를 열겠다고 공언했다. 청와대에서 나오려고 한 이유는 정확하지 않다. 박정희 대통령 부부의 원혼이 있는 곳이어서 윤석열 부부가 두려워했을 것이라는 분석도 있다. 윤석열이 박정희 대통령의 딸, 박근혜 대통령을 구속시켰으니 가만두지 않을 것이라는 무속적인 얘기가 돌았다.

윤석열이 대통령에 당선된 후 단 하루도 청와대에 머물지 않겠다고 하고, 실제로 그렇게 한 것을 봐서는 그럴듯하게 들리기도 한다.

용산 천도의 숨은 조력자들 — 주술

광화문 시대를 열겠다고 했지만 이미 후보 시절부터 용산을 염두에 두었다. 문재인 정부에서 광화문 시대를 열겠다고 하고, 최종적으로 불가 결론을 내리게 된 배경을 알고 있었다. 국민의힘 고위관계자는 "그때 이미 용산을 염두에 두고 있었다. 용산에서 표가 안 나올까 봐 광화문 시대로 에둘러서 말했다"고 밝혔다. 2022년 대선에서 윤석열은 0.73% 차이로 신승했다. 용산의 표심도 중요할 정도로 박빙이었다.

누가 그의 용산행을 권고했을까? 윤석열과 그 주변에서 말하는 용산 천도론의 논거는 취약하기 짝이 없다. 실제로 미국의 도청에 뚫렸고, 북한의 무인기가 용산 상공을 비행하는 데도 속수무책이었다. 전시 사령부인 대통령과 국방부가 한 지점에 모여 있는 것도 문제였다.

때문에 자연스럽게 주술적인 요소들이 설득력을 얻었다. 대통령에게 영향을 끼친 것으로 알려진 천공은 그의 유튜브 채널 '진정스승 정법강의'에서 용산 이전을 일찍이 주장했다(2019년).

> "용산이 힘을 쓰려면 용이 여의주를 들고 와야 돼. 용은 그냥 오면 쓸모가 없어. 여의주를 들고 와야 돼. 여의주가 뭐예요. 법이에요."

대호 프로젝트가 맹위를 떨치던 시절이었다. 여기서 '최고의 사람'을 뜻하는 용은 윤석열이고 여의주는 대권, 통치권으로 해석되었다. 천공은 "최고의 사람이 법과 같이 와서 문화메카공원을 만들어야 한다"고도 했다. 후일 윤석열이 용산 이전을 하면서 "공원을 만들어 국민과 소통하겠다"라고 한 것과 맥락이 닿는다.

관상가이자 풍수지리가인 백재권 사이버한국외국어대 겸임교수는 한남동 대통령 관저 선택에 역할을 했다. 백재권 교수는 신문에 관상을 써서 유명인과 교류했다. 2017년 가을에는 지인의 주선으로 윤석열, 김건희 부부와 식사를 한 일이 있다. 2018년 11월에는 홍석현 중앙홀딩스 회장과 함께 인사동에서 윤석열을 만났다. 서울중앙지검장 시절의 일이다. 차기 검찰총장 유력후보로 거론되고 있었다.

이날 밤 11시부터 새벽 1시까지 소주 1병, 맥주 7병을 비웠는데 주로 윤석열이 마셨다고 한다. 윤석열은 주인의 기타 반주에 맞춰 아베마리아, 빈센트 등을 불렀다. 홍석현과 그가 데리고 온 백재권은 윤석열을 묵묵히 지켜봤다. 홍석현은 사람의 관상을 볼 때 백재권을 동행하게 하는 것으로 알려졌다. ['조성식의 통찰', 《오마이뉴스》] 밤 11시에 번개팅을 할 정도였으면 홍석현과 윤석열은 이미 가까운 사이였던 것으로 보인다.

이날의 만남 이후 백재권의 동물 관상 칼럼에서 윤석열에 대한 긍정적인 묘사가 확 늘어났다.

"악어 관상 윤석열은 합리적인 사고를 지녔으며 명석하기에 어설픈 짓은 안 통한다. 또한 직분에 충실한 걸 좋아하고 편중된 사고 자체를 싫어한다… 대의를 위해 세상을 위해 자기 자신을 기꺼이 희생하는 관상이다. 문재인 정부에서 '악어'를 앞세우면 국정 동력을 잃지 않고 추진하는 일에도 버팀목이 될 수 있다. 윤석열은 시

대가 원하는 관상을 지녔다. 세상이 악어를 부르고 있다."[《중앙일보》 2019년 6월 14일]

윤석열이 대통령이 당선되고 한남동에서 관저를 구할 때, 백재권이 육군참모총장 관저 등의 후보지를 돌아다녔다. 풍수를 본 것이다. 총장 관저는 중요 보안시설인데 민간 풍수지리학자가 돌아다니게 했다. 그만큼 윤석열이 신뢰했기에 가능한 일이었다.

백재권은 훗날 《오마이뉴스》 인터뷰(2023년 6월)에서 윤석열 부부에 대해 이렇게 얘기했다.

"윤석열과 김건희 여사는 상호보완적인 관상이다. 윤석열은 권력은 있지만 고귀함이 없는 관상이다. 그런데 김건희는 그 반대다. 둘이 결합함으로써 윤석열은 고귀함이 생겼고 김건희는 권력을 얻었다. 대통령이 되는 데 김건희의 도움이 컸다."

용산 이전에 무속과 풍수지리가 작용했다는 증언은 명태균에게서도 나온다. 2022년 대선 직후 지인과의 통화 녹취록이다. 무속을 통해 김건희에게 조언한 것으로 추정되는 내용이다. "내가 뭐라 하데? 경호고 나발이고 내가 거기(청와대) 가면 뒈진다 했는데 본인(김건희) 같으면 뒈진다 하면 가나?"

정작 용산 이전의 더 큰 문제는 비상계엄의 주역으로 경호처장과 국방부 장관을 지낸 김용현이 윤석열의 이웃사촌이 되었다는 것이다. 그 둘은 2022년 5월 10일부터 2024년 12월까지 1,000일 가까이 함께했다.

7장   남산을 바꾼 김용현, 용산도 바꾸다

윤석열이 대통령에 당선된 후 용산 이전은 첫 번째 국정 과제가 되었다. 대통령직 인수위원회에 '청와대 이전 TF'가 꾸려졌다. 윤한홍 국회의원이 팀장, 김용현이 부팀장을 맡았다. 김용현은 수도방위사령관, 합참작전본부장을 지냈기에 대통령실의 경호 안전과 국방부 이전 문제를 논의하는 적임자로 보였다.

청와대에 있었던 대통령 관저는 한남동의 외교부 장관 공관으로 이전했고, 외교부 장관은 궁정동의 경호처장 관사로 옮겼다. 경호처장은 한남동으로 이사를 오게 되는데 관저촌 입구에서부터 경호처장, 국방부 장관, 대통령이 이웃하게 된다. 실세가 된 김용현은 윤석열 정부 초대 경호처장을 2년여 지내다가 2024년 9월 국방부 장관이 되었다.

경호처장 시절부터 "국방부 장관 위에 김용현 국방상관"이라는 말이 나돌 정도로 실세였다. 이종섭, 신원식 등을 국방부 장관으로 추천했고, 국방부 인사에 관여했다. 대통령 주변을 드나드는 사람들을 경호처에서 손금 들여다보듯 했다. 대통령의 심기와 일거수일투족을 파악했다.

김용현은 충암고등학교 6회이고, 윤석열은 7회이다. 1977년 김용현이 충암고 3학년 때 학도호국단장을 맡았던 것을 보면 성적도 좋고 리더십도 있었던 것으로 보인다. 김용현은 "윤석열이 공부도 잘하고 의리가 있다"는 말을 듣고 만나자고 했다. 둘의 운명적 만남은 이렇게 시작됐다.

김용현은 군대에서 주로 작전과 대통령 경호 등의 임무를 담당했다. 육사 졸업 시에 교장상을 받은 것을 보면 성적은 상위권이었다. 1989년 대통령 관저를 경호하는 수도방위사령부 55경비단 시절 일화가 유명하다. 55경비단은 대통령을 근접 경호하는데 대통령이 궁금해서 물어볼 것에 대비하여 200개의 모범답안을 외워야 했다.

예를 들면 대통령이 경내 산책을 하다가 청솔모를 발견하고 물어보면 모범답안에 있는 내용을 그대로 답해야 하는 식이다. 노태우가 김용현에게 남산의 높이를 물었다. 김용현은 답을 했는데, 나중에 확인을 해보니 30cm가 틀렸다. 김용현은 아예 답안지를 뜯어고쳤다. 자신의 오답을 정답으로 바꾸라고 지시했다. 그래서 경호처 200명의 수첩에서 남산의 높이가 바뀌었다. ['용산의 장군들-윤을 위해 총을 든' <MBC PD수첩>]

쿠데타가 솔루션인 김용현의 부상

국회연락담당관, 육군참모총장, 비서실장 등을 역임하며 정무 감각까지 익힌 김용현은 승승장구했다. 준장, 소장, 중장도 모두 1년 차에 진급했다. 2015년 합참작전본부장(중장)이 된 이후에는 북한의 잦은 핵미사일 실험에 대비한다며 출퇴근을 하지 않고 야전침대에서 밤을 지새웠다. 4성 장군의 꿈은 이뤄지는 것처럼 보였다.

문재인 정부가 출범하고 그는 4성 장군(합동참모의장) 진급에 실패했다. 비육사 출신을 선호하는 시대적 분위기, 그리고 2011년 17사단장 시절에 부대원의 단순 익사 사건을 의로운 죽음으로 미화하고 조작한 사건이 알려져 인생 최초의 좌절을 맛보았다.

그렇게 좌절을 맛본 김용현은 2020년 추미애 법무부 장관과 충돌을 빚고 있는 대호 프로젝트의 주인공 윤석열과 급격히 가까워진다. 2021년 윤석열 예비후보 캠프에 군 출신으로는 처음으로 합류한다. '국민과 함께하는 국방포럼'을 발족시켰다. 육사 출신 예비역을 모으고 국방, 안보 관련 조언을 하는 일을 도맡아 했다. 그해 9월 22일에는 윤석열이 국방포럼 인사들을 배석시키고 외교안보공약을 발표하는 자리에 함께했다. 외교안보정책자문단의 수장 역할을 한 것이다.

이 시기에 김용현의 행보에서 주목되는 것은 한국보수주의연합(KCPAC) 행사에 자주 참석했다는 점이다. 미국 보수정치행동회의(CPAC)의 한국 본부 격인 자매단체이다. CPAC을 이끄는 애니 찬(Annie.M.H.Chan)은 하와이에서 부동산업으로 크게 성공한 재미동포이다. 우리 이름은 김명혜이다. 2020년 8월에 트럼프에게 한국의 21대 총선은 부정선거였다는 내용의 편지를 보냈다고 한다. 트럼프 지지자들의 "STOP THE STEAL" 운동에도 적극적이고 윤석열의 계엄 발동 이후에 한국의 해당 단체들과도 교류하고 있는 것으로 알려졌다.

김용현은 2021년 12월 20일에 있었던 KCPAC 행사에도 참석했다. 부정 선거론과 각종 음모론은 문재인 정부에 불만을 가졌던 김용현에게 새로운 지적 호기심의 대상이 되었다. 김용현이 윤석열에게 부정 선거론의 국제적 근거와 연대를 얘기했을 것이고, 윤석열은 극우 유튜브를 보면서 궁합이 맞아들어갔다.

김용현이 쿠데타를 처음 거론한 것은 알려진 것보다 훨씬 이전인 2022년 초였다고 한다. 2022년 3월 대통령 선거 직전에 김용현이 캠프 관계자와 여러 가지 현안을 얘기하던 중, 윤석열 집권 이후 반대 세력의 소란이 심해지거나 촛불시위가 일어날 가능성에 대해 논의하는 일이 있었다. 이때 김용현이 "무슨 걱정이냐. 계엄령을 발동해서 다 쓸어버리면 되지"라고 말했다고 한다. ['4성장군 탈락에 꼭지 돌았다. 김용현, 권력집착에 불붙인 사건' 《중앙일보》 2024년 12월 18일]

군에 갔더라면 쿠데타를 했을 것이라는, 김종필이 로망이라는 윤석열과 쿠데타가 솔루션이라는 김용현은 이렇게 통했다. 1970년대 중후반 서울의 충암고에서 만난 두 사람은 50년 가까이 지난 2025년 헌법재판소와 형사법정에 나란히 서게 됐다. 청운의 꿈을 안고 육군사관학교와 서울대 법대에 진학한 둘의 운명이 이렇게 될 것이라고 누군들 예상했을까.

8장

창밖에는 잠수교가, 취임사에는 쿠데타가 보인다

어퍼컷을 날리고 폭탄주를 돌리던 윤석열은 2022년 3월 10일 대통령에 당선되었다. 대통령 직선제가 도입된 이후 첫 5년 만의 정권교체였다. 유권자들이 두 번은 정권을 맡긴다는 진보 보수 10년 주기설이 깨졌다. 윤석열이 48.56%를 얻어 47.83%를 얻은 이재명을 0.73% 차이로 따돌렸다. 두 후보 간 격차는 24만여 표로 역대 대선 최소 득표 차를 기록했다.

윤석열은 3월 10일 새벽에 "이번 승리는 국민의 승리라고 생각한다. 헌법 정신과 의회를 존중하고 야당과 협치하며 국민을 잘 모시도록 하겠다"고 소감을 밝혔다. 또 "이재명, 심상정 두 후보께 감사드린다. 경쟁은 일단 끝났고, 우리 모두 힘을 합쳐 국민과 대한민국을 위해 하나가 돼야 한다"고 강조했다. 이재명은 "당선인께서 분열과 갈등을 넘어 통합과 화합의 시대를 열어줄 것을 간곡히 부탁드린다"고 축하 인사를 했다.

두 달 후 5월 10일 취임사에서는 통합 등의 단어는 한 번도 나오지 않았다. 윤석열은 취임사에서 '통합'이 빠진 이유에 대해 "그건 너무 당연하기 때문"이라고 해명했다. 벌써 교만해진 것일까. 그 이후 이재명은 온갖 사법리스크에 시달려야 했다. 그중에서도 0.73%

차이로 패배한 후보의 다음 선거 공민권을 박탈하려는 선거법 위반 기소는 가장 심각한 문제다.

부정선거를 엄단하는 것은 민주주의 발전에 당연히 도움이 된다. 그런데 비례의 원칙이 있다. 선거법에서는 금품 살포, 매수, 이해 유도 등을 중대범죄로 본다. 당선 목적의 허위사실 유포, 그것도 기억에 관한 것을 갖고 공민권을 박탈하는 예는 거의 없다. 대통령 선거에서 국민의 절반을 대표했고, 단 0.73% 차이로 진 후보의 공민권을 박탈하는 것이 과연 국민통합과 민주주의 발전에 도움이 되는지에 대해 성찰적 고민이 전혀 없었던 것으로 보인다. 아니 독재를 꿈꾸었기에 가능했던 일인지도 모른다.

윤석열의 취임사에서는 자유민주주의를 포함해 '자유'가 35회로 가장 많았다. 그는 민주주의의 위기로 인해 정치가 제 기능을 못한다며 가장 큰 원인으로 지목되는 것이 '반지성주의'라고 했다. 그가 직접 취임사에 집어넣은 단어라고 한다.

"견해가 다른 사람들이 서로의 입장을 조정하고 타협하기 위해서는 과학과 진실이 전제되어야 한다. 그것이 민주주의를 지탱하는 합리주의와 지성주의다. 국가 간, 국가 내부의 지나친 집단적 갈등으로 진실이 왜곡되고, 각자가 보고 듣고 싶은 사실만을 선택하거나 다수의 힘으로 상대의 의견을 억압하는 반지성주의가 민주주의를 위기에 빠뜨리고 민주주의에 대한 믿음을 해치고 있다."

느닷없이 등장한 '반지성주의'

취임사에서 가장 튀고 주목되는 부분은 반지성주의이다. '다수의 힘으로 상대의 의견을 억압하는…'이라고 하여 민주당을 사실상 반지성주의 집단으로 규정했다. 윤석열 정부의 불통정치는 이렇게 시작되었다. 협치·소통·대화·통합과 같은 고전적 정치 공식이 취임사에서 사라졌다.

이어 보편적 가치를 공유하는 것이 매우 중요하다며 자유의 가치를 재발견해야 한다고 했다.

"인류 역사를 돌이켜보면 자유로운 정치 권리, 자유로운 시장이 숨 쉬고 있던 곳은 언제나 번영과 풍요가 꽃 피웠습니다. 번영과 풍요, 경제적 성장은 바로 자유의 확대입니다. 자유는 보편적 가치입니다. 우리 사회 모든 구성원이 자유 시민이 되어야 하는 것입니다. 어떤 개인의 자유가 침해되는 것이 방치된다면 우리 공동체 구성원 모두의 자유마저 위협받게 됩니다."

무슨 얘기인지 알 수가 없다. 동어반복이고 하고자 하는 말의 뜻이 모호하다. 정치는 말로 하는 것이고, 대통령의 연설은 가장 중요한 정치 수단이다. 김영삼 대통령은 초안을 읽어보고는 단 몇 문장만 고치는데, 수정한 부분이 제목으로 보도되는 것을 보고 비서관들이 감탄했다고 한다. '감각의 김영삼'이다. 김대중 대통령은 몇 차례에 걸쳐 깨알같이 수정을 거듭하여 깊이 있는 문장을 만들었다. '논리의 김대중'이다.

노무현 대통령은 토론 방식의 독회를 좋아했다. 토론하면서 떠오르는 생각을 구술하는 방식으로 호소력 있는 연설문을 만들었다. '호소의 노무현'이다. 문재인 대통령은 감성적인 문장을 좋아했다. "기회는 평등할 것입니다. 과정은 공정할 것입니다. 결과는 정의로울 것입니다." '감성의 문재인'이다.

박성진《경향신문》기자는 2022년 5월 10일 윤석열 대통령 취임식날 TV조선을 방문했다. 평소 기자로서 잘 알고 지내던 김민배 TV조선 대표는 취임사를 들으면서 "국정철학을 보여주지 못했다. 2년 후면 큰 위기에 빠질 것 같다. 위기의 단초는 대일관계에서 시작할 것 같다"고 했다고 한다. [《용산의 장군들》박성진, 메디치미디어]

윤석열은 충암고 1년 선배인 김민배 대표를 평소에 형이라고 부르며 따랐고, 자신이 집권하면 중용하겠다고 한 것으로 알려졌다. 정작 정치부, 사회부 기자로 수십 년간 역대 정권의 흥망을 지켜본 김민배 대표는 윤석열 정부의 미래를 불길하게 내다보았다.

김후곤 전 서울고검장(법무법인 로배스 대표변호사)은 "검사는 과거를 캐는 직업이고 정치인은 미래를 도모한다"며 검사 출신 대통령 윤석열에게 정치는 어울리지 않는다, 그의 비극은 여기서 잉태되었다고 했다. [《중앙일보》 2025년 1월 3일 인터뷰]

검사 정치의 폐해를 한 문장으로 가장 잘 표현했다고 할 수 있다. 검사의 눈에는 상대방이 유죄냐, 무죄냐만 보인다. 과거만 보인다. 정치의 영역은 다르다. 정답이 없다. 여야 간에 합의하는 것이 답이다. 교과서에도 찾을 수 없는 답이다. 흑과 백으로만 세상을 보는 검찰이 정치를 하기 힘든 이유이다.

다만 검사가 정치권에 들어가면 처음에는 주목을 받는다. 여야 간에 정쟁은 주로 상대방의 약점을 갖고 물고 뜯는 것이다. 선거에서 네거티브는 정보와 기획과 전술의 바탕 위에서 치러진다. 검투사들에게 유리하다. 특수부, 공안부 출신 검사들이 빛을 보는 이유다. 대부분 국민의힘으로 들어가서 승승장구했다. 그런데 딱 거기까지이다. 해결자의 모습을 찾기는 힘들다. 시장 도지사가 되어서도 늘 정쟁에 끼어든다. 주목받고 싶은 관종이 되어버린다.

김후곤 변호사의 검사 정치 폐해를 계속 들어보자.

"검찰총장 출신이 곧바로 대통령이 되는 순간 검찰과 정치 사이의 벽이 허물어졌다. 대통령은 인사로 검찰을 장악할 수 있다. 검찰 조직은 정치적 도구 또는 권력 투쟁의 도구로 활용될 가능성이 매우 커진다. 이런 구조 아래서 검찰이 정치적 중립과 공정성을 아무리 부르짖어도 국민은 의심의 눈초리를 거두지 않는다. 반대세력은 더 거세게 검찰을 공격함으로써 검찰이 권력 투쟁의 중심에 놓이게 된다." [《중앙일보》 2025년 1월 3일 인터뷰]

정권과 정치 검사는 이재명과 민주당을 계속해서 옥죄어 갔고, 민주당은 특검으로 맞섰다. 그리고 윤석열이 최종적으로 빚은 자충수로 탄핵을 자초했다.

9장   이태원 참사도 좌파의 음모

윤석열은 2022년 대선에서 0.73% 차이로 승리했다. 그런데 자신이 이긴 승리도 부정선거라고 믿고 있었다. 21대 총선(2020년)을 부정선거라고 보는 심리적 기저에는 '실망'이 깔려있다. 조국 법무부 장관 기소로 게임이 끝났다고 본 자신의 믿음과 결과가 달랐기 때문이다. 22대 총선(2024년)을 부정선거라고 보는 것은 자신 때문에 선거에서 대패한 현실을 수용하고 싶지 않았기 때문이다.

  윤석열은 2022년 4월 당선인 신분으로 집권여당 국민의힘 주요 의원과 만났다. 이 자리에서 윤석열은 부정선거가 아니었다면 5~10%P 차이로 크게 이겼을 것이라고 했다. 통계청장을 지낸 유경준 의원이 말도 안 된다고 생각하여 조목조목 반박을 하자 윤석열이 크게 화를 냈다. 유경준 의원은 0.73%의 근소한 차이로 패배한 쪽에서도 선거 결과에 승복하는데, 승자가 그런 의심을 갖게 되는 것이 상식적으로 납득이 가지 않았다고 한다.

극우 유튜버들의 음모론에 빠져들기 시작

정권이 출범하고 6개월이 채 안 되어 할로윈데이에 이태원에서

159명의 압사사고가 일어났다. 김진표 국회의장이 2022년 12월 5일 윤석열과 만났다. 국가조찬기도회 자리에서 잠시 독대를 했다. 윤석열은 뜻밖의 이야기를 했다. "이태원 참사 관련하여 강하게 의심가는 것이 있다", "이 사고가 특정세력에 의해 유도되고 조작된 사건일 가능성도 배제할 수 없다"고 했다.[《대한민국은 무엇을 축적해왔는가》김진표, 사이드웨이]

김진표 의장은 "극우 유투버의 방송에서 볼 수 있는 음모론적인 말이 대통령의 입에서 술술 나온다는 것을 믿기 힘들었다"고 밝혔다. 윤석열은 진보 쪽에서 이태원 참사를 유도했다는 음모론에 빠져있어서 책임자인 이상민 행정안전부 장관을 끝까지 감싸 안았다.

윤석열이 즐겨 본다는 '이봉규TV'는 "각시탈을 쓴 사람들이 아보카도 오일을 (이태원 골목에) 뿌렸다는 의혹이 나온다(2022년 11월 7일)", "촛불 세력 합류 시간과 대형 참사 사건이 맞물린다(2022년 11월 8일)"고 주장했다. '가로세로연구소'에는 곽성문 전 한나라당 의원이 출연하여 "(할로윈데이 전날인) 28일 금요일 저녁부터 MBC라든가 KBS라든가 JTBC 거의 모든 지상파 방송과 종편들이 사고가 난 입구에서 마스크가 없는 할로윈 축제다. 이태원으로 오라는 식의 보도를 했다(2022년 11월 1일)"고 말했다.

박홍근 당시 민주당 원내대표는 대통령과 독대 후 돌아온 김진표 의장과 통화한 메모를 공개했다. 윤석열이 김진표 의장과 만난 자리에서 "MBC와 KBS, JTBC 등 좌파 언론들이 사고 2~3일 전부터 사람이 몰리도록 유도한 방송을 내보낸 이유도 의혹"이라고 했다는 것이다. 당시 축제를 이렇게 보도한 매체가 어디 이뿐이었겠는가. 극우 유튜버들 주장이 윤석열의 뇌세포에 그대로 활자 찍히듯이 입력되어 있었다.

　대통령실은 김진표 의장 회고록에 대해 "관계기관 회의가 열릴 때마다 언론에서 제기된 다양한 의혹을 전부 조사하라고 했다"며 유튜브만 본 것은 아니라는 취지로 해명했다. 그러나 국민의힘 내부에서도 김진표 의장의 주장에 무게를 실어주는 반응이 나왔다. 윤석열이 조사하라고 한 의혹에는 극우 유튜버들의 주장이 대부분 포함되어 있었을 것으로 보인다.

알고리즘 중독이 일으킨 최초의 내란

윤석열이 이태원 참사, 선거 관련 보도뿐만 아니라 국방 안보 등 현안에 대한 정보도 유튜브에 의존한 것으로 밝혀졌다. 신원식 국가안보실장은 검찰 조사에서 "윤석열 대통령이 유튜브를 자주 시청하는 것으로 알고 있다"며 "국방부 장관을 할 때나 안보실장을 할 때 대통령이 안보 현안, 국방, 무기 체계 등을 다룬 유튜브를 보내줘서 본 적이 있다"고 진술했다.

　신원식 실장은 윤석열이 '그라운드 씨', '이정훈TV'를 보니 좋더라고 말하는 것을 들었다고 한다. 신원식이 국방부 장관이던 시절, 2023년 조계종 자승스님 분신 사건 당시 윤석열이 한밤중에 군 수뇌부를 한남동 관저로 소집한 일이 있었다. 윤석열은 자승스님이 절대로 극단적인 선택을 할 리 없다며 국방부 장관과 합참의장에게 대공 용의점(간첩 소행설) 얘기를 했고 이미 국정원에도 수사해보라고 지시했다고 한다. [《뉴스타파》 2025년 2월 16일]

　윤석열은 이렇게 유튜브와 여기서 생산하는 음모론의 맹신자가 되었다. 보고 싶은 것만 보고, 듣고 싶은 것만 듣게 하는 유튜브 알고리즘에 영향받았다. 홍성국 전 대우증권 사장(현 민주당 최고위원)은 《뉴욕타임즈》와의 인터뷰에서 "윤석열 대통령의 이번 계엄령 사태는 알고리즘 중독에 의해 촉발된 세계 최초의 내란일 것이다(2025년 1월 5일)"라고 했다. 알고리즘에 빠져 망상적인 상태에서 계엄을 했다는 것이다.

윤석열 대통령 취임식 초청장 명단에는 '이봉규TV'를 포함한 극우 성향의 유튜브 인사들이 대거 포함되었다. '이봉규TV'의 진행자는 "윤석열 대통령은 자다가도 내 채널을 본다"고 자랑했다. 문재인 전 대통령 사저 앞 혐오시위를 주도하던 유튜버의 누나가 대통령실에 취업한 일도 있다.

윤석열은 유튜버들과 수시로 통화를 했다. 길게는 한 시간씩 통화한 일도 비일비재한데 이렇게 하면 유튜버 입장에서는 감읍하게 마련이다. 더욱 윤석열 입맛에 맞는 방송을 하게 되고, 윤석열은 다시 거기에 빠져들게 된다. 윤석열은 유튜버들과 통화할 때도 거의 혼자 얘기를 했다. 윤석열이 이처럼 유튜브에 빠져있는 것을 알게 되자, 기업 관계자들이 회사 총수 홍보를 유튜브 채널을 통해서 하는 일까지 벌어졌다. 대통령이 보는 채널이라는 것이 갖는 위력이다.

윤석열과 김건희 부부는 지금쯤 무엇을 생각하고 있을까?

전광훈 목사는 유튜브로 중계된 광화문 주일 연합 예배(2024년 7월 28일)에서 "내가 자유통일 시켜줄 테니까 윤석열 대통령은 3년 하고 그만두지 말고, 통일대통령 10년하라"고 했다. 아직도 그 소리가 귀에 울리고 있을지도 모른다.

10장   음주운항 비행기에 5천만 명을 싣고

윤석열은 왜 늘 격노하고 격앙되어 있는 걸까? 용산발 '대통령의 격노' 기사가 심심치 않게 나왔다. 용산의 참모들은 마치 왕조시대에 살고 있는 것으로 착각하는 듯 했다. 대통령이 격노하면 관료 야당과 언론이 모두 잠잠해질 것으로 생각했나 보다.

저속노화 전문인 정희원 서울아산병원 교수는 그의 유튜브 채널 '정희원의 저속노화'에서 정치 관련 얘기를 단 한 번 다루었다. 비상계엄이 발동된 직후이다. 윤석열이 매일 술을 마시면서 어떻게 망가졌는지를 의학적으로 분석했다.

"만성 음주로 인한 스트레스 호르몬 시스템의 이상은 몸의 분노 또는 충동과 관련되는 중추를 활성화시켜서 판단력이 떨어지고 제대로 된 의사결정을 어려워지게 한다. 술을 마실 때마다 전두엽을 면도칼로 긁어낸다고 생각하면 된다. 뇌가 지저분한 상태, 충동 조절이 안 되는 상태, 번뇌가 많은 상태, 화가 많은 상태 또는 도파민 중독에 빠진 상태가 된다. 이 상태가 되면 안타깝게도 내가 생각하는 삶의 지향점이 지저분해 진다.

심지어 여기다가 권력이 붙게 되면 일종의 도파민 중독과 비슷한 뇌의 상태가 된다. 별다른 자극이 아니더라도 나한테 조금만 반하려고 하면 굉장히 격분하고, 대노하게 된다. 독재자들의 모습이다. 이를 다룬 영화로〈몰락(Downfall)〉이 있다.

그런 상태가 되면 앞뒤가 맞지 않는 의사결정을 할 가능성이 높아지게 되며, 복잡한 사안을 제대로 이해할 가능성이 떨어지게 된다. 결과적으로는 보통 사람들이 이해할 수 없는 판단을 내리는 경우가 많다. 매일매일 리더가 폭음을 하고 회복 수면을 취하지 못하고 제대로 신체 기능, 인지 기능을 관리하지 않는 꼴이 된다. 만약에 이런 리더가 우리나라를 독재하고 있다라고 하면 우리 5,000만 국민은 사실은 음주 운항을 하는 비행기에 타고 있는 상태라고 볼 수가 있다 [유튜브 채널 '정희원의 저속노화']."

윤석열의 집권 1,000일은 '술의 정치'였다고 해도 과언이 아니다. 고시 9수를 하던 시절에는 '신림동 신선'이라는 별명이 붙을 정도로 술과 살았다. 본인 입으로 "술 마시고 싶어서 시험을 대충 봤기 때문에 9수를 하게 됐다"고 털어놓았을 정도였다.

검사 시절 일주일에 폭탄주 100잔을 텐텐으로 말아들었다고 한다. 2021년 국민의힘 입당 전에 이준석 대표와 치맥 회동을 했는데 1시간 30분 동안 500cc 여섯 잔을 비우는 것으로 정치입문을 했다.

대통령 후보 시절에는 경호를 따돌리고 밤늦게 술에 취해 혼자 비틀거리는 것을 보았다는 목격담도 있다. 2022년 1월에는 지지율이 폭락하자 금주를 선언했다. 얼마 안 있어 2월 5일에는 한국기자협회-JTBC(주관사) 토론회에 건강을 이유로 불참했다. 그리고 그날 제주도 유세길에 기자들과 술을 마셨다.

재벌들도 술 고문에 시달려

프랑스 파리에서 열린 제183차 국제박람회기구(BIE) 회의에서 '2030 EXPO' 개최지 선정을 위한 투표가 있었다. 2023년 11월 24일 막판 유치 총력전을 펼쳐야 하는 날, 윤석열은 재벌 총수들에게 수행원을 대동하지 말고 한식당으로 오라고 했다. 분초를 다투는 시간에 밤 8시부터 11시까지 재벌 총수들이 몸을 가누기 힘들 정도로 술을 돌렸다. 투표 결과 부산은 사우디아라비아의 리야드에 29 대 119라는 큰 격차로 대참패를 당했다. 예산 5,744억 원을 쓴 허망한 결과였다.

이에 앞서 2023년 1월 스위스 다보스포럼에서는 한국의 밤 행사가 끝나자마자 재벌 총수들을 불러 술을 돌렸다. 이날 밤 술자리에 참석한 한 기업인은 "나름 술을 하는데 버티기 힘들 정도로 술을 마셨다"며 19잔까지 술이 돌았다고 전했다. 윤석열이 구속되자 기업인들은 술고문에서 해방되었다는 우스갯소리까지 나왔다.

윤석열은 출근길 기자들과의 일문일답(도어스테핑)을 없앤 다음부터는 훨씬 자유의 몸이 되었다. 퇴근은 칼같이 했다. 출근은 자주 늦어졌다. 술자리가 늦게까지 계속되면서 일찍 일어나는 것이 힘들어졌다. 그래서 위장 출근 차량을 정시에 내보내고, 술이 깬 다음에 다시 출근하는 이중 출근이 빈번해졌다. 경찰과 경호원의 원성이 밖으로 새어 나왔고 시민은 불편을 겪어야 했다.

그의 주량은 얼마나 될까? 윤상현 국민의힘 의원은 김승우 배우의 '김승우 win'에 출연(2021년 12월 14일)했다. "술을 정말 잘 마시는 사람이 누군지 아느냐. 정우성, 이정재와 술을 마셔봤다. 폭탄주가

10잔째 도니 이정재가 멈췄다. 26 라운드를 도니 정우성이 러브샷을 한 뒤 약속이 있다며 갔다. 정우성보다 잘 마시는 사람이 윤석열이다" 윤석열만큼 술을 잘 마시는 윤상현은 한남동을 지키는 호위무사를 자처했다.

일본 아사히 신문은 윤석열이 22대 총선에서 대패한 후 삼청동 안가에서 술을 즐겼다고 보도(2025년 1월 7일)했다. 한 전직 장관의 발언을 인용했는데 술자리에서는 야당 인사들뿐만 아니라 여당 인사들을 맹비난했다고 한다. 윤석열의 술자리는 종종 새벽까지 이어졌는데 텐텐으로 20잔 정도를 마셨다고 한다. 대통령 전용 시설을 경비하는 담당자들이 장시간 근무에 대한 불만의 목소리를 냈다고 아사히 신문은 보도했다.

윤여준 전 환경부 장관은 CBS 〈김현정의 뉴스쇼〉에 나와 "들리는 말로는 거의 매일 밤, 새벽까지 마셨다더라. 그러니까 판단력이 흐려졌을 것으로 생각된다. 술을 그렇게 마시고 뇌가 제대로 작동할 수 있겠나"라고 했다.

윤석열은 2024년 12월 3일 밤 국무위원 간담회를 마치고 긴급 담화를 통해 비상계엄을 선포했다. 2시간 30여 분이 지난 4일 새벽 1시 1분 국회는 비상계엄 해제 요구 결의안을 통과시켰다. 윤석열은 합동참모본부 지휘통제실 옆에 있는 결심지원실▪에서 김용현 국방부 장관을 혼내고 새벽 1시 반~2시 사이에 나왔다. 그때 지휘통제실에 있었던 군사경찰이 윤석열을 봤는데 술 냄새가 났다고 하더라고 김종대 전 정의당 의원이 CBS 유튜브 '질문하는 기자'에 나

▪ 군 수뇌부가 안보 등과 관련한 사안을 결심하기 위한 회의 장소

와서 밝힌 바 있다.

　보수논객 정규재 전《한국경제》주필은 "윤석열 정신 상태에 대한 감정이 필요하다. 모든 것이 엉망이고 무질서하다. 대통령의 지력은 물론이고 정상적인 사고를 하는지도 궁금하다. 망상 상태에 이미 충분히 젖어 있다고 생각을 하게 된다"고 SNS를 통해 지적했다.

11장   김이 곧 국가다

윤석열은 임금 왕(王) 자와 함께 등장했다. 2021년 10월 1일 국민의힘 대선 후보 5차 경선토론회에서 그의 손바닥의 왕(王) 자가 발견된 것이다. 동네 할머니가 응원하는 의미로 써준 것이라고 해명했지만 "부적 선거를 포기하라(홍준표)", "과거 오방색 타령하던 최순실 같은 사람과 무엇이 다르냐(유승민)"는 비판을 받았다.

국민의힘 선거대책본부(이하 선대본)는 2022년 1월 18일 산하 네트워크 본부를 해체했다. 그 전날 윤석열 후보와 인연이 있는 건진법사가 선대본에서 고문으로 일한다는 보도가 나왔다. 민주당에서는 국민의힘이 아니라 '굿힘당'이라고 비판을 했다.

윤석열은 건진과 한두 차례 만난 것이 전부라고 해명했다. 하지만 건진의 지인에 따르면 "윤석열이 검찰총장일 때 멘토 역할을 했고, 뭔가 결정하거나 결심할 때 답을 주었다"고 한다. 건진법사는 김건희가 운영한 코바나컨텐트 고문으로도 활동했다.

윤석열과 김건희는 영적인 의존이 강하다는 측면에서 일종의 소울메이트(soulmate)였다. 김건희가 공개한 바에 따르면 윤석열과의 결혼은 무정스님이 가교역할을 했다. 다음은 김건희가 〈서울의소리〉 이명수 기자와 통화에서 밝힌 내용이다.

"(무정스님이) 너는 석열이하고 맞는다. 그분이 처음 소개할 때도, 너희들은 완전히 반대다. 김건희가 완전 남자고 석열이는 완전 여자다… 근데 정말 결혼을 해보니까 그게 진짜인 거야… 드라마 보면서 쭉쭉 우는 게 우리 남편이에요… 결혼해서 도사는 도사구나, 그랬어요."

"우리 남편도 그런 약간 영적인 끼가 있거든요. 저랑 그게 연결이 된 거야. 왜냐면 우리 같은 사람들이 결혼이 원래 잘 안 돼. 서로가 홀아비 과부 팔자인데 그래서 인연이 된 거지."

무정스님은 심희리라는 이름의 무속인으로 활동하는데 흔히들 '심도사'라고 한다. 심 도사는 윤석열이 검찰총장 시절 한동훈 감찰부장이 법원에 낸 의견서에도 등장한다.

윤석열이 2020년 3월 간부 회식 자리에서 "1890년대 일제 때 태어났으면 마약판매상이나 독립운동을 하였을 것이다"고 했다고 한다. 한동훈 부장은 전생을 볼 줄 안다고 신통을 내세우는 것은 백이면 백 가짜일 가능성이 높다고 생각하고 있었다. 윤석열이 자신의 과거를 본 것처럼 얘기하자 "강릉의 심 도사 등과 교류한다는 말을 익히 알고 있었다. 그래서 나는 윤석열 검찰총장이 어느 무속인이나 그와 비슷한 가짜 승려와 교류하고 있으며, 그 사람으로부터 속고 있구나 하는 생각을 하였다"고 기록했다.

윤석열은 장님 무사, 김건희는 앉은뱅이 주술사

윤석열의 집권 1,000일 동안에는 천공이 주로 거론되었다. 그는 대통령실 용산 이전, 동해안 석유 시추 등 굵직굵직한 나라의 일에 대해 자주 얘기했는데 대부분 현실이 되었다. 대통령실은 2022년 9월 14일, 윤석열 대통령이 18일 출국하여 영국 엘리자베스 2세 장례식에 참석하는 조문 일정을 공개했다. 그사이에 천공이 유튜브를 통해 "잘 알지 못하는 사람의 조문을 가면 악한 기운이 묻어올 수 있다"고 했다. 윤석열은 일정을 변경하여 영국에 갔는데, 현지 교통 사정 등의 이유로 조문하지 않았다. 장례식이 끝나고 조문록을 작성하는 것으로 대신했다.

자칭 '지리산 도사' 명태균도 등장한다. 2022년 11월 윤석열의 동남아 순방 직전, 명태균은 김건희에게 텔레그램으로 자신이 꾼 꿈 얘기를 했다. "여사님, 혹시 남쪽으로 가실 일이 있으면 각별히 행동을 조심하셔야 합니다"고 당부했다. 당초 대통령실은 김건희 여사가 각 나라의 정상 부인들과 앙코르와트 왕궁을 돌아보는 일정을 소화할 것이라고 공지했었다. 김건희는 예정과 달리 한 의료원을 방문하여 심장병 수술을 받은 아동을 만났다.

명태균은 2021년 서울의 한 고깃집에서 처음 김건희를 만났다. 김건희와 명태균은 둘 다 영적으로 고수라서 서로 통했다고 한다. 명태균은 "윤석열은 칼을 잘 휘두르는 장님 무사, 김건희는 밖으로 나가면 안 되는 앉은뱅이 주술사"라며 "김건희가 장님의 어깨에 올라타서 주술을 부리게 된다"고 얘기했다고 한다. 주술은 김건희, 다시 말해 김건희가 용산의 주인과 다름없다는 뜻인데, 윤석열 정부 내내 '김건희 공화국'이라는 수식어가 따라붙었다. 프랑스 절대 왕정 시대의 루이 14세가 "짐이 곧 국가다"고 했는데 "김이 곧 국가다"라고 할 정도로 김건희의 위세는 대단했다.

저 감옥가나요

명리학자 류 모 씨는 김건희가 자주 조언을 구했던 사람 중의 하나이다. 《한겨레21》에 따르면 그 인연은 2019년 말, 윤석열이 조국 법무부 장관을 기소했던 시기로 거슬러 올라간다. 류 씨가 한 유튜브에 출연해 "윤석열 총장이 대통령 사주로 태어났다"라고 주장했는데 이 영상을 본 김건희가 만나자고 했다. 서초동 아크로비스타에서 만났고 대여섯 차례 상담을 해주었으며 2023년 12월까지 인연이 이어졌다. ['대통령 부부 주술 스캔들에 국가가 휘청이다', 《한겨레21》]

김건희는 고비마다 그를 찾아갔다. 2020년 추미애 법무부 장관과 윤석열 검찰총장의 갈등이 심하던 무렵에는 김건희가 윤석열의 거취를 묻길래 "천운이 좋아 살아난다"고 답했다고 한다. 2021년 말 대선 전략을 두고 이준석 국민의힘 대표와 갈등하던 시절에는 "하극상을 벌일 사람이지만 슬슬 달래서 가는 게 좋겠다"라고 조언했다.

고가의 명품가방 수수 사실이 드러난 지 얼마 안 돼서 2023년 12월 김건희가 류 씨에게 연락해 "저 감옥 가나요?"라며 조언을 구했다. 류 씨는 "위기인 것은 분명하나 아직 기운이 좋아 가지는 않는다"는 취지로 답했다. 김건희는 이후 그의 조언에 따라 153일 동안 공식 활동을 하지 않았다.

대검 감찰부장을 지낸 한동수 변호사는 2022년 10월 19일 페이스북에 이런 글을 썼다. "대검은 구름 속에 있는 기관처럼 국민이 그 실정을 알기 어렵다. 지난해(윤석열 대검 총장 시절) 대검 청사 뒤편 웅덩이 근처에 용(龍) 자 부적이 뿌려져 있던 것도 기괴하다."

그는 2024년 1월에 펴낸 책《검찰의 심장부에서》에서 "윤석열 대통령이 용산으로 집무실을 이전할 때 용산 담벼락에 뿌려졌다는 '용' 자의 부적 크기와 색상, 글 자체가 (대검에 뿌려졌던 것과) 같다는 것을 알았다. 단순한 우연일까. 묘한 일치다"라고 관찰기를 썼다. 부적은 2025년 1월 중순, 한남동 탄핵 반대 집회 현장에도 등장했다.

주술공화국의 말미에 천공이 다시 희망을 주었다. 천공은 2024년 12월 18일 "윤석열은 하느님이 점지한 지도자이다"라고 주장했다. "윤석열은 지금 실패한 게 아니다. 어떤 과정, 환경을 겪고 있는 것이다. 올해는 상당히 힘들지만, 자신을 공부하는 기간"이라며 3개월의 공부 기간이 지나면 국면이 바뀔 것이라고 했다. 윤석열이 한남동과 헌법재판소에서 버티기 전술로 일관하는 것도 천공의 영향이라는 얘기가 돌았다.

무속공화국의 화룡점정은 노상원 전 정보사령관이다. 제정러시아 말기에 그리고리 라스푸틴이라는 요승이 있었다. 그는 1차세계대전 당시 남부전선에서 독일군과 싸우면 승리한다는 하느님의 계시가 있었다고 황제에게 진언했다. 결과는 제정러시아의 붕괴, 그리고 볼세비키혁명으로 이어졌다. 세계 4, 5위의 군사대국에서 무속을 신봉하는 장군을 경험한다는 것은 참으로 기괴한 일이다. 노상원은 계엄 선포 3일 전에 윤석열을 만났다고 자랑한 것으로 알려졌다.

12장 윤석열, 방첩사 부활시키다

윤석열이 집권한 지 6개월도 안 되어 보안사, 기무사의 후신인 국군방첩사가 부활했다. 기무사령부는 2017년 박근혜 탄핵 직전에 계엄령 문건을 작성하여 문재인 정부 시절에 해편(해체 개편)됐다. 지원부서 성격의 군사안보지원사령부로 명칭도 바뀌었고, 권한도 대폭 축소되었으며 인원도 30% 정도 감축되었다. 정치 개입의 후과이다.

 2022년 11월 1일 다시 사령부급으로 격상한 국군방첩사로 개편하면서 3불 원칙을 내세웠다. 업무 훈령 제4조 정치적 중립 준수 의무에 이어 제8조에는 특권의 배제라는 조항에 3불이 있다. 국민 전체에 대한 봉사자로서 정치적 중립을 지켜야 한다. 인권 보장과 헌법 수호 정신으로 직무를 수행해야 한다. 권한을 부당하게 확대 해석하거나 오남용을 하여서는 안 된다고 못 박았다. 기무사 시절에 사이버 댓글 공작과 세월로 유가족을 불법 사찰한 행위가 드러난 것 등에 대한 반성으로 보였다. 하지만 이는 거짓이거나 위장이었다.

다시 내걸린 전두환·노태우 사진

출범과 함께 20대, 21대 보안사령관 전두환, 노태우의 사진을 사령부 본청 복도에 내걸었다. 내란 수괴인 두 명의 사진을 내건다는 것은 문재인 정부 시절이면 상상도 못 할 일이다. 실제로 군사안보지원사령부 시절에는 두 명의 사진이 없었다. 사진 게시는 윤석열의 역사관을 읽고 한 행위라고 볼 수 있다. 윤석열이 묵인하거나 조장했기에 가능한 일이다. 쿠데타가 로망인 윤석열, 전두환이 일은 잘했다는 윤석열이 대통령이어서 있을 수 있는 일이다.

전두환, 노태우 사진 게시 사실은 추미애 민주당 의원이 '국군 방첩사령부 내 역대 사령관 사진 게시 현황' 자료를 요청(2024년 10월)하여 드러났다. 추미애 민주당 의원은 "내란과 군사반란죄로 대통령직까지 박탈당한 역사적 죄인 전두환, 노태우 사진을 뭐가 자랑스럽다고 방첩사에 다시 게시했는지 묻고 싶다. 방첩사는 1980년대 그 시절이 그리운 게 아니라면 당장 철거해야 한다"고 했다.

국방부에는 부대 관리 훈령이 있다. 이 훈령 5장 3절에는 '장성급 지휘관 및 기관장 사진' 관련 규정이 있다. '부패 및 내란외환죄 등으로 형이 확정된 지휘관' 사진의 게시를 금지하고 있다. 다만 예우 홍보 목적이 아닌 기록 보존 목적으로 게시할 수 있는데, 이 경우에는 역사관이나 회의실에서만 할 수 있다. 방첩사는 "전체적으로 역사를 보기 위한 것"이라고 해명했는데, 그 해명과 모순되게 박정희 대통령을 시해한 16대 김재규 사령관(당시 중앙정보부장)의 사진은 게시하지 않았다.

보안사 장악은 '계엄의 정석'

방첩사는 원래 군 내부에 스며드는 스파이를 색출하고, 군 정보가 간첩들에게 새 나가는 것을 방지하는 일을 한다. 쿠데타를 막는 것도 가장 큰 역할 중의 하나이다. 그런데 방첩사의 전신인 보안사가 쿠데타에 동원된 흑역사를 갖고 있다. 1979년 전두환이 보안사령관으로 있으면서 12·12 쿠데타를 일으켰다. 보안사의 핵심인 허화평, 허삼수, 최평욱, 그리고 하나회 소속인 노태우, 장세동, 김진영 등과 함께 내란을 모의 실행했다.

이 과정에서 보안사가 군 내부의 모든 통신을 도청했다. 김재규 중앙정보부장과 가까운 정승화 육군참모총장, 이건영 야전군총사령관, 장태완 수도경비사령관, 정병주 공수부대장 등의 상호 연락은 모조리 도청되었다. 보안사를 누가 장악하냐에 따라 계엄군과 진압군의 전력 차이가 결정된다. 보안사 장악은 이때부터 '계엄의 정석'이 되었다. 2017년 촛불정국에서 보안사의 후신인 기무사가 만든 문건은 '계엄 시즌 1'이다. 2024년 '계엄 시즌 2'는 국군방첩사령부의 부활에서 시작됐다.

윤석열은 후보 시절 마지막 유세에서 부정 선거론을 집중 점화했다. 2022년 3월 4일 경주 유세에서 21대 4·15 총선(2020년) 관련 부정선거 의혹이 있다는 우려를 잘 알고 있다고 불을 지폈다. 그리고는 3월 6일 의정부 유세에서는 "중앙선관위가 썩으면 민주주의는 망합니다. 우리나라 선거관리위원회가 정상적인 선관위 맞습니까"라고 대놓고 국가 헌법기관에 대한 불신을 쏟아냈다.

윤석열의 '리셋 플랜'

이 시기 윤석열 캠프에서는 부정선거 음모론에 집단적으로 심취해 있었다. '시대정신연구소TV'라는 유튜브 채널에서는 이 무렵, "권력을 스스로 찾아오려는 강력한 의지가 필요하다"며 윤석열 집권 이후 국회해산 시나리오를 제기했다. 일부 보수 진영에서 190 대 110의 국회 의석으로 보아 야당이 1년 내에 탄핵을 추진할 텐데 대통령을 보호하기 위한 방위대를 설치하자는 등의 내용이 광범위하게 돌고 있었다. '시대정신연구소'는 그것만으로는 부족하다며 대규모 부정선거 증거가 드러나면 야당 의원 상당수가 의원직을 잃게 되고, 그러면 사실상 국회가 해산되어 총선거를 다시 치를 수 있다는 등의 주장을 했다. 이른바 '윤석열의 리셋 플랜'이다.

윤석열은 5월 취임 이후 자신이 믿고 있고, 보수 진영에서도 제기하는 부정선거 의혹을 조사하는 작업에 착수한 것으로 보인다. 검찰로는 한계가 있다고 보았고 방첩사를 부활시키는 것으로 일을 추진했다. 마침 윤석열의 당선 가능성을 높게 본 안보지원사령부가 사령관의 지시로 조직개편 TF를 구성하여 움직이고 있었다. 윤석열 정부가 출범하자 곧바로 이 TF를 확대 개편했다. 그래서 2022년 11월 1일 방첩사가 출범했다.

새로 태어난 방첩사는 과거의 기무사보다 더 막강한 권한을 부여받았다. 장군 진급 및 주요 보직 예정자의 인사 검증을 위한 대통령실의 자료 요청에 군이 응하게 했다. 문재인 정부 시절에는 차단했던 일이다. 과거 군사 정부에서는 법적 근거 없이 암암리에 했던 것인데 윤석열 정부 들어서 아예 법적으로 보장했다. 방위산업체 국방과학연구소 등에 한정된 정보 수집 권한을 대폭 확대해서 주요 군 기관을 대상에 포함시켰다. 이 업무를 위해 문재인 정부 시절에 본대로 귀대했던 요원 1,200여 명 대부분이 복귀했다.

31년 만의 방첩사 방문

그해 12월부터 시작한 방첩사 시행령 개정 작업의 핵심은 '그밖에 국방부 장관이 정하는 군인 군무원, 시설, 문서 및 정보통신 등에 대한 보안 업무'에 사이버 암호 전자파 위성 분야를 추가하는 것이었다. 특히 사이버 등에 대한 업무를 포괄적으로 포함시켰는데, 윤석열이 그렇게 믿고 있고, 믿고 싶은 북한의 선거 개입여부를 조사할 수 있는 근거를 만든 것이다. 선관위 디도스 공격이나 해킹 등에 대해서 국가정보원 말고도 방첩사가 개입할 수 있도록 했다. 방첩사의 지원 업무에 대테러, 대간첩 작전 지원 조항도 신설했다. 계엄령에 동원되는 군인들이 내란 범죄 등으로 조사받지 않도록 조항을 신설한 것이다.

 윤석열은 2023년 3월 22일 현직 대통령으로서는 31년 만에 방첩사를 비공개 방문했다. 1992년 노태우의 방문 이후 처음이다. 윤석열이 방첩사를 비공개 방문한 후 약 한 달 만인 4월 18일 위와 같은 내용의 대통령령(국군방첩사령부령 대통령령 제33409호 일부개정령)이 공포, 시행되었다.

 1년 7개월 후 방첩사는 12월 3일 비상계엄이 발동되자마자 가장 많은 인원을 경기도 과천시 중앙선거관리위원회로 보냈다. 유권자 명부가 있는 서버를 통째로 압수하려고 했다. 2022년 11월 1일 방첩사의 부활이야말로 12·3 비상계엄의 구체적 출발인 것이다.

  부승찬 민주당 의원은 《주간조선》에 "정보·수사 국가기관 중 법률에 근거하지 않은 기관은 방첩사령부뿐이다. 게다가 방첩사 시행령 직무는 역시 시행령인 방첩업무 규정에서 규율하고 있어 법과 국회의 통제가 미치지 못했다"라며 "이 법적 미비에 기대어 보안사·기무사 그리고 방첩사까지 대부분 사령관은 이른바 '통수권 보좌'라는 미명하에 대통령과 특수관계를 맺고 정치 개입과 불법 행위를 수없이 자행해 왔다. 이 관계를 끊을 수 있는 개혁이 이번에는 반드시 이뤄져야 할 것이다"라고 말했다.

13장   계엄 첫 번째 징조, 경호처 차지철 시대로

김용현은 윤석열 후보 캠프에서나 인수위, 그리고 용산에서 압도적인 존재감을 보였다고 한다. 기수와 서열이 분명한 예비역 사회인데 그가 얘기하면 위아래 할 것 없이 모두가 집중할 정도로 장악력이 있어 보였다. 윤석열과 충암고 선후배 관계라는 점, 윤석열의 신임이 두터웠다는 점 등이 작용했다.

  김용현의 힘을 확인할 수 있는 것은 경호처의 권력화, 비대화이다. 경호처의 인건비는 윤석열 정부 들어서 17%(2022년~2025년) 급증했다. 직원도 60명이나 늘어났다. 직원 758명의 인건비는 635억 원으로 1인당 연봉이 8,400만 원에 달했다. 사용처를 알 수 없는 특별활동비는 14억 5천만 원 늘어난 82억 원에 달했다. 예산은 970억 원에서 1,391억 원으로 늘어났는데 예산 증가율은 43.4%로 정부 총지출 증가율 11.5%의 4배에 달했다. ['고재학의 경제이슈 분석' 《한국일보》]

  "내가 차지철이요" 김용현이 대통령 경호처장(차관급) 시절 공식 회의 석상에서 이렇게 말했다고 한다. 대통령 경호처가 경호업무 수행을 위해 경찰, 검찰, 소방, 합참, 외교부 등 유관기관을 불러 모아 연 안전 대책 회의 자리에서의 일이었다. 한 참석자는 "김용현 처장이 뜬금없이 자신이 차지철이라고 해 깜짝 놀랐다"며 "위세를 과시하려는 생각이었던 것 같은데, 다들 실세라고 하니까 표현을 못 했을 뿐 황당해 했다"고 전했다. 무엇보다 군 출신으로서 차지철의 잘못을 누구보다 잘 알고 있을 그가 농담으로라도 차지철을 자부한 건 부적절하다는 취지였다. ["내가 차지철" 자부했던 김용현, 핵심 실세서 내란 혐의자로 추락한 이유, MBC 뉴스 <국회M부스> 2024년 12월 28일]

차지철이 누구인가? 박정희의 절대 신임을 얻었던 집권 말기의 경호실장(장관급)이다. 전두환, 노태우도 그 앞에서는 자세를 낮추었다. 1974년 육영수 저격 사건으로 사퇴한 박종규의 후임경호실장이 되었다. 수도경비사령부 설치령을 개정■하여 군을 그의 통제 밑에 두었다.

차지철은 유신독재를 무너뜨리는 신호탄이 되었던 부산마산민주항쟁을 총칼로 진압하자는 주장을 할 정도로 강경파였다. 박정희에게는 절대 충성을 바쳤다. "캄보디아에서는 300만 명을 죽이고도 까딱없었는데 우리도 데모대원 100~200만 명 정도 죽인다고 까딱 있겠습니까" 유신체제의 심장을 쏜 김재규가 1979년 10월 26일 밤, 차지철에게 먼저 총을 겨누며 "각하, 이 따위 버러지 같은 자식을 데리고 정치를 하시니 올바로 되겠습니까"라고 했다.

김용현이 첫 번째 사고를 친 것은 경호처장 취임 6개월이 채 안 되어 시도한 경호처법 시행령 개정안(2022년 11월 9일)이다. 시행령 개정안에 조항 하나가 신설되었다. "경호처장은 경호업무를 효율적으로 수행하기 위해 필요한 경우, 경호구역에서 경호활동을 수행하

■ 사령관은 특정경비구역과 관련된 작전활동에 대하여는 대통령 경호실장의 통제를 받는다.

는 군과 경찰 등에 대해 지휘 감독권을 행사한다."바로 이 조항이 큰 논란을 불러 일으켰다.

차지철이 죽은 후 1980년 경호실법 시행령이 개정된 바 있다. 차지철은 경호실장이 수도경비사령관을 통제한다고 고쳤는데, 다시 협의하여야 한다로 바뀌었다. 이를 42년 만에 다시 차지철 시대로 역행하려고 한 것이다. 이 조항이 신설되면 앞으로는 소속부대나 경찰 지휘 계통을 거치지 않고, 경호처장이 직접 지휘권을 갖게 된다. 경호처 소속 인력은 총 700여 명인데 여기에 22경찰경호대, 101경비단, 202경비단 등 경찰 인력이 약 1,300명 정도 된다. 거기에 더해서 군도 55경비단, 33군사경찰경호대 1,000여 명 정도가 용산 대통령실과 한남동 관저의 내외곽 경호를 담당하고 있다.

시행령이 개정되었다면

시행령 개정대로 된다면 3,000명이 넘는 연대급 병력을 경호처장이 지휘할 수 있게 되는 것이다. 돌이켜 보면 쿠데타의 예고편이었다. 쿠데타를 할 수 있도록 진지를 안정적으로 구축하기 위한 작업이었다고 볼 수 있다. 만약 의도하는 대로 시행령이 바뀌었다면 윤석열이 한남동 관저에서 농성전을 하고 있을 때 경찰과 군 병력을 동원하여 공수처와 경찰기동대의 진입을 막았을 것이다. 하지만 시행령이 개정되지 않았기에 경찰과 군 병력은 최상목 대통령 권한대행과 경호처의 협조 요청을 거부할 수 있었다.

시행령 개정 움직임에 민주당 등 야당은 일제히 들고 일어났다. 김병주 민주당 의원은 "군의 지휘체제를 문란시킬 수 있다", "과거

유신시대보다 더 강한 조항이 된다", "북한 김정은 위원장의 호위사령부와 같이 비춰질 수 있고, 후진국이나 독재국가의 근위대 같은 역할을 하는 것처럼 비춰질 수 있다", "군이 국민을 지키는 군대가 돼야 하는데 자칫 잘못하면 대통령의 개인 사병화가 될 수 있다"고 지적했다.

김용현은 국방부 청사로 이전한 대통령실이나 외무장관 관사로 이전한 대통령 관저가 주변에 노출되어 있어 경호를 효율적으로 하기 위한 조치라고 해명했다. 권한 강화는 오해이고, 매우 제한적인 경호 활동에 대해서만 지휘 감독하는 것이라고 변명했다. 야당의 반발로 시행령 개정안은 경호처장의 지휘 감독 대신에 관계기관의 장과 협의한다로 수정하여 2023년 5월 국무회의를 통과했다. 어차피 협의는 필요한 것인데, 이렇게 체면치레를 했다.

김용현 경호처장 시절에는 강성희 진보당 국회의원이 전라북도특별자치도 출범식(2024년 1월)에서 윤석열에게 "국정 기조를 바꾸십시오", 한국과학기술원(KAIST) 졸업식에서 한 학생이 "연구개발 예산을 복원하라"고 한 것에 대해 과잉 경호를 했다. 입을 틀어막고 강제로 끌고 나간 것에 대해 "독재 시대에나 있을 충격적인 사건"이라는 비판을 자초했다. 입틀막 정권이라는 수식어가 만들어졌다.

2024년 10월 국회 국방위 국정감사에서 박선원 민주당 의원이 국방부 장관이 된 김용현을 차지철 같다고 비꼬자 "저는 그 발가락에도 못 따라간다"며 감사하다, 고맙다고 비아냥거리는 답변을 했다. 이에 박범계 민주당 의원이 "12·12 쿠데타의 사실상 원인 제공자인 차지철을 존경하냐, 어떻게 그런 발언을 하냐"고 질책했다.

14장　　　　　　　계엄의 빌드업, 역사 전쟁

육사 37기(박지만 동기생)인 신원식은 2020년 국민의힘에서 공천을 받아 국회의원이 되었고, 이어 2022년에는 국방부 장관이 되었다. 그의 식민사관과 과거 발언이 논란이 되었다.

"우리는 매국노의 상징으로 이완용을 비난합니다. 그러나 당시 대한제국은 일본에 저항했다 하더라도 일본과 국력 차이가 너무 현저해 독립을 유지하기 어려웠습니다. 이완용이 비록 매국노였지만 한편으론 어쩔 수 없는 측면도 있었던 것이 사실입니다."[2019년 8월 전광훈 목사가 진행하는 집회에서 예비역 장군 신분으로]

"조선을 승계한 대한제국에 무슨 인권이 있었습니까? 개인의 재산권이 있었습니까? 아니, 예를 들어서 대한제국이 존속했다고 해서 일제보다 행복했다고 우리가 확신할 수 있습니까?"[2019년 8월 유튜브 '장군의 소리'에서]

"박정희 대통령이 돌아가신 그 공백기에, 뭐 서울의 봄이 일어나고, 그래서 저는 그때 당시 나라 구해야 되겠다고 나왔다고 봐요.

나중에는 한국에 도움이 되는 5·16 같은 게 정치법적으론 쿠데타인데 우리가 농업화 사회에서 산업화 사회로 바뀌었기 때문에 사회경제 철학적으론 혁명이거든요." [5·16과 12·12를 옹호, 신인균 '국방 TV' 출연, 2019년 9월]

신원식은 윤석열 정부가 출범하고 첫 번째 정기국회에서 국회 국방위원회 국민의힘 간사를 맡고 있었다. 여러 가지 역사적 사실을 왜곡하면서 홍범도 장군의 흉상이 육사에 설치되어 있는 것은 문제라며 철거를 촉구했다. 군의 역사 전쟁에 불을 붙였다. 광복군과 독립군이 우리 군의 뿌리인가, 아니면 친일파이지만 6·25전쟁에서 공을 세운 백선엽(육군), 김정렬(공군)을 출발로 보냐는 이념 전쟁이다. 이 전쟁은 박정희, 전두환을 보는 시각으로 이어진다.

홍범도 장군의 흉상은 문재인 정부 시절 2018년 3·1절 99주년을 맞이하여 세워졌다. 육군은 대한독립군 총사령관 홍범도 장군과 신흥무관학교 설립자 이회영 선생 등 5인의 흉상을 제작해 육사 경내에 설치했다. 이들을 독립전쟁 영웅으로 칭송하여 생도들의 본보기로 삼자는 취지였다. 아울러 우리 군대의 뿌리가 독립운동에 있었음을 확인하는 작업이었다.

'독립군과 광복군을 계승한다' 삭제

윤석열 정부가 들어서자마자 역사 지우기 작업이 시작되었다. 국방부 누리집의 국군 연혁에서 독립군과 광복군을 계승했다는 내용을 삭제했다. 우리나라 국군의 연원은 헌법 전문에 따라 임시정부의 법통을 계승한다는 취지에서 임시정부의 군제인 독립군과 광복군을 계승해 국군을 창건한다고 초대 이범석 국방부 장관이 국군 훈령 제1호로 공표한 바 있다. 이범석 장군의 흉상도 3·1절 99주년에 홍범도 장군의 것과 함께 세워졌다.

윤석열 정부 초대 국방부 장관으로 이종섭이 취임한 뒤 '우리 국군의 역사는 군사영어학교와 국방경비대에서 시작했다'로 바꾸었다. 홍범도 장군 흉상 이전 검토도 시작되었다. 이에 대해 황원섭 홍범도장군기념사업회 고문은 "그렇다면 국군은 일본군의 후예가 된다. 일본군 출신을 주 대상으로 (미군정이 출범하자) 언어 소통을 위해 세운 군사영어학교가 국군의 뿌리라면 우리 국군은 일본군의 후예이며, 미국의 괴뢰군이 될 것이다. 이는 나라의 권위와 위상을 추락시키는 것이며, 민족의 자존을 부인한 것이다"라고 지적했다.

2023년 8월 윤석열이 비공개 국무회의에서 "한번 국무위원들도 생각해보자. 무엇이 옳은 것이냐"[《머니투데이》보도]라고 말한 것으로 알려졌다. 사실상 흉상 이전론에 힘을 실어준 것이다. 앞서 윤석열 대통령 취임식 날, TV로 중계를 지켜보던 김민배 TV조선 대표가 윤석열 정부의 위기가 한일관계에서 올 것이라고 한 불길한 예감이 적중하고 있었다. 윤석열 정부 들어서서 설마설마하는 사이에 한국 정신을 대신하여 일본 정신이 정부 중심에 들어서기 시작했다. 뉴라이트 인사들이 요직을 차지했고, 군의 정신도 바뀌었다.

신원식은 2023년 8월 29일 자신의 페이스북에 "대한민국의 뿌리는 6·25 전쟁을 포함 3,000여 회에 걸친 북한의 침략과 도발로부터 자유민주주의와 국민을 지킨 호국영령이다"라며 "김원봉과 홍범도는 그 어디에도 포함되지 않는다"라고 적었다.

다음날은 예비역 장성들과 함께 "육사는 1945년 해방 이후 만들어졌고 육사의 정체성은 공산주의 침략으로 발발한 6·25 전쟁으로부터 대한민국을 지키는 것"이라며 "6·25 전쟁, 베트남 파병, 대침투 작전, 해외파병 등의 작전을 수행하다 전사한 영웅들을 모시는 것이 더 타당하다"고 했다. 역사 전쟁에 불을 붙인 신원식은 2023년 10월 국방부 장관이 되었다.

홍범도 장군 흉상 이전에 대해서는 여권에서도 반대가 많았다. "윤석열 정권의 이념 과잉이 도를 넘고 있다(유승민)", "건국훈장을 받은 독립운동가에게 모욕을 주어서 얻고자 하는 게 무엇인지 모르겠다(이준석)."

홍범도 장군은 독립운동 유공을 인정받아 1962년과 2021년 두 차례 대통령장을 수여했다. 보수(박정희), 진보(문재인) 정부에서 각각 다른 공적이 확인되었다. 박근혜 정부 시절 해군 잠수함을 진수하면서 '홍범도함'이라고 명명했다. 그의 유해가 카자흐스탄에서 꿈에도 그리던 고국 땅으로 봉환될 때는 문재인 대통령이 직접 나서서 공군기를 영접했다. 남북 간의 체제 경쟁에서 우리가 독립운동의 정통성과 맥을 잇는 정부라는 의미가 있는 일이었다.

육사 교과 과목도 손대다

군의 역사 지우기에 나선 윤석열 정부는 2024년 육사 교과 과정에서 '헌법과 민주시민'이라는 과목을 지웠다. [강유정 민주당 의원 공개 자료] 시민 불복종과 시민 참여 같은 상황에서 군의 역할과 법체계를 다루자는 취지로 개설된 과목이었다. 2017년 박근혜 탄핵 국면에서 기무사가 계엄문건을 작성한 것이 발단이 되어 육사 교과 과정을 부분 손질했다.

그 결과물로 생긴 것이 '헌법과 민주시민'이었다. 군대가 시민사회와 동떨어진 것이 아니고, 군도 시민사회의 일원이다. 따라서 군도 시민으로서 헌법적 책무를 고민하게 하고자 개설했는데 교과목을 폐강한 것이다. 현재 해군사관학교에만 '한국 민주주의와 한반도 평화'라는 과목이 남아 있다.

시간을 거슬러 올라가면 1987년 민주화운동 당시 육군 사관 생도 한 명이 정복을 입고 시위에 참여한 일이 있었다. 육사가 발칵 뒤집혔다. 그때부터 1988년까지 2년간 하루에 6시간씩 이념 교육을 했다. 이 당시에 육사를 다녔던 이들이 이번 12·3 비상계엄의 주역이 되었다. 곽종근 특수전사령관(47기. 1987년 입학), 여인형 국군방첩사령관(48기), 이진우 수도방위사령관(48기) 등이다. 이념적 세례를 극단적으로 받은 세대이다.

사관생도 신조는 '우리는 국가와 민족을 위하여 생명을 바친다', '우리는 언제나 명예와 신의 속에서 산다', '우리는 안일한 불의의 길보다 험난한 정의의 길을 택한다' 등 3개 항으로, 육사 교내에는 사관생도 신조탑도 있다.

"김용현 전 국방부 장관이 계엄 사태 이후 사관생도 신조를 인용하며 '안일한 불의의 길보다 험난한 정의의 길을…'이라고 말한 사실이 황당합니다. 사관생도 신조를 조롱거리로 만든 거죠."[《조선일보》 2024년 12월 26일]

2025년 2월 윤석열이 체포된 후 육군사관학교 졸업식에서는 처음으로 헌법의 가치를 강조하는 축사가 나왔다. 김선호 국방부 장관 직무대행은 소위로 임관하는 223명의 졸업생에게 "군인에게 있어 충성이란 헌법이 규정한 국가와 국민에 대한 충성을 의미한다"라고 강조했다. 그릇된 명령이나 계급장에 충성해서는 안 되고 근간이 되는 가치에 충성하라는 것이다.

15장   김태효의 수상한 방문

12·3 비상계엄 이전에 세 번의 수상한 군부대 방문이 있었다. 앞서 살펴본 것처럼 윤석열의 방첩사 방문(2023년 3월). 이는 현직 대통령으로서는 31년 만이다. 2024년 3월 충암파의 핵심인물인 이상민 행정안전부 장관의 방첩사 방문. 국방부도 모르는 비공개 방문이었다. 계엄법은 '국방부 장관 또는 행정안전부 장관은 계엄 사유가 발생한 경우에는 국무총리를 거쳐 대통령에게 계엄 선포를 건의할 수 있다'고 규정하고 있다.

계엄건의권을 갖고 있는 장관의 수상한 방문이다. 대외적으로는 비공개이지만 대내적으로는 공개되는 군대 방문을 놓고 그 자리에서 계엄을 논의했다고 보는 것은 비약이다. 하지만 전례 없는 방문, 업무와 연관이 없는 방문에 의혹의 시선이 닿을 수밖에 없었다. 계엄을 작당하는 입장에서는 직접 병력을 눈으로 확인해보고 싶었을 수 있고, 해당 부대는 고위층의 방문에 사기가 진작되었을 것이다.

김태효 국가안보실 1차장은 윤석열이 방첩사를 방문했을 무렵, 강원도에 있는 북파공작원부대(HID)를 비밀리에 방문했다. 국가안보실에서 안보를 담당하는 2차장이 아니고, 외교 담당인 1차장의 군대 방문은 전례가 없는 일이다. 그것도 HID. 12·3 비상계엄이 발동되자 김용현과 함께 가장 주목받는 인물이 김태효이었다. 김병주 민주당 의원은 김태효의 HID 방문이 계엄의 시발점이라고 주장했다.

김병주 의원은 "외교를 담당하는 차장인데 왜 여기를 간 것인지 의심스럽다"며 "북파공작원을 이용해서 내란을 획책한 의도가 아닌가 심히 의심스럽다"고 의혹을 제기했다. 4성 장군 출신인 김병주 의원은 자신도 군대 생활 39년 하면서 허락이 안 떨어져 한 번도 가본 적이 없는 비밀스러운 곳이 HID라고 했다. 원래는 윤석열이 방문하는 계획이었는데 변경이 되어 김태효가 가게 되었다고 한다.

김태효는 이에 대해 국회 '윤석열 정부의 비상계엄 선포를 통한 내란 혐의 진상규명 국정조사 특별위원회'(위원장 안규백 국회의원)에 출석해 "부대 근무 수당이 열악하다고 해서 처우개선에 도움이 되려 방문한 것"이라고 해명했다. 비상계엄 발동 1년 9개월 전의 방문을 두고 계엄과 연관 짓는 것은 무리라는 입장이다.

의문이 남는 행보

그런데 왜 안보실 2차장이 가지 않고 1차장이 갔는지 여전히 의문이 남는다. 후에 밝혀진 바에 따르면 HID는 계엄 당일 경기도 판교에서 대원 30여 명이 출동 대기 상태였다. 암살 전문 최정예 부대인 이들은 북한군으로 위장해 소요를 유발하거나, 국회의원 등을 사살 체포하거나 선관위 직원을 납치 구금하는 임무를 맡았던 것으로 알려졌다.

도대체 김태효가 어떤 인물이기에 그의 HID 방문을 주목하게 되는 것일까? 김태효는 윤석열과 같은 아파트에 살면서 자주 어울리는 술친구이자 외교·안보 가정교사였다. 그는 윤석열 정부에서 김성한, 조태용, 장호진, 신원식으로 국가안보실장이 바뀌는 동안 1차장 자리를 계속 유지했다. 그래서 윤석열 정부의 '외교·안보 대통령'이란 별명이 붙었다.

일본 문부성 국비 장학생 출신이다. 나카소네 일본 총리가 세운 세계평화연구소가 선정한 '차세대 지도자상'을 수상했다. 2007년에 이명박을 지지하는 '뉴라이트 지식인 100인 선언'에 참여한 후에 청와대 외교안보수석실 비서관과 기획관을 지냈다. 2012년 한일 군사정보협정(지소미아)를 밀실 추진하다가 여론의 반발에 부딪혀 협정 조인 1시간 전에 무산되었고 자리에서 물러났다.

윤석열 정부 들어서서 일본과의 굴욕적 합의가 많았다. 강제 동원 피해자 보상 3자 변제 방식 수용, 사도광산 유네스코 문화유산 등재 과정에서 강제 동원 역사를 삭제하는 데 합의, 오염수 방류 허용 등이다. 김태효는 "과거사 문제에 대해 일본이 고개를 돌리고 필요한 말을 하지 않으면 엄중하게 따지고 변화를 시도해야겠지만 중요한 건 일본의 마음이다. 마음이 없는 사람을 다그쳐서 억지로 사과를 받아낼 때 그게 과연 진정한가[KBS 대담]"라고 발언해 큰 파문이 일었다.

'한반도 유사시 일본의 역할: 미일 신방위협력지침을 중심으로(2001)', '한일관계 민주동맹으로 거듭나기(2006)' 등의 논문으로 미국과 일본의 숙원인 아시아의 작은 NATO 구축론을 우리나라에 전파했다. 2018년에는 '한미일 안보협력 말고 다른 길은 없다'는 등의 칼럼을 썼는데 한반도 유사시 자위대가 개입하는 길을 터야 한다는 내용이다. 실제로 윤석열은 2023년 미국 캠프데이비드에서 정상회담을 통해 한미일 군사동맹의 출범을 알리는 선언을 채택했다.

　윤석열 정부 들어서서 뉴라이트의 전성시대가 되었다. 박지향 동북아역사재단이사장(《해방전후사의 재인식》 공저자), 허동현 국사편찬위원장(뉴라이트 계열 교과서포럼 운영위원), 김낙년 한국학중앙연구원장(《반일 종족주의》 공저자) 등등. 한국의 혼과 얼을 바로 세우고 역사를 정립하는 기관의 장을 모조리 친일사관을 갖고 있는 이들로 채웠다.

　"일제 강점기가 도움이 됐다", "일제 시대에 우리 국민은 일본 신민"이라는 등의 발언을 한 김형석 고신대 석좌교수의 독립기념관장 임명으로 '뉴라이트 정부' 논란은 최고조에 달했다. 급기야 광복회가 정부 주최 광복절 행사에 참석하지 않고 따로 모이는 일이 벌어졌다. 처음 있는 일이었다. 정부의 뉴라이트 경도에 대해서는 이종찬 광복회장이 "용산에 밀정이 있다"라고 했는데 김태효를 염두에 두고 한 발언이다.

윤석열, '반국가 세력'을 입에 달고 다니다

윤석열은 각종 축사 자리에서 그의 편협하고 냉전적인 역사관들을 마구 쏟아냈다. 친일·반공·반북·반중 등의 세계관과 가치관에 기반하여 야당을 적대시하는 발언의 강도가 세졌다. 거칠 것 없는 뉴라이트 정부의 진면목을 보여주기 시작했다.

　"자유민주주의에 공감하면 진보든, 좌파든 협치하고 타협할 수 있지만, 북한을 따르는 주사파는 진보도 좌파도 아니다. 적대적 반국가 세력과는 협치가 불가능하다."[2022년 10월 19일 국민의힘 원외 당협위원장들과 오찬 자리에서]

윤석열이 '반국가 세력'이라는 표현을 동원하여 야당을 비판한 것은 이번이 처음이다. 마치 타임머신을 타고 5공시대인 1980년대로 돌아간 것 같은 착각을 일으키게 했다. 윤석열은 이 무렵 안보지원사령부를 방첩사령부로 승격 개편했다(2022년 11월 1일).

주사파 출신으로 국민의힘 비상대책위원회 체제에서 잠시 활동했던 민경우 길(시민단체) 상임대표는 "윤석열 대통령이 언급하는 주사파는 객관적 사실이라기보다 허황된 구호에 가깝다. 현실에 존재하지만 사회적 영향력을 이미 상실했다. 우리 사회 곳곳에 포진해 당장에라도 나라를 뒤집어 놓을 정도의 사회적 힘과 영향력은 미미하다. 주사파는 사회적으로 사라진 폐어(廢語)로 극우 세력들이 필요에 따라 만든 조어에 불과하다"라고 했다.[윤의 반국가 세력은 누굽니까… 골수 주사파 민경우에 묻다', 《중앙일보》 2025년 1월 14일] 한마디로 주사파는 이제 유령이라는 것이다.

"영웅들의 희생과 헌신을 왜곡하고 폄훼하는 일이 있어서는 안 된다. 이러한 행위는 대한민국 국가 정체성을 부정하는 반국가 행위이다."[2023년 6월 13일 보훈의 달에 열린 국무회의에서]

"공산 전체주의를 맹종하며 조작 선동으로 여론을 왜곡하고 사회를 교란하는 반국가 세력이 여전히 활개치고 있다. 자유민주주의와 공산 전체주의가 대결하는 분단의 현실에서 이러한 반국가 세력들의 준동은 쉽게 사라지지 않을 것이다."[2023년 8월 15일 경축사]

둘로 쪼개진 2024년 광복절 경축사에서는 사이비 지식인과 선동가들이 국민을 현혹하여 자유 사회의 가치와 질서를 부수는 전략을 구사하고 있다며 '검은 선동 세력'에 맞서 자유의 가치 체계를 지켜내겠다고 했다. 이 주장은 2024년 8월 19일 을지국무회의에서 보다 명확해졌다.

"허위 정보와 가짜뉴스 유포, 사이버 공격과 같은 북한의 회색 지대 도발에 대해 대응 태세를 강화해야 한다. 우리 사회 내부에는 자유민주주의 체제를 위협하는 반국가 세력들이 곳곳에서 암약하고 있다. 북한은 개전 초기부터 이들을 동원하여 폭력과 여론몰이, 그리고 선전 선동으로 국민적 혼란을 가중하고 국론 분열을 꾀할 것이다. 이러한 혼란과 분열을 차단하고, 전 국민의 항전 의지를 높일 수 있는 방안을 적극 강구해야 한다."

성한용《한겨레》선임기자는 "김태효 등이 윤석열의 눈과 귀를 사로잡으면서 냉전 시대 극우 이념 노선으로 급속히 의식화했다"라고 분석했다. 지금에 와서 돌이켜 보면 을지국무회의 발언에 계엄의 모든 것이 담겨 있다. 허위 정보는 북한의 공작이고, 반국가 세력이 이에 동조하고 있다는 논리이다. 야당을 지칭하는 것이다. 북한과 전쟁이 일어나면 이들 반국가 세력이 혼란을 가중시킬 것이기에 전 국민이 항전에 나서야 한다고 했다. 계엄령 발동 이후 보여준 윤석열의 생각의 원형이 이 을지국무회의 발언에 그대로 담겨 있다. 계엄을 강력하게 시사한 것이다.

　김태효가 윤석열의 계엄에 어떤 역할을 했는지는 분명하지 않다. 다만 계엄까지 가게 된 3중 구조를 추론해 볼 수는 있다. 기저에 해당하는 1층에는 각종 음모론에 젖어 있는 윤석열의 망상, 2층에는 김태효 등이 윤석열에게 심어준 신냉전 사고, 그리고 마지막 3층에는 충성을 바치기로 한 김용현 등 충암파와 정치군인이 자리 잡았다.

16장   강서구청장 보궐선거와 국정원의 의심스러운 발표

우리나라에 신흥 최대 종교가 있다. '태초에 부정선거가 있었다'라고 말한다. 부정선거라는 사탄이 있으며 이를 조종하는 것이 북한이고, 악마의 전사들이 북한의 해커라고 생각한다. 우리나라 야당은 악마들의 부정선거로 다수당이 된 반국가 세력이다. 이 황당한 주장을 믿고 청년들이 개종하는가 하면, 전국에서 버스로 태극기 집회 현장에 성도들을 실어 나르는 교회들이 있다.

  이 종교의 또 다른 믿음은 미국과 일본이 우리에게 축복이라는 것이다. 뉴라이트는 일본 식민지가 우리나라를 발전시켰다고 말하고 있다. 이 종교의 보편적 믿음은 미국이다. 미국은 우리나라의 구세주이다. 그래서 성조기를 들고 다닌다. 악의 축은 북한과 중국이며, 선의 축은 미국(일본)이다. 악의 근원과 성전을 치러야 하고 지금은 부정선거와 싸우는 것이 소명이라고 생각한다.

  이 믿음의 결정판에 등장한 인물이 윤석열이다. 윤석열은 전광훈 목사와 극우 유튜브 사이에서 산발적으로 퍼져있던 이 믿음의 절대적 신봉자였다. 윤석열은 자신의 신앙을 간증하기 위하여 두 명을 주목했다. 한 명은 2022년 대선 캠프에서 사이버보안정책 공약을 만들었던 백종욱 가천대 교수다. 다른 한 명은 문재인 정부 시절 대검 감찰본부에 의해서 공무상 기밀 누설 혐의 등으로 해임된 김태우 검찰수사관(청와대 민정 파견)이었다.

윤석열은 북한의 해킹을 통한 선거 개입이라는 믿음을 입증하기 위하여 2022년 6월, 대통령으로 취임하자마자 백종욱을 국정원 3차장에 임명한다. 1차장은 해외 대북 정보 수집 분석, 2차장은 국내 방첩 업무, 3차장은 대북공작과 과학 산업 사이버 업무를 담당한다. 백종욱은 그 전에 국정원에서 국가사이버안전센터장을 맡았었다.

백종욱은 3차장에 취임한 지 1년이 지난 2023년 7월 한국인터넷진흥원(KISA)을 합동점검기관으로 하여 중앙선거관리위원회에 대한 보안점검에 들어간다. 윤석열은 부정선거가 아니었다면 자신이 0.73%P가 아니라 더 큰 차이로 승리했을 것이라는 믿음을 입증하고 싶었을 것이다. 그리고 자신의 중간평가가 될 2024년 총선에서도 부정선거만 없으면 승리할 것이라는 믿음을 갖고 있었다. 그래서 보안점검에 대한 기대가 컸다.

이즈음에 아주 중요한 정치 이벤트가 생겼다 2023년 10월 10일 서울 강서구청장 보궐선거이다. 승패에 무관심한 듯 치르면 될 강서구청장 선거였다. 어느 쪽이 이기든 정국에 미치는 영향이 별로 없을 1개 기초단체장 선거였다. 갑자기 정권 심판 선거로 발전했다. 윤석열이 판을 키웠다.

윤석열, 강서구청장 공천에 직접 개입

윤석열과 김태우와는 검찰 시절에 직간접적으로 인연이 있었다. 김태우는 해임된 후 유튜브 채널을 만들어 '조국 스나이퍼'로 활동하고 있었다. 윤석열 대선 캠프에 들어와서는 당시 캠프의 전반적인 기조에 맞춰 부정선거 음모론을 유튜브 채널을 통해 퍼트렸다. 보수 유튜버들과 윤석열을 연결해 주기도 했다. 윤석열 입장에서는 정말 마음에 드는 인물이었다.

김태우는 2022년 전국 동시 지방선거에 나가 강서구청장으로 당선되었다. 그런데 이미 이때 1심에서는 청와대 재직 시의 공무상 비밀 누설혐의가 인정되어 유죄판결을 받았다. 그런데도 공천을 했는데 당선된 지 1년이 채 안 되어 대법원에서 확정판결(2023년 5월 18일)이 나서 구청장직을 상실했다. 윤석열은 그를 8월 15일 광복절을 맞아 사면했다. 사면권 남용의 전형이었다. 그리고 당에 압력을 행사하여 그가 10월 보궐선거에서 공천을 받게 했다. 보궐선거 원인 제공자가 국민 혈세 40억 원을 들여 치러지는 보궐선거 후보가 되는 어처구니없는 일이 벌어졌다.

사전투표가 부정선거라는 강한 믿음을 갖고 있는 윤석열은 관외투표가 없는 강서구청장 선거가 해볼 만하다는 생각을 갖고 있었을 법하다. 그런데 정권 출범부터 인기가 없었던 윤석열의 국정 수행 지지도는 이 무렵 하강 곡선을 그리고 있었다.

강서구청장 보궐선거의 사전 투표율은 22.64%로 역대 재보궐 사전투표 역사상 최고치를 기록했다. 국정원은 중앙선관위에 대한 보안점검 결과를 원래 9월에 발표하려 했으나 이미지 처리 등 기술적인 문제로 10월 6일로 발표를 미뤘다. 국정원은 윤석열에게 "선관위 점검 결과 선거 조작 또는 해킹의 가능성을 완전히 배제할 수 없다"라고 입맛에 맞게 보고한 것으로 알려졌다.

김규현 국정원장은 윤석열에게 발표를 선거 이후로 미루자고 건의했다. 선거 개입으로 비칠 수 있기 때문이다. 윤석열은 10월 9일 보궐선거 하루 전에 발표할 것을 지시했다 ["해킹 가능하다"고 선거 전날 발표하라… 국정원, 尹 지시로 선관위 점검 결과 미뤘다.《한국일보》2024년 12월 19일]. 윤석열은 사전투표에 대한 보수층의 불신과 우려를 부추기고 여권 지지층의 본투표 참여를 높이려는 정략적 의도로 택일을 한 것으로 보인다.

그의 기대와 달리 참패로 끝났다. 김태우는 39.37%를 얻는 데 그쳐 17.5% 차이로 크게 졌다. 정권이 심판받은 결과가 되었고 국민의힘 지도부가 총사퇴했으며 한동훈 법무부 장관이 비대위원장으로 등판했다.

국정원의 보안점검 마사지

문제는 국정원의 선관위 보안 점검 결과 발표가 왜곡 조작되었다는 점이다. 합동점검 기관인 한국인터넷진흥원과 사전 협의 없이 국정원 독단으로 발표했다. 중앙선관위는 발표 내용에 대해 크게 반발했다. 국정원은 "해킹으로 투표 분류 결과를 바꿀 수 있다", "해커가 내부망까지 침입할 수 있었다"라고 발표했다. 분위기를 잡기 위해 《조선일보》등에 며칠 전에 미리 흘리기도 했다.

사실은 이렇다. 국정원은 중앙선관위 서버를 뚫을 수 없었다. 서버 접속계정, 권한, 주소, 취약점을 미리 건네받아 해킹을 시도했으나 안 됐다. 이런 조건에서도 실패하자 기존 보안시스템을 작동시키지 않는 상태에서 가상해킹을 해보자고 했다. 그리고 사전 협의 없이 불법 프로그램을 심었다는 의혹을 샀다. 선관위의 항의를 받기도 했다.

국정원 발표에 대해 기자들의 질문이 이어졌다. 그렇다면 과거 선거에 해킹을 통한 결괏값의 왜곡이 있었냐고 질문하자 기술적으로 보안이 취약했다는 것이지 부정선거가 있었다는 것은 아니라고 말을 돌렸다. 부정선거가 있었다는 결론을 내리면 입증 책임과 정치적 책임이 원체 큰 사안이다. 국정원 입장에서도 없는 것을 있다고 말하기는 힘든 노릇이었다.

당장 내일 실시되는 강서구청장 보궐선거 해킹에 대한 대책이 있냐고 기자들이 물었다. 국정원은 "용역업체가 원격지원을 한다면 길은 열려있다. 다만 선관위 입장에서도 이번 점검 결과에 대해 우리 권고를 받았기 때문에 취약점이 있도록 할 것이라고 보지 않는다"라고 했다. 부정선거 음모론의 교주 윤석열과 국민 사이에서 눈치를 보느라고 이런저런 마사지를 이중삼중으로 했다.

국정원의 보안점검 결과가 전부 허당인 것만은 아니었다. 북한이 선관위 직원의 e메일을 해킹해서 대외비를 포함한 일부 업무자료가 유출되는 보안시스템의 취약점이 확인되었다. 투개표와는 직접 연관이 없는 사안이다. 선관위는 이를 개선하여 2024년 총선에 대비했다고 했다.

윤석열은 선거에서 패배하자 "선거 결과에서 교훈을 찾아 차분하고 지혜롭게 변화를 추진해 나가는 것이 중요하다"고 했다. 정신을 차리지 못했다. 윤석열과 별도로 만나거나 통화하는 수준의 전직 국정원 간부는 익명을 전제로 "대통령은 국정원이 수집하고 검증한 정보는 믿지 않았다. 그분 머릿속은 유튜브뿐이었다"라고 말했다. [국정원 고위 관계자 "대통령은 국정원보다 유튜브를 더 믿었다", 《뉴스타파》 2024년 12월 11일] 윤석열은 강서구청장 보궐선거 패배 이후에도 부정선거 음모론 중독에서 벗어나지 못했다.

17장   계엄의 단초, 김건희의 명품가방

> "김건희 여사는 대한민국의 모든 이슈를 빨아들이는 블랙홀이다. 김건희의 사람(천공, 이종호, 명태균), 김건희의 혐의(주가조작, 명품가방), 김건희의 공간(관저), 김건희의 학력(논문 표절), 김건희 가족과 관련된 정부 사업(서울-양평 고속도로)과 재산 축적 과정 등 현직 대통령 배우자를 둘러싼 의혹과 논란은 이미 현직 대통령의 그것을 뛰어넘었다."

주간지 《시사IN》은 '김건희라는 아킬레스건'이라는 제목의 특집 기획(2024년 10월 30일)을 하게 된 배경을 이렇게 설명했다. 그리고 선출되지 않은 권력, 대통령의 배우자에 대한 공적 통제가 없을 때 생기는 국정의 난맥상을 다루었다.

  그렇다. 김건희는 윤석열 집권 내내 아킬레스건이었다. 그 수많은 김건희의 스캔들 중에 명품가방 수수는 2024년 총선 참패를 불러온 이유 중의 하나가 되었고, 명태균 게이트와 함께 12·3 비상계엄을 촉발시켰다.

  명품가방 수수가 정권의 뇌관이 된 것은 대통령 부인의 민낯이 드러났기 때문이다. 2022년 9월 김건희가 한남동 관저에 입주하기 두 달 전이다. 재미동포 최재영 목사가 김건희의 개인사무실을 방문했다. 최재영은 김건희에게 10차례 면담을 신청했는데 명품 선물을 준비한 두 번만 면담이 성사되었다.

최재영이 앉자마자 선물을 내밀었다. 김건희는 "이런 걸 자꾸 왜 사 오느냐", "자꾸 이런 거. 정말 하지 마세요. 이제", "이렇게 비싼 거 절대 사 오지 말라"면서도 선물을 거절하지 않았다. 최재영은 윤석열 취임 직후인 2022년 6월에도 180만 원 상당의 향수와 화장품 세트를 선물했다고 한다. 국민 눈높이에서는 고가 선물 수수도 불편했지만, 선물을 받으면서 김건희가 쏟아내는 언사가 심히 거슬렸다. 품격이라고는 전혀 느껴지지 않는, 그래서 비루해 보이는 그의 삶의 이력에 대한 연상과 상상을 하게 되는 장면이었다.

〈서울의소리〉는 총선을 앞두고 2023년 11월 27일 이 영상을 공개했다. 김건희는 대화 중에 "제가 이 자리에 있어 보니까 객관적으로 정치는 다 나쁘다고 생각해요", "막상 대통령이 되면은 좌나 우나 그런 거보다는 진짜 국민을 먼저 (생각)하게끔 되어 있어요. 이 자리가 그렇게 만들어요"는 등의 발언을 했다. 듣기에 따라서는 정치공동체로서 남편을 옆에서 지켜본 소회일 수도 있지만, 김건희의 위상이 역대 영부인과는 다른 것으로 비쳐져서 파문이 커졌다. 2022년 1월에 공개된 〈서울의소리〉 이명수 기자와 김건희의 7시간 51분 녹취와는 파장의 수준이 달랐다.

구원투수 한동훈의 등장

한동훈이 법무부 장관을 그만두고 국민의힘 구원투수로 등판했다.

12월 26일, 총선을 불과 3개월여 앞두고 비대위원장을 맡게 되면서 그에게 주어진 과제는 김건희 리스크를 처리하는 것이었다. 여의도 문법이 아니라 동료 시민의 언어로 얘기하겠다고 선언한 그는 윤석열과 거리를 두는 듯했다. 비대위원장으로 거론되던 12월 9일 "법 앞에 예외는 없다"라고 했다.

김건희는 이때 역술가 유 모 씨에게 전화를 걸어 다짜고짜 "저 감옥 가나요"라며 극도로 불안해하고 있었다. 김건희는 혼자 사는 길을 택했고, 한동훈은 국민의힘이 사는 길을 택했다. 두 사람의 길은 상충했다.

절박한 김건희는 2025년 1월 15일부터 한동훈에게 문자메시지를 보냈다. 옛정을 생각해 달라고 했다. "대통령과 제 특검 문제로 불편하신 것 같은데 제가 대신 사과드리겠다(1차 문자)", "한 번만 브이(V)와 통화하시고 만나면 어떠실지요(2차 문자)" 절박했다. 한동훈은 문자에 답을 하지 않았다.

한동훈 비대위원장이 직접 지명한 김경률 비대위원이 1월 17일 "프랑스혁명이 왜 일어났는가. 마리 앙투아네트의 사치, 난잡한 사생활이 드러나 폭발한 것 아닌가. 지금 이 사건도 국민 감성을 건드렸다"라고 했다. 친윤계가 일제히 들고일어났다. "사과하지 말아야 한다. 왜 피해자보고 사과하라는 거냐(장예찬)."

한동훈은 "국민께서 걱정하실 만한 부분이 있다고 저도 생각한다(1월 19일)"고 공개적으로 말했다. 다급한 김건희는 "사과해서 해결되면 천 번, 만 번이라도 사과하겠다(1월 19일, 3차 문자)"라고 했는데 한동훈은 여전히 답이 없었다. 그는 김건희의 문자에 진심이 담겨 있지 않았다고 판단한 듯하다. 다른 복선이 있다고 보았다.

이관섭 대통령 비서실장이 1월 21일 한동훈을 만나 비대위원장을 사퇴하라고 통보했다. 김건희의 위력을 보여주는 사건이었다. 한동훈은 서천 화재현장에서 눈을 맞으며 윤석열을 한 시간 동안 기다리다가 90도 폴더인사로 맞이했다. 그는 그렇게 고개를 숙였다. 동료 시민의 언어는 사라졌다. 20년의 우정, 그들의 '화양연화'도 이렇게 사라져갔다.

김건희는 "생사를 함께 걸어온 동지(4차 문자. 1월 23일)"아니냐며 "두 분 식사하시면서 오해 푸셨으면 한다(5차 문자. 1월 25일)"라고 문자를 보냈다. 김건희는 총선 이후 한동훈이 자신에 대한 특검법을 수용할 것이라는 두려움을 안고 있었다. 불안했다. 결국 한동훈은 윤석열과 식사를 하게 됐다. 결과는 빈손이었다. 157분의 식사가 끝난 뒤, "마리 앙투아네트는 승리하고, 한동훈과 국민의힘은 패배했다(고민정 민주당 의원)"라는 평가가 나왔다.

절대지존 김건희 총선 최대변수

윤석열은 새해 신년 기자간담회 대신에 KBS와 특별 대담(2024년 2월)을 했다. 실정 책임을 묻는 질문이 부담이 되어 KBS와 '약속 대담'을 했다. "외국회사의 조그만 백을 어떤 방문자가 그 앞에 놓고 가는 영상(박장범 앵커, 이후 KBS 사장 임명)"에 대한 질문이 있었다.

윤석열은 "대통령이나 대통령 부인이 어느 누구한테도 박절하게 대하기 어렵다", "시계에다가 이런 몰카까지 들고 와서 이런 걸 (촬영)했기 때문에 공작이다", "또 선거를 앞둔 시점에 1년이 지나서 이렇게 터뜨리는 것 자체가 공작이라고 봐야죠"라고 답했다.

총선 결과는 민주당의 대승으로 끝났다. 총선 결과에 어느 정도의 영향을 주었을까? 동아시아연구원(EAI, 원장 손열 연대교수)은 총선 직후 4월 11일~15일 한국리서치에 의뢰하여 유권자 1,530명을 대상으로 조사를 실시했다. 선거를 결정지은 요소에 대한 조사는 통상 선거 바로 직후에 한다. 시일이 지나면 기억이 변질되고 다른 것에 영향을 받을 수 있기 때문이다.

2022년 대선 때 윤석열 후보를 지지한 응답자의 74.5%는 국민의힘 후보를 선택했다. 10.1%는 선택을 바꿔 민주당을 지지했다. '대선-윤석열, 총선-민주당'을 선택한 스윙보터인 이들에게 가장 크게 영향을 미친 이슈는 명품가방 논란이었다.

영향을 미친 정도를 5점 척도(1=전혀 영향 없음. 5=매우 큰 영향)로 물었다. 명품가방 논란이 3.95로 가장 높았고 이종섭 호주 대사 임명과 황상무 대통령실 시민사회수석 실언(과거 정보사가 1988년 언론인을 식칼 테러한 사건을 언급하며 MBC 기자를 위협)이 3.88, 물가 상승(대파 한 단 875원)이 3.85, 의대 정원 확대와 의료계 반발이 3.54의 순이었다.

국민의힘이 2024년 10월 공개한 총선백서(총 271페이지)에서 김건희를 총 27차례 언급했다. 백서는 "김건희 여사의 명품가방 수수 여부 및 대응은 지난 총선에 매우 큰 영향을 준 것으로 판단된다며 이에 대해 사과를 포함한 적절한 대응이 없다는 사실도 부정적 여론을 증폭시켰다"라고 지적했다.

총선 패배를 접한 윤석열은 취임 2주년 기자회견(2024년 5월 9일)에서 고개 숙였다. "아내의 현명하지 못한 처신으로 국민에게 걱정을 끼쳐 사과드린다"라고 뒤늦게 입장을 밝혔다. 그러나 그뿐이었다. "자기 여자 하나 보호 못 하는 사람이 5,000만 국민의 생명과 재산을 지킬 수 있겠나. 당신이라면… 제 자리 유지하겠다고 자기 여자를 하이에나 떼들에게 내던져 주겠나. 그건 방탄이 아니라 최소한 상남자의 도리다. 비난을 듣더라도 사내답게 처신해야 한다." [홍준표 2024년 5월 14일 페이스북]

상남자? 결국 검찰은 상남자의 편을 들어주었다. 명품가방 수수 사건과 관련해 윤석열과 김건희 부부에게 면죄부를 내주었다. '최재영 목사 검찰수사심의위원회'가 청탁금지법 위반 혐의 공소제기를 권고한 지 8일 만에 2024년 10월 2일 불기소 처분을 내렸다. 그럴수록 김건희의 위상은 확인되었다. 우리나라 VIP(통상 대통령을 호칭)는 김건희, 권력서열 1위 V1은 김건희, V2는 윤석열 등등의 조롱이 인구에 회자되었다. 심지어 1김시대, 김이 곧 국가다, V0 등의 비유까지 나왔다.

18장   돌아오지 못한 해병

윤석열은 대통령 재임 기간 중에 여러 번 격노했다. 그가 격노하면 주변이 얼어붙었다. 절대 군주가 대로한 순간, 대통령실과 그 주변에서는 합리적인 토론이 불가능했다. 모두가 그의 눈치를 보면서 벌벌 기었다. 2023년 7월 31일 윤석열이 격노했다. 그는 회의 도중에 "이런 일로 사단장까지 처벌하면 누가 사단장을 할 수 있겠느냐"라며 대로했다고 한다.

꽃다운 청춘을 죽음으로 내몰고 이를 은폐하여 국민의 분노를 산 사건의 전말은 이렇다. 경상북도 예천군에서 실종자를 수색하는 일에 해병대가 동원되었다. 구명조끼도 입지 않은 채 급류속으로 들어갔다. 매뉴얼에 없는 일이다. 수색하던 중에 채수근 상병이 물살에 휩쓸려 목숨을 잃었다. 지휘 책임에 대한 즉각적인 수사가 진행되었다. 수사단장인 박정훈 대령은 임성근 해병 1사단장 등을 과실치사 혐의로 경찰에 송치하겠다고 보고했다. 7월 30일이었다. 사망에 이르게 한 원인이 있는 범죄에 대해서는 지체 없이 경찰이나 검찰에 이첩해야 한다는 법령에 따른 적절한 조치였다.

김계환 해병대 사령관도 동의했다. 다음 날인 31일에 언론 발표도 지시했다. 그 사이에 김계환 사령관이 임성근 사단장에게 알려주었고, 임성근도 받아들이겠다고 했다. 31일 윤석열이 격노하고, 우즈베키스탄에 가 있는 이종섭 국방부 장관과 세 차례 통화하면서 사건의 경찰 이첩을 중단하라는 명령이 하달되었다.

쌓이는 의문점

윤석열은 왜 격노했을까? 이 사건의 핵심이다. 작전을 수행하다가 벌어진 사병의 죽음을 갖고 지휘관의 책임을 물을 수 없다고 윤석열이 생각해서일까? 아니다. 검찰총장을 지낸 윤석열이 법리를 잘 알아서 과실치사에 해당하지 않는다고 생각해서일까? 아니다.

윤석열은 그렇게 보이도록 화를 내는 연기를 했던 것이다. VIP(김건희)의 로비가 있다고 보아야 사건의 본질을 볼 수 있다. 국정농단이다. 윤석열을 탄핵할 수 있는 범죄다. 윤석열은 이 격노가 자신의 탄핵 사유에 해당할 것이라고는 예상을 못 했던 듯하다. 그렇게 연기하면 다 속아 넘어갈 줄 알았다. 《돌아오지 못한 해병》을 쓴 구용회 CBS 논설위원은 이 사건을 "진실과 격노의 대결"이라고 규정했다.

진실은 시간이 지나서 드러났다. 김건희가 막대한 이득을 본 도이치모터스 주가 조작 사건의 주범 이종호 블랙펄인베스트 대표가 그 고리이다. 김건희는 그에게 자신의 계좌를 일임했다. 이종호 등이 만든 '멋쟁해병'이라는 단톡방이 있다. 단톡방에서는 임성근이 사단장으로 있는 1사단 초대 골프 등의 얘기가 있었다. 이종호는 단톡방에 함께 있었던 공익제보자 A 변호사와의 통화에서 "내가 VIP에게 얘기하겠다. 원래 그거 별 3개 달아주려고 했던 거잖아"라는 말을 했다고 한다. 임성근 사단장은 당시 별 2개, 소장이었다.

  범죄자가 뒤바뀌었다. 정의를 추구하던 박정훈 대령이 항명 및 상관 명예훼손 혐의로 기소되었다. 해병전우회가 들고일어났다. 빨간 장미는 그와 연대하고 투쟁하는 상징이 되었다. 시민단체가 나서서 공수처에 고발했다. 이종섭 국방부 장관 등이 수사 대상이었다. 2024년 총선을 앞두고 윤석열은 이종섭을 호주대사로 내보냈다. 출국 금지된 피의자를 대사로 임명하고, 심지어 법무부는 출국 금지까지 해제했다. 온 나라가 떠들석했다. 이종섭은 자진 귀국하고 대사직도 그만두었다.

  이재명 민주당 대표는 22대 총선을 '신 한일전'이라고 수차례 규정했다. 정권이 한일 관계에서 저지른 잘못이 너무 많았다. 그런데 의외의 곳에서 대형 총선 이슈가 터졌다. '신 한일전'에서 '도주 대사'로 이슈가 전환되었다. 심지어 호주 언론에서도 범법자를 대사로 보냈다는 보도가 나왔다.

  박정훈 대령은 보직 해임되고 항명 수괴죄로 재판을 받게 되었다. '어명이오' 이 한마디에 진실이 거짓이 되었다. 진짜 정의는 가짜 정의가 되고, 가짜 정의는 진짜 정의로 둔갑하였다. 박정훈 대령은 매일 아침 8시, 해병대 사령부 외딴 사무실로 출근했다. 그는 이 시간을 두고 "말할 사람 없어 구름과 대화하고 돌과도 대화했다"라고 기억했다.

  신기선 시인은 〈격노〉라는 시를 발표했다.

"각하께서 격노하시었다/ 병사 1명이 죽었다고 사단장에게 책임을 물을 수 없다며/ 각하께서 격노하시었다/ 해병대 빨간 난닝구 잘 보이라고/ 구명조끼마저도 입히지 말고/ 미친 듯 불어난 급류 속으로/ 병사를 수장시킨 사단장… 채 상병을 살려내라!/ 채 상병을 살려내라!/ 20살 꽃 같은 나이에/ 국가의 부름을 받고 군복무 중/ 수색작업에 동원되어 순직한 채수근 해병대원을 살려내라!…"

내 아들이 좋아하던 해병대로 거듭나라

외동아들을 잃은 고(故) 채수근 상병의 어머니는 진실 규명을 촉구하는 편지(2024년 6월 11일)를 썼다. 7월 19일이면 아들이 하늘의 별이 된 지 1주기가 되어가는데 아직도 수사에 진전이 없고 엄마 입장에서 염려가 되고 안타까울 뿐이라고 했다.

"…그날 물속에 투입시키지 않아야 할 상황인데 투입을 지시했을 때 구명조끼는 왜 입히지 않은 채 실종자 수색을 하라고 지시를 했는지 지금도 의문이고 꼭 진실이 밝혀지길 바랍니다. 저희 아들은 아토피가 있어 수영도 못하고 해병대 훈련받을 때 몇 번 강습받은 게 전부인 것으로 압니다. 수영 여부를 확인했는지도 궁금합니다. 지금도 돌이켜보면 끝까지 해병대 간다고 했을 때 말리지 못한 것에 대한 안타까움이 큽니다. 어떻게 얻은 아이이며 얼마나 자존감이 높은 아들이었는데 안일한 군 지휘관들의 행동으로 인해서 저의 아들이 희생되어 힘듦과 고통 속에 살고 있습니다.
　정말 보고 싶고 체취를 느끼고 싶고, 식탁에 앉아 대면하며 대화를 나누고 싶은데 모든 게 허망하고 돌이킬 수 없는 일이 되어버렸습니다. 아직도 저희 아들이 이 세상 어디엔가 숨을 쉬고 있는 것만 같아 미친 사람처럼 살고 있고 저희는 죽을힘을 다해 하루하루 사는 게 아니라 버티고 있습니다. 저희에겐 하나뿐인 외동입니다. 이 슬픔은 겪어보지 않은 사람들은 아무도 모릅니다. 얼마나 힘듦과 고통 속에 살고 있는지… 지금이라도 현관문을 열고 활짝 웃으며 들어올 것만 같은 아들! 또 장마철이 다가옵니다. 저희와 약속했던 재발 방지 대책을 신속히 수립하셔서 다시는 우리 장병들에게 비극이 반복되지 않도록 해주시고, 수근이가 좋아했던 해병대로 다시 거듭나기를 기원합니다."

2025년 1월 9일 군사법원은 30분에 걸쳐 판결문을 읽은 뒤 박정훈 대령에게 무죄를 선고했다. 박정훈 대령은 항명수괴의 혐의에서 벗어났고, 윤석열은 내란수괴로 기소되었다. 운명이 뒤바뀌었다. 그 순간 박정훈 대령의 어머니 김봉순 씨는 "앉아 있는데 몸이 공중에 뜨는 심정이었다"라고 했다. 고 채수근 상병의 가족을 생각하며 지금까지 버텨왔다고 했다.

윤석열이 탄핵이 되지 않았으면 이 기적 같은 판결을 기대하기는 어려웠다. 군사법원의 인사권자는 국방부 장관이다. 국방부 장관에 대한 항명죄를 무죄로 하기는 쉽지 않은 일이다. 법원의 판결은 12·3 비상계엄과 같은 사건에서 상명하복해야 하는 군인들의 선택에 중요한 잣대를 제공했다. '법을 준수하는 명령'을 따라야 한다는 것이 법원의 결정이었다. 여기에서 법을 준수하는 명령은 사망에 이르는 사건은 지체 없이 경찰에 넘겨야 한다는 것이었다. 12·3 비상계엄에서는 헌법을 준수하는 것이다. 이 재판은 군대 내에서도 비상한 관심이었다. 어떤 명령이 위법이고 정당한지를 갈라주었기 때문이다.

송원근 원불교 인권위원회 교무는 "애초에 박정훈 대령 같은 지휘관들이 더 많았다면 12·3 쿠데타가 불가능했을 것이다"라고 했다. 그는 법원의 판결이 나기 전날 있었던 무죄 판결 촉구 집회에서 "불의한 지휘관들로 가득 차 있는 군대에서 박정훈 대령이 항명죄로 처벌받는다면 정치 군인들이 더욱 득세할 것이고 제2, 제3의 김용현, 여인형 같은 사람들이 나올 것"이라고 경고했다. 박정훈 대령은 2025년 3월 7일 해병대 인사근무차장으로 발령이 났다.

2023년 5월 양평고속도로 계획 변경, 7월 채상병 순직 사건 수사 중단, 10월 강서구청장 보궐선거 패배, 11월 김건희 명품가방 수수 등 윤석열 정권은 파멸의 길로 향했다. "모든 길은 김건희로, 모든 의혹은 김건희로" 비아냥과 경종이 울렸지만 '조선 제일의 사랑꾼' 윤석열은 눈을 감고 귀를 닫았다. 국민의힘은 필리버스터를 하면서까지 '채상병 특검법' 저지에 나섰다. 민주당은 세 차례에 걸쳐 특검법을 제출했으나 윤석열은 세 차례 거부했다.

사단장 한 명을 보호하는 데 정권의 명운을 건 것이다. 상식적으로는 납득이 가지 않는 대목, "거기에는 늘 김건희가 있었다"는 것이 아니면 설명이 되지 않는다. 그런 절대지존 김건희에 대해서 한동훈 국민의힘 비대위원장이 총선 후에는 문제 삼을 듯한 발언을 했다. 윤석열은 이런 상황을 접하면서 불길한 예감을 가졌던 듯하다. 2023년 12월 처음으로 계엄을 모의하는 모임을 가졌다. 입버릇처럼 얘기하던 계엄의 첫 단추를 꿰기 시작했다.

19장   뜻밖의 변수, 신원식 대오 이탈

 윤석열은 사면초가에 처했다. 의대생 2,000명을 증원하겠다는 그의 의료개혁은 엄청난 저항에 부딪혔다. 김건희 리스크는 시시각각 그 강도가 다르게 다가왔다. 김건희는 매일 악몽을 꾸는 듯 했다.
 2023년 12월 윤석열은 신원식 국방부 장관, 조태용 국정원장, 김용현 경호처장, 여인형 국군방첩대장을 한남동 관저로 불렀다. 윤석열은 "어려운 사회 문제를 해결하는 것은 비상조치밖에 없지 않느냐"고 화두를 던졌다. 검찰의 공소장에 드러난 첫 번째 모의였다.
 정보기관장과 대통령의 독대는 권력이 쉽게 빠질 수 있는 위험한 유혹이다. 자칫하면 정적을 사찰하고 제거하려는 유혹에 빠질 수 있기 때문이다. 과거 독재정권 때는 중앙정보부장(안전기획부장)을 통해 정치를 관리해왔다. 윤석열이 저녁 술자리에 정보기관장들을 한 자리에 불러 모았다는 것은, 그가 공작정치에 대한 강한 유혹을 가졌다는 것을 의미한다. 군 통수권자인 그가 심지어 국방부 장관까지 이 모임에 불렀다. 작정하고 불러 모았다.
 김영삼 대통령 때는 밀실정치의 상징인 안가(안전가옥)를 없애고, 김대중 대통령 때는 '독대 매뉴얼'을 만들었다. 국내 정치 상황에 대해서는 보고하지 않도록 했다. 1998년 지역 편중 인사 논란에 대한 대응 보고서를 국정원이 만든 것이 문제가 되자 취한 조치였다. 국정원장 보고 시에는 외교안보수석이 배석도록 했다. 노무현 대통령은 국정원장 대면 보고를 받지 않겠다고 선언했다. 반면 이명박 대통령은 국정원장 독대를 즐겼다.

2024년 총선 전망이 밝지 않았다. 그해 3월 삼청동 안가로 그들을 다시 불렀다. 이대로 가면 민주당이 200석을 넘겨 단독으로 개헌을 하거나, 대통령을 탄핵할 수 있을지도 모른다는 위기감이 감돌았다. 윤석열이 자초한 일이었다.

두려움과 망상에 젖은 윤석열은 "정상적인 정치 상황으로 가기 굉장히 어려워졌다, 비상한 조치를 취해야 하지 않겠는가"라는 취지의 발언을 했다. 헌법재판소 탄핵 심판 7차 변론에서 신원식이 밝힌 내용이다. 윤석열과 김용현의 공소장에는 더 상세한 내용이 담겨 있다. 윤석열은 시국상황이 걱정된다고 하면서 "비상대권을 통해 헤쳐나가는 것밖에는 방법이 없다. 군이 나서야 하지 않느냐, 군이 적극적인 역할을 해야 하지 않겠느냐"고 했다.

공소장에 따르면 윤석열은 "우리 사회 곳곳에 암약하고 있는 종북주사파를 비롯한 반국가 세력들을 정리하지 않고는 대한민국의 미래가 없다. 반국가 세력을 정리하고 자유민주주의 체제를 수호하고, 헌법 가치와 헌정질서를 갖추어 미래 세대에게 제대로 된 나라를 물려줄 책임이 있다. 나는 대통령이 끝날 때까지 이 일을 위해 최선을 다할 것이다"라는 취지의 말을 했다. 2023년 12월 관저 모임 때와 달리 김용현 경호처장이 적극 동조했다.

1년 만에 경질된 신원식

윤석열이 위기감을 한 시간 가까이 토로하며 비상조치 필요성을 언급하자 국방부 장관이었던 신원식은 다른 의견을 표명했다. 조태용 국정원장도 만류했다. 조태용은 훗날 국회와 헌법재판소에서 그날 그런 대화가 오고 갔다는 기억이 없다고 했다. 조태용의 성격이 그대로 드러나는 행동이다. 얽히려 하지 않고 계엄 책임에서 벗어나려고 했다.

신원식은 모임이 파한 후에 김용현 경호처장과 여인형 방첩대장을 모았다. 한남동에 있는 국방부 장관 공관에서 차를 마셨다. 신원식은 김용현에게 "유의 깊게 모셔라", "대통령이 (다른 사람에게) 그런 말(비상한 조치)을 혹시라도 하지 않을 수 있도록 하는 것이 부하인 우리의 도리", "그런 말씀은 아무리 술자리라도 사람들한테 하는 게 좋지 않겠다"라고 당부했다.

신원식은 국방부 장관인 자신이 동의하지 않으면 계엄령을 발동하기 힘들다는 것을 잘 알고 있었다. 형식상 계엄령 발동 건의는 국방부 장관 또는 행정안전부 장관이 할 수 있다. 신원식 국방부 장관은 윤석열이 계엄령 발동을 하지 않게 할 요량으로 김용현 경호처장에게 당부했다. "대통령이 그런 생각을 아예 안 하시려면 제 입장이 중요하다는 생각하에, 조금 예의에 벗어나지만 경호처장에게 제 뜻을 대통령에게 전해달라고 했다(헌법재판소 진술)." 계엄에 반대한 신원식은 8월에 경질되었다. 국방부 장관이 된 지 채 1년이 안 되었다.

윤석열은 이날 모임에 대해 정반대의 진술을 했다. 거짓말이었다. 윤석열은 탄핵 심판 8차 변론에 출석해서 "호주 호위함 수주 얘기를 하면서 화가 많이 났던 것 같다"고 진술했다. 비상한 조치를 얘기했는지에 대해서는 답하지 않고, 엉뚱한 얘기로 추궁을 피해갔다.

윤석열은 "제 기억에는 이종섭 전 국방부 장관을 호주의 호위함 수주를 위해서 호주 대사로 보냈는데, '런종섭'이라며 인격 모욕을 당하고 사직했다. 결국에는 고위직의 활동이 부족해 호주 호위함 수주를 못 받았다. 사실 우리한테는 한·호 해군 협력상 굉장히 중요한 것이었기 때문에 그럴만한 상황에 처해져서 아마 그 이야기를 하다가 제가 화가 많이 났던 것 같고…"라고 말했다.

호주는 2024년 2월, 한화오션과 HD현대중공업을 1차 후보군(롱 리스트)에 포함시켰다. 방산업계와 정부 당국은 한국이 호주 호위함을 수주할 가능성이 크다고 내다봤고 자신감에 넘쳐있을 때였다. 윤석열이 3월에 화를 낼 상황이 아니었다. 한국업체는 2024년 11월, 숏 리스트에서 탈락했다. 8개월이나 앞당겨 화를 냈다는 것이 된다. 말이 안 되는 발언이다.

충암파, 계엄의 출발점

윤석열은 그 후 5, 6월경에 삼청동 안가로 김용현과 여인형을 불렀다. 이른바 충암파의 회동이었다. 윤석열은 이날도 "비상대권이나 비상조치가 아니면 나라를 정상화할 방법이 없는가"라며 계엄을 논의했다. 윤석열의 공소장은 '1. 사건관계인들의 신분 및 지위'로 시작한다. 각인에 대해서는 인물의 학력으로 시작하여 경력을 나열한 후, 죄목을 특정하는 것으로 마무리한다. "윤석열은 1979.02경 충암고등학교를 제8회로 졸업하였고…", "국방장관 김용현은

1978.02경 충암고등학교를 제7회로 졸업하였고…", "국군방첩사령관 여인형은 1988.02경 충암고등학교를 제17회로 졸업하였고…"로 각각 시작한다. 충암고가 공소장의 출발이다. 행정안전부 장관 이상민은 제12회다. 이상민은 2024년 3월, 행정안전부 장관으로서는 이례적으로 방첩사를 방문했다.

여인형의 수행 부관은 검찰 비상계엄 특별수사본부(박세현 고검장) 조사에서, 여인형이 2024년 상반기에 두 차례 만취하여 윤석열을 언급했다고 진술했다. 여인형은 3월 한남동 관저, 5월경 삼청동 안가, 6월 17일 삼청동 안가에서 세 차례 윤석열과 술을 마셨다.

부관은 "대통령을 만난 자리로 추정되는 모임이 끝난 뒤 돌아가는 차 안에서 사령관이 만취해서 욕하고 소리 지르며 '내가 대통령 들이받았다, 난 충심에서 말했다'"고 했다. 다음 날, 술이 깨서는 부관에게 "어제 내가 무슨 말을 했냐"며 보안을 잘 지키라고 당부했다고 한다. 여인형은 헌법재판소에서 군 통수권자인 대통령과 식사를 함께 하며 대화하는 것이 굉장히 부담스러웠다고 했다. 술에 취하지 않고서는 용기를 낼 수 없었다는 의미로 받아들여진다. 그는 술에 취해 무릎을 꿇다시피 하면서 계엄을 반대했다고 했다.

그는 수차례 회동에서 "계엄은 안 된다. 군인들이 받아들이지 않는다. 민간인 상대 데모 진압 훈련도 이뤄지지 않아 할 수가 없다"고 했다. 하지만 그의 용기는 거기까지였다. 그는 중앙지역군사법원 공판 준비기일(2024년 12월 14일)에 출석하여 "비상계엄이 적법한지, 위법한지 그 순간에 판단할 수 있는 사람은 없다고 생각한다"며 "군인으로서 명령을 이행할 수밖에 없었다"라고 변명했다. 이미 충암파라는 운명의 배에 탑승하기로 마음을 먹었었다.

  윤석열은 술자리에서 정치권 인사에 대한 품평을 자주 했다. 비상대권을 사용하면 이 사람들에 대해 조치해야 한다는 말도 했다. 훗날 계엄령이 발동되고 김용현이 여인형에게 체포대상 14명의 명단을 불러주었다. 여인형은 검찰에서 진술하면서 "윤석열이 만날 때마다 부정적인 말씀을 하던 사람들이었다"고 했다. 명단이 익숙하다는 취지였다.

  "당적이 없는데 민주당에 편파적으로 국회 운영을 한다.(우원식 국회의장)"

  "이재명 대표와 가깝고, 대통령을 상대로 정치적인 공격을 많이 한 '종북 주사파의 핵심'이다.(김민석 최고위원)"

  "젊었을 때 (재벌)회장 집을 쳐들어가서 처벌받은 전과가 있는데 그런 사람이 어떻게 국회의원을 하냐.(이학영 국회부의장)"

김민석 의원은 NL(민족해방)계 주사파가 운동권에 들어오기 전에 학생운동을 했다. 사실관계가 틀리다. 이학영 의원은 이재오 민주화운동기념사업회 이사장과 같은 남조선민족해방전선(남민전) 사건에 관련돼 있다. 그는 훗날 총선 때 선거공보물에 "이학영은 강도입니다. 독재 권력에 맞서 민주주의를 되찾아오려 했던 강도입니다. 이학영은 도둑입니다. 가난하고 힘든 시민들의 마음에서 근심을 훔쳐 간 도둑입니다. 피로 얼룩진 그의 민주화 투쟁에 대한민국은 민주화 유공자 자격을 수여했습니다"라고 밝혔다.

여인형은 수사기관에서 체포 명단의 시작은 윤석열이었다고 진술했다.

"솔직히 말씀드리겠습니다. 14명을 특정하여 체포한다는 것에 대해서는 비상계엄 직후 장관님(김용현)으로부터 처음 들었던 것이 맞습니다. 다만, 대통령께서 평소 인물들에 대해 자주 품평회를 많이 하셨다고 말씀을 드렸었는데, 대통령께서 비상대권, 비상조치권을 사용해야 한다는 언급을 하시면서 비상대권, 비상조치권을 사용하면 이 사람들에 대한 조치를 해야 한다고 말씀을 하신 것은 사실입니다."

윤석열은 6월 17일 삼청동 안가에서 구체적인 작당 모의를 시작한다.

20장   인생은 속도가 아니라 방향

김용현은 장군들을 엄선하기 시작했다. 2024년 3월 말 삼청동 회동에서 영감을 얻은 그는 4월 중순쯤 한남동 경호처장 공관에서 여인형 방첩사령관, 곽종근 육군특수전사령관, 이진우 수도방위사령관을 불러 모았다. "사회적으로 노동계, 언론계, 이런 반국가 세력들 때문에 나라가 어려움이 있다"라며 의기투합할 것을 촉구했다. 3인의 사령관은 서울 강남에서 식사를 하며 윤석열과 김용현이 말하는 계엄이 현실성 있는 것인지 구체적으로 논의했다. 이후 10여 차례 회동한 것으로 전해졌다. 4월에는 충암파 박종선 소장이 대북감청부대 777사령관으로 부임했다. 대북 선제 타격이나 남침 유도를 위해서는 북한 감청 정보가 절대적이다.

6월 17일 윤석열이 삼청동 안가로 김용현과 여인형, 곽종근, 이진우 그리고 강호필 지상작전사령관을 불러 모았다. 김용현은 "이 4명이 각하께 충성을 다하는 장군들"이라고 소개했다. 충암파 여인형은 충성심이 검증된 인물이다. 곽종근, 이진우는 진급이 늦어져 전역될 처지에 놓여있는 인물인데 발탁했다. 대신 김용현에 대한 충성을 반대급부로 바쳐야 했다. 김용현이 말하는 충성은 거사를 같이할 수 있는 충신들이라는 뜻이다. 평생 사람에 충성하지 않고 조직에 충성했다던 윤석열. 그는 장군들을 나라에 충성하게 하지 않고 윤석열이라는 사람에게 충성하도록 했다.

이에 앞서 이들 계엄 3인방은 2023년 11월 6일 3성 장군으로 진급했다. 국방장관 위에 국방상관이라는 김용현 경호처장의 작품으로 알려졌다. 대통령실 청사에서 열린 중장 진급 코직 신고 및 삼정검 수치 수여식이 열렸다. 윤석열은 취임 이후 10번의 진급 보직 신고를 받으면서, 간단한 담소를 나누는 정도였다.

이날 이례적으로 7분간 연설을 했다. "국가의 안보는 값비싼 무기와 첨단 전력을 갖춰야 하지만 그보다 더 중요한 것이 장병들의 훈련과 대적관 그리고 정신 자세"라며 "여러분이 지휘관으로 나가면 우리 장병들이 이런 첨단 전력을 제대로 다룰 수 있는 교육과 훈련을 잘 시켜주고 아울러 확고한 국가관과 대적관, 안보 태세를 갖출 수 있도록 정신교육에도 만전을 기해달라"고 강조했다. ['尹, 2023년 계엄 3인방 승진 때만 대적관 국가관 이례적 연설' 《세계일보》 2024년 12월 11일]

윤석열이 보기에 Z세대 군인들은 안보관, 대적관이 투철하지 않았다. 제대로 된 교육이 있어야 비상대권 발동 시에 군인들이 반국가 세력을 응징할 텐데 그렇지 못한 것이 마음에 걸렸다. '윤석열의 장군들'의 삼정검에 수치를 수여하면서 특별히 정신 자세를 7분간 강조했던 배경이다. 이들 장군은 2024년 후반기 인사에서 보직 이동을 하지 않고 모두 유임했다. 이례적인 일이다. 이게 이상하게 보일 수가 있어서 2024년 11월 이뤄진 중장 진급 인사는 해군 공군만을 상대로 이뤄졌다.

박안수의 소속 승진

12·3 비상계엄에서 계엄사령관을 맡은 박안수 육군참모총장은 윤석열 정부에서 고속 승진한 인물이다. 박안수는 윤석열 정부 출범 직후인 2022년 6월 19일 강원 양양의 8군단장으로 취임했다. 3군단으로 통합되는 8군단의 해체 작업을 맡았다. 승진이 보장되지 않는 마지막 보직 같아 보였다. 2023년 국군의날 75주년 행사기획단장을 맡았다. 통상 이 보직은 예편을 앞둔 장군이 맡았다. 박안수는 윤석열이 탄 열병차에 동승하여 안내를 했다.

건군 75주년 행사에서 모처럼 시가행진을 했다. 국군의날 행사 역사상 처음으로 대통령이 행진 대열에 합류했다. 국군의날 행사가 끝난 후 박안수는 대장 승진을 하면서 곧바로 육군참모총장이 되었다. 그리고 12·3 비상계엄에서 바지사장(계엄사령관)의 역할을 맡았다. 박안수는 포고령 작성자가 누군지도 모른 채 포고령 1호에 서명했다고 변명했다. 만년 비주류였던 그를 육군참모총장으로 발탁한 윤석열에게 충성했다.

"인생은 속도가 아니라 방향"이라는 말이 있다. 말 그대로이다. 박안수와 계엄 4인방은 '헌법'이라는 방향을 타지 않고 '내란'이라는 방향에 올라탔다. 승진은 빨랐지만 몰락도 빨랐다. 모두 직위해제가 되었고 기소되었다. 김용현은 기소 전에 군인연금을 신청해 연금 수령자가 되었으나, 나머지 장군들은 유죄가 확정되면 본인 기여분만 받게 된다. 계급도 강등되고 불명예 전역하게 된다.

윤석열은 2024년 8월 여름 휴가를 '안보 휴가'로 활용했다. 4박 5일간의 휴가 대부분을 충남 계룡대 3군 본부 등 군부대 일정으로 채우고 군 수뇌부 및 장병들과 많은 시간을 보냈다. 김용현 경호처장은 휴가 중에도 밀착 경호를 했다. 《세계일보》는 언론 취재가 허용된 윤석열의 공개 행사 1,114건을 전수 분석했다. 그중에 김용현은 이도운 홍보수석(393회)과 비슷한 387회를 수행했다. 김용현의 밀착 수행은 심기 경호로 이어졌고, 김용현은 차지철, 장세동 이상의 인물이 되어갔다.

윤석열은 8월 8일과 9일 이틀에 걸쳐 구룡대에서 운동을 했다. 부사관들과 영관급하고 라운딩을 했다. 이들은 특전사 707특수임무단 소속이었다. 707특임단은 대테러전 및 대북 특수작전을 수행한다. 12월 3일 비상계엄 때 국회에 투입된 부대였다. 특임단의 국회의사당 투입은 온 국민을 충격에 빠트렸다. 윤석열과 함께 할 골프 멤버는 김현태 707특임단장이 골랐다. 김현태는 대통령과 골프를 치면서 대화할 소재가 있는 인물들을 엄선했다. 부모가 6·25 참전 용사거나 부부 군인 등이다. 윤석열은 운동을 마치고 특전사 간부 등과 저녁 식사를 했다. 이들은 군 재직 중에 더없는 영광이라고 생각했을 것이다. 명령만 내리면 언제든지 돌진할 수 있는 심리적 장전을 하게 했다.

계엄의 돌격수, 김용현 발탁

윤석열은 안보 휴가를 마친 뒤 휴가 구상을 발표했다. 8월 12일 김용현 경호처장을 국방부 장관 후보로 지명했다. 이 인사로 2023년 10월 7일 부임한 신원식 국방부 장관은 임기 1년도 못 채우고 갑자기 국가안보실장으로 이동했다. 신원식은 미리 통보받지 못했다.

정진석 대통령 비서실장은 인사를 발표하면서 "우리 정부 초대 경호처장으로 군 통수권자의 의중을 누구보다 잘 이해하고 있기에 국방부 장관으로서 적임자라 판단했다"라고 설명했다. 국방부 장관 인선 기준이 윤석열의 의중을 누구보다 잘 아는 것이었다. 윤석열의 의중은 후보 시절부터 대북 선제타격과 비상계엄이었다. 정진석은 인사의 내막을 알고 있었을까?

비밀스럽게 진행되던 계엄은 김용현의 발탁으로 공공연해졌다. 김민석 민주당 수석최고위원은 8월 17일 "국방부 장관의 갑작스러운 교체와 뜬금없는 반국가 세력 발언으로 이어지는 최근 정권 흐름의 핵심은 북풍 조성을 염두에 둔 계엄령 준비 작전"이라고 주장했다. 계엄을 최초로 경고했다. 이 무렵, 윤석열은 광복절 경축사에서 "검은 선동세력에 맞서 싸워야 한다"라고 했고 국무회의에선 "반국가 세력이 곳곳에서 암약하고 있다"라고 했다.

이재명 민주당 대표도 9월 1일 한동훈과 가진 여야 대표 회담에서 계엄령 준비 의혹을 공식 제기했다. 이재명은 모두 발언을 통해 "최근 계엄 이야기가 자꾸 나온다"며 "종전에 만들어졌던 계엄(문건)을 보면 계엄 선포와 동시에 국회의원을 체포, 구금하겠다는 계획을 꾸몄다는 이야기가 있다. 완벽한 독재국가 아닌가"라고 문제 제기했다. 다음 날 예정된 김용현 국방부 장관 후보자의 인사청문회를 앞두고 계엄 준비 의혹을 극대화해서 국민여론을 환기시키려는 의도였다.

이날은 듣기만 했던 한동훈은 다음날 최고위원회의에서 어이가 없다는 듯이 반박했다. "우리나라 얘기 맞느냐. 알고 계신 분 있느냐. 우리 모르게 계엄을 준비하고 있다는 거냐. 알려달라. 근거를 제시해달라. 만약에 그렇다면 우리도 막을 거다. 사실이 아니라면 국기를 문란하게 하는 것이다." 한동훈은 그가 공언한 대로 계엄을 막을 운명에 처해지게 되리라는 것을 모르고 있었다. 수거 대상에 포함되어 있을 것이라고는 꿈에도 상상하지 못했다. 대통령실도 가세했다. 고위관계자는 비상식적인 정치공세라고 맞받았다. 그는 "국회 (의석)구조를 보면 선포해도 바로 해제될 게 뻔한데, 엄청난 비난과 역풍이 불 텐데 계엄령을 왜 하겠냐"고 주장했다.

김용현 국방부 장관 후보 인사청문회에서는 계엄 준비 의혹을 두고 불꽃 공방이 벌어졌다. 하지만 이때만 해도 대부분의 언론과 시민들은 민주당이 '오버한다'고 생각했다. 김용현은 청문회 신속대응팀까지 가동하면서 예행 연습을 했고 훌륭하게 연기를 했다.

박선원 민주당 의원이 한남동 경호처장 공관으로 장군들을 부른 것에 대해 물었다. 여인형, 이진우 등은 기록을 남기지 않는 방식으로 출입했다. 이러한 비밀성은 계엄을 모의하기 위한 것 아니냐고 따졌다. 추미애 민주당 의원은 계엄령 발동을 위한 친정체제 구축 용도로 후보자가 임명된 것이라고 날카롭게 지적했다. 김용현은 거칠게 부인했다. 부인의 강도가 너무 지나쳐서 군 관계자들도 의아하게 생각할 정도였다. "지금 대한민국 상황에서 계엄을 한다고 하면 어떤 국민이 이를 용납하겠느냐", "우리 군에서도 따르겠냐. 저는 안 따를 것 같다", "솔직히 계엄 문제는 시대적으로 안 맞는다고 생각한다", "대부분이 사실이 아닌 것을 갖고 여러 가지 선동적인 말씀을 하시는데 이 자리는 선동하는 자리가 아니다"며 부인했다. 심지어 "말 조심하라"고까지 했다.

김용현의 계엄 라인업

9월 6일 국방부 장관에 임명된 김용현은 대통령에게 충성을 바치는 장군으로 문상호를 추가했다. 문상호 정보사령관은 대북 블랙요원 신상 유출 사건으로 국방부 조사본부의 수사를 받고 있었다. 방첩사는 정보사 직원들을 상대로 4주간 대대적인 수사를 벌였다. 문상호는 또 공작 파트 수장인 부하 여단장과 갈등이 있었다. 신원식은 문상호를 문책하려고 했는데, 김용현이 장관이 되면서 그를 구했고 문상호는 충성파에 합류했다. 계엄의 전체 조감도를 그리고 있었던 노상원 전 정보사령관과 문상호, 그리고 김용현의 연결고리가 완성되었다. 정보사 산하에는 북파공작원 HID 부대와 대북 감청 조직인 777사령부가 있다. 정보사는 12·3 비상계엄에서 중앙선관위에 침투했다.

이에 민주당은 계엄법 개정안을 발의하여 계엄을 막기 위한 제도적 장치 강구에 나섰다. 9월 20일 김민석, 김병주, 박선원, 부승찬 의원 등이 대표 발의했다. 전시가 아닌 경우에 정부가 계엄을 선포하려면 국회의 사전 동의를 받아야 한다, 국회의원이 체포 또는 구금됐더라도 국회의 계엄 해제 의결에 참석할 수 있도록 하는 내용이었다. 하지만 이때까지만 해도 민주당이 또 오버한다는 평가가 대부분이었다.

윤석열은 10월 1일 국군의날 행사에 2년 연속 행진에 합류한 뒤 극도의 자기 만족감에 빠졌다. 행사가 끝나고서는 윤석열이 김용현과 여인형, 곽종근, 이진우를 관저로 불러 직접 준비한 음식을 대접했다. 삼국지에 역사를 바꾼 도원결의가 있었다면, 2024년 대한민국을 나락에 빠트린 한남결의가 있었다. 이날은 은밀하게 말하면 계엄의 시작이다. 이에 감읍한 이진우 수도방위사령관은 10월 7일 낮 12시 5분께 "충성! 존경하는 국방부 장관님, 이번 국군의날 행사는 보수층의 결집에 마중물이 되었다고 평가합니다"는 문자를 보냈다. 정치중립을 지켜야 하는 군인이 보수층 결집이라니. 이들은 이처럼 세뇌되어 갔다. 윤석열의 망상이 장군들의 망상이 되었다.

국방위 국정감사(10월 8일)에서는 계엄을 준비하는 군인들의 독기가 느껴지는 장면을 연출했다. 이날 국정감사를 지켜본 이들은 후일, 계엄의 예고편을 보는 것 같았다고 했다. 민주당 의원들이 충암파 모임의 부적절성을 추궁하자 김용현은 강하게 대응했다.

김민석 의원은 이상민 행정안전부 장관이 3월에 당시 신원식 국방부 장관도 모르게 방첩사를 방문한 사실을 캐물었다. 이 과정에서 여인형 방첩사령관은 "굳이 대답할 필요를 못 느낀다"고 했다. 김민석 의원은 "오만하게 답하지 말라"고 경고했다. 부승찬 의원이 질의하면서 큰 소리를 냈는데 여인형은 "왜 고함을 칩니까"라고 맞받았다. 피감기관의 장이 국회의원을 상대로 이런 답변 태도를 보이는 것은 극히 드문 일이다.

황희 민주당 의원이 답변 태도를 문제 삼으며 장관의 책임이라고 지적했다. 김용현은 "아무리 군복을 입어도 할 얘기는 해야 한다"며 "군복을 입었다고 할 얘기 안 하고 가만히 있는 건 더 병신이라고 생각한다"고 했다. 장애인 비하 발언까지 동원했다. 박선원 민주당 의원이 충암파 모임을 계엄 준비와 연관지어 질의를 하자, 김용현은 "예의를 지키세요", "정치선동 계속하신다는 겁니까"라고 맞받았다. 곧 계엄을 모의하고 있었던 그들에게는 한 치 앞을 내다보지 못하는 국회의원들이 한심해 보였다. 수거 대상일 뿐이었다. 곧 없어질 국회에 불과했다. 하지만 정작 한 치 앞을 내다보지 못하는 것은 장군들이었다.

민주당은 실체적 진실로 가는 문턱을 넘어설 것 같았고, 단서를 캘 수 있는 상황까지 이르렀다. 민주당이 영입한 한미연합사 부사령관(4성장군 육군대장) 출신의 김병주 의원, 국방부 대변인 출신의 부승찬 의원, 국가정보원 1차장 출신의 박선원 의원의 정보력이 있었기에 계엄 상황을 예비할 수 있었다. 국방위에 속한 원로 추미애 의원과 지도부인 김민석 의원이 길을 열었고 이들 3총사의 활약이 컸다.

21장   2017년 계엄문건 열공한 김용현

김용현은 오랫동안 계엄을 검토했기에 이와 관련한 과거의 문서, 기록 등을 꼼꼼히 살펴봤을 것으로 보인다. 청군회에서 한 김용현의 진술은 《월간중앙》 2004년 9월호에 실린 현직 K소장의 발언과 비슷하다. 《월간중앙》은 '군은 청와대를 어떻게 보나'라는 기획 기사에서 여러 군인을 인터뷰했는데 K소장은 "한국에선 영원히 쿠데타가 불가능하다"며 "쿠데타 성공해도 인터넷-휴대폰 때문에 국민이 군을 응징할 것"이라고 예측했다.

"그가 말하는 이유는 다섯 가지. 첫째, 휴대전화 때문에 보안 유지가 불가능하다. 당장 쿠데타를 모의하는 과정에서부터 보안 유지가 어렵다. 설사 '모의'에 성공했더라도 '거사'가 안 된다. 특정 부대, 특정 집단의 일거수일투족이 사람들에 의해 순식간에 세상에 알려지기 때문이다.

　셋째(둘째는 생략), 만난을 무릅쓰고 병력과 장비를 중앙무대에 진출시켰다 해도 국민을 설득할 방도가 없다. 과거처럼 몇 안 되는 신문사와 방송사를 접수하는 것으로 국민의 동의를 구할 수 없는 것이다. 국민은 휴대전화와 인터넷으로 서로 의견과 정보를 주고

받으며 쿠데타군을 응징할 것이 분명하다.

　넷째, 군사쿠데타는 다른 사회 부문보다 군이 가장 앞서 있는 곳에서나 가능하다. 그래야 군이 명분과 힘을 가지고 다른 부문을 압도한다. 그러나 우리는 오래전부터 정치·경제·사회·문화 등 군 이외의 부문들이 앞서 나가 있다.

　끝으로 다섯째, 너무도 명백한 앞의 네 가지 사실을, 누구보다 군이 먼저 잘 알고 있기 때문에 쿠데타는 더 이상 없다."['군은 청와대를 어떻게 보나', 《월간중앙》, 2004년 9월호]

그런데 2017년 박근혜 탄핵 판결이 나기 직전에 기무사가 위수령 계엄령을 준비하는 문건을 작성한 것으로 밝혀졌다. K소장의 논리적 판단과 달리 정치군인은 군의 정치 개입을 당연시했다.

　계엄령 문건은 2017년 2월 18일부터 2주간 조현천 기무사령관의 지침을 받아 작성됐다. 이 문건은 박근혜 탄핵 심판을 앞두고 헌법재판소가 기각 혹은 각하를 할 것이라는 전제하에 작성된 것으로 보인다. '전시 계엄 및 합수 업무 수행방안(2017. 3.)'이라는 제하의 문건이다.

　그중에 〈탄핵 결정 선고 이후 전망〉에서는 "탄핵 심판 결과에 불복한 대규모 시위대가 서울을 중심으로 집결하여 청와대 헌법재판소 진입 점거를 시도"할 것이라고 내다보았다. "사이버 공간상 유언비어가 난무하고 진보(종북) 또는 보수 특정 인사의 선동으로 인해 집회 시위가 전국으로 확산되어 방화 무기 탈출을 시도"하는 등 "치안에 심각한 불안이 야기될 것"이라고 전망했다.

　이 시기에 새누리당의 대표최고위원이었던 김무성은 "하야를 선언하면 그 순간 끝이 아닌가. 박근혜 대통령은 탄핵을 택했는데, 당시엔 헌재에서 기각될 것으로 기대했던 것 같다. 김기춘 비서실장 등 청와대에 있는 모두가 100% 기각이라고 봤다"며 "기각되면 광화문광장 등이 폭발할 것 아닌가. 그래서 기무사령관한테까지 계엄령 검토를 지시한 것"이라고 분석했다. ['김무성 전 대표가 밝힌 박근혜 탄핵 비화'《시사저널》 2025년 2월 22일]

위수령이 남아 있었더라면

문건에서는 비상조치의 유형으로 위수령과 계엄을 거론한 뒤 "국민의 계엄에 대한 부정적 인식을 고려, 초기에는 위수령을 발령하여 대응하고 상황 악화 시 계엄(경비계엄-비상계엄) 시행을 검토한다"라고 적시했다. 국회가 위수령 무효법안을 제정할 경우에는 대통령이 거부권을 행사하고, 이를 국회가 재의하는 데 일정 기간(2개월 이상)이 소요되어 위수령이 유지 가능하다고 판단했다(다음 페이지 계엄령 문건 원문 참조). 정부에 반대하는 국회의원을 현행범으로 사법 처리하여 의결정족수 미달을 유도할 계획을 세웠다.

계엄령을 검토할 수 있는 군 조직은 대한민국 합동참모본부 계엄과이지, 국군기무사령부가 아니다. 기무사는 과거 전두환의 보안사 시절부터 정치에 개입한 흑역사를 갖고 있다. 기무사가 이 문건을 작성한 것으로 보아 박근혜 정권에 충성하는 정치군인들이 은밀하게 준비했던 것으로 보인다. 일각에서는 위수령을 요구하는 주체가 지방자치단체장(당시 서울의 경우 박원순 시장)이어서 실현 불가능하다

< 제한사항 / 해소방안 >

군령권은 국군조직법 개정('90.8.) 시 육군총장→합참의장으로 이관
1 군령권이 없는 육군총장은 병력출동 승인 불가

* 국군조직법 9조(합참의장 권한) : 독립전투여단급 이상 부대이동 등 군사항은 국방장관 승인 득

○ 병력출동 승인은 육군총장 外 합참의장·장관 승인下 시행

위수령 개정 시 8-9개월 소요/국회의 법령폐지 시도 우려
○ 병력출동 승인권자 개정(육군총장→합참의장)이 제한되므로, 병력출동 시 육군총장 승인 後 합참의장·장관 별도 승인을 받아 논란소지 해소

2 국민 권리·의무 침해 등 위헌 소지

○ 국민 권리·의무 침해 등 위헌 소지는 있으나, 軍의 책임은 별무
○ 대통령령에 근거 위수령을 발령한 것으로 차후 헌법소원 등을 통해 동 법령의 무효 또는 국가배상의 논란이 있을 수 있으나, 군의 직접적인 책임 무

3 지자체장 성향에 따라 군 병력출동 요청 여부 결정

○ 시·도지사가 경찰 담당지역 치안유지를 위한 병력을 요청하지 않을 경우 軍 중요시설 위주 전담 방호
○ 시위대가 軍 중요시설에 접근 시, 경찰 협조下 외곽 경계선을 확장시켜 조기 접근통제

4 국회의 위수령 무효법안 제정 시도

○ 국회의 위수령 무효법안 제정 시 대통령 거부권 행사
○ 국회에서 위수령 무효법안이 가결되더라도 대통령이 거부권 행사 시 국회는 재의를 해야 하므로 일정기간(2개월 이상) 위수령 유지 가능

국회 재의 시 재적의원 과반수 찬성과 2/3 이상의 찬성을 통해 법률로 확정

8 - 4

는 지적을 한다. 여러 상황에 대비한 검토계획에 불과하다고 한다. 실제로 문건은 그 경우 위수령의 한계를 지적하고 있다.

이 문건이 드러나자 기무사는 해체 수준으로 개편되었다. 군사안보지원사령부라는 이름으로 다시 출범했다. 그리고 위수령을 폐지했다. 법령에서 삭제했다. 2018년 9월 11일 국무회의에서 심의 의결했다. 68년 만에 폐지된 것인데, 문재인 대통령은 "감회가 깊다"고 했다.

위수령이 그대로 남아있었다면 윤석열이 위수령을 먼저 발령했을 수 있다. 법령에 따라 오세훈 서울시장이 요청해야 하는데, 12·3 비상계엄 직전의 국무위원 간담회처럼 밀어붙였을 수 있다. 그랬다면 국회가 이를 즉각 무효로 돌릴 수 없다. 계엄령과 달리 해제를 요구할 법적 근거가 없다. 계엄령은 국회가 재적의원 과반수의 찬성으로 해제를 요구(헌법 77조 5항)할 수 있다. 위수령은 기무사 문건대로 2개월은 유지될 수 있다. 위수령이 폐지된 데 대해서는 기무사 문건을 2018년에 폭로한 이철희 민주당 의원의 공로가 크다.

윤석열 정부 들어서서 군사안보지원사령부(구 기무사령부)는 방첩대로 명칭을 변경하고 이전의 권한을 회복했다. 12·3 비상계엄의 주역이 되었다.

추미애 민주당 의원은 2024년 12월 8일 여인형 방첩사령관의 지시로 비서실에서 그해 11월 작성한 '계엄사-합수본부 운영 참고자료'를 공개했다. 이 문건은 앞서 기무사가 작성한 계엄 대비 문건과 아주 흡사하다. 계엄선포, 계엄사령부직제령, 합동수사기구 등으로 구성되어 있는데 2017년 조현천 기무사령관의 지시로 작성한 계엄 문건을 그대로 가져다 쓴 흔적이 많이 있다.

박선원 민주당 의원은 "윤석열 정부 초기부터 계엄 전문가들이 근무했다"며 "김용현 국방부 장관이 대통령실 경호처장으로 근무할 당시부터 절친인 조현천 전 기무사령관 등과 함께 계획을 세웠던 것으로 보인다"고 했다. ['국정원 출신 野 박선원 "尹 집권 초기부터 계엄 대비했을 것"', 《동아일보》 2024년 12월 4일]

22장   국지전 유도했나

삼국지에서 제갈공명은 적벽대전을 앞두고 화공(火攻)을 하기 위해서 동남풍을 빌었다. 공명은 1년에 단 3일 동남풍이 분다는 것을 알고 있었다.

윤석열의 비상계엄을 발동하기 위해 북풍을 빌었다는 의혹이 제기되고 있다. 이른바 국지전 유도이다. 북풍은 12·3 비상계엄 설계자 중의 하나인 노상원 전 정보사령관의 수첩에도 나온다.

국지전을 유도했다면 세 가지를 검토했을 것으로 추론할 수 있다. 무인기를 민감한 시기에 가장 민감한 곳으로 침투시키거나, 서북도서에서 강력한 해상 사격훈련을 실시하는 방안, 북한이 보내는 오물 풍선에 대한 대응조치로 원점 타격을 하는 방안 등이다. 각각이 아주 민감한 사안이다.

첫 번째. 평양 상공의 무인기

10월 10일 쌍십절은 북한의 최대 기념일 중의 하나이다. 노동당 창건 기념일로 매년 김일성광장에서 대규모 군사 퍼레이드를 벌인다. 10일 밤에는 김정은이 주최하는 대규모 축하연도 열리는데 외교사

절도 참석한다. 행사 준비로 한창 분주한 이 무렵, 평양 상공에 무인기가 떴다.

북한 외무성은 2024년 10월 11일 저녁 중대성명을 통해, 한국에서 보낸 무인기가 10월 3일, 9일, 10일 심야 시각, 평양 중앙당촌 상공에 삐라를 살포했다며 중대한 군사·정치적 도발로 규정하고 다시 이런 일이 있으면 행동으로 넘어갈 것이라고 경고했다.

마침 국방부에서 국회 법제사법위원의 군사법원 대상 국정감사가 열리고 있었다. 김용현은 확인 요청을 하는 의원들의 질의에 처음에는 "아직 상황을 파악하지 못했다", "그런 적이 없다"고 했다. 김용현은 1시간 동안 내부 입장을 정리한 후, "국가안보상 전략상 확인해줄 수 없다"며 모호한 입장을 취했다.

다음날인 12일, 김여정 조선노동당 중앙위 부부장은 "대한민국발 반공화국 정치 선동 쓰레기를 실은 무인기가 두 번 다시 공화국 영공에 침범할 때에는 그 성분을 가리지 않고 대응 보복 행동을 취할 것"이라고 밝혔다. 오후 8시경 인민군 총참모부는 전방 포병부대에 완전 사격 준비 태세를 지시했다. 그러자 13일 우리 국방부가 "우리 국민 안전에 위해를 가한다면 그날이 바로 북한 정권의 종말이 올 것"이라고 성명을 발표했다. 말로 보면 전쟁 일촉즉발 상황이었다.

이 사건은 계엄 모의설이 민주당을 중심으로 제기된 시기에 발발해서 비상한 관심을 끌었다. 남북한의 긴장을 고조시켜 국지전을 유도하는 방식으로 계엄령을 준비하고 있는 것이 아니냐는 민주당의 의혹 제기가 있었다. 설마 그런 무모한 북풍공작을 도모했겠냐며 지나친 음모론으로 보는 시각도 많았다. 보수단체의 작품이라든지, 북한의 내부 결속을 위한 자작극이라는 추론도 있었다.

국제적으로 논란이 커지자 러시아 정부 기관지 《로시스카야 가제타(Rossiyskaya Gazeta)》가 북한 주재 러시아 대사를 인터뷰했다. 알렉산드르 마체고라 대사는 "지난 10월 9일 새벽 0시 30분쯤 평양의 중앙지역 상공에서 드론이 비행하는 것을 목격했다. 대사관에서 담배를 피우려고 발코니로 나간 사람들이 그 소음을 머리 위에서 들을 수 있었다"고 말했다. 마체고라 대사는 "드론이 최소한 세 바퀴는 돌았으며, 그때 평양은 절대적인 정적 속에 있었기 때문에 착각할 수 없었다"라고 구체적으로 정황을 묘사했다. 그는 다음날 경찰들이 무인기에서 떨어진 전단을 대사관 주변에서 수거했다고 했다.

전문가들은 북한이 공개한 무인기가 드론사령부가 운영 중인 'S-BAT'와 형태와 내용이 매우 유사하다고 보았다. 북한이 이 정도로 정밀하게 무인기를 복제하기도 쉽지 않고, 그렇게 해서 얻을 이득이 없기에 자작극일 가능성을 배제했다. 민간이 군사적인 위험성을 뚫으면서 평양 상공에 삐라를 살포하는 임무를 수행할 능력이 없다고 분석했다. 보수단체의 작품일 가능성도 배제한 것이다.

군과 방위사업청 보고서에 따르면 이 소형 드론 기종은 고도가 높아도 소리가 크게 들려 발각되기 쉽다. 반경 2km까지 소리가 들린다. 정찰에 적합하지 않다. 당연히 전단을 뿌리는 용도로도 부적합했다. 그래서 전투용이 아닌 훈련용 교육용으로 사용하고 있는 기종이다. 이 때문에 의도적인 도발이라고 보는 시각이 설득력을 얻었다. 발각되기 쉬운 기종을 선택했다는 것이다. 북한의 최정예부대가 열병 연습을 하는 상공에 삐라를 뿌려서 북한의 도발을 유도했을 것이라는 분석이다.

그 당시에는 설마 했지만 비상계엄이 발동되고 난 후에는 사건이

재조명되었다. 박범계 민주당 의원은 국방위원회(2024년 12월 9일)에서 평양 무인기와 관련, "실제로 우리 군의 작전에 따른 것이고 김용현의 지시에 의한 것이라는 제보를 내부에서 받았다"며 계엄을 전제로 한 것인지 따져 물었다. 부승찬 의원도 12일 보도자료를 냈다. "소음이 커 전투용 부적합 판정을 받은 무인기 기종을 북한에 (일부러) 들키려고 투입한 것이고 북한의 보복 군사 행동을 유발해 남북 국지전을 일으키려는 의도로밖에 볼 수 없다"고 주장했다.

계엄령이 발동된 후 12월 8일 드론작전사령부 예하 부대 내 컨테이너 화재사건도 밝혀져야 할 대목이다. 김병주 민주당 의원은 평양에 갔던 무인기 장비를 불태워 증거를 인멸한 것이라는 제보가 있다고 공개했다. 사령부는 이에 대해 방화가 아니라 전기사고로 인한 것이라고 해명했다.

민주당 내란특위 외환유치죄 진상조사단(단장 정동영 의원)은 이 같은 의혹을 규명하기 위해 드론작전사령부 방문을 계획했다. 그러나 국방부는 부대관리훈령상 목적에 부합하지 않는다며 불승인했다. 진상조사단이 요구한 2024년 10월 상황일지 제출도 거부했다. 드론사령관의 용산 방문, 무인기의 파손 유실 여부에 답하지 않았다.

두 번째. 서해에서의 강력한 포격 훈련

지난 2018년 남북이 체결한 9·19군사합의로 북방한계선(NLL) 인근 해상이 완충구역(적대행위 금지구역)으로 설정되었다. 2023년 북한이 9·19군사합의를 파기하고, 2024년 1월 서해 NLL 인근에서 해상사격을 감행했다. 대응조치로 우리 해병대도 1회 서북도서 해상사격훈련을 실시했다.

북한이 대남 오물 풍선 살포, 위치정보시스템 교란 공격 등을 계속하자 윤석열 정부도 2024년 6월 4일 9·19군사합의의 전면 효력 정지를 결정했다. 해병대는 6월 26일 서북도서 해상사격훈련을 재개했다. 중단 7년 만이다. 이 무렵, 김용현이 삼청동 안가에서 윤석열에게 충성할 4명의 장군을 소개했다. 그리고 9월 5일 김용현이 국방부 장관에 취임하기 하루 전날, 사격 훈련을 다시 했다. 9·19군사합의 이전에는 평균 3개월 만에 한 번씩 훈련했다. 이번 훈련은 91일 만이다.

11월 27일 백령도에 배치한 해병대 6여단이 K-9 자주포 200여 발을 쏘는 해상사격훈련을 서해 북방한계선(NLL) 일대에서 한 것도 의심스러운 사안이다. 12월 3일 비상계엄을 앞두고 도상훈련과 병력 배치에 대한 검토가 마무리되어 가는 시점이다. 통상 3개월마다 실시하는 훈련인데 앞당겨서 83일 만에 훈련을 했다. 만약 이날 북풍이 불었다면 12월 3일은 계엄하기에 딱 좋은 날이었다.

김종대 전 정의당 의원은 2023년 11월에 합동참모본부가 황해도에 주둔하고 있는 북한군 4군단 사령부를 폭격하는 '합동타격계획'을 수립하였다고 주장했다. ['전시작전통제권에 대한 반성적 회고', 《경향신문》 2025년 1월 16일] 합참은 대통령실 지시 때문에 이 계획을 수립했지만 "너무 위험하다"며 실행에 반대했다. 그러나 합참은 이 계획에 이어 북한의 전방 4개군단까지 타격 계획에 포함시켰다. 사실상 전면전 계획을 수립한 것이라고 김종대 전 의원은 밝혔다.

더욱 관심을 끄는 것은 추미애 의원이 입수한 백령도 인근 '통합정보작전'이다. 2024년 실시한 이 훈련은 해병대가 북방한계선 인근에서 포 사격을 하면 아파치 헬기와 공군 전투기가 동시에 위협

비행을 하는 것이다. 이례적으로 NLL을 그대로 따라가며 비행하게 했고, 북한이 통신을 들을 수 있도록 일반 통신망을 이용하게 했다. 북한의 공격을 유도했다고 볼 수 있는 대목이다. 이 훈련은 그해 6월, 7월, 8월, 11월 네 차례에 걸쳐 실시했다.

세 번째. 원점 타격

북한은 2024년 5월 28일부터 계엄 전야까지 7,000여 개의 오물 풍선을 내려보냈다. 이기헌 민주당 의원은 2024년 12월 8일 보도자료를 내고 김용현이 북한 오물 풍선의 원점을 타격하라는 지시를 했다고 주장했다. 계엄령이 발동되기 직전인 11월 28일 김용현이 구체적인 지시를 합동참모본부에 내렸다는 제보를 받았다고 공개했다.

그런데 김명수 합참의장이 풍선으로 인한 국민 피해가 발생하지 않았는데 원점 타격은 기존 국방부 방침과 어긋난다며 반대했다고 한다. 이기헌 의원은 합참 작전본부장도 반대해 원점 타격이 실행되지 않은 것으로 안다고 전했다.

합참은 이때 32번째 오물 풍선에 대해서 위협평가회의를 하고 있었다. 이와 관련하여 JTBC는 김용현이 두 번이나 오물 풍선 건으로 합참을 방문했다고 단독 보도했다. 11월 18일과 29일 새벽 합동참모본부 전투통제실을 찾았다는 것이다. 북한이 31, 32번째 오물 풍선을 날려 보낸 직후이다. 11월 18일에는 "북한의 행위는 선을 넘고 있으며, 이후 발생하는 모든 사태의 책임은 북한에 있음을 다시 한번 엄중 경고한다"는 합참 명의의 대북 성명도 나왔다.

김용현은 북한의 신형 ICBM '화성 19형' 등 미사일 발사나 남북

간 연결도로 폭파 등 도발 상황에도 전투통제실을 찾지 않았다. 유독 오물 풍선 사건을 챙겼다. 김용현 측은 "오물 풍선 발생지 원점 타격을 국방부 장관이 검토하고 지시한 건 지극히 정당한 사무"라고 해명했다. ['오물 풍선' 각별히 챙긴 김용현… 계엄 직전 '전투통제실' 2번 갔다, 《JTBC 뉴스》 2024년 12월 26일]

김용현은 이에 앞서 10월 국회 국정감사에서 "선을 넘었다고 판단되면 부양 원점을 비롯해 지원 세력과 지휘 세력까지 단호하게 응징할 생각"이라고 밝혔었다.

계엄 실패 후에 곽종근도 국회에서 2024년 10월 "김용현 장관이 북한 오물 풍선 상황이 발생하면 원점을 강력하게 타격하겠다. 합참 통제실에 직접 내려가서 지휘하겠다"라고 말하는 것을 비화폰으로 통화하면서 들었다고 증언했다. 풍선 부양 원점 타격은 황해도 지역을 포격하거나 전투기로 공격하는 것이다. 그러나 어디까지가 원점인지를 두고 의견이 분분했다. 국지전으로 번질 위험성이 크다.

국지전 유도가 불가능하다는 반론도 제기되었다. 한국과 미국은 안보상 중대한 위협이 우려될 때 데프콘을 4단계에서 3단계로 끌어올린다. 그러면 작전통제권이 미군에게 넘어간다. 그보다 낮은 국지 도발의 경우 한국군 합참의장이 N시(Notification Hour)를 선포하고 한미가 연합위기관리 태세에 들어간다. 한미가 합동으로 위기관리를 하게 되면 계엄하에서도 군의 이동이 자유롭지 못하다는 것이다. 하지만 이런 시스템 아래서도 그 틈새를 노려 국지전을 유도할 가능성이 있다는 것이 노상원 전 정보사령관의 수첩에서 드러나고 있다.

23장   명태균 게이트, 정권을 붕괴시키다

인생은 누구를 만나느냐에 따라 결정된다. 개인의 운명을 바꾸기도 하고, 때로는 역사를 바꾼다. 악인을 만나면 악인이 되고, 좋은 친구를 만나면 좋은 운명을 예비한다. 2012년을 끝으로 정치 인생을 마무리한 줄 알았던 김영선 전 국회의원과 2013년 여론조사회사 좋은날리서치(이후 미래한국연구소)를 개업한 명태균이 만났다.

전직 의원(15·16·17·18대 4선) 김영선은 여기에서 입에 풀칠하면서 살 수 있게 되었다. 여론조사 회사를 운영하고 있었기에 정치와도 끈을 이어갈 수 있었다. 불우한 시절을 보냈지만 머리가 명석하고 신기가 있는 명태균은 김영선과의 만남을 통해 '보수의 막후 설계자'로 발돋움할 수 있었다.

명태균은 범상치 않은 화법을 구사했다고 한다. 2022년 대통령 선거를 앞두고 명태균을 봤던 한 인사에 따르면 그는 대뜸 "토끼와 거북이가 달리면 누가 이길까요"라고 질문한다고 한다. 보통 사람들은 동화를 생각하면서 대답을 만드는데, 명태균은 "바다에서 시합하면 거북이가 이긴다"는 뜻밖의 대답을 내놓았다. [토끼와 거북이, 누가 이길까요… 여권 빅샷들 홀린 명태균 화법. 《중앙일보》 2024년 10월 16일] 판을 바꾸어야 이길 수 있다는 것이다. 여기서부터 사람들이 홀리기 시작했다.

김영선이 다리를 놓게 되어서 명태균은 김종인, 이준석, 홍준표, 김진태, 오세훈 등과 직간접적으로 인연을 맺게 된다. 자칭 '지리산 도사'는 2022년 대선에서 판을 바꾸는 방법으로 윤석열을 대통령으로 만드는 데 기여했다. 그 방법은 여론조사 마사지이다. 명태균은 국민의힘 후보 경선에서 여론조사 표본을 조작하는 방식으로 윤석열에게 유리한 결과를 만들어서 후보로 지명되는 데 일조했다. 김건희는 명태균을 의지했고, 그에게 "충성"한다는 인사말 형식의 답변 문자를 보내기도 했다.

윤석열은 2024년 총선에서 참패한 뒤, 5월 9일 취임 2주년 기자회견을 가졌다. 2022년 8월 취임 100일 회견 이후 1년 9개월이다. 명품가방 수수에 대해 사과했다. 윤석열은 "제 아내의 현명하지 못한 처신으로 국민께 걱정을 끼쳐드린 부분에 대해 사과드린다"고 했다. 하지만 김건희특검은 거부했다. '사과'라고 써놓고 '특검거부'라고 읽었다. "특검을 거부하는 사람이 바로 범인"이라는 과거 그의 발언이 소환되었다.

2023년 말 명품가방 수수가 세간에 알려지면서 두문불출하던 김건희. 윤석열의 사과 발언으로 면죄부를 얻었다고 판단했는지 칩거 153일 만에 활동을 재개했다. 앞으로 닥칠 운명을 모르는지 다시 자유로운 영혼이 되었다. 2024년 5월 16일 한국을 방문한 캄보디아 총리 부부와 오찬 행사에 참석하는 것으로 활동을 재개했다. 7월 3일에는 서울 시청역 교통사고 참사 현장을 방문했다.

사상 초유 '황제조사'

7월 25일에는 검찰이 경호처 관할 건물을 방문하여 김건희를 조사했다. 5월에 명품가방 수수 사건 관련 전담수사팀이 꾸려진 지 3개월 만의 일이다. 도이치모터스 주가조작 고발 건으로 수사 배당된 지 4년 3개월 만이다. 사상 초유의 영부인 방문조사로 '황제조사' 논란이 일었다. 이원석 검찰총장도 패싱당했다. 그러고는 완전한 무혐의로 결론을 냈다. 김건희는 수사를 받기 전 "검사님들 이런 자리에서 뵙게 돼 송구하다. 심려를 끼쳐 국민들에게 죄송하다"고 말했다고 한다. 이 역시 사상 초유의 일이다. 대국민 사과를 검사 앞에서 비공개로 한다는 비범한 발상은 김건희 아니면 생각해 볼 수 없는 일이다.

《뉴스토마토》가 9월 5일, 명태균 게이트 첫 보도를 했다. 김건희는 22대 국회의원 총선거에서 김영선이 지역구인 경남 창원의창에서 컷오프된다는 것을 미리 알았다. 김건희는 텔레그램으로 김영선에게 메시지를 보냈다. 험지 출마를 명분으로 하여 지역구를 경남 김해로 옮기라고 제안했다. 5선 중진이 당을 위해 헌신하는 모습을 보이라고 했다. 컷오프 공개되기 전에 그렇게 하면 구제할 수 있다는 취지였다. 윤석열이 김해 선거를 위한 맞춤형 공약도 발표할 것이라고 했다.

김영선은 그대로 따랐지만 공천을 받지 못했다. 열받은 김영선이 개혁신당 이준석을 만나 김건희의 공천개입을 폭로하는 조건으로 비례공천을 요구했다. 훗날 이 과정에서 김건희와 주고받은 문자가 알려졌고 《뉴스토마토》가 이를 보도했다. 대통령 부부의 공천개입이다. 박근혜도 공천개입으로 사법처리된 바 있다. 공무원의 정치 중립 위반이다.

윤석열 정권을 무너뜨리는 방아쇠 같은 보도였다. 이때까지만 해도 실패한 공천개입 정도로 비쳐졌다. 나중에 이 보도가 소총에서 대포로, 대포에서 핵폭탄으로 커질 것을 예상하는 이들은 많지 않았다. 김건희는 아무 일도 없었다는 듯이 행동했다. 9월 10일 마포대교 현장에서 공무원들을 만나 자살 예방 조처 등을 보고받고 지시했다. 교통 통제도 했다. 좋은 사진 연출도 했다. 인생은 즐거웠다. 이명박이 2007년 대선 당시, BBK 연루 의혹이 커질 때마다 비보이 등과 만나 춤을 추는 모습을 연출하는 것과 비슷했다. 의혹에서 거리를 두는 방법은 딴청을 피우는 것이다.

한 귀로 듣고 한 귀로 흘렸다

그런데 역효과가 났다. 언론에서는 '통치자 같은 행보'라고 비꼬았고, 권력 서열 1위로 공식 데뷔했다고 비판했다. 정치 9단이라 불리는 박지원 민주당 의원은 김건희의 백담사 행을 제안했다. 스스로 유배되는 것을 선택하라고 했다. 뉴스에서 사라져야 국민이 용납하고, 윤석열도 제 위상을 찾을 수 있다는 것이다. 박지원 의원이 이런 제안을 하자 소록도 자원봉사 등 비슷한 제안들이 쏟아졌다.

언론인 김대중은 《조선일보》 9월 10일자 칼럼에서 김건희 문제에 대한 윤석열의 진솔한 대국민사과를 촉구했다. 박정훈 《조선일보》 논설실장은 "크고 작은 스캔들이 잇따르면서 김건희 여사의 그림자가 어른거린다는 인상이 굳어졌다. 불길하고 또 불길하다"고 했다.

추석(9월 17일) 전후 윤석열의 국정 지지도가 20%로 취임 이후 최저치를 기록했다.

9월 19일 《뉴스토마토》의 2보가 결정적이었다. 2022년 대선 직후 치러진 국회의원 보궐선거. 정치 낭인으로 10년을 동가식 서가숙하던 김영선이 경남 창원의창에 전략 공천되었다. 연고가 없는 지역이다. 뉴스토마토는 명태균의 녹음을 공개했다. "사모(김건희)하고 전화해가. 대통령 전화해갖고. 대통령은 '나는 김영선이라 했는데' 이라대. 그래서 윤상현이 끝났어." 윤상현은 공천관리위원장이었다. 명태균은 이준석 당시 국민의힘 대표와의 카카오톡 대화에서 "윤 대통령 전화가 왔다. 윤상현 의원에게 전화해 김영선으로 전략 공천주겠다고 말씀하셨다"고 했다.

나중에 민주당이 입수 공개(10월 31일)한 윤석열, 김건희와 명태균의 통화 녹취록을 통해서 이는 사실로 확인되었다. 2022년 5월 9일 대통령 취임 하루 전날 윤석열과 명태균이 통화했다. 명태균은 김영선을 공천하기로 했다는 윤석열의 통보를 받았다.

윤석열은 "공관위(공천관리위)에서 나한테 들고 왔길래 내가 '김영선이 경선 때부터 열심히 뛰었으니까 그거는 김영선이를 좀 해줘라' 그랬는데 말이 많네. 당에서…"라고 말했고 명태균은 "진짜 평생 잊지 않겠습니다. 고맙습니다"라고 답했다. 김건희가 "아니 오빠, 명 선생 그거 처리 안 했어? 명 선생이 아침에 놀라셔서 전화 오게 만드는 게 이게 오빠 대통령 자격 있는 거야…"라고 말했다는 녹음도 공개됐다. 명태균이 자신의 무용담을 다른 이에게 전하는 과정에서 통화한 내용이다. 명태균은 이 통화에서 "(윤석열)전화 끊자마자 바로 지 마누라(김건희)한테 전화 왔어. '선생님, 윤상현한테 전화했습니다. 보안 유지하시고 취임식 오십시오'라고 김건희가 말했다"고 전했다.

드러난 탄핵 사유

전후 맥락을 정리하면 이렇다. 명태균이 김건희한테 전화로 김영선 전략공천 건이 어떻게 진행되는지 묻고 재차 부탁했다. 이때 김건희가 윤석열에게 아직도 처리하지 못했냐고 다그쳤다. 윤석열은 윤상현 공천관리위원장에게 전화를 걸어 부탁했다. 처음에는 난색을 표명했지만 윤상현이 결국 수용했다. 윤석열은 명태균에게 전화를 걸어 생색을 냈다. 김건희도 생색내기에 합류했다. 명태균에게 전화를 해서 임무를 완수했다고 전했다.

결국 김영선은 공천을 받고 당선이 되었다. 5선 중진이 되어 국회부의장에 도전하려고도 했고, 후쿠시마 원전수 '방류에' 문제가 없다며 수산시장을 다니면서 바닷고기를 담궈 둔 바닷물을 마시기도 했다. 아직 원전수가 방류되기 전이다. 황당한 코미디다.

명태균은 윤석열이 대통령 후보가 되도록 여론조사 마사지를 했다. 여론조사는 윤석열 부부에게도 전달이 됐다. 공직선거법상 선거비용으로 회계보고에 포함시켜야 하는 여론조사 비용을 누락했다는 혐의를 받을 수 있는 대목이다. 정치자금법 위반에도 해당된다. 윤석열이 당선되자 명태균은 빚 독촉을 한다. 3억 7,500만 원에 달하는 조사비용을 김건희에게 요구한다. 김건희는 명태균의 동업자인 김영선에게 받으라고 김영선을 공천했다. 명태균은 이를 '선물'이라고 표현했다.

김영선은 당선 후 선거비용(1억 2,000만 원) 보전을 받아서 명태균에게 전했다. 명태균은 김영선에게 자신의 은혜를 평생 잊지 말라고 반협박을 했다. 그리고 나머지는 김영선이 세비의 절반을 매달 명태균에게 보내는 반탕을 했다. 아직 3억 7,500만 원 전부를 돌려받지 못했다. 김영선이 한 번은 더 당선되어야 받을 수 있다.

　그런데 김영선이 22대 선거에서 컷오프된다는 청천벽력 같은 소식이 들렸다. 김건희가 깜짝 놀랐다. 김영선도 놀랐고 명태균도 아연실색했다. 셋이 합동작전을 통해 지역구 이동을 통한 기사회생을 노렸으나 실패했다. 한동훈 국민의힘 비상대책위원장이 말을 듣지 않았던 것으로 보인다. 김영선은 친정인 국민의힘에게 한 방을 먹여야겠다고 작심했다. 분을 삭이지 못하고 동네방네 돌아다니며 떠들다가 온 세상에 알려지게 되면서 김영선, 명태균이 교도소로 가고 김건희, 윤석열도 비슷한 운명에 처해지게 되었다.

무너지는 대통령 국정수행 지지율

　민주당이 윤석열 탄핵안을 만지작거리고 있었지만 결정적인 탄핵 사유를 찾지 못하고 있었다. 그런데 명태균 게이트가 터졌다. 취임 하루 전인 당선자 시절 있었던 일이라서 탄핵 사유에 해당되지 않는다는 주장도 있지만 당선증을 교부받은 때부터를 임기의 시작으로 보아야 한다는 반론도 설득력을 얻고 있었다.

　한동훈이 2024년 7월 국민의힘 대표가 되고 윤석열과 독대를 여러 번 요청했다. 윤석열과 10월 21일 만났다. 제로콜라를 마시면서 80분간 대화했다. 윤석열이 한쪽에 앉고 맞은편에 정진석 비서실장과 한동훈이 나란히 앉았다. 자리 배치를 보면 당 대표가 아니라 비서 대우를 한 것이다. 회동에 앞서 10월 17일 한동훈은 김건희의 대외 활동 중단, 대통령실 인적 쇄신, 의혹 규명 협조 등을 공개적으로 촉구했다. 윤석열은 한 귀로 듣고, 한 귀로 흘렸다.

11월 1일 공개된 갤럽 여론조사에서 김건희가 대통령 배우자 역할을 잘 못하고 있다는 응답이 84%에 달했다. 엠브레인퍼블릭 등이 합동으로 실시하는 전국지표조사(NBS)에서 김건희가 대외 활동을 중단해야 하느냐는 질문에 73%가 찬성, 20%가 반대하는 것으로 나타났다. 김건희가 여론조사의 소재가 되었다. 윤석열 직무 긍정률은 19%로 취임 후 최저치, 부정률 72%는 최고치를 나타냈다.

11월 4일 한동훈은 지도부 회의에서 대통령실 인적 쇄신, 의혹 규명 협조 등 기존의 3대 조치에 더해서 재발 방지를 위해 특별감찰관 도입을 제안했다. 윤석열은 한때 한동훈을 '눈에 넣어도 아프지 않다'고 했다. 점차 한동훈은 '눈엣가시'가 되어갔다. 특별감찰관을 임명하게 되면 김건희에 대한 감찰에 바로 착수하게 된다. 대통령실은 한동훈의 정체성이 의심된다며 크게 반발했다.

11월 7일 윤석열이 대국민 담화-기자회견을 열어 거짓말을 했다. 명태균게이트에 대해 입을 열었다. "누구 공천주라고 얘기한 적 없다… 오랜만에, 몇 달 만에 (명태균 전화가 왔길래) 서운한 감정이 있을 것 같아서 고생했다"고 "한마디 한 것이 전부다"라고 또 거짓말을 했다. 화를 불렀다.

창원지검은 명태균의 황금폰에서 김건희와 나눈 SNS 메시지를 분석한 보고서를 만들었다. 280개의 대화, 107쪽 분량이다. 대검과 법무부에 보고가 되었다. 윤석열에게도 전달되었던 것으로 보인다.

윤석열의 탄핵 시한폭탄의 초침이 재깍재깍 돌아가고 있었다. 윤석열의 심장에서는 쿵쾅쿵쾅 소리가 울렸다. 불안했다. 불길하고 또 불길한 예감이 들었다.

명태균은 2024년 10월 8일 검찰 수사망이 좁혀오는 상황에서 "내가 구속되면 정권은 한 달 안에 무너진다. 아직 내가 있던 일의 20분의 1도 안 나왔다. 내가 입을 열면 정권이 뒤집어진다"고 했다. 명태균의 예언은 적중할 조짐을 보였다. 김용현 공소장에는 11월 24일 윤석열이 감사원장 검사 탄핵 등과 명태균 게이트를 얘기하며 비상조치 필요성을 언급했다고 한다.

24장　　　밀물 같은 시국선언

"나는 이태원 참사 이후 첫 강의에서 출석을 부르다가, 대답 없는 이름 앞에서 어떤 표정을 지을지 알지 못했다. 더 이상 나는 강의실에서 학생의 안녕을 예전처럼 즐거움과 기대를 섞어 이야기하지 못한다.

　나는 안타까운 젊은 청년이 나라를 지키다가 목숨을 잃어도 어떠한 부조리와 아집이 그를 죽음으로 몰아갔는지 알지 못한다. 더 이상 나는 강의실에서 군 휴학을 앞두고 인사하러 온 학생에게 나라를 지켜줘서 고맙고 건강히 잘 다녀오라고 격려하지 못한다."

경희대학교·경희사이버대학교 교수와 연구자 226명은 2024년 11월 13일 '인간의 존엄과 민주주의의 가치를 훼손하는 윤석열 대통령은 즉각 퇴진하라'는 제목의 성명을 냈다. "나는 폐허 속을 부끄럽게 살고 있다"로 시작하는 이 선언문은 '나는'이라는 1인칭 주어를 통해 윤석열 시대의 퇴행을 고발했다. 노벨문학상을 받을 만한 '시적(詩的) 산문'이라는 평가를 받았다.

　김진해, 김진희, 민유기 교수 등의 집단 창작 결과인데 준비를 하면서 두 가지 원칙을 세웠다고 한다. "하나는 나로부터 시작한다,

우리 이야기하자. 두 번째는 분노보다 앞서 부끄러움의 정서를 같이 나누자. 그렇게 하다 보니까 좀 격문이라기보다는 반성문 문체가 되었다."[김진해 교수. 김어준의 겸손은 힘들다 '뉴스공장' 2024년 11월 18일] 그래서 울림이 더 컸다(경희대 시국선언 전문은 24장 마지막에 실었다).

대학가에서 울려퍼지는 양심의 소리

2024년 대학가 시국선언은 가천대에서 시작했다. 10월 28일 발표된 교수노조의 성명에서 "윤석열 정권이 말기 호스피스 단계에 들어갔습니다. 호스피스 기간이 얼마나 될지 암담한 실정으로, 국민과 나라를 위해 처절한 관리가 필요한 상황입니다"라고 포문을 열었다. 가천대 재단인 가천 길재단이 길병원을 운영해서인지 '호스피스 단계'라는 의학적 표현을 사용하였다.

가천대 교수들의 용기 있는 시국선언이 발표되면서 한 달여 사이에 전국 336개 대학 중에 100개 대학 가까이가 참여했다. 김용련 한국외국어대 교수(사범대)는 "교수 시국선언은 한국 현대사에서 더 이상 여지가 없을 때 터져 나오는 지식인들의 종지부 같은 것이었다. 최근 교수 시국선언은 이전과 달리 시민사회 움직임에 견줘서도 빠르게 나오는 분위기인데, 릴레이처럼 이어지고 있어 향후 이 흐름이 집결되면 큰 폭발력을 가질 것으로 보인다"고 했다.

보수의 정치적 심장이라고 하는 대구·경북에서도 지식인 396명이 함께 나섰다. 2024년 11월 26일 발표한 성명은 이렇게 끝을 맺는다.

"윤석열이 남은 임기를 다 채우면 우리 공동체는 회복할 수 없는,

참으로 심대하고 참담한 도탄의 지경에 이를 것이다. 그리하여 우리는, 윤석열을 거부한다. 국채보상운동과 4월혁명의 도화선이 된 2.28의 도시, 이 우국의 땅 대구·경북의 지식인들은 윤석열에게서 더 이상 어떠한 가능성도, 일말의 희망도 기대하지 않는다. 대한민국을 위해 윤석열이 할 수 있는 유일한 일은 대통령의 자리에서 내려오는 것이다. 역사와 국민의 준엄한 명령이다. 윤석열은 대통령직에서 물러나라."

그보다 앞서 11월 19일 열린 경북대 교수·연구자 시국선언에는 2016년 박근혜 대통령 탄핵 요구 당시 참여 인원 88명의 배가 넘는 179명이 서명했다.

해외에서도 성명이 이어졌다. 2024년 11월 30일 미주 교수 및 연구자 236명은 윤석열의 하야를 촉구했다. "비록 지금 우리는 해외에서 삶을 영위하고 있지만 지식인의 책무로서 조국의 정치 파행과 퇴락을 결코 외면할 수 없다. 윤석열 대통령은 4·19의 이승만이 될 것인가? 2017년의 박근혜가 될 것인가? 또다시 시민의 힘으로 권력을 회수해야만 하겠는가? 도도히 흐르는 민심의 강물을 거스를 권력은 없다. 대통령 윤석열은 하야하라!"

서울대는 참여자 면에서 가장 많았다. 사회 곳곳에서 서울대 출신 지배 엘리트에 대한 비판이 거세게 일고 있었다. 그런 비판을 의식해서인지 성명은 반성에서 시작했다. 11월 28일 서울대 성명에는 무려 525명이 동참했다. 단일 대학으로는 최대 규모이다. 윤석열의 모교라는 따가운 비판에 대답이라도 하듯 많은 이들이 동참했다. 정용욱 역사학부 교수는 "서울대에서 525명의 교수 연구자가 참여한 것은 서울대 시국선언 역사상 유례없는 일"이라고 했다.

"우리 서울대 교수·연구자들은 국민과 역사에 대한 부끄러움, 사죄와 통탄의 심정으로 윤석열 정부의 퇴진을 촉구합니다. 서울대 교내 곳곳에 나붙은, 윤석열과 동문이라는 사실이 부끄럽다는 제자들의 대자보가 양심의 거울처럼 우리를 부끄럽게 합니다. 한국 사회의 민주화를 이끌었던 지성의 전당, 그 명예로운 역사의 흔적을 윤 대통령과 그가 임명한 공직자들에게서는 전혀 찾아볼 수 없습니다. 서울대가 교육과 연구에서 제대로 인권과 민주주의의 가치를 가르치지 못한 채 '영혼이 없는 기술지식인'을 양산해 온 것은 아닌지 참담하고 죄스러운 마음을 금할 수 없습니다."

'영혼이 없는 기술자'를 양산했다는 비판은 서울대의 존립 근거에 대한 의문을 제기하기에 이르렀다. 시국선언 발표 진행을 맡은 박배균 지리학과 교수는 "학벌이 얼마나 잘못된 것인지 잘 드러내는 사례. 서울대라고 하는 최고의 대학을 나왔던 사람을 대통령 시켜놨더니 개판이구나, 서울대가 그렇게 좋은 대학이 아니구나, 이런 것들을 현실적으로 보여준 좋은 실증자료가 아닐까 생각한다"라고 했다.

윤석열의 모교, 서울대 역대 최대규모 참여

시국선언을 앞장서 준비한 정용욱 교수는 서울대 시국선언문이 반성문 형식을 빌게 된 배경을 "대학마다 추구하는 목표 혹은 지켜온

전통이 있는데 그것에 비춰봤을 때 너무 이례적인 사태라 다들 경악하고 있다. 우리의 목표를 추구해 가는 과정에서 혹시 잘못된 것은 없는지 교육자로서 다시 돌아보는 계기였다. 반성의 마음을 표현하고 싶다."[단일대학 최대 서울대 525명 시국선언 "하루라도 빨리 물러나야", 《오마이뉴스》 2024년 11월 28일] 라고 밝혔다.

서울대 시국선언이 있던 날, 천주교 사제 1,466명도 "어째서 사람이 이 모양인가!"라는 제목의 시국선언문을 발표했다. 옥현진 대주교, 김선태, 김종강, 김주영, 문창우 주교 등 고위 성직자들도 이름을 올렸다. 시국선언은 윤석열을 '어둠의 사람', '폭력의 사람', '분열의 사람'이라며 더 이상 용납할 수 없다고 했다.

대학의 시국선언 제목들을 모아보면 이 사태를 대하는 교수·연구자들의 인식이 보인다. "이제 국민이 대통령에 대한 인사권을 행사할 때이다(인하대)", "지금, 바로 퇴진하라(한국방송통신대)", "우리는 격노한다(이화여대)", "껍데기는 가라(성공회대)", "인내심이 한계를 넘었다(안동대)", "국정 파탄, 윤석열 대통령이 책임져야 한다!(국민대)", "탄핵도 과분하다, 그냥 하야해라(남서울대)", "역사와 국민의 준엄한 명령이다(인천대)", "무너지는 민주주의를 통탄하며(숙명여대)", "민주주의 훼손을 더는 용납할 수 없다(한국외대)."

그중에서도 108명이 참여한 동국대학교 시국선언의 제목이 눈에 띈다. "바꿀 것이 휴대폰밖에 없다? 윤석열 대통령은 즉각 물러나라" 국민적 저항에 부딪힌 윤석열이 11월 대국민담화를 발표하고 기자회견을 하면서 부부의 휴대폰을 바꾸겠다고 한 것을 비꼬았다. 바꿀 것은 휴대폰이 아니라 윤석열이라며 퇴진을 촉구했다.

윤석열의 하야와 퇴진을 요구하는 성명은 12월 2일 비상계엄 하루 전날까지 계속되었다. 대구 지역 교대 역사상 최초의 시국선언이었던 대구교육대학교 시국선언에 참여한 교수들은 윤석열 남은 임기 2년 반을 참을 수 없다고 했다. 윤석열은 다음날 남은 임기 2년 반과 그의 정치생명을 모두 걸고 도박에 나섰다.

"우리는 윤석열 정권의 남은 2년 반을 더 견디며 살아가야 한다는 것에 참을 수 없는 분노와 좌절을 느낀다. 아직 국민을 사랑하는 마음이 조금이라도 남아 있다면 물러나는 것이 국민에 대한 최소한의 도리이며 예의이다. 우리는 윤석열 대통령에게 앞뒤 재지 말고 지금 당장 물러날 것을 강력히 촉구한다."

교수들의 시국선언이 역사의 물줄기를 바꾼 예가 있다. 4·19 혁명 당시 잠시 소강상태에 빠진 시위의 불씨를 되살린 것은 1960년 4월 25일 서울대 교수회관에 모인 27개 대학교수 258명의 시국선언문과 그에 이은 항의행진이었다. 당시 교수들은 '누적된 부패와 부정과 횡포로써 민권을 유린한 이승만 정권은 물러가라'는 내용의 시국선언을 발표하고 평화적 시위를 했는데 학생과 시민들의 절대적인 지지를 얻었다. 4월 27일 이승만 대통령은 하야했고, 자유당 정권은 붕괴했다.

전두환 정권의 폭력 통치를 비판하는 교수들의 시국선언은 고려대학교에서 시작됐다. 1986년 3월 28일 교수 28명이 직선제 개헌을 요구하는 시국선언을 발표했다. 이후 교수들의 시국선언은 전국의 대학으로 확산되었다. 그해 6월 2일에는 전국 23개 대학 265명이 참여하여 한국 사회 구조 개혁의 방향과 과제를 제시하는 '대학교수

연합 시국선언'이 있었다. 이듬해인 1987년 4월 13일, 전두환 정권이 국민들의 직선제 개헌 요구를 거부하는 '4·13 호헌 조치'를 발표하자 1987년 4월 22일부터 전국의 48개 대학 1,510명의 교수가 시국선언에 참여하였다.

박정희 시대와 전두환 시대에는 시국선언에 참여하는 것만으로도 해직되었다. 구속수감되는 경우도 비일비재했다. 당시에는 대학이 진리를 추구하는 학문의 전당이라는 인식이 강했고, 교수들은 지식인으로 존경받았다. 지금 시대는 많이 달라져서 대학의 권위가 실추되었다. 사회 변화의 동력도 상아탑의 교수들에게서 나오는 것이 아니라, 광장에서 싸우는 수없이 많은 시민에게서 나온다. 이제 교수와 연구자, 학생 등 대학가의 시국선언과 시위는 그들 역시 민주사회의 시민의 일원으로서 발언한 것이라는 의미가 강하다. 그 시민들의 이야기는 〈2부, 국민이 만든 '빛의 혁명'〉에서 다룬다.

경희대 시국선언 전문

인간의 존엄과 민주주의의 가치를 훼손하는 윤석열 대통령은 즉각 퇴진하라!

나는 폐허 속을 부끄럽게 살고 있다. 나는 매일 뉴스로 전쟁과 죽음에 대해 보고 듣고 있다. 그리고 이제 내가 그 전쟁에 연루되려고 하고 있다. 더 이상 나는 강의실에서 평화와 생명, 그리고 인류의 공존이라는 가치가 우리 모두가 힘을 모아야 할 가치라고 이야기하지 못한다.

나는 역사의 아픔이 부박한 정치적 계산으로 짓밟히는 것을 보았다. 더 이상 나는 강의실에서 보편적 인권과 피해자의 권리를 위해 피 흘린 지난하면서도 존엄한 역사에 대한 경의를 이야기하지 못한다.

나는 여성과 노동자와 장애인과 외국인에 대한 박절한 혐오와 적대를 본다. 더 이상 나는 강의실에서 지금 우리 사회가 모든 시민이 동등한 권리를 가지는 사회라고 이야기하지 못한다.

나는 이태원 참사 이후 첫 강의에서 출석을 부르다가, 대답 없는 이름 앞에서 어떤 표정을 지을지 알지 못했다. 더 이상 나는 강의실에서 학생의 안녕을 예전처럼 즐거움과 기대를 섞어 이야기하지 못한다.

나는 안타까운 젊은 청년이 나라를 지키다가 목숨을 잃어도, 어떠한 부조리와 아집이 그를 죽음으로 몰아갔는지 알지 못한다. 더 이상 나는 강의실에서 군 휴학을 앞두고 인사하러 온 학생에게 나라를 지켜줘서 고맙고 건강히 잘 다녀오라고 격려하지 못한다.

나는 대학교 졸업식장에서 졸업생이 검은 양복을 입은 사람들에게 팔다리가 번쩍 들려 끌려나가는 것을 보았다. 더 이상 나는 우리의 강의실이 어떠한 완력도 감히 침범하지 못하는 절대 자유와 비판적 토론의 장이라고 말하지 못한다.

나는 파괴적 속도로 진행되는 대학 구조조정과 함께 두 학기째 텅 비어 있는 의과대학 강의실을 보고 있다. 더 이상 나는 강의실에서 지금 내가 몸 담고 있는 대학 교육의 토대가 적어도 사회적 합의에 의해 지탱되기에 허망하게 붕괴하지 않을 것이라 이야기하지 못한다.

나는 매일 수많은 격노를 듣는다. 잘못을 해도 반성을 하는 것이 아니라, 격노의 전언과 지리한 핑계만이 허공에 흩어진다. 더 이상 나는 강의실에서 잘못을 하면 사과하고 다시는 그 일을 하지 않도록 다짐하는 것이 서로에 대한 존중의 첫걸음이라는 것을 이야기하지 못한다.

나는 매일 공적인 것과 사적인 것의 경계가 무너지며 공정의 최저선이 허물어지는 모습을 보고 듣는다. 더 이상 나는 강의실에서 공정을 신뢰하며 최선을 다해 성실한 삶을 꾸려가는 것이 인간다운 삶의 보람이라는 것을 이야기하지 못한다.

나는 매일 신뢰와 규범이 무너지는 것을 보고 있다 더 이상 나는 강의실에서 서로에 대한 신뢰와 존중을 바탕으로 자발적으로 규범을 지키는 것이 공동체 유지의 첩경이라 말하지 못한다.

나는 매일 수많은 거짓을 목도한다. 거짓이 거짓이 이어지고, 이전의 거짓에 대해서는 아무도 책임을 지지 않는다. 더 이상 나는 강의실에서 진실을 담은 생각으로 정직하게 소통하자고 말하지 못한다.

나는 매일 말의 타락을 보고 있다. 군림하는 말은 한없이 무례하며, 자기를 변명하는 말은 오히려 국어사전을 바꾸자고 고집을 부린다. 나는 더 이상 강의실에서 한 번 더 고민하여 정확하고 신뢰할 수 있는 말을 건네고 서로의 말에 경청하자고 말하지 못한다.

나는 하루하루 부끄러움을 쌓는다. 부끄러움은 굳은살이 되고, 감각은 무디어진다. 아무런 기대도 하지 않으며, 기대하지 않는 것을 당연하게 여기게 되었다.

나는 하루하루 인간성을 상실한 절망을 보고 있고, 나 역시 그 절망을 닮아간다.

어느 시인은 "절망은 끝까지 그 자신을 반성하지 않는다"라고 썼다. 하지만 그는 그 절망의 앞자락에 "바람은 딴 데에서 오고/ 구원은 예기치 않은 순간에 오리라"는 미약한 소망을 깨알 같은 글씨로 적어두었다.

나는 반성한다. 시민으로서, 그리고 교육자로서 나에게도 큰 책임이 있다.

나는 취약한 사람이다. 부족하고 결여가 있는 사람이다. 당신 역시 취약한 사람이다.

하지만 우리는 취약하기 때문에, 함께 목소리를 낸다.

나는 당신과 함께 다시 인류가 평화를 위해 함께 살아갈 지혜를 찾고 싶다.

나는 당신과 함께 다시 역사의 진실 앞에 올바른 삶이 무엇인지 이야기하고 싶다.

나는 당신과 함께 다시 모든 사람이 시민으로서 정당한 권리를 갖는 사회를 만들고 싶다.

나는 당신과 함께 다시 서로의 생명과 안전을 배려하는 방법을 찾고 싶다.

나는 당신과 함께 다시 공동체를 위해 헌신하는 이를 존중하는 분위기를 만들고 싶다.

나는 당신과 함께 다시 자유롭게 생각하고, 스스럼없이 표현할 권리를 천명하고 싶다.

나는 당신과 함께 다시 우리가 공부하는 대학을 신뢰와 배움의 공간으로 만들고 싶다.

나는 당신과 함께 다시 선택에 대해 책임을 지고 잘못을 사과하는 윤리를 쌓고 싶다.

나는 당신과 함께 다시 신중히 동의할 수 있는 최소한의 공정한 규칙을 찾고 싶다.

　나는 당신과 함께 다시 서로를 믿으면서 우리 사호의 규칙을 새롭게 만들어가고 싶다.

　나는 당신과 함께 다시 진실 앞에 겸허하며, 정직한 삶을 연습하고 싶다.

　나는 당신과 함께 다시 존중과 신뢰의 말을 다시금 정련하고 싶다.

　우리는 이제 현실에 매몰되지 않고, 현실을 외면하지 않으며, 현실의 모순을 직시하면서 만들어갈 우리의 삶이 어떠한 삶일지 토론한다.

　우리는 이제 폐허 속에 부끄럽게 머물지 않고, 인간다움을 삶에서 회복하기 위해 노력한다.

　그리고 우리는 이제 새로운 말과 현실을 발명하기 위해 함께 목소리를 낸다.

　대통령으로서 국민의 생명과 안전에 무관심하며, 거짓으로 진실을 가리고, 무지와 무책임으로 제멋대로 돌진하는 윤석열은 즉각 퇴진하라!

2024.11.13.

경희대학교·경희사이버대학교 교수 연구자

2부 국민이 만든 「빛의 혁명」

25장 왜 12월 3일이었을까

윤석열은 충성을 바치는 김용현을 국방부 장관으로 앉힌 후 거칠 것이 없었다. 김용현의 취임과 함께 계엄은 준비 단계에 들어갔다. 윤석열의 특명을 받은 김용현은 두 축으로 계엄을 준비했다. 한 축은 여인형 방첩사령관, 곽종근 특전사령관, 이진우 수방사령관 등 6월 17일 윤석열에게 충성을 맹세한 그룹이다. 다른 한 축은 '계엄의 막후 설계자' 노상원 전 정보사령관과 문성호 정보사령관이다.

전자는 주로 국회의원들을 연행·구금하여 수사하고, 후자는 중앙선관위를 수사하는 수사 2단을 구성하는 방식으로 역할 분담했다. 방첩사는 양쪽에 다 관여했다. 윤석열과 김용현은 전자의 그룹과 10월 1일 국군의 날 만찬을 기점으로 하여 만남의 빈도수를 늘려갔다. 김용현은 취임 이후 계엄 일까지 노상원과 22회나 만났다. 4일에 한 번씩 만난 꼴이다.

10월 1일 국군의 날

2024년 10월 1일, 2023년에 이어 2년 연속 국군의 날 시가행진을 했다. 유난히 퍼레이드를 좋아한 윤석열은 대로에서 군인들과 함께 행진했다. 광화문 월대에 있는 어도(왕의 길)를 따라 단상에 올라섰다. 5·16쿠데타 당시 박정희처럼 선글라스를 썼다. 행진을 함께한 군인들이 모두 다 자기를 지지하는 듯한 착각에 빠졌을 것이다. 국군의 날 시가행진 행사에 2023년 99억 원, 2024년에 79억 원을 썼다.

군대 속으로 들어가는 것을 즐기는 윤석열은 국회 속으로 들어가는 것은 극도로 싫어했다. 적진 속으로 들어가는 느낌이었던 걸까? 그의 뇌피셜로 보면 국회는 부정선거로 당선된 집단에 불과하다. 윤석열은 2024년 9월 2일에 열렸던 22대 국회 개원식에 참석하지 않았다. 민주화 이후 대통령이 4년마다 한 번 있는 국회 개원식에 참석하지 않은 것은 처음이다. 대신 그는 이날 저녁 한국을 방문한 미국 상원의원단과 함께 만찬을 하면서 김건희 생일파티를 했다. 김건희는 생애 첫 글로벌 생일파티에 감격했다고 한다.

국군의 날을 앞두고 9월 17일 육군 15사단을 방문했다. 세계 각국의 전투 식량을 인터넷으로 직접 구입해서 맛을 봤다고 자랑했다. 그리고 격오지에 있는 부대들에 통조림이나 전투 식량 등을 충분히 보급하라고 했다. 평상시 먹는 군용 식량이 아니라 전투 식량을 언급한 것을 두고 말이 많았다. 의문은 비상계엄 때 풀렸다. 2024년 12월 4일 새벽 0시 30분에 찍힌 사진을 보면 병사들이 갖고 있는 통조림에 '즉각 취식형 전투용 1식단'이라고 품명이 적혀 있었다. 전투 식량이었다. 윤석열이 전투 식량을 직접 구입하고 맛을 본 것은 계엄을 상상하면서 '계엄놀이'를 한 것이라는 분석이 많았다.

윤석열은 국군의 날 행사가 끝나고 집으로 김용현과 그의 장군들을 불렀다. 여인형 사령관, 곽종근 사령관, 이진우 사령관. 이날은 윤석열이 그동안 비상조치, 비상대권을 언급했던 데에서 한발 더 나아가 '계엄령'이라는 세 글자를 처음 언급했다. 그날 일에 대해 곽종근은 검찰에 "윤석열 대통령이 한동훈 국민의힘 대표에 대해 말한 기억이 있고, 민주당과 언론계, 민주노총, 부정선거 등에 대해 언급했다"고 진술했다.

식사를 마친 뒤에는 김용현의 공관에 들러 차를 마셨다. 김용현은 계엄령이 발동되면 우선적으로 확보해야 할 장소로 국회, 선관위, 민주당사 등을 지정했다. 곽종근은 김용현에게 이견을 말했다고 한다. "비상계엄을 할 수도 없고, 우리 대원들은 따르지 않을 것"이라고 했는데, 김용현은 그에 대한 답 대신에 "대통령이 대대급 이하 낙하산 강하 훈련 수당을 빨리 올려주라"고 했다고 당근을 제시했다. 곽종근이 후에 국회에서 진술한 내용이다.

10월 27일

김용현이 여인형에게 전화로 지시했다. 여인형은 저녁 7시 33분경에 지시받은 내용을 휴대전화에 메모했다. "점령과 출입 통제, 현장 보존-이후 군·검·경 합동수사" 여인형은 선관위 점령을 뜻하는 것이라고 기억했다. 실제로 방첩사는 12월 3일 특전사, 정보사 등과 함께 중앙선관위, 관악구 선관위 사무실에 투입됐다.

여인형은 8월에서 10월에 이르는 시기에 여러 차례 극우 유튜버의 부정선거 의혹 영상을 보내며 검증해보라고 방첩사 부하들에게 지시했다. 김용현에게서 전달받은 것들이다. 방첩사

요원들은 "부정선거 의혹은 대법원 판결로 확정되었다. 대부분 실현되기 어려운 주장"이라는 내부 보고서를 만들었다.

방첩사 관계자들은 "말도 안 되는 소리", "틀도 없다. 믿으면 안 된다"고 했지만 여인형은 반복해서 검증 지시를 했다. 한 간부는 검찰에서 "말도 안 되는 걸 여러 번 시키니 스트레스를 너무 많이 받았다"고 진술했다. 같은 영상을 노상원이 정보사 관계자들에게 돌렸는데, 이들은 신빙성 있다는 보고서를 제출했다.

11월 5일
여인형이 이날 오후 4시 45분, 밤 10시 53분 두 차례에 걸쳐 휴대폰에 메모를 작성했다. 여인형은 이날 아침 8시 27분에 이진우와 31분간 통화했다. 저녁 8시 50분쯤에도 이진우, 곽종근과 통화했다. 이너써클끼리 통화한 내용을 정리한 듯 보인다.

이 메모에는 회합은 'ㅌㅅㅂ(특전사, 수방사, 방첩사-편집자 주)'으로 한정한다고 했다. 원래 6월 17일에는 김용현이 삼청동 안가에서 4명의 장군을 "대통령에게 충성을 바칠 장군들"이라고 소개했다. 여인형, 곽종근, 이진우 외에 육군의 절반을 지휘하는 강호필 지상작전사령관(4성 장군)이 포함되어 있었다. 그런데 강호필이 계엄에 반대하며 전역의 뜻을 밝히면서, 그 전의 경기특수 모임으로 돌아가자는 취지였다. 경기특수는 경호처, 기무사(방첩사), 특전사, 수방사를 합친 약칭이다. 메모에는 "강호(강호필)의 사례 참고. 고통스러운 과정. 보안 위험.

이너(이너 써클)로 들어오면 안 됨"이라고 적혀 있었다.

계엄사령관이 될 박안수 육군참모총장에 대해서는 "신뢰할 수 없음", "아무것도 모르고 감정은 앞서는 사람"이라고 적혀 있었다. 여인형 측에서는 박안수가 대통령이 잘못된 선택(계엄)을 하면 그에 맹종할 것을 우려해서 계엄에 반대하는 취지로 적었다고 해명했다. 또 메모에 "오판하지 않도록 직언 드림"이라고 되어 있는 것처럼 무릎 꿇고 반대했다고 변명했으나 메모의 전반적인 취지를 보면 계엄 모의임을 알 수 있다.

방첩사는 이 시기에 '계엄사-합동수사본부 운영 참고자료'를 작성했다. 계엄선포, 계엄법, 계엄사령부, 합동수사기구 등의 항목별로 법령 체계와 주요 쟁점을 다뤘다. 추미애 의원이 확보해 공개한 자료에 따르면 "국회가 계엄 해제 요구 시 대통령 거부 권한이 없다"고 되어 있다. 후에 윤석열이 국회가 계엄해제를 의결하면 제2, 제3의 계엄을 발동하면 된다고 했는데 이런 보고서 등을 사전에 검토했을 것으로 보인다. 방첩사는 이 문건에 대해 을지훈련에 대비한 실무편람일 뿐이라고 해명했다.

11월 9일

윤석열의 마음은 조급했다. 속이 바싹바싹 타들어 갔다. 명태균이 정권 붕괴의 기폭제가 되었다. 명태균이 윤석열 부부를 장님무사, 앉은뱅이 주술사라고 했다는 증언도 나왔다. 온 국민의 웃음거리가 되었다. 대선 여론조사 조작, 김영선 전략공천 개입 등 초대형급 폭탄이 차례로 터져 나왔다. 집권여당 대표인 한동훈도 야당의 주장에 동조했다. 믿을 것은 군대밖에 없는 상황으로 몰려갔다. 11월 7일 대국민담화를 했으나 국민의 마음을 돌이키지는 못했다.

 윤석열이 9일 김용현과 장군들을 저녁 자리에 불렀다. APEC 정상회담과 브라질 순방(14일~21일)을 다녀올 터이니 차질 없이 계엄을 준비하라고 당부했다. 그는 "비상대권이라도 써서 나라를 정상화시키면 주요 우방국들도 지지할 것"이라고 근거 없는 자신감을 보였다. 여인형은 이날 소고기 안주와 함께 소맥을 많이 마신 것으로 검찰에서 진술했다. 다른 장군들은 부대원들의 진급이나 수당 문제 같은 민원도 했다고 한다.

 자리를 파하고 김용현의 공관에서 다시 핵심 3인방이 회동했다. 이 자리에서 여인형은 여론조사회사 꽃에 대해 언급했다. 그들의 머릿속에서 부정선거 음모론을 완성해 나가고 있었다. 차를 마시면서 병력 투입 방안에 대해 논의했다. 여인형은 트럼프 취임(2025.1.20.) 이후에 주변 정세를 살펴볼 필요가 있다고 했는데, 김용현은 대통령도 그렇게 생각하는 것 같다고 했다. 계엄이 뒤로 미뤄지는 듯 했다.

11월 24일

윤석열은 순방을 마치고 돌아와서 결심을 굳혔다. 그가 밤낮을 가리지 않고 나라를 위해 일하는데 돌아와 보니 야당은 딴지만 걸고 있다는 생각에 화가 났다. 야당은 감사원장과 김건희 무혐의 결론을 내린 검사 3인에 대해 탄핵안을 추진하기로 했다. 윤석열은 이를 거론하며 "이게 나라냐, 정말 나라가 이래서야 되겠느냐. 미래 세대에 제대로 된 나라를 만들어주기 위해선 특단의 대책이 필요하다"고 했다.

김용현은 곧바로 계엄 선포문, 대국민 담화문(일종의 대국민 성명), 포고령 등을 작성했다. 행동 개시에 들어간 것이다. 박근혜 시절 기무사가 작성한 문건을 참조했다.

11월 25일
이진우 수방사령관은 계엄을 8일 앞둔 11월 25일 '현대판 군인의 길은 어디로 가고 있나'라는 제목의 글을 저장했다. "박정희 장군, 전두환 장군 같은 군인은 영원히 없는가", "질 낮은 국회의원들에 맞서는 군 출신은 김용현과 신원식밖에 없다", "군에도 갔다 오지 않은 정청래(국회 법제사법위원장)가 사단장을 호통친다" 이 메모는 보수성향 유튜버 손상대의 방송 내용을 요약한 것이다. 손상대는 평소 "윤석열 대통령이 입법 독재를 해야 한다"고 주장했다. 이진우는 이 내용을 누군가로부터 전달받은 것뿐이라고 했다. 결사의 의지를 다지면서 이 메모를 보았을 것으로 추정된다.

11월 28일
김용현이 6시 35분경 양재웅 국방부 국회협력단장(준장)과 보안성이 강한 메신저 시그널로 소통했다. 검사 탄핵안 발의와 진행 상황을 물었다. 양재웅 단장은 11월 25일에 국회 파견 명령을 받았다. 29일 자 인사 발령인데 본 업무와 상관없는 일을 28일부터 하게 됐다. 김용현은 2003년부터 2년간 국회연락담당관을 지낸 바 있어 그 역할을 잘 안다. 국회협력단은 12월 3일 국회 단전의 길라잡이와 수방사 길 안내를 했다는 혐의를 받았다.

11월 30일
김용현은 여인형을 장관 공관으로 불렀다. "조만간 계엄을 하는 것으로 대통령이 결정하실 것이다. 더 이상 이 난국을 두고 볼 수 없다. 계엄사가 선거관리위원회와 여론조사 꽃 등의 부정선거와 여론조작의 증거를 밝혀내면 국민도 찬성할 것", "나라를 바로잡기 위해서는 대통령이 헌법상 가지고 있는 비상조치권, 계엄 같은 것을 이제는 할 수밖에 없다. 계엄령을 발령해서 국회를 확보하고, 선관위의 전산 자료를 확보해 부정선거의 증거를 찾아야 한다"라고 했다. "이것은 대통령이 가지고 있는 헌법상 비상대권의 일환이고, 국군통수권자인 대통령이 하시는 일이니 전혀 문제가 없다"라고 설득했다.

윤석열이 기다리고 있었다. 김용현은 여인형과 함께 자리를 옮겨 윤석열과 술자리를 했다. 윤석열이 야당의 감사원장 탄핵과 예산 삭감을 비판하며 '난국'을 헤쳐 나가자고 몇 번 다짐했다. 여인형의 수행 부관은 인근 한남동의 교회 주변에서 대기하고 있었다. 귀가하는 차량에서 "사령관이 술이 굉장히 센 편인데 그날은 어느 순간 보니 주무시고 계신 것을 봐 많이 드셨구나 하고 생각했다"라고 검찰 참고인 조사에서 밝혔다.

이로부터 1년 전, 2023년 11월 중장으로 진급시킨 후 그해 12월 한남동에서 술자리가 있었다. 이진우·곽종근이 국방컨벤션 건물에 모여서 카니발로 옮겨타고 관저촌으로 이동했다. 윤석열이 처음으로 장군들을 모아놓고 술을 마셨다. 자리를 파하고 나왔을 때, 곽종근이 토했고 이를 지켜본 이진우가 "쉽지 않다"고 했을 정도로 힘들어했다고 한다. 이렇게 1년간 술자리를 자주 가지면서 장군들은 윤석열의 충직한 부하가 되어 갔다. 하지만 여인형 등은 계엄이 실패로 끝난 후에 윤석열과 김용현에게 이용당했다고 진술했다.

12월 1일

윤석열은 오전 11시 김용현을 불러 "지금 비상계엄을 발동하게 되면 필요한 것은 무엇이냐"라고 재차 확인했다. 김용현은 준비된 계엄 선포문, 담화문, 포고령 등의 3개 보고서 초안을 보고했다. 윤석열은 그중에서 '야간 통행금지' 부분을 삭제하는 등 보완을 지시했다. 윤석열은 직접 법전을 뒤져가며 초안을 검토했다고 한다.

윤석열은 법전을 살펴본 뒤 "국회 패악질이 이 정도면 사법과 행정 기능이 현저하게 저하된 게 맞다. 국가비상사태에 준한다고 보면 된다"라고 말했다고 김용현이 진술했다. 윤석열이 계엄 공부를 많이 했고, 계엄 요건도 확인해서 잘 알고 있었다고 기억했다. 헌법 제77조에 계엄은 전시, 사변, 혹은 이에 준하는 국가비상사태에서 발동할 수 있다고 되어 있는데 당시의 상황이 이에 해당한다는 황당한 해석을 한 것이다.

김용현은 곽종근에게 국회, 민주당사, 꽃, 그리고 선관위 3개소 등 6곳을 확보하라고 지시했다. 김용현은 국방부 국회연락단 양재웅 단장에게 검사 탄핵 진행 상황을 브리핑하라고 했다. 2일 검사 탄핵안이 상정되면 언제 표결되는지, 김건희 특검법은 어떻게 진행되는지 물었다. 양재웅은 "상기 사항은 수시 보고"라는 메시지와 함께 여야 원내 대표들의 발언을 요약 보고했다.

여인형은 12월 1일 오후 3시 44분 휴대폰에 메모를 남겼다. 검찰 특별수사본부가 확보한 메모에는 '합동 체포조' 관련 내용이 들어 있었다. 메모는 '반국가 세력 수사본부, 김OO'로 시작했다. △경찰/조본(국방부 조사본부), 30명 위치 파악, 합동 체포조 운용 △특전사, 경호대, 경호팀 운용 △수방사, 조본, 문서고 구금 시설, 국군 교도소 구금 운용 준비 △합동팀 편성 등의 내용이 적혀 있다. '합동팀 편성'과 관련해서는 △방첩 5, 군사경찰 5, 경찰 5, 경호 5 기준 20명 1개 팀·장비, 차량 등 정밀 편성 △합동 체포조 작전 개시 △출국 금지 등의 내용이 발견되었다.

12월 2일
김용현이 담화문 포고령 등 3개 문건의 수정안을 윤석열에게 보고했다. 윤석열은 별다른 수정을 하지 않고 "됐다"고 했다. 윤석열은 2025년 2월 14일 헌법재판소에서 "국회 활동을 금지한다는 내용을 부주의로 걸러내지 못한 실수"가 있었다고 변명했다. 윤석열은 "김용현이 대통령에게 국회 해산권이 있던 군사정권 당시 예문을 그대로 베껴온 것"이라고 책임을 떠넘겼다. 부주의해서 문건을 그렇게 작성했다면 실제 상황은 주의해서 군대를 보내지 않았어야 논리적으로 맞는데 모순되는 거짓말을 주저 없이 해댔다.

양재웅은 검사 탄핵 관련 언론 보도와 국회법상 근거를 정리하여 김용현에게 보고했다. '윤 정부 출범 이후 야(野), 탄핵만 문재인 정부 때의 3배'라는 제목의 기사도 보냈는데 김용현이 사실확인을 부탁했다. 양재웅은 윤석열 정부 출범 후 탄핵 시도가 총 22번이었고, 22대 국회 개원 이후에 11번의 탄핵 시도가 있었다고 보고했다. 다음 날 윤석열의 담화문에 반영되었다.

이진우의 휴대폰 메모도 발견되었다. "의명(명을 받들어) 행동화 절차를 구상해보았습니다"라는 문장으로 시작한다. "최초 V(대통령)님 대국민 연설 실시 전파 시 △전 장병 TV 시청 및 지휘관 정위치 지시 △전 부대 장병 개인 휴대폰 통합보관 조치 및 영내 사이버망 인터넷망 폐쇄 지시 △출동 수호신TF 병력 대상, 흑복 및 안면 마스크 착용, 칼라태극기 부착, 야시장비 휴대, 쇠지렛대와 망치, 톱 휴대, 공포탄 개인 불출 시행 △특정경비구역 경계병력(1경비대대) 의명 출동 준비 △사령

> 부 포함 사여단급 부대 위병소 폐쇄 시행 △외부 언론들의 접촉 시도 차단" 등의 내용이다. 이 가운데 흑복 및 안면 마스크 등은 계엄 당일 국민이 텔레비전을 통해 본 그대로이다. 러시아-우크라이나 전쟁에서도 군인들은 휴대폰을 지참했는데, 계엄 당일에는 이 메모 그대로 휴대폰을 통합 보관했다.

왜 12월 3일이었을까? 일각에서는 12(十二)월 3(三)일, 10(十)시 30(三十)분을 합치면 임금 왕(王) 자가 여러 개 나온다고 해서 역술적인 선택이라고 하는데 계엄일지를 보면 그렇지는 않다. 윤석열이 '안보 휴가'를 다녀오고 김용현을 국방부 장관으로 앉힌 후 카운트다운에 들어갔다. APEC 순방을 취소하고 계엄을 할 계획을 세웠다. 명태균 게이트가 심상치 않게 돌아가는데 장기간 나라를 비우는 게 부담스러웠다. 그런데 트럼프 당선 이후의 국제 상황을 보자는 건의가 있었다.

순방하고 돌아오니 자신은 나라를 위해 불철주야 일하는데 야당은 여전히 명태균 게이트를 키운다고 생각하여 화가 났다. 2025년 1월 트럼프 취임 이후로 시기를 보자는 신중론은 검토에서 제외되었다. 감사원장과 검사들의 탄핵안이 본회의에 보고(12월 2일)되고 표결하기 전을 날짜로 잡았다. 명태균 황금폰이 곧 터진다는 보도가 이어지고 있었다. 만약 명태균 황금폰이 공개되고 난 후 계엄령을 발동하면 결국 자신의 범죄를 감추기 위한 것으로 비칠 수 있다. 그래서 감사원장과 검사 탄핵안을 명분으로 잡기로 했다. 야당의 탄핵안이 국회에 보고되자마자 12월 3일 계엄령을 발동했다.

26장   계엄의 막후 설계사, 노상원의 등장

'버거 보살' 노상원은 김용현의 핵심 측근이다. 그는 비상계엄에서 윤석열과 김용현, 그리고 자신이 꽂혀 있는 부정선거 의혹을 입증하는 역할을 맡았다. 그의 점집에서 70쪽에 달하는 방대한 설계가 담긴 수첩이 발견되었다. 국립과학수사연구원의 필적 감정 결과 노상원의 것임을 단정할 수 없다고 했다. 수첩에는 NLL 북한 공격 유도, 정치인 수거(체포) 사살 등 충격적인 내용이 담겨 있다. 이 수첩의 내용을 누가 작성했는지가 중요한 관건이다. 그런데 노상원이 2020~2021년에 작성한 문건 세 건이 경찰청 국가수사본부 비상계엄 특별수사단에 의해 후에 추가로 압수됐다.

'식목일행사계획'이라는 파일에는 '분노와 정의'라는 제목 아래 (검찰총장) 퇴임 시 행동, 퇴임 후 동력 유지 방안, 퇴임 이후 정치 참여 방안(2~3개월 야인 생활 후), 대선 카드 준비 등의 내용이 담겼다. 'YP작전계획' 문건은 윤석열 대통령 만들기의 약자이다. '정의로운 법조인'이라는 'Y의 현재의 모습'을 바탕으로 중도좌파를 끌어들이고, 친박, 비박을 포용하는 탕평책을 제시하고 있다. 'YR계획'에는 "국립묘지 참배, 노무현, 김대중, 김영삼, 박정희 등 전직 대통령 두루 참배" 등 내용이 적혔다. 이때부터 이런 문건을 작성한 것으로 보아 수첩도 그의 작품일 가능성이 높다.

1981년 육군사관학교에 수석으로 입학한 노상원은 독특한 기행으로 말이 많았다. 대위 시절부터 육군사관학교 후배들에게 손금을 봐주겠다고 했고, 1995년경 1사단 작전과장(소령) 시절에는 대대 지휘통제실에 수암선생실(水岩先生室)이라는 밀실을 만들었다. 수암은 그의 아호로 추정된다. 근무 중에도 밀실에 틀어박혀서 명리학 공부에 빠졌고, 《간신론》 등 군인들이 잘 보지 않는 책을 읽었다. 정보사령관 시절에는 운전병의 사주, 관상을 보고 궁합이 맞지 않는다며 교체했다.

노상원은 1989년 김용현이 수도방위사령부 55경비대 작전과장 시절 대위로 인연을 맺었다. 김용현이 육군본부 비서실장(준장)으로 있던 2007~2008년에는 육군본부에서 과장급으로 일을 했다. 노상원은 2012년 준장으로 진급했고 2013년 대통령 경호실에서 군사관리관으로 1년 파견 근무를 했다. 이때 수도방위사령관이었던 김용현과 또다시 근무 인연을 맺었다. 학연, 지연, 혈연 못지않다는 근연(근무 인연)이다. 대북 감청 책임자인 777사령관과 정보사령관을 역임했다. 최종 보직은 육군정보학교장이다.

2025년 2월 국회 '윤석열 정부의 비상계엄 선포를 통한 내란 혐의 진상규명 국정조사 특별위원회(위원장 안규백)' 2차 청문회가 열렸다. 정보사에서 여단장을 맡았다가 현재 육군 2군단 부군단장으로 있는 박민우 준장이 증인으로 출석했다. 그가 대북 특수부대 HID 부대장 시절, 노상원은 정보사령관이었다. 박민우 준장은 노상원 수첩의 정치인 수거, 사살과 관련된 맥락을 이해할 수 있는 증언을 했다.

"제가 2016년에 속초 부대장, HID 부대장 할 때 그때 노상원 사령관이 굉장히 관심을 가지고 임무 준비를 많이 시켰습니다. 그때도 지시하는 게 일반적이지 않고 영화 시나리오 이런 데서 보는 거를 많이 응용해 가지고 하는데, 계엄 수첩에 나오는 용어들은 다른 사람들은 그거를 그냥 혼자 상상이라고 이렇게 일반적으로 생각을 하던데, 저는 노상원 사령관이면 가능하다고 판단을 했습니다….

2016년에 대북 임무 준비를, 중요한 임무 준비를 했습니다… 노상원 사령관이 임무 끝나고 요원들을 제거하라고 그렇게 지시를 했었습니다. 그래서 어떻게 제거하냐 하니까 폭사시키라고 그랬어요. 폭사, 폭사의 방법이 원격 폭파 조끼를 입혀 가지고 임무 끝나면은 들어오기 전에 폭사시키라고. 그래서 저는 그 얘기 듣고 이건 같이 하면 안 되겠다 이런 생각이 들었고, 그 앞에서는 얘기를 안 했는데 속으로는 굉장히 좀 이렇게 쌍욕 같은 게 나왔고 전화 끊고 나서도 계속 저 혼자 막 그걸… 부대장도 교체되고 다른 방법으로 할 수 있기 때문에 결국은 그걸 제가 안고… 저는 100% 안전하게 다 살려서 돌아오는 게 목표이기 때문에… 그때 그 사람의 그런 잔인한 면, 반인륜적인 면을 봤기 때문에 그 계엄 수첩에 적힌 용어들이 전혀 낯설지 않았습니다. 이상입니다."

김용현은 노상원의 든든한 뒷배

노상원은 2018년 여군 성추행 사건으로 불명예 전역했다. 전역한 후에는 아기보살이라는 안산의 점집에서 동업했다. 인근에서는 신통하다는 소문이 돌았다고 한다. 대한민국수호예비역장성단(대수장) 모임에 자주 나가면서 부정선거 음모론에 빠져들었다. 대수장은 2019년 9·19남북군사합의 폐기를 주장하며 결성되었다. 대수장 공식 유튜브 채널에는 사전 선거 수를 부풀리고, 4일간 아무도 모르는 곳에 투표함이 보관되어 있다는 등의 근거 없는 주장이 올라와 있다.

노상원은 2024년 1월까지 전북 군산시에 있는 무속인 비단아씨(본명 이선진)를 30여 차례 만나 신점 사주나 추진 중인 계획의 성사를 물어보았다. 이선진 씨는 나중에 국회에서 "나라와 관련된 일이니 증언하겠다"며 증언대에 섰다. 노상원이 김용현 등 여러 명의 이름과 사진을 제시하며 배신하지 않을 것 같냐고 물었다고 했다. 그는 자신이 "대통령실로 발령받을 기회가 생겼는데 성사되겠느냐, 대통령과 함께 일을 준비하고 있는데 길흉과 성사가 어떻게 되느냐"며 계엄의 성패를 우회적으로 알아보았다. 비단아씨는 "대통령이 임기를 1년 앞두고 탄핵당할 것"이라 답했는데, 노상원은 그럴 리가 없다며 점괘를 받아들이지 않았다고 했다. 결국 점을 보는 이들의 심리라는 것이 믿고 싶은 것만 믿는다는 것을 확인해주는 대목이다.

김용현이 국방부 장관이 된 후에 노상원을 다시 만났다. 이때부터 12월 2일까지 22번을 만났는데, 노상원은 "윤석열 대통령은 올해 운이 트이니까 이 시기를 놓치면 안 된다"고 조언을 했고 김용현이 기뻐했다고 증언했다. 그는 경찰 조사에서 "윤 대통령 사주팔자, 관상을 근거로 조언했다"고 진술했다.

노상원은 김용현과 궁합이 잘 맞았다. 윤석열이 맹신하고 있는 부정선거 음모론을 추종한다는 공통분모가 있었다. 노상원은 2024년

10월 3일 김용현에게 "가짜 국회의원을 찾기 위해 선관위 서버를 포렌식 해야 한다"며 부정선거 음모론이 담긴 메시지를 보냈다. 부정선거 음모론자들은 실제 개표와 전산이 분리되어 있다고 믿는다. 전산을 왜곡해서 실제 결과를 바꾸었다고 주장한다. 그러면 실제 개표를 참관하고 날인 서명한 국민의힘 참관단은 왜 가만히 있을까? 이상한 믿음과 공식에 빠져 있었다.

김용현은 노상원의 제안을 받아들여 신원식이 옷을 벗게 하려 했던 문상호 정보사령관을 유임시켰다. 노상원은 문상호에게 생색을 냈다. 노상원은 10월 14일쯤 문상호에게 대북 관련 임무 수행을 위한 명단 작성을 요청했다. 문상호는 예비역이 무슨 자격으로 그런 일에 간여하는지 불쾌했다. 왜 이런 일을 시키는지 의구심이 들어서 처음엔 소극적이고 퉁명스럽게 대응했다. 그러자 노상원이 "너 나 못 믿냐"며 "좀 있으면 장관이 너한테 전화할 것"이라고 했고, 실제로 10분 만에 김용현이 비화폰으로 전화해 "노상원을 잘 도와주라"라고 했다.

문상호가 국방부 장관의 직접 전화를 받은 건 이때가 처음이었다. "군 내 가장 선임자인 장관이 비화폰으로 전화해서 하는 말에 거스를 생각은 하기 어려웠다"고 검찰에 진술했다. 그 후부터는 의구심 없이 노상원의 지시를 따랐다. 김용현이 정보사에 부정선거 입증 임무를 부여했고, 문상호는 노상원이 요구한 임무 수행을 잘할 수 있는 인원 선발에 응했다. 문상호는 10월 중순 정보사 김봉규, 정성욱 대령에게 HID 요원을 포함한 이들을 15~20명씩 선발하라고 지시했다. 문상호는 보은하는 마음으로 김용현과 노상원에게 충성을 바쳤다. 그가 전역됐더라면 여생을 편하게 살고 있었을 것인데 그렇지 않게 됐다.

　이에 앞서 노상원은 정성욱과 텔레그램 전화로 전역이 얼마나 남았냐고 물었다. 군인이 모든 것을 거는 승진을 미끼로 던졌다. 노상원은 '김봉규가 먼저 장군으로 승진하고 다음에 정성욱이 하면 되겠네'라고 유혹했다. "특별 임무가 있을 수 있으니 똘똘한 놈 몇 명 선발해달라"고 요청했다. 그리고 부정선거 관련 도서 목록을 알려주면서 예비역 장성 대상 교육자료로 쓰려고 하니 정리해달라고 지시했다.

노태악은 내가 직접 처리할 것

노상원은 11월 9일, 11월 17일, 안산의 한 카페에서 문상호, 김봉규, 정성욱과 함께 혹은 번갈아 만나 "조만간 계엄이 선포될 것이다. 합동수사본부 수사단이 구성될 텐데 내가 단장을 맡을 것이다. 부정선거 규명을 위해 선발해 둔 인원들을 데리고 중앙선관위에 들어가서 직원들을 잡아와야 한다"라고 말했다. 자신이 분류한 체포 대상인 중앙선관위 30여 명의 명단과 망치, 송곳, 케이블타이, 니퍼, 드라이버, 안대, 야구방망이를 포함한 체포 물품 등이 적힌 문건을 전달했다. 그는 "부정선거와 관련된 놈들은 잡아서 족치면 다 나올 것"이라고 물품을 준비하게 한 이유를 설명했다.

　김봉규, 정성욱은 선관위 접수를 할 정보사 대원 명단을 작성하여 문상호에게 보고했다(11월 19일). 정성욱은 이행하면서도 얼토당토않은 불법 지시에 대한 불만을 쏟아냈다. 그러자 문상호는 매번 "장관님의 지시, 명령이 있으면 군인이니까 따라야 한다"고 종용했다.

문상호는 김용현에게 진행 상황을 보고했다. 정성욱은 요원 명단을 노상원에게 텔레그램으로 전달했다. 윤석열이 APEC 정상회담을 다녀오면서 준비를 잘하고 있으라고 지시한 시기이다.

계엄이 임박하면서 지시는 더욱 구체적으로 되었다. 12월 1일 롯데리아에서 노상원은 "계엄이 선포되면 즉시 중앙선거관리위원회로 선발대를 보내 서버실 등을 확보하라. 믿을 만한 인원들로 10명 정도 준비하라"고 지시를 내렸다. 노상원은 자신이 제2수사단의 임무를 맡게 된다고 했다. 노상원은 '계엄 선포 시 선관위 점거', '부정선거 관련자 체포 및 수방사 호송' 등 임무를 내리면서 "노태악(중앙선거관리위원장. 2022년 5월부터 현재까지. 대법관)은 내가 처리할 것"이라고 말했다. 그리고 "선관위 홈페이지 관리자를 찾아서 홈페이지에 자수를 권유하는 글을 올리게 하라"고 지시했다.

김용현은 노상원에게 비화폰도 전달했다. 12월 2일 오전 경호처의 실세인 김성훈 차장에게 전화해 "예비 비화폰 1대를 제공해달라"며 "비화폰의 사용자 명은 테스트(예)로 설정해달라"고 요청했다. 사용자 명이 '테스트' 그룹으로 설정된 비화폰은 대통령, 1부속실장, 수행실장, 경호처장, 경호차장, 국방부 장관과 통화할 수 있게 세팅되어 있었다. 노상원이 핵심 중의 핵심임이 입증되는 사례이다.

종이관 1천 개, 영현백 3천 개 주문의 진상

SBS는 2024년 12월 14일 노상원과 전화 인터뷰를 했다. 노상원이 '계엄의 비선 막후'라는 것이 아직 드러나지 않았을 때이다. 노상원은 SBS와의 통화에서 김용현이 오물 풍선 원점 타격 방안에 대한 의견을 묻자 이렇게 답하며 말렸다고 한다. 이 부분은 노상원은 말렸지만 김용현이 여기저기 원점 타격 방안을 협의하고 다녔음을 입증하는 대목이다.

> "설령 원점을 우리가 타격하면 저쪽(북한)에서 판대급부가 있는데 연평도 같은 데 예를 들어서 포(로) 때려버리면, 그다음에 우리는 어디 평양 때리나. 그럼 전쟁 나는데"라며 "그건 맞지 않는 논리다. 그런 의견으로 얘기를 한 거지", "뭐 원점을 포격한다든지, 그러면 안보 불안을 조성해서 전쟁 상황을 유발할 수 있고, 국민한테 불안감을, 공포감 조성하니까 (국방부 장관)탄핵 사유로 빌미를 주는 것이다."

노상원의 수첩에 대해서는 진술이 오락가락했다. 노상원은 처음에는 김용현과 만나서 들은 내용을 메모해 두었다고 했다가 이를 번복하고 진술을 거부했다. 검찰은 대개의 내용이 구체화된 것이 없다며 수사를 진전시키지 않았다. 노상원 기소 때에는 증거 물품에 포함되지도 않았다. 이 수첩 내용은 훗날 전모가 밝혀질 필요가 있다. MBC는 2024년 8월 22일, 2군단 사령부 소속 군무원이 종이관 제조 업체에 전화를 걸어, 시신 이동 보관 업체를 소개해달라고 했다고 보도했다. ['종이관 1천 개', '영현백 3천 개' …군의 수상한 '시신 대비', 2025년 3월 18일] 연간 사망자가 1백 명이 되지 않는 군에서 3천 개에 달하는 영현(죽은 사람의 영혼)백을 구입하려 한 것은 매우 의심스러운 일이다. 노상원 수첩에 나오는 화천 오음리에는 종이관을 문의했던

2군단 산하 702 특공연대가 있다. 이런 규모의 영현백 구입은 창군 이래 처음 있는 일이라고 한다.

강성현 성공회대 동아시아연구소 소장은 페이스북에 올린 글에서 제노사이드의 관점에서 이 수첩을 봐야 한다고 강조했다.

"어느 정도 예상했던 일이지만, 70쪽 분량의 수첩 속 용어들과 계획을 읽으며 끊임없이 떠오른 단어는 '경악'과 '공포'였다. 만약 우리가 이 극단적인 대량 폭력에 휘말렸다면, 나는, 우리는 시체 옆자리에서 무엇을 할 수 있을까 하는 생각에 절망감으로 치가 떨렸을 것이다. 계엄 이후 페북에서 여러 차례 언급했지만, '12·3 비상계엄'과 이후의 내란 사태를 제노사이드의 관점에서 바라봐야 할 필요성을 더욱 절감한다."

노상원 수첩 내용 요약 정리

- **총선 전/후**: 총선 뒤 입법을 해서 집행하는 건 쉽지 않다. 실행 뒤 싹을 제거해 근원을 없앤다(계엄을 실행하여 수집·수거·제거한다는 얘기로 해석됨).

- **1차 수집 대상**: 약 500여 명/ 정계 종교계 법조계 등 망라. 이해찬 등, 좌파 골수들. 여의도 30~50명 수거, 언론 쪽 100~200명, 민노총, 전교조, 민변, 어용 판사.
  - **A급**: 좌파 판사 전원, 윤미향, 유창훈, 권순일, 노랑 판사, 김명수, 황운하, 조국, 문재인, 임종석, 이준석, 유시민, 문재인과 그 일당, 이재명 쪽 놈들, 정청래, 김용민, 김의겸, 전교조, 민변, 문(재인) 때 청 근무 행정관 이상(현역 포함, 경찰, 해경), 좌파 연예인(김제동, 김어준, 방송국)
  - **수거(암살 등으로 해석) 대상**: 정의사회구현(사제단), 퇴진운동 재단 불교, 기독교, 대진연(한국대학생진보연합), 정청래, 김의겸, 김민국(김남국으로 추정), 권순일. 서영교, 고민정, 윤건영, 추미애, 박범계, 노영민, 문(재인) 때 국정상황실장, 문 때 청 행정관 이상(현역 예비역, 경찰 포함), 문 때 차관 이상, 문 때 국정원 차장 이상, 문 때 국정원 하수인들, 문 때 경찰 중 의원 된 놈 총경, 문 때 서울청장·경찰청장·기무사령관·총장·의장 등 수뇌부, 문 때 장관들 정책보좌관 한 놈들, 문 때 공기업 인사들, 민노총, 민변, 전교조 핵

심들, 좌파 유튜버, 좌파 판사(유창훈, 권순일 등), 이재명 지원 판사 검사들, 문 때 정치 검찰들(이성윤 등), 좌파 연예인들, 친북좌파·종북 각종 조직, 전장연(전국장애인철폐연대), 간첩 수사받는 놈들, 박정훈(해병대), 김제동, 차범근, 좌파 연예인
  ▫ 김명수 대법관 때 좌파 판사, 이성윤 등 좌파 검사, 김남국, 황운하, 조(국)씨 일가, 문(재인) 일가, 더탐사 일당, 촛불집회 주모자들, 가짜뉴스 양산 공장 김어준, 좌파 방송사 주요 간부들

- **수집소 운영과 재판 절차**
  ▫ 좌파 판사, 언론인에 대해서는 김두환(한 오기) 시대 주먹들을 이용해 좌파놈들을 분쇄시키는 방안
  ▫ A급: 그룹별로 묶지 말고 섞어서 수집소에 보낸다. 포승줄 활용
  ▫ 수집소: 오음리, 현리, 인제, 강원도 화천, 양구, 울릉도, 마라도, 전방 민통선 쪽.
  ▫ 무인도 등 5개 수용소에 △교도간부·근무인원 편성 △경계병력 파견·운용 등 특전사 간부와 방첩사 영관 장교 or 헌병. 사전 선별, 교육. △식사는 어떻게 시키나 △목욕은? △군의관 배치 △일과는 어떤 식으로 하나? △주범들 분리시키고 단계별 구치소로 이동 수용
  ▫ **특별수사본부 경찰, 방첩, 헌병들**: 좌파들 신속한 재판. 6개월

~1년 정도
  ▫ 특수본으로 좌파를 구속하고 계엄군법회의로 사형, 무기형 등 선고 계획

- **재판 절차를 거치지 않고 수거(암살 등으로 해석)하는 방안**
  ① **연평도 이송**: 민간 대형 선박, 폐군함을 이용하여 이송. 폭발물을 화물칸에 설치. 실미도에서 집행 인원은 하차하고, 적절한 곳에서 폭파. 폭발물은 기관 or 배 하부에 설치, 증거물이 잔해로 남지 않게. 발신기에 의한 폭발은 안 될 수도 있다.
  ② **GOP 수용시설에 화재, 폭파 방안 / 외부 침투 후 사살(수류탄 등) 방안**: 선수 뽑기가 너무 어렵고 복잡하다. 전문 인력 필요. 외부(중국) 용역업체 또는 북의 침투로 인한 것으로 조리할 것. 북한에 도움을 요구할 경우 무엇을 내어줄 것이고, 접촉 시 보안대책 강구
  ③ **민통선 이북**: 막사 내 잠자리 폭발물 사용. 용역 특수요원 예비역 지원자를 활용해 막사 시설보수팀에서 진입 후 폭발물 설치, 확인 사살
  ④ NLL 인근에서 북의 공격을 유도. 북에서 (수거 대상이 탄 배를) 나포 직전 격침시키는 방안. (북한에게) 무엇을 내어 줄 것이고 접촉 시 보안대책, 외부 용역업체에서 어뢰 공격, NLL 인근에서 북의 공격을 유도하거나 아예 북에서 나포 직전 격침시키는 방안 등
  ⑤ **교도소 한 곳에 통째로 수감**: 음식물, 급수, 화학약품 사용하여 독극물 사살 계획

수거 대상 처리 방안 - 조치는 가능하나 결국은 밝혀진다(수사를 할 수밖에 없다).

어떻게 보복을 막을 것인가? 수거팀 조치 후 수사가 있을 것이다. 아군을 사용 시에는 수사 피하기 어렵다.

- **향후 장기집권 계획**
    - 헌법 개정(재선~3선) 국회, 정치를 개혁. 민심 관리를 1년 정도.
    - **행사 후속조치 사항**: 헌법, 법 개정 – 3선 집권 구상 방안. 후계자는?
    - 국가안전관리법 제정. 중국, 러시아 선거제도 연구. 국회의원 숫자: 1/2, 선거구 조정, 선거권 조정
    - 행사 후 군수급은 민선 ×(지방자치제도 손질), 중앙에서 임명. 역행사(계엄에 대한 저항) 대비
    - 전담(민주당 쪽), 9사단 30사단
    - **여**: 행사인원 지정, 수거(처리)명부 작성
    - **박안수 계룡대**: 수집 장소, 전투조직 지원
    - **용인**: 역행사 방지 대책 강구

27장   왜 밤 10시에 계엄령을 선포하려 했나?

윤석열은 12월 3일 오후 부속실장을 통해 국무위원과 국가정보원장 등에게 연락을 취해 대통령실로 들어오게 하라고 했다. 충암파인 이상민은 그보다 앞서 이른 아침에 연락을 받았다. 오전 7시 30분께 국무위원 조찬간담회에 참석했다. 김용현으로부터 저녁 9시까지 대통령실로 들어오라는 대통령의 말을 전달받았다. 이상민은 이유를 묻지는 않았다고 한다. 이상민은 송미령 농림축산식품부 장관과 함께 김장 행사 참석을 위해 울산으로 내려갔다. 행사 뒤 만찬에 참석하지 않고 예매한 항공편 대신 KTX를 이용해 급히 먼저 서울로 왔다.

이상민은 KTX 안에서 김용현과 비화폰으로 통화했다. 김용현이 아침에 서울 올라오는 길에 통화하자고 했던 것을 기억했다. 오후 6시 11분께 전화를 걸어 "서울역에 8시 조금 넘어 도착한다"고 했다. 김용현이 "도착하는 대로 용산으로 들어오라"고 했다. 충암파인 이상민이 제일 먼저 도착해서 일을 거들어주기를 원했던 것으로 보인다.

윤석열은 이날 오전 키르기스스탄 대통령과의 정상회담도 예정보다 일찍 끝내고 환영 오찬도 대충 끝냈다. 11년 만의 공식 방문이다. 윤석열은 이때도 뭔가 쫓기는 듯했다고 한다. 오후 일정은 김용현에게서 군대 동원 준비 상황을 보고받은 것으로 보인다. 하루

종일 불안해 보였다.

　윤석열은 저녁 7시 삼청동 안가에서 조지호 경찰청장, 김봉식 서울경찰청장과 함께 간단한 식사를 했다. 김용현도 동석했다. 아마도 경찰을 통할하는 이상민을 부르려고 했는데 일정이 안 맞았던 것 같다. 윤석열은 경찰 투톱이 들어오자마자 혼자 5분간 열변을 토했다. 그리고 국회와 MBC, 여론조사 꽃 등 장악 대상 10개 기관이 적혀있는 A4 용지 한 장을 나눠주었다.

　맨 앞에는 '2200 국회'라고 되어 있었다. 밤 10시에 국회 출동을 명하는 것으로 보인다. 김봉식 서울경찰청장은 경찰 수사에서 윤석열이 비상계엄을 선포할 수밖에 없는 이유를 설명하며 가정사를 거론했다고 한다. 김봉식 청장은 헌법재판소에서 "특검이라든지 그런 것과 관련 없이 대통령의 지극히 개인적인 이유라는 느낌을 받았다. 뉴스에 나오는 계엄 선포의 이유와 결이 다른 부분"이라고 해 김건희와의 또 다른 연관성을 연상케 하는 진술을 했다.

김건희도 모른다는 계엄

　윤석열은 한 시간 정도 경찰 수뇌부 만찬을 끝내고 김용현과 함께 용산으로 돌아왔다. D-Hour 밤 10시까지 맞춰야 했다. 박성재 법무부 장관이 8시 30분경 맨 먼저 도착했고, 이상민이 8시 40분께 들어왔다. 뒤이어 9시경에 한덕수 총리, 김영호 통일부 장관, 조태열 외교부 장관, 조태용 국정원장의 순으로 도착해 총 7명이 집무실에 모였다. 오후 9시 이전에 오라고 한 7명은 윤석열이 부속실장을 통해 부른 사람들이다. 7명만 부른 것으로 봐서는 처음부터 국무회의를 건너뛰려고 했던 것으로 보인다.

대통령 집무실에 8명이 둘러앉았다. 왼쪽부터 국정원장, 법무, 국방, 행정안전, 총리, 대통령, 통일, 외교의 순이었다. 이들이 모두 착석하자 윤석열은 비상계엄을 선포하겠다고 했다. 윤석열은 "비서실장도 모르고 수석도 모른다. 와이프가 굉장히 화낼 것 같다"라고 말했다. 윤석열은 왜 이 말을 했을까? 비서실장과 수석들도 모르게 진행했다는 것은 자랑이 아니다. 독단으로 일을 저질렀다는 실토에 가깝다. 그런데 왜 김건희도 모른다고 했을까? 김건희도 비서실장도 모르는 일을 맨 먼저 얘기할 정도로 신뢰하고 있으니 따라달라는 뜻일까? 그런다고 사람이 따를까? 전후 맥락을 알 수 없는 이 말은 윤석열의 판단 능력과 심리 상태를 엿볼 수 있게 한다.

압권은 김건희가 굉장히 화낼 것 같다는 말이다. 1년을 넘게 한남동 관저와 삼청동을 오가며 술판을 벌이면서 계엄을 모의했는데 김건희는 모르게 일을 진행했다고 한다. 특검법이 언제 통과될지 몰라서 불안해하는, 역술가에게 교도소 가게 되냐고 물어보며 전전긍긍하는 김건희와 매일 밤 상황을 논의했을 것이다. 그런데 김건희에게 해결책의 하나로 계엄을 얘기하지 않았다는 것이다. 정말 그랬을까. 아마도 한덕수 등이 김건희에 의한 '주술계엄'을 의심하지 않을까 우려했던 것으로 보인다. 자격지심이 있어서 자신의 고독한 역사적 결단으로 포장하고 싶었던 듯하다.

깜짝 놀란 한덕수가 먼저 이의를 제기했다. 한덕수가 국무회의를 열어서 의견을 들어보자고 했다. 한덕수는 "계엄 당일 대통령실에 도착한 뒤에야 비상계엄 선포 계획을 들었다. 적극 반대했지만 막기 어려웠고 국무회의를 명분으로 최대한 시간을 벌어 계엄을 막기 위해 국무위원들에게 연락했다"고 했다.

윤석열은 조태열 외무부 장관에게는 '재외공관'이라는 단어가 적힌 A4용지를 건넸다. 서너 줄 정도 되는 분량이었는데 외교부가 취해야 할 조치를 적은 것으로 알려졌다. 조태열은 "외교적 파장뿐만 아니라 대한민국이 지난 70년간 쌓아 올린 모든 성취를 한꺼번에 무너뜨릴 수 있을 만큼 심각한 문제이니 재고해달라"며 우려를 표명했다. 윤석열은 "법치주의를 신봉하는 내가 오죽하면 이런 생각을 했겠냐"라며 뜻을 굽히지 않았다.

윤석열은 뜻대로 되지 않자 밤 9시 20분쯤 모두 나가달라고 했다. 김용현만 남고 모두 집무실 옆 대접견실로 갔다. 한덕수가 소집한 국무위원들이 들어오기 시작했다. 최상목 기재부 장관은 오후 9시 55분, 송미령 농식품부 장관은 오후 10시 10분, 조규홍 복지부 장관 오후 10시 17분, 오영주 중소벤처기업부 장관은 오후 10시 20분쯤 대접견실에 도착했다. 국무회의 정족수가 되었다.

무슨 일인지 몰랐던 최상목은 캐주얼한 차림으로 대접견실에 도착했다. 곧 계엄이 선포된다는 얘기를 듣고 최상목은 너무 놀란 나머지 한덕수에게 왜 반대를 안 하냐고 물었다고 한다. 한덕수는 집무실과 대접견실을 오가며 반대했었다고 전하면서 최상목도 거들어달라고 했다. 대접견실에 있었던 한덕수, 최상목 등은 계엄 관련 문건을 들척이고 있었는데, 이것이 CCTV에 찍혔고 이로 인해서 방조혐의로 나중에 출국 금지가 되었다.

집무실에서 가까운 쪽부터 대접견실 한쪽에는 통일, 복지, 총리, 외교, 기재, 국정원장, 중소기업, 맞은편에는 행안, 농림, 법무 등이 앉았다. 오후 10시 발표 시간이 다가오자 윤석열이 국무위원이 모인 대접견실로 와서 '국무위원 다 모였냐'고 했는데 의사정족수가 충족하지 않은 것을 알고 되돌아갔다. 오영주 중소벤처기업부 장관이 도착하여 11명이 채워지자 윤석열이 다시 들어와 중앙에 앉았다. 윤석열은 밤 10시 계엄 선포 방송 시간에 집착하고 있었다. 이미 10시가 지나갔다. 이때는 양복 윗도리를 입고 들어왔다. 곧바로 방송하러 갈 준비를 하고 왔지만 다른 국무위원들은 왜 시간에 쫓기는지 몰랐다.

국무회의라고 말할 수 없는 간담회

10시 17분부터 22분까지 약 5분간은 국무회의라고 할 수 없었다. 개의 선언도, 안건 상정 절차도 없었다. 계엄령 선포는 물론 계엄사령관 임명에 대한 안건 상정도 되지 않았다. 계엄법 제2조5항은 '국방부 장관 또는 행정안전부 장관은 계엄 사유가 발생한 경우 국무총리를 거쳐 대통령에게 계엄의 선포를 건의할 수 있다'라고 규정하고 있는데 그런 절차가 없었다. 계엄법 제5조 '계엄사령관은 현역 장성급 장교 중에서 국방부 장관이 추천한 사람을 국무회의 심의를 거쳐 임명한다'라는 조항도 위반했다. 모든 국무회의에는 행정안전부 의정관이 배석하여 기록을 남기게 되어 있다. 의정관은 국무회의가 열리는지조차 몰랐다.

윤석열은 일방적인 주장을 늘어놓았다. 서둘렀다. 예정된 10시가 지나가자 초조했다. 윤석열은 "지금 계획을 바꾸면 모든 게 다 틀어진다. 계엄을 선포할 수밖에 없다. 대통령의 결단이다"라고 말했다. 국무위원 가운데 한덕수, 최상목, 조태열, 조규홍, 송미령, 오영주, 김영호 등 7명이 우려를 표명했다.

김영호 통일부 장관은 임명 때 뉴라이트 전력이 문제가 되었는데 이날은 윤석열의 편에 서지 않았다. 우려를 표했고, 경제·외교·안보 분야에서 심각한 문제가 발생할 위험에 대해 이야기했다고 국회에서 밝혔다. 그러고는 북한 동향 등을 점검하고 있어야 할 장관이 집에 가서 TV로 계엄을 시청했다. 박성재 법무부 장관은 국회 등에 나와 다들 비상계엄을 우려했다면서도 본인은 찬성했는지 반대했는지 명백히 밝히지 않고 오락가락했다. 침묵을 반대인 양 포장하고 있다는 비판을 받았다.

충암파 이상민은 헌법재판소에서 국무위원들이 우려를 말했음에도 대통령이 심사숙고한 끝에 비상계엄을 선포했다면서 이를 막는 것은 난센스라고 했다. 국무회의라고 보기에는 절차적 흠결이 있다는 지적에 대해서는 "열띤 토론이 있었다"라며 "비상계엄이 45년 만에 선포되었을 때 국민이 받아들일 수 있겠는가, 외교나 경제에 미치는 영향이 얼마나 크겠는가, 과연 정무적 부담이나 야당의 공세를 막아낼 수 있겠는가에 대해 (국무위원들이) 상당한 걱정과 우려를 했다"라고 전했다.

윤석열은 반대를 뚫고 나갔다. "이 상태로 놔두면 나라가 거덜 나고 경제든 외교든 아무것도 안 된다. 국무위원의 상황 인식과 대통령의 상황 인식은 다르다. 돌이킬 수 없다"라고 일축했다. 이후 정상적인 의결 절차를 거치지 않았으며, 계엄법에 따른 부서(서명)도 없었다. 헌법 82조는 '대통령의 국법상 행위는 문서로써 하며, 이 문서에는 국무총리와 관계 국무위원이 부서한다'고 규정하고 있다. 윤석열은 헌법재판소에서 국무위원들이 대통령실에 간담회 하러 오거나 놀러 왔다는 것은 말이 안 된다며 정식 회의였다고 강변했다.

윤석열은 국회에 계엄포고령을 통보하지도 않았다.

윤석열은 이어 "국무회의 심의를 했고 발표해야 하니 나는 간다"라며 방을 떠났다. 조태열이 자리에서 일어나 다시 한번 우려를 표명했다. 수석비서관 회의 소집 통보를 받고 뒤늦게 정진석 비서실장, 신원식 안보실장, 홍철호 정무수석이 대접견실에 들어와 앉았다. 정진석은 "대통령님 그것은 절대 안 됩니다"라고 만류했다고 한다. 신원식은 "무슨 비상계엄입니까"라는 취지로 말했다고 한다. 신원식은 윤석열과 마주하는 헌법재판소에 와서는 자신의 발언을 기술적으로 중화하는 수법으로 발언을 희석했다. 그는 반대했다기보다는 급박한 상황에서 본능적으로 나온 생각이 좋은 선택이 아닌 것 같다는 취지로 말을 했다고 밝혔다.

드러난 국회 해산 음모

송미령 농림축산식품부 장관은 이날 상황을 국회에서 증언했다. 송미령은 대접견실에 모여 있던 국무위원 모두 윤석열이 비상계엄 선포를 하러 나갔다는 것도 몰랐다고 한다. "지금 회의를 마칩니다"라는 폐회 선언이 없는 상태에서 나가버렸고, 모두 당황해하던 차에 누군가 휴대전화로 방송을 틀었는데 그때 윤석열의 육성이 흘러나와서 담화를 들었다.

윤석열은 10시 25분경 브리핑룸에서 대국민 담화문을 발표했다. 방송이 원래 10시에 예정되어 있었다며 1층 브리핑룸으로 총총걸음을 했다. 10시 방송을 사전에 알고 있었던 것은 충암파 김용현, 이상민뿐이었다.

"지금 대한민국은 당장 무너져도 이상하지 않을 정도의 풍전등화의 운명에 처해 있다. 북한 공산 세력의 위협으로부터 자유 대한민국을 수호하고, 우리 국민의 자유와 행복을 약탈하고 있는 파렴치한 종북 반국가 세력을 일거에 척결하고 자유헌정질서를 지키기 위해 비상계엄을 선포한다."

윤석열은 계엄을 선포하고 회의실로 돌아와서는 최상목에게 참고하라며 접힌 종이를 주었다. 최상목이 종이를 펴보니 '국가비상입법기구 관련 예산을 편성할 것'이라는 메모가 있었다. 국회를 해산하고 전두환식으로 국가보위입법회의 같은 것을 만들어 독재국가를 만들려는 의도가 있었던 것으로 보인다. 또 '국회 관련 각종 보조금, 지원금, 임금 등을 포함하여 완전 차단할 것'이라고 해서 국회를 해산하려는 의도를 적나라하게 보여주었다. 윤석열은 자신이 쓴 적이 없다, 기억이 가물가물하다고 변명했다. 이상민에게도 소방청이 언론사 단전·단수에 협조하라는 쪽지를 건넸다고 알려졌다. 윤석열은 국무위원들에게 귀가하라고 했다. 지금부터 군과 경찰을 지휘해야 하는데 1분 1초가 아깝고 거추장스러웠을 것이다.

최상목은 곧바로 나가서 F4(Finance 4) 회의를 소집했다. 거시경제금융현안 간담회였다. 방송을 통해 계엄령 선포를 들은 이창용 한국은행 총재, 김병환 금융위원장, 이복현 금융감독원장이 모였다. 최상목은 계엄에 대한 항의의 표시로 자리를 박차고 나왔다며, 임기제인 한은 총재를 제외하고 모두 그만두자고 했다. 최상목은 박근혜 탄핵 시에 미르재단 설립에 관여한 혐의로 곤욕을 치른 바 있어, 상황에 민감했다. 이창용 총재는 "경제부총리가 경제 사령탑인데, 부총리가 있어야 대외적으로 심리가 안정되고 경제 상황 수습이 가능하다"라며 만류했다.

윤석열은 밤 11시 언론 공지를 통해 계엄사령부 포고령(제1호)를 발표했다. 김용현이 작성해온 것이다.

계엄사령부 포고령(제1호)

자유대한민국 내부에 암약하고 있는 반국가 세력의 대한민국 체제전복 위협으로부터 자유민주주의를 수호하고, 국민의 안전을 지키기 위해 2024년 12월 3일 23:00부로 대한민국 전역에 다음 사항을 포고합니다.

1. 국회와 지방의회, 정당의 활동과 정치적 결사, 집회, 시위 등 일체의 정치 활동을 금한다.
2. 자유민주주의 체제를 부정하거나, 전복을 기도하는 일체의 행위를 금하고, 가짜뉴스, 여론조작, 허위 선동을 금한다.
3. 모든 언론과 출판은 계엄사의 통제를 받는다.
4. 사회 혼란을 조장하는 파업, 태업, 집회 행위를 금한다.
5. 전공의를 비롯하여 파업 중이거나 의료 현장을 이탈한 모든 의료인은 48시간 내 본업에 복귀하여 충실히 근무하고 위반 시는 계엄법에 의해 처단한다.
6. 반국가 세력 등 체제 전복 세력을 제외한 선량한 일반 국민들은 일상생활에 불편을 최소화할 수 있도록 조치한다.

> 이상의 포고령 위반자에 대해서는 대한민국 계엄법 제9조(계엄사령관 특별조치권)에 의하여 영장 없이 체포, 구금, 압수 수색을 할 수 있으며, 계엄법 제14조(벌칙)에 의하여 처단한다.
>
> 2024.12.3.(화) 계엄사령관 육군대장 박안수

풀보다 먼저 눕는 사람, 한덕수의 반대

행정안전부는 기록을 위해 대통령실에 국무회의록을 요청했다. 회의에 10초 정도 참석했던 강의구 대통령 부속실장이 맡았다. 강의구는 안건명에 '비상계엄 선포안', 제안 이유에 '헌정질서를 유지하기 위해 2024년 12월 3일 밤 10시부로 비상계엄을 선포하려는 것'이라고 적었다. 선포문 제목을 보고 그대로 적어 제출했다고 한다. 실제 국무회의를 기록한 것이 아니라 임의로 작성한 것이다.

불법 국무회의의 증거는 의안번호에서도 드러난다. 12월 4일 새벽 1시를 넘긴 시간에 국회에서 계엄령 해제를 의결하자 국무회의가 다시 소집되었다. 법에 따라 해제를 의결하기 위해서였다. 새벽 4시쯤 대통령실은 행정안전부에 의안번호 배정을 요청했다. 행정안전부는 앞서 계엄을 선포하기 위한 국무회의가 선행되었을 것이라고 보고 의안번호 '제2122호'를 비우고 해제안에 '제2123호'를 부여했다. 행정안전부는 헌법재판의 자료 제출 요청에 계엄 관련 국무

회의 기록이 없다고 답변할 수밖에 없었다.

부승찬 민주당 의원은 국회에서 국무회의 관련 의안번호나 회의록이 존재하지 않는 점 등을 지적하며 '정상적인 국무회의가 아니지 않냐'고 물었고, 한덕수는 "제가 오랫동안 국무회의를 했었던 사람으로서 도저히 정식 국무회의라고 보기 어렵다"라고 답했다. 한덕수는 일관되게 국회와 헌법재판소에서 회의에 문제가 있다고 증언했다.

"그 자체가 많은 절차적, 실체적 흠결을 가지고 있었다. 국무위원들이 모인 것은 분명히 맞지만, 그것을 국무위원들의 회의라고 해야 될지, 정식 국무회의라고 해야 될지 명확하지 않다. 모인 것은 분명히 맞지만 그것이 보통 때와 같은 그런 국무회의식으로 운영이 되지 않았다."

박찬수 대기자는 기명 칼럼에서 전직 정부 고위 관리가 한덕수를 바람이 불면 풀보다 먼저 눕는 사람으로 평가했다고 적었다. ['풀보다 먼저 눕던 한덕수 미스터리', 《한겨레신문》 2024년 12월 31일] "버들가지처럼 휘어져도 부러지지 않았기에 4개 정권에 걸쳐 권력을 누렸"던 한덕수는 이상하리만치 계엄령 선포에는 반대했다.

계엄령 직관한 키르키르스탄 대통령

계엄 선포의 적법성을 따지는 데 있어서 국무회의 의결이 첫 번째 쟁점이다. 그래서 국무회의를 재구성해보았다. 그런데 여기서 남는 의문 하나, 왜 밤 10시에 하려고 했을까? 계몽령이라고 주장하는 측의 논리는 이렇다. 실제 계엄을 하려고 했으면 국회의원들이 외유를 가서 모이기 힘든 12월 말이나 1월 초, 그것도 주말에 소집했을 것이다. 또 시간도 새벽 4시경에 발동을 해서 국회를 장악했을 것이라고 계몽령의 논리를 전개한다. 왜 12월 3일에 소집할 수밖에 없었는가는 앞에서 자세히 다뤘다. 명태균 게이트와 관련이 깊었다.

자정에 쿠데타를 한 것은 박정희였다. 기습작전이었다. 전두환도 5·18 전국 비상계엄 확대를 자정에 했다. 역시 기습이었다. 윤석열이 밤 10시에 계엄령을 선포하려 한 것은 보안상의 이유였을 것으로 보인다. 미리 국무위원과 비서관들을 소집하여 통보하고 자정에 계엄령을 발동하면 보안이 지켜질 수가 없다. 대낮에는 국회를 장악하기가 힘들다. 교통 통제도 어렵고 시민들의 저항이 불을 보듯 뻔하다. 국회도 기민하게 대응할 수 있다. 그래서 그 중간쯤인 밤 10시를 택하여 통보하고 바로 실행에 옮기려 했던 것으로 보인다. 이때쯤이면 국회 봉쇄도 쉽고, 계엄령 해제를 위해 국회의사당으로 모일 의원들을 '토끼몰이'하기에 적합하다고 판단한 듯하다.

키르기스스탄 대통령 일행은 그날 밤 한국에서 계엄령 사태를 직관했다. 자파로프 대통령 측은 키르기스스탄 기준 3일 저녁 현지 매체《24.kg》에 한국 방문은 계획대로 진행되고 있으며 대표단을 위협하는 것은 없다고 밝혔다. 얼마나 황당했을까. 자칫하면 공항에 묶여 있었을 수도 있었다.

이날 윤석열의 계엄 선포는 세계 각국에 타전되었다. 영국《가디언》은 "(한국에는) 초창기 권위주의적 지도자들이 있었다. 이후 1980년대에 들어서며 민주적 국가로 간주됐지만, 국가 전체에 충격파를 던졌다"고 보도했다. 미국《워싱턴포스트》는 1980년 5·18광주민주화운동을 소개하면서 "터무니없는 조치는 많은 한국인에게 충격을 주었고, 1980년대 후반 민주주의로 이행하기 전 한국의 군부 통치의 고통스러운 기억을 떠올리게 했다"고 전했다. 《텔레그래프》는 "특히 충격적인 것은 경제 및 군사 안보의 중추적 글로벌 파트너이자, 규칙에 기반한 자유주의 질서의 지지자로서 한국의 위상이 널리 알려진 시점에 계엄령이 선포됐다는 사실"이라고 평가했다.

한국 민주주의 지수 급락

영국 이코노미스트그룹의 경제분석기관인 '인텔리전스 유닛'은 2025년 2월 '2024년 민주주의 지수'를 발표했다. 한국은 전체 167개 국가 가운데 32위를 차지해 전년보다 10계단 추락했다. 2020년 처음으로 '완전한 민주주의 국가'로 분류되어 4년 연속 유지했는데 '결함 있는 민주주의 국가'로 한 등급 내려앉았다.

스웨덴 예보리 대학 민주주의 다양성 기관(V-DEM) 연구소는 2025년 3월 보고서에서 한국은 독재화가 진행 중이라며 이제 자유민주주의 국가가 아니라고 했다. 민주주의 지수는 덴마크 1위, 미국 24위, 일본 27위, 한국 41위였다. 윤석열 본인의 계엄령으로 인해 스스로 그렇게 외치던 자유민주주의 국가를 부정당한 것이다.

아시아에서 가장 민주적인 국가라는 자부심은 사라졌다. 식민지를 경험한 국가 중에서 유일하게 산업화와 민주화를 동시에 달성한 선진국가라는 자부심도 사라졌다. 한국의 시민사회는 2021년 미얀마의 민주화운동을 지지하고 연대했다. 2024년 12월 13일 '한국 민주주의 회복을 지지하는 재한 미얀마 시민들'이 한국의 시민을 지지하는 성명을 냈다. 한국이 위로받는 처지가 되었다.

《일본경제신문》의 영어판 신문《Asia Nikkei》는 윤석열이 '브랜드 코리아'를 망쳤다는 내용의 칼럼을 3월에 내보냈다. 필자는 에이단 포스터-카터로, 영국 리즈 대학교 사회학과 및 현대 한국 분야 선임 연구원으로 오랫동안 한국을 관찰해온 사회학자이다.

"그는 '브랜드 코리아'를 철저히 망가뜨렸다. 서울에서 이는 깊은 상처다. 국가 이미지에 대해 그렇게 민감하거나 세계 정상의 자리에 오르기 위해 그렇게 열심히 노력하는 나라는 거의 없다. G7 정상회의에 게스트로 참석한 한국은 잠재적인 회원이라고 생각됐다. G7 가입국들은 그렇게 얘기했다… 윤석열은 수류탄을 던지고 스스로 폭파했다. 서울은 이제 트럼프와 김정은을 마주하고 있다… 윤 씨는 해외에서 브랜드를 깎아내리는 것에 만족하지 않고 국내에서도 우물을 오염시키는 데 여전히 바쁘다… 한국의 자랑은 윤석열로 인해 돌이킬 수 없이 일시에 사라졌다… 윤석열은 정치를 파괴하고 한국을 손상시키며, 때로는 수리할 수 없을 정도로 망가트렸다… 지난 3개월 동안 한국에서 일어난 일은 결코 일어나지 않았어야 했고, 그럴 필요도 없었다. 한 사람의 잘못이지만, 윤의 성급함으로 수백만 명이 대가를 치르게 될 것이다."

28장   윤석열의 아메리칸 파이

1972년 10월 16일 박정희의 친위 쿠데타 하루 전, 정권의 2인자 김종필은 주한 미 대사 필립 하비브에 계획을 통보했다. 2024년 12월 3일 밤 뉴스를 보고 윤석열의 쿠데타 소식을 접한 필립 골드버그 대사는 조태열 외무부 장관에게 전화를 걸었으나 응답이 없었다.

첫 번째 장면. 박정희의 쿠데타와 윤석열의 쿠데타

김종필에게서 '10월 유신' 선포 계획을 들은 하비브 대사는 12장 분량의 보고서를 작성한다. 미 국무부 장관에게 타전한 이 비밀 전문의 제목은 '한국 비상계엄령 선포와 정부 변화 계획'이다. 전문은 곧바로 국방부 장관과 태평양사령관에게도 전달되었다. 계엄령은 자국의 군인을 한국에 파견하고 있는 미국 입장에서는 주한 미군의 안위와 관련된 문제인 만큼 굉장히 민감한 사안이다.

  《신동아》는 2000년 4월호에서 비밀해제된 전문을 입수해 공개했다.

  "10월 16일 18:00 시에 김종필 총리 사무실을 방문했음. 놀랄 만한 소식이 있어 만나자고 했다면서, 계엄령 선포를 통보했음. 김종필은 조치가 취해지기 전에 미국 측에 통보하는 것이 예의라고 믿어 24시간 전에 통보하는 것이라고 말했음."

미국에 알리는 것이 예의라고 생각한 김종필은 국회 해산과 통일주체국민회의라는 대통령 선거인단 구성 계획 등을 자세하게 알려주었다. 3선을 한 박정희의 임기는 1975년까지인데 유신쿠데타를 통해 김대중이 예언한 대로 영구집권, 사실상의 총통제를 향한 길을 열었다.

미국은 불쾌해했다. 특히 미국의 아시아 정책(미·중수교, 베트남 철수 움직임)을 명분으로 삼은 것이 닉슨 행정부를 자극했다. 박정희는 막판에 10월 유신 선포문에서 미국이 불편해하는 문장을 빼고 특수외교활동비를 편성하여 미 의회 등을 설득하도록 했다.

이보다 앞서 1961년 한국에서는 통일 논의와 광범위한 반미운동이 전개되고 있었다. 4월혁명으로 분출된 민주화 열기는 전국 거의 모든 대학교에서 통일 운동으로 발전했다. 자주를 내세우는 통일 논의는 미국의 입장과 배치되었다. 군부의 이익과도 충돌했다. 장면 총리의 민주당 정부를 뒤엎기 위한 쿠데타 움직임이 여러 곳에서 감지되었다.

미 중앙정보국(CIA) 한국지부는 1961년 4월 21일 박정희의 쿠데타 계획을 보고했다. "정부를 뒤엎으려는 두 개의 쿠데타 중 하나는 2군사령부 박정희 소장이 주도… 계획은 사단장들을 포함해 한국 육군 전체에서 논의되고 있음" CIA 요원들이 박정희의 측근 참모를 통해 입수한 정보라고 한다. "적극적이고 진지하게 쿠데타를 논의하고 계획하는 중요한 집단이 있음(4월 23일)", "만약 쿠데타가 4월

26일 시도되지 않는다면 그들은 더 좋은 때를 기다릴 것임(4월 25일)", "장면 총리는 육군 내의 불만 집단이 쿠데타를 모의하고 있다는 소문을 알고 있음. 이러한 소문을 심각하게 받아들이지 않으며 상황이 결코 위험하지 않다고 믿음(4월 26일)" CIA 한국지부는 매일 같이 보고서를 올리다시피 했다.

이 보고서는 덜레스 CIA 국장의 책상 위에 방치되어 있다가 5·16 쿠데타가 발생하고 나서야 케네디 대통령에게 보고됐다. ['은근히 5·16쿠데타를 원했던 미국', 《프레시안》 2018년 5월 16일. 이재봉 원광대 교수 기고문에서 재인용] 박정희는 쿠데타 후에 적극적인 친미노선을 표방했고, 결국 미국은 그해 8월에 공식적인 지지를 표명함과 동시에 경제 및 군사 원조를 지속하겠다고 발표했다.

필립 골드버그 대사는 미국 국무부의 최고위직 경력대사(Career Ambassador)다. 엽관제 외교관이 대부분인 미국에서 전문외교관 출신으로는 최고위직에 올랐다는 의미이다. 그는 버락 오바마 정부 시절에 유엔 대북제재 이행 담당 조정관(2009~2010)을 지내서 한반도 이슈에 익숙해 있다. 1956년생인 그는 은퇴를 고민했었는데 한국 대사로 일하게 되자 결정을 미루었다. 그는 자신의 경력에서 가장 보람된 결정 중 하나였다고 했다.

2022년 7월 한국 대사로 부임해서 23회 서울퀴어문화축제에 참석했다. "이번 주 한국에 막 도착했지만, 이 행사에 참여하고 싶었다. 차별을 반대하고, 모든 사람이 존중받는 사회를 위한 미국의 헌신을 증명하기 위해서…"라고 축사를 하여 보수 개신교계의 반발을 샀다. 그는 이재명 민주당 대표가 피습(2024년 1월 2일) 당하는 사건이 발생하자 SNS를 통해서 "충격과 슬픔을 느끼며 그의 빠른 쾌유를 기원합니다"라는 글을 올렸다. 민주주의에 대한 공격으로 간주하여 입장문을 올린 것이다.

모두에게 패싱 당한 주한 미 대사

계엄 선포 당일, 골드버그 대사는 조태용 국정원장과 고별 저녁 식사를 했다. 2025년 1월 7일 임기를 마치고 한국을 떠날 예정이었던 대사는 지인들과 석별의 정을 나누느라고 연말 일정이 꽉 차 있었다. 골드버그 대사는 "한국에서 근무하며 좋은 기억이 많았다"고 지난 시간을 기억했다. 조태용 원장에게서 몇 시간 후에 계엄령이 발동될 것이라는 언질을 받지는 못했다. 조태용은 만찬이 끝나고 귀갓길에 윤석열의 전화를 받았다. 어디에 있냐는 질문에 내곡동 공관이라고 답했다. 이후 대통령실 관계자가 용산으로 들어오라고 해서 가보았더니 국무총리와 몇몇 장관이 와 있었다고 한다. 조태용은 계엄 전날 김건희에게서 문자 두 통을 받았고, 당일에 한 번 답장을 보냈다.

　골드버그 대사는 계엄 뉴스를 접하자마자 조태열 외교부 장관과 통화를 시도했다. 미국도 모르는 대북정보가 있었던 것인지, 그렇다면 주한미군과 그 가족 그리고 한국에 주재하고 있는 수많은 미국인의 안전 문제 등에 대한 1차적 판단을 해야 하는 책임이 그에게 있었다. 대사는 상황을 파악하려고 했으나 제대로 된 정보를 가지고 있는 누구와도 접촉이 되지 않았다.

　조태열은 "꽃이 지기로서니 바람을 탓하랴…"(〈낙화〉), "얇은 사 하이얀 고깔은 고이 접어서 나빌레라…"(〈승무〉) 등을 쓴 조지훈 시인의 아들이다. 조태열은 2024년 12월 11일 국회 긴급현안질의에서 그날 전화를 안 받은 이유에 대해 "상황이 너무 급박하게 돌아가고 있고, 잘못된 정세 판단과 상황 판단으로 해서 미국을 미스리드(mislead)하고 싶지 않았다"고 해명했다.

위성락 민주당 의원은 "미국이 전화를 했던 것은 계엄에 대한 입장을 밝히려는 거고 그것을 받아서 전하는 일은 간단한 일이다. 그 일은 했어야 했다"고 지적했다. 조태열이 전화를 받으면 윤석열에게 미국의 입장을 전달해야 하는데 그런 곤란한 상황을 피하려고 한 것이 아니냐는 질책이었다. 김준형 조국혁신당 의원은 "그 당시에는 한미동맹에 대한 생각을 먼저 하고 공인으로서 설명을 했어야 했다"고 비판했다.

골드버그 대사는 그날 밤 김태효 국가안보실 1차장과 통화했다. 골드버그 대사는 《동아일보》와의 인터뷰에서 대통령실 인사(김태효)에게 "어떻게 대통령이 이런 일을 벌일 수 있느냐"며 심각한 우려를 표명하고 설명을 요구했지만 통화 상대가 계엄에 대해 아는 게 없어 보였다고 했다. 그는 대통령실 인사에게 고함쳤다는 게 맞느냐는 질문을 받고서는 10초간 머뭇거리다가 '조금 그랬다'며 인정했다. 김태효는 "대통령 담화문 이외에 관련 사항에 대해 알고 있는 바가 없으며, 추후 상황을 지켜보면서 정부 간 소통을 이어가려고 했다"고 보도자료를 통해 밝혔다.

골드버그 대사는 이런 상황을 본국에 그대로 보고했다. 미국 국무부의 베단트 파텔 부대변인은 2024년 12월 3일(한국시간 12월 4일) 정례브리핑에서 윤석열의 결정을 사전 통보받지 못했다고 밝혔다. 그는 한국처럼 가까운 동맹이라면 비상계엄 선포에 앞서 사전 통보가 이뤄졌어야 하는 것 아니냐는 질문에 같은 대답을 반복했다.

골드버그 대사는 12월 31일 《연합뉴스》와의 인터뷰에서 계엄 선포 당일 어떤 생각이 들었냐는 질문에 "대부분의 사람처럼 민주주의가 잘 확립된 나라에서 그런 일이 일어날 수 있다는 사실에 대해 첫 반응은 '충격'이었다고 생각한다. … (비상계엄은) 엄청난 실수라고 느꼈고, 민주주의 국가에서는 설명할 수 없는 일이라고 생각했다. 충격을 받은 것 외에 분명히 '비민주적인 행동'이었다고 생각한다"라고 밝혔다. 골드버그 대사는 그렇게 한국에 대한 기억을 뒤로한 채 1월 7일 대사로서의 임무를 마치고 귀국길에 올랐다.

윤석열의 비상계엄 선포가 있고 난 후 MBC는 브래드 셔먼 미 연방 하원의원과 12월 12일 인터뷰를 했다. 진행자가 "김용현 전 국방부 장관이 이번 비상계엄 선포 일주일 전에 남북 간 국지전을 유도하려 했다는 주장이 제기됐다. 북한 원점을 타격하라고 지시했지만 합참의장이 이를 거부했다고 하는데 한국군 당국의 이런 움직임을 어떻게 보나"라고 질문하자 셔먼 의원은 다음과 같이 답했다.

"이건 분명히 조사해볼 일이다. 이런 시도가 실제로 있었는지는 모르겠다. 미군은 DMZ에 수만 명의 병력을 배치하고 있고 이 병력은 싸우다가 희생할 준비가 돼 있다. 그러나 북한의 도발이 없을 때 위장 작전으로 발발한 전쟁으로 인해 병력이 죽는 것을 미국은 원치 않는다… 미국 역시 미국만의 정보 수집 능력이 있다. 그리고 만약 대한민국 국군이 남한 내 한 장소를 공격해서 사건이 발생했다 해도 미국은 북한의 공격이 아니라는 걸 알고 있었을 것이다. 또 이를 공개하여 북한이 당시 그러한 공격을 하지 않았다는 것을 한국과 미국 국민에게 분명히 알렸을 것이다. 그렇다고 북한이 나쁜 일을 하지 않는다는 의미는 아니다. 그러나 만약 대한민국의 어느 장소가 북한에 의해 공격당하는 것처럼 보이게 하려는 시도가 있었다면 미국은 진실을 알고 있었을 것이고 이를 공개했을 거라는 얘기다."

이 인터뷰는 미국이 국지전 유도 등의 작전을 미리 감지하고 있던 것으로 많이 인용되고 있다. 하지만 전후 맥락을 살펴볼 때 가정을 전제로 한 질문에 대해서 일반론적인 답을 한 것으로 보인다.

두 번째 장면. 전두환의 쿠데타와 윤석열의 쿠데타

윤석열의 미국 패싱은 2025년 1월 있었던 중앙정보국(CIA) 국장 인사청문회에서도 논란이 되었다. 수전 콜러스 미 상원의원(정보위원회)은 한국의 계엄령 선포를 정보국이 까맣게 모르고 있었다는 것을 문제 삼았다. 존 랫클리프 CIA 국장 지명자는 "그런 뉴스를 보면서 정보 수집의 실패나 실수라고 할 수 있는 일들이라고 생각했다"라고 실패를 인정했다.

미국은 1979년 전두환의 12·12 쿠데타도 정확하게 파악하지 못한 바 있었다. 당시 지미 카터 행정부는 12·12 쿠데타에 대해 비판적인 입장을 취했지만, 이란과 아프가니스탄, 니카라과 등에서의 외교 실패로 곤경에 처해 있던 상황이라 한국에 눈을 돌릴 틈이 없었다. 인권을 제1의 가치로 내세운 카터 행정부는 결국 광주에서의 무혈 진압을 용인했고, 레이건 행정부 들어서서 전두환을 승인했다. 이로 인해 한국에서는 광범위한 반미운동이 전개되었으며 이를 반면교사로 삼아 미국은 1987년 6월항쟁 때에 전두환과 손절했다.

윌리엄 글라이스틴 주한 미 대사는 1979년 12월 19일과 28일 박동진 외무부 장관을 만나 강력한 항의의 뜻을 전달했다. "한국군이 미국 측과의 협의를 완전히 무시하고 대대와 사단병력을 자의로 이동해 한미 연합군의 군사적 유효성과 행동의 자유를 지극히 훼손했다", "연합사의 작전통제권 위반 및 위계질서의 문란은 놀라울 정도이다. 금번 사태로 앞으로 연합사의 운영에 많은 문제점이 야기되었다." 대사는 자신의 입장이 미 합참의장을 거쳐 백악관의 최고위층(지미 카터 대통령)에 이르기까지 공통된 것이라고 강조했다.

1980년 1월, 전두환의 하나회가 일으킨 항명 쿠데타를 보면서 일군의 장교들이 존 위컴 주한 미 사령관을 접촉했다. 전두환 일당을 제거하려고 하는데 미국이 지지해 주기를 바란다고 했으나 위컴은 그들이 전두환의 대안이 될 수 있는지에 대해 회의적이었다.

위컴은 전두환 일당이 전국으로 비상계엄을 확대하고 유혈진압을 할 때 20사단 출동에 동의했다. 그는 광주에서 시민들이 쓰러지고 있던 1980년 5월 19일 해럴드 브라운 국방부 장관에게 보낸 전문을 통해서 "우리는 전두환과 그 동조자들에게 권력의 통제권이 넘어간 사실을 인정해야 한다… 전두환에 의해 정부가 움직이는 현실을 받아들이고 그들과 협조해야 한다"며 이것이 미국의 중대한 안보 이익을 지키는 길이라고 했다. 하지만 국가보위입법회의 형식을 통해서 권력을 찬탈한다는 구체적인 계획은 몰랐다. 미국에서는 이때도 정보 실패에 대한 논란이 있었다.

위컴은 8월 7일 익명의 고위관계자로 보도하는 것을 전제로 기자회견을 해서 전두환 국가보위상임위원장이 한국의 새로운 지도자가 될 경우, 미국은 그를 지지할 것이라고 했다. 위컴은 8월 미국 언론 인터뷰에서 전두환이 대통령이 될지도 모른다며 "각계각층 사람들이 마치 레밍(lemming. 나그네쥐)떼처럼 그 뒤에 줄을 서며 추종하고 있다"라고 해 한국인의 반미감정에 불을 당겼다.

1987년 전국에서 독재 타도 직선제 개헌을 외치는 목소리가 요동쳤다. 전두환은 강경대응하기로 기조를 정하고, 4월 13일 호헌조치를 발표하기로 했다. 하루 전날 전두환은 미국에 사전 통보했다. 박정희가 10월 유신 하루 전에 김종필을 통해 미리 알리는 예의를 차린 것처럼 전두환도 예의를 차렸다. 7년 사이에 미국의 입장이 확 바뀌었다. 최광수 외무부 장관은 제임스 릴리 주한 미 대사를 만나 설명했다. 비밀 해제 문건에 따르면 릴리 대사는 "가장 중요한 열쇠는 민주화라고 생각한다"라며 반대했다. 전두환은 로널드 레이건 대통령에게도 친서를 보냈다. 하지만 레이건은 "민주적 제도에 기반한 정치적 안정성이 국가 안보 보장에 매우 중요하다"라며 정치범 석방과 언론의 자유를 강조했다. 1987년 6월항쟁 때는 전두환에 등을 돌린 것이다.

세 번째 장면. 이승만의 쿠데타와 윤석열의 쿠데타

쿠데타를 둘러싼 한미 간의 갈등은 1952년 부산정치파동으로 거슬러 올라간다. 이승만의 욕심으로 원래 내각제였던 제헌 헌법의 권력구조가 대통령제로 바뀌었다. 내각제를 주장하는 국회의 다수와 대통령제를 고집하는 이승만이 타협해, 국회에서 간선제로 대통령을 선출하기로 했다. 결국엔 다수당의 대표가 행정 수반이 되는 내각제 형태를 절충한 것이다. 이승만은 1948년 대통령에 당선되었으나 2년 후 실시한 국회의원 총선에서는 참패했다.

국회에서 대통령을 선출하면 이승만은 연임할 수 없는 상황에 직면했다. 이승만은 전시 체제의 특성상, 국민 직선으로 하면 중임이 가능하다고 보았다. 이승만은 1952년 5월 25일 0시 비상계엄을 선포했다. 전시 수도인 부산에 공산잔비의 출동이 잦다며 이를 명분으로 삼았다. 출근버스를 탄 국회의원 47명을 헌병대가 통째로 끌고 갔으며, 이들이 국제공산조직에 연루되었다고 발표했다. 국회가 계엄해제안을 의결했으나 거부했다. 이종찬 육군참모총장은 군 동원을 거부했고, 김성수 부통령은 항의하는 차원에서 사직했다. 이승만은 친위 쿠데타로 재선에 성공했고 4선까지 가는 독재의 길을 걸었다.

자국의 군대를 전쟁터에 파견해 민주주의를 수호하고 있던 미국은 크게 당황했다. 무초 대사는 이승만에게 그만 쉬시라고 사퇴권고를 했다. 계엄령을 해제하라고 압박했다. 트루먼 대통령도 직접 나섰다. "우리는 한국의 민주주의 수호를 위해 원조를 하고 있는 것이지 독재를 위해 원조하고 있는 것이 아니다." 육군본부 이용문 작전국장 등은 이승만을 암살하겠다는 쿠데타 계획을 세웠다. 그리고 야당과 접촉했다. 미국은 이승만을 하야시킬 계획을 검토했다. 이승만을 제거할 유엔군 차원의 계엄령도 검토했다. 하지만 트루먼은 친미 반공주의자인 이승만을 대체할 인물이 마땅치 않다고 보고, 정국 수습의 희생양을 찾았다. 이범석 내무장관이 모든 책임을 지고 물러나는 것으로 사태는 정리되었다.

1960년 3·15 부정선거에 항의하는 학생·시민들의 시위가 격화되었다. 4월 19일, 이승만의 하야를 요구하며 시위대가 경무대(청와대)로 향했다. 경찰이 시위대를 향해 발포하여 183명이 사망했다. 이승만 정부는 이날 오후 계엄령을 선포했다.

그런데 시위 진압을 위해 출동한 계엄군은 경찰과는 대조적으로 중립을 지켰다. 계엄군은 시위 현장에 전차를 출동시켰으나 그뿐이었다. 시위대는 박수와 환호로 그들을 맞았고, 시민들은 전차 위에 올라가 태극기를 흔들었다. 한국군의 작전지휘권을 행사하고 있는 미국이 이승만에게서 등을 돌렸기 때문이다. CIA 한국지부장 실바는 4·19 직전, 백선엽 합동참모의장에게 이승만 정부 전복을 위한 군사쿠데타를 제안했다. [《백선엽의 6·25 징비록 ①》, 벅선엽]

대학교수들의 시국선언이 있고 나서 W.C. 매카나기 대사는 4월 26일 경무대를 방문, 이승만 대통령에게 "국민은 오랫동안 무거운 짐을 져온 각하께서 이제는 젊은 사람에게 정부를 물려주고 쉬기를 바라고 있다"라고 하야를 권유했다. 이승만은 '미국의 권고를 한국을 돕고자하는 뜻으로 받아들이겠다'고 답했다.

태극기 부대가 국부로 추앙하고 있는 이승만은 이처럼 미국에게서 철저히 외면당했다. 보수의 아이콘으로 떠오르고 있는 윤석열은 어떨까? 바이든 행정부의 토니 블링컨 국무부 장관은 2024년 12월 4일 "윤석열 대통령이 심각한 오판을 했다… 정당화할 수 없는 심각한 문제"라고 했다. 제이크 설리번 백악관 국가안보보좌관은 "한국 민주주의는 활력이 넘치고 복원력이 강하다"며 국회가 계엄해제를 의결하고 시민들이 나선 것을 높이 평가했다.

《뉴욕타임스》는 계엄 발동 1년 전 12월 6일, 윤석열과 뉴진스를 '2023년의 가장 스타일리시한 인물' 71인으로 꼽았다. 신문은 "그의 흠잡을 데 없는 〈아메리칸 파이〉 백악관 공연은 아메리카 아이돌에 필적했다"고 선정 이유를 밝혔다. 미국 국가나 다름없는 〈아메리칸 파이〉 열창은 바이든과 미 의회 지도자들을 감동하게 했다. 2024년 중후반에 골프 라운딩을 하면서 트럼프와 정상회담을 열심히 준비했다는 윤석열. 그가 다시 한번 〈아메리칸 파이〉를 부를 기회가 있을까. 미국인의 또 다른 애국가인 이 노래의 가사는 알고 보면 매우 우울하다.

아메리칸 파이(American Pie) - 돈 매클레인(Don Mclean)

...

하지만 2월, 끔찍한 뉴스로 도배된 신문을

문가에 배달해야 한다고 생각하니

난 매우 떨렸어요

난 한 걸음도 더 움직일 수 없었죠

...

나이든 멋진 남자들은 위스키와 호밀위스키를 마시며

오늘이 바로 내가 죽는 날이 될 거라고 노래했죠

오늘이 바로 내가 죽는 날이 될 거라고

...

궁정광대는 제임스 딘 스타일의 코트를 입고

당신과 나의 목소리로

왕과 왕비를 위해 노래했어요

왕이 내려다 보는 동안

광대는 그의 가시 왕관을 훔쳤어요

법정은 휴정되었고

판결은 내려지지 않았죠

...

그리고 그 거리에서 아이들은 비명을 질렀고

연인들은 울었고, 시인들은 꿈을 꾸었지만

어떤 말도 하지 않았어요

교회의 종은 모두 부숴졌어요

...

29장 　　　　　　　　　　　　　　내란의 밤 재구성

박정희의 5·16쿠데타에는 3,500명의 병력이 동원되었다. 윤석열의 12·3 쿠데타에는 군인 1,500명이 동원되었다. 특수전사령부는 1,139명, 수도방위사령부는 211명을, 방첩사령부는 국회의원 체포조 49명을 포함하여 200여 명을 투입했다. 정보사는 북파공작을 수행하는 HID 30여 명을 보냈다. 육본과 합참 인원 그리고 국회 외곽을 통제한 경찰 병력 28개 기동대 1,740명을 합치면 3,000여 명을 넘어선다. 국방부와 경찰의 국회 보고 등을 종합하면 무장 군인 1,605명과 경찰관을 합해 3,670명 등이 동원되었다.

　이는 표면적인 숫자다. 만약 계엄이 두 시간 반 만에 끝나지 않고 지속되었다면, 국회 장악에 성공했더라면 계엄군의 증원이 예정되어 있었다. 제7공수특전여단과 제13특수임무여단은 12·3 쿠데타 사태에서 비상계엄령이 선포된 이후 서울로 올라오게 예정되어 있었다. 곽종근 전 육군특수전 사령관은 국회 국방위원회(12월 10일)에서 두 여단이 출동 대기를 유지하고 있었다는 것을 인정했다. 두 부대 인원을 합치면 내란 당일 작전에 투입된 계엄군 특전사 1,139명의 두 배에 달한다. 이 부대들이 언론사 장악 등에 동원되었을 수도 있다. 윤석열이 계몽령이라고 했던 12·3 비상계엄의 총병력은 박정희가 목숨 걸고 감행했던 5·16쿠데타의 동원 규모를 훨씬 초과했다.

긴박했던 12월 3일의 계엄일지를 재구성해본다. 이날의 주요 장면과 인물 중심으로 서술했다. 바지사장 박안수 계엄사령관에게 법대로 해야 한다고 한 권영환 계엄과장, 이진우 수방사령관의 국회의원 끌어내라는 지시를 거부한 조성현 수도방위사령부 제1경비단장(대령), 중앙선관위 서버 복사를 명령한 여인형 방첩사령관에게 불법이라고 말한 윤비나 법무실장(대령) 등이 12월 3일의 빛나는 인물들이다. 곽종근의 설사도 계엄의 밤에 변수가 되었다.

박안수, 2차·3차 계엄 모의 흔적

12월 3일 오후 4시 김용현이 박안수 육군참모총장을 불러 밤 9시 40분에 장관실로 와서 대기하라고 명했다. 밤 10시 20분 김용현이 전군 주요 지휘관 회의를 주재했다. 이 자리에서 박안수는 계엄사령관 지위를 부여받았다. 김용현은 밤 10시 28분, 계엄이 선포되자마자 군단장급 이상 지휘관과 화상회의를 했다. "대통령님의 뜻을 받들어 임무 명령을 하달한다"라며 모든 군사 활동은 장관인 자신이 책임진다고 했다. 명령에 불응할 경우 항명죄로 다스린다고 엄포를 놓았다.

1991년 국군조직법이 개정되면서 군 서열 1위인 합동참모의장이 국군 전체의 작전지휘관이 됐다. 전시에 대비한 계엄사령관의 직책도 합참의장이 맡게 되었다. 따라서 육군본부에 있던 계엄과도 합참으로 옮겼다. 육군 총장인 박안수가 계엄사령관을 맡게 되면 합참의 지원을 받기 어렵게 된다. 윤석열과 김용현은 이런 직제 변화를 아는지 모르는지 박안수를 계엄사령관으로 낙점했다. 윤석열 정부 들어서서 고속 승진한 박안수가 비상계엄의 바지사장에 적격이었다고 보았던 것 같다.

해군 출신인 김명수 합동참모의장은 사전에 계엄 관련 정보를 공유받지 못했다. 밤 10시 30분. 급히 합참 청사로 출근한 뒤에야 상황을 파악했다. 계엄 업무의 수장이 되어야 할 합동참모의장이 계엄 선포 전까지 전혀 몰랐다.

밤 11시 00분. 비상계엄 포고령 1호가 박안수 육군참모총장 명으로 공포되었다. "자유대한민국 내부에 암약하고 있는 반국가 세력의 대한민국 체제전복 위협으로부터 자유민주주의를 수호하고, 국민의 안전을 지키기 위해 2024년 12월 3일 23:00부로 대한민국 전역에 다음 사항을 포고한다."

박안수는 "포고령 위반자에 대해서는 대한민국 계엄법 제9조(계엄사령관 특별조치권)에 의하여 영장 없이 체포·구금·압수수색을 할 수 있으며 계엄법 제14조(벌칙)에 의하여 처단한다"라고 밝혔다. 박안수는 윤석열의 지시로 국회 봉쇄 업무를 지휘하게 될 조지호 경찰청장에게 포고령에 대해 설명해주었다.

박안수는 국회에 출석해서 '계엄령 발동을 사전에 인지하지 못했다, 군대 이동은 김용현의 지시로 이뤄졌고 언론 보도를 통해 알았다'라고 모르쇠로 일관했다. 그는 포고령도 자신이 작성하지 않았다며 "계엄 관련 전문성이 없어서 합참 계엄과장 등을 불러 토의하고 있는데 계엄군이 투입되고 포고령이 발령됐다"라고 발뺌했다.

권영환 계엄과장은 국회 국정조사 특위 청문회에서 "군인 복무기본법 222조 '정직의 의무'에 따라 알고 있는 사실을 용기를 내서 있는 그대로 말씀드리겠다"며 증언했다. 12월 4일 국회에서 계엄 해제 요구안을 의결하자 그는 계엄실무편람을 펼쳐서 "계엄법에 따라 지체 없이 계엄을 해제해야 한다"고 설명했다. 그러자 박안수가 "일이 되도록 해야 하는데 일머리가 없다"고 면박을 주었다고 한다. 박안수는 계엄이 유지되도록 하는 방법은 없는지, 일(계엄)이 되도록 하는 방안(2차·3차 계엄)을 강구했는데 그는 법대로 해야 한다고 주장했던 것이다.

권영환 과장은 2017년 11월 13일 오후 3시 15분 판문점, 군용차량을 몰고 내려온 북한군 1명을 구한 일화로도 유명하다. 북한군은 차에서 내려 군사분계선 남쪽으로 뛰어 내려오다가 북에서 쏜 총을 맞고 군사분계선 이남인 자유의 집 서쪽 담장 아래 쓰러졌다. 오후 3시 55분 권영환 경비대대장(중령)은 중사 2명과 함께 낮은 포복으로 부상 당한 북한군에게 접근하여 구출했다. 그는 "북한군을 구하기 위해 부하를 보내지 않고 왜 직접 들어갔냐"는 물음에 "차마 아이들(병사들)을 보낼 수는 없었다"고 답했다고 한다. 박안수는 2013년 6월 MBC 예능 '진짜 사나이' 해룡연대편에 출연했다. 박안수 연대장이 연예인 출연자들의 전입 신고를 받았다. 누가 '진짜 사나이'이고 누가 '진짜 군인'인지 계엄 상황을 통해 확인되었다.

수방사 합동방공작전통제소의 헬기 비행 허가 지연

12월 2일부터 특전사 707특수임무단은 외부훈련이 모두 취소되고, 주둔지 대기명령이 하달됐다. 3일 낮엔 합동훈련과 전술평가가 모두 취소됐다. 계엄군으로 출동하기 위한 출동 군장 검사 등의 준비가 시작됐다. 모두 군장 검사를 마쳤다고 707부대 텔레그램방 단체 방에 보고된다. 헬기를 통해 바로 서울 시내로 투입이 가능한 경기도 이천의 707특임단은 국회의사당과 가까운 위치에 있는 1공수 여단(서울 강서구)과 함께 계엄 주력군으로 편성되었다.

김용현은 비상계엄 3일 낮 1~2시 곽종근에게 "헬기를 사전에 특전사에 가져다두라"고 지시했다. 곽종근은 계엄령이 발동하기 전에 부대를 움직이는 것에 심리적 부담을 느꼈다. 김세운 특수전항공단장에게 "내 지시 없이는 헬기를 띄우지 말라"고 연락했다. 혹시라도 성질 급한 김용현이 직접 지시를 내려서 항공단 헬기가 움직일까봐 내린 조치이다.

3일 오후 5시 육군특수전사령부 소속 13특수임무여단과 707특수임무단이 '격리 지역 활동'에 들어갔다. 작전에 투입되기 직전에 격리된 지역에서 준비, 대기하는 활동을 뜻한다. 작전이 임박했다는 것이다. 국방부 장관과 사령관이 북한 동향이 심각하다며 헬기를 타고 실제 작전을 수행해야 한다고 지시한 것으로 공지했다. 텔레그램 단체방에도 떴다. 당장 출동을 준비하라고 했다. 오후 5시 10분쯤, 특전사령부 연병장에 헬기가 병력을 태우기 위해 내려야 하니 축구 골대 등 체육시설을 다 치우라는 지시가 내렸다. 가로등 불이 있으면 헬기가 밤에 내리기 어렵기 때문에 주변 가로등도 다 소등하라는 명령이 떨어졌다. 밤 8시, 707특수임무단 단원들에게 문자메시지 등을 통해 실제 출동 예고와 대기명령이 하달됐다. 밤 10시 30분에 바로 휴대전화 회수가 이뤄졌다.

밤 10시 25분 윤석열이 비상계엄을 선포했다. 김용현은 방송이 나가는 중에 곽종근에게 전화를 걸어 "사령관, 가장 빨리 갈 수 있는 부대가 어딘가? 헬기로 빨리 국회로 이동시켜라"라고 지시했다. 곽종근은 5분 후 특수전항공단의 헬기 12대를 이천으로 보내라고 명령했다. 이천에서 특전사를 태운 헬기가 서울 항공(수도권 비행제한구역 R75)으로 진입하기 위해서는 수도방위사령부의 비행 허가를 받아야 한다. 만약 즉각적인 비행 허가가 떨어졌다면 국회가 계엄 해제 요구안을 결의하기 훨씬 전에 의사당에 도착했을 것이다.

밤 10시 48분 특수전항공단 602항공대는 수방사에 비행 승인을 요청했다. 수방사는 계엄령이 발동된 것을 알고 있었다. 하지만 계엄하에서도 부대의 비행목적을 설명해야 승인할 수 있다. 그것이 규정이다. 602항공단은 제대로 설명하지 못했다. 아니 목적을 제대로 알고 있지 못했다. 국회를 진압하러 가는 것인지, 국회에 침투한 테러범들을 체포하러 가는 것인지 알지 못했다. 헬기 투입이 늦어지자 김용현이 곽종근을 닦달했고, 곽종근은 10시 50분부터 7차례나 김세운 특수전항공단장에게 독촉했다.

계속된 요청에 수방사는 최상급 부대인 합동참모본부에 보고하고 판단을 구했다. 하지만 윤석열과 김용현은 계엄사령관을 박안수로 내정했다. 김명수 합참의장은 계엄에 대한 지휘권이 없었다. 김명수의 지휘를 받는 합참은 수방사에 "관련 사항이 없다"고 통보했다. 계엄 작전 내용에 대해 아는 바가 없으므로 관련 사항이 없다고 말할 수밖에 없었다.

602항공단의 요청이 거듭되자 수방사는 육군본부 정보작전참모부에 판단을 구했다. 육군참모총장이 계엄사령관이니 번지수가 맞다고 생각했다. 이진우가 조정에 나섰다. 내용을 파악하고 정보작전참모본부가 비행 승인을 한 것이 밤 11시 31분이다. 최초의 비행 승인 요청에서 43분이 지났다. 김문상 수방사 작전처장이 수훈감이다. 그가 세 차례 승인을 거부해서 국회는 43분을 벌었다. 그 사이에 국회는 경찰이 봉쇄하고 있었다. 계엄의 주력인 특전사는 비행명령을 받고 거의 한 시간 가까이 대기하고 있었다. 이천에서 밤 11시 31분에 이륙한 특전사는 11시 43분 국회 운동장에 도착했다.

1년 가까이 삼청동 안가와 한남동 공관에서 윤석열의 소폭 고문에 토하기까지 하며 충성을 맹서하던 곽종근과 이진우. 이들은 정작 계엄에 필요한 도상연습을 제대로 하지 못했다. 원래가 소심하던 곽종근의 태업도 작용했다고 본다.

곽종근의 설사, 김현태의 단전

12월 3일 밤 11시 40분 윤석열은 헬기로 이동 중인 공수부대 상황을 점검했다. 그는 곽종근에게 전화해 "아직 국회 내에 의결정족수가 안 채워진 것 같으니 빨리 국회 안으로 들어가서 의사당 안에 있는 사람들을 데리고 나와라"라고 했다.

블랙호크 헬기 3대가 줄지어 여의도를 가로질러 국회의사당 뒤편 운동장에 착륙했다. 현장에 있던 시민들은 진짜 계엄임을 실감했다. 착륙한 헬기에서 군인들이 하나둘씩 내렸다. K1 기관단총과 야간투시경, 단검으로 무장했다. 1980년 5월 광주가 연상되는 순간이었다. 그들이 빠르게 국회 본청으로 이동하는 만큼 국회 보좌진과 사무처 직원, 그리고 시민들도 기민하게 대응했다. 두렵지 않았다면 거짓말이다. 하지만 그들은 민주주의를 지키는 제1전선에 있었다.

국회 바깥에선 버스를 타고 군인들이 도착했다. 스타렉스와 코란도 차량, 한국군 험비인 소형 전술 차량 등이 동원됐다. 전술 차량이 도착하는 순간, 시민들이 막아섰다. 나를 밟고 가라고 했다. 12월 3일 밤 11시 48분, 국민의 군대가 민의의 전당 국회를 포위했다.

특전사 예하 707특임단은 최정예 대원들로 구성된 대테러 부대다. 검은색 유니폼에 위장 무늬 전술 조끼를 입고 나타난 그들은 그믐달로 어둠이 짙은 국회의사당 정문을 향해 전진했다. 그들의 임무는 본청에 진입하여 국회의원들을 연행하는 것이다. 녹색 계열 전투복을 착용한 1공수여단은 의사당 본청 차단 임무를 수행했다. 707특임단의 업무 수행을 엄호하는 것이다. 1공수여단은 특전사 부대 중 최초로 창설돼 특전사의 모체라고 할 수 있다.

12월 4일 새벽 0시 30분. 윤석열은 상황이 다급하게 돌아감을 알 수 있었다. TV가 국회 본회의장을 비추고 있었는데, 국회에 들어오는 의원들의 숫자가 계속 늘어나고 있었다.

윤석열이 곽종근에게 비화폰으로 전화를 걸어 "국회 안에 빨리 들어가서 의사당 안의 사람들을 빨리 데리고 나와라", "문짝을 부숴서라도 끌어내라", "전기를 차단하라"고 연달아 지시했다. 곽종근은 "알겠습니다, 충성"이라고 대답했다. 사실 국회 본회의장 정문은 도끼로 부수지 않는 한 열리지 않을 정도로 탄탄하다. 중세 시대에 공성전을 할 때 동원되는 무기 같은 것이 있어야 열린다. 밖에서 수십 명이 밀어봤자 소용없다. 발길질 같은 것으로는 어림도 없다. 윤석열은 이 같은 상황까지 파악하고 있었다.

헌법재판소에서 국회 쪽 대리인이 "(대통령이) 증인에게 데리고 나오라고 지시한 대상이 국회의원이 맞는가"라고 묻자, 곽종근은 "정확히 맞다"라고 답했다. 윤석열과 김용현의 지시를 번갈아 받았으며 지휘관들이 모인 화상회의 중 켜둔 마이크를 통해 예하 부대원들도 청취했다고 설명했다. 들은 사람이 수십 명인데 거짓으로 답할 수는 없었다.

이어 "당시 707특임단 인원이 국회 본관에 가서 정문 앞에서 대치 상황이었고, 본관 건물 안쪽으로 들어가지 않은 상태였다. 그 상태로 전화를 받았기 때문에 (대통령이) 말씀하신 '의결정족수 문제', '안에 인원 끌어내라'는 부분들이 당시 본관 안에 작전 요원이 없어서 당연히 의원이라고 이해했다"라고 설명했다. 앞서 윤석열과 김용현은 탄핵심판에 증인으로 나와 당시 '곽종근에게 끌어내라고 지시한 대상은 의원이 아닌 요원이었다'고 주장했는데 지시를 직접 받은 곽종근이 이런 주장을 정면 반박한 것이다.

곽종근의 태업도 국회를 도왔다. 군사 전문가인 박성진 전《경향신문》기자는《용산의 장군들》에서 이 상황을 이렇게 설명했다. "곽종근은 스스로 결단을 내려야 할 순간에 윤석열과 김용현의 지시를 부하 지휘관에 전달하는 걸로 대신했다. 곽종근은 이상현 1공수여단장에게 전화를 걸어 "대통령님이나 장관님 이런 상부에서 화상회의를 하고 있는데, 국회의원들이 의결하려고 하는데 '문을 부숴서라도 국회의원들을 끄집어내라. 안 되면 전기라도 끊어라'라고 말씀하셨다"라고 전달했다. 이상현 공수1여단장은 "사령관님, 상부에서 지금 국회의원들을 의결 못 하게 문을 부숴서라도 끄집어내라고 지시하셨단 말씀이냐"라고 되물었다(군대에서는 상관이 명령하면 그대로 복창을 해서 명령이 제대로 전달되었는지 확인한다). 곽종근이 "아 그런데…"하며 말을 흐리던 차에 전화기는 꺼졌다. 곽종근은 명령하는 대신에 전달을 했다. 이런 경우 군 간부들은 '설사했다'라는 은어적 표현을 사용한다. 지휘관이 사후 있을지 모를 책임 논쟁을 회피하기 위해 확실한 지침을 주는 대신 면피성으로 명령 전달만 한다는 것이다.

김형기 특전대대장의 증언

윤석열은 부인했지만 당일 국회의원들을 끌어내라는 지시를 했다는 것은 김형기 1특전대대장의 증언을 통해서도 확인됐다. 김형기 1특전대대장은 육사 출신이 아니다. 일반병으로 입대해 부사관으로 임관했고, 다시 장교로 임관했다. 김형기는 내란 우두머리 혐의 첫 재판에서 국회의원들을 국회 본회의장에서 끌어내라는 윤석열의 지시를 받았다고 증언했다.

그는 당시 이상현 1공수여단장으로부터 '국회 담을 넘고 들어가 의원들을 끌어내라'는 지시를 받고 "(전화를 끊은 뒤) 국회의사당의 주인은 국회의원인데 무슨 X소리냐 하면서 제가 욕하는 것을 부하들이 들었다. 이때부터 (사태가) 이상함을 느꼈다"고 말했다. 그는 형사 법정에서 윤석열을 바라보며 "나는 사돈에게 충성하지 않는다… 차라리 나를 항명죄로 잡아넣으라"고 주장했다.

김형기 특전사 1특전대대장 마지막 진술 전문

"저는 2003년에 이등병으로 입대했습니다. 2004년도에 부사관으로 임관했고, 다시 2006년도에 장교가 되었습니다. 어느덧

제 나이가 마흔셋. 군 생활 23년 차가 되었습니다. 23년의 군생활 동안 과거나 지금이나 바뀌지 않는 게 한 가지가 있습니다. 국가와 국민을 지키는 것입니다. 전 사람에게 충성하지 않습니다. 조직에 충성해왔고요. 그 조직은 제게 국가와 국민을 지키라는 임무를 부여했습니다.

혹자는 제게 항명이라고 얘기합니다. 왜냐면 우리 조직은 철저하게 상명하복을 기반으로 운영되는 조직이니까요. 저는 항명이 맞습니다. 그렇지만 상급자의 명령에 하급자가 복종하는 것은 국가와 국민을 지키는 임무에 국한됩니다. 저는 지난 23년을 국민에게 사랑받으며 군 생활을 해왔는데, 지난 12월 4일에 받은 임무를 제가 어떻게 수행하겠습니까?

차라리 저를 항명죄로 처벌해주십시오. 그러면 제 부하들은 항명도, 내란도 아니게 됩니다. 제 부하들은 아무 잘못도 없습니다. 그날 그 자리에서 그들이 아무 일도 하지 않았기 때문에 아무 일도 일어나지 않았고, 그 덕분에 민주주의를 지킬 수 있었습니다.

끝으로 우리 군이 다시는 정치적인 수단으로 이용되지 않게끔 제 뒤에 앉아 계신 분들께서 철저하게, 날카롭게, 혹은 질책과 비난을 통해서 우리 군을 감시해주십시오. 그래야만 다시는 이런 일이 일어나지 않을 것입니다. 죄송합니다…"

모호한 지시가 전달되는 가운데 도끼를 들고 행동에 옮길 대원은 없었다. 곽종근은 김현태 단장이 이끌던 707특임대원들이 본회의장 안으로 진입하여 의원들을 끌어내는 건 불가능하다고 보았다. 숫자도 턱없이 부족했다. 의사당 2층 창문을 깨고 들어간 특임대원들은 불과 20명도 안 되었다.

대안으로 국회의 전기를 끊는 방법을 논의했다. 곽종근은 지휘통제실에 모인 참모들에게 "국회 전기를 끊어 표결을 못 하게 하는 방법이 있지 않겠느냐"고 지시했다. 대원들은 야간투시경을 장착하고 있어 단전 상황에서도 작전이 충분히 가능하다. 전기를 끊으면 국회 본회의장에서 표결을 진행할 수 없다고 보았다.

계엄 5개월 전인 2024년 7월 3일 특전사 1공수여단은 원활한 대테러 작전 임무 수행을 위해 필요하다며 국회 사무처에 설계도를 요구했다. 국회 사무처는 이를 거부했다. 김현태 707특수임무단장은 헌법재판소에 나와 "단전은 특전사령관께서 12월 4일 0시 30분에 대통령 전화를 받고 스스로 무언가 하기 위해 생각해낸 여러 가지 중의 한 가지"라고 답변했다.

12월 4일 새벽 0시 49분 우원식 국회의장은 본회의 개의를 선언했다. 0시 50분경 곽종근은 김현태에게 전기라도 끊을 수 있겠냐고 물었고, 김현태는 방법을 찾아보겠다고 답했다 7명이 엘리베이터를 타고 지하 1층으로 내려갔다. 새벽 1시 1분경, 국회 비상계엄 해제 요구 결의안이 재석 190인 중 190인 찬성으로 가결되었다. 새벽 1시 6분 26초, 계엄군은 분점함을 열고 일반조명 차단기 및 비상조명 차단기를 내려 국회 본관 지하 1층 전력을 차단했다. 본회의장은 3층에 있었다. 단전은 5분 48초 동안 지속되었다. 국회 사무처 직원이 비상계엄해제 결의안이 가결되었음을 고지하자 이들은 차단기를 다시 올린 뒤 철수했다.

새벽 0시 28분, 김용현은 곽종근에게, 곽종근은 이상현 1공수 여단장에게 민주당사로 출동할 것을 지시했다. 특수전 병력 112명은 4일 새벽 0시 56분께 국회의사당 맞은편에 있는 민주당 중앙당사로 출발했다. 새벽 2시 35분까지 당산역 근처에서 대기했다가 철수했다. 3공수여단은 전시 계엄지휘소로 예정된 경기 과천 B1 벙커로 출동했다. 유사시 북한 지휘부 제거를 주 임무로 해 '참수 부대'라 불리는 특전사 13특임여단은 작전 대기를 하고 있었다. 특전사는 이날 6개 지역으로 1,139명이 출동했다가 4일 새벽 4시 30분경 복귀를 완료했다. 윤석열의 2차, 3차 계엄에 대비해 대기했던 것으로 보인다.

이진우와 조성현, 누가 진짜 군인인가

윤석열은 TV로 국회 상황을 지켜보면서 전체 상황을 지휘했다. 사실상의 계엄사령관이었다. 이진우 수도방위사령관에게 수시로 전화해 독려했다. 입에 침이 마르고 있었다. "아직도 (국회에) 못 들어갔냐", "본회의장으로 가서 4명이 1명씩 들쳐업고 나오라고 해", "문 부수고 들어가서 끌어내라", "총을 쏴서라도 문을 부수고 들어가서 끌어내라"며 구체적으로 국회를 장악하라고 지시했다.

국회의원들을 모두 제압하라는 윤석열의 명령은 국회에서 계엄해제 요구안이 가결된 이후에도 계속됐다. 12월 4일 새벽 1시 3분께 이진우에게 전화해 "국회의원이 190명이 들어왔다는데 실제로 190명이 들어왔다는 것은 확인도 안 되는 것"이라고 큰 소리로 말했다. 그는 "해제됐다 하더라도 내가 2번, 3번 계엄령 선포하면 되는 거니까 계속 진행해"라고 지시했다. 이 정도면 이성이 마비되었다고 볼 수 있다. 윤석열은 헌법재판소에서 자신이 그런 말을 한 적이 없다며 거짓이라고 부정했다. 이진우는 검찰에서 시인하는 취지로 했던 진술을 헌법재판소에서는 형사재판 중이라 답변이 제한된다며 피해 나갔다.

계엄의 밤에서 가장 주목되는 인물 중 하나가 학군 출신 조성현 수도방위사령부 제1경비단장(대령)이다. 조성현 대령은 12월 3일 오후 6시쯤 퇴근해서 휴식을 취하고 있었다. 이진우가 밤 9시 48분, 밤 10시 5분, 밤 10시 24분 계속해서 전화를 했다. "상황이 있는 것 같으니, 수호신 TF(대테러 특수임무 TF)를 소집하고, 사령부로 들어오라"며 전 간부를 모으라는 지시였다.

이진우의 명령에 따라, 3일 밤 10시 53분 제1경비단 소속 136명에게 국회 출동을 지시했고 이 중 38명이 밤 11시 40분경에 국회 경내에 진입했다. 4일 새벽 수방사 산하 군사경찰단도 76명이 출동해서 그중에 선두가 4일 새벽 0시 4분에 국회에 도착했다. 조성현은 비상계엄과 국회가 어떤 관계인 건지, 상황 파악이 되지 않았다. 국회에 시민들이 많이 몰렸다는 보고를 듣고, 출동한 경비단에게 '첫째는 시민 안전 확보에 중점을 두고 민간인과 접촉이나 충돌을 주의하라. 두 번째는 민간인과 충돌 우려가 있으면 보고하라. 세 번째는 가지고 간 총기는 다 차량에 두고 방탄 헬멧과 방탄복만 착용하라'고 지시했다.

이진우는 조성현에게 '경찰의 협조를 받아 국회 울타리 내부로 진입해, 국회 본청에 출입하는 인원을 통제하라'고 지시했다. 김용현,

이진우는 양재웅 국회협력단장에게 7번이나 전화를 걸어 길 안내를 부탁했으나, 양재웅은 협력하지 않았다. 4일 새벽 0시 23분 이후 출동병력 일부가 국회 담을 넘었으나 그 안에도 국회의원 보좌진 등이 너무 많아서 상황을 장악할 역량이 되지 않았다. 조성현은 적극적으로 군사 작전을 전개하지 않고 대치를 피하는 것이 현명하다고 보고 의사당 뒤편 충전소 인근에 모여 차량 안에서 대기하도록 했다. 국회로 이동 중이던 후속 부대에게는 서강대교를 넘지 말고 기다릴 것을 지시했다.

새벽 0시 40분경, 이진우가 조성현에게 전화를 했다. '국회 본청 내부로 진입해 국회의원을 외부로 끌어내라'는 명령이 떨어졌다. '알겠다'고 답을 했으나, 부하에게는 하달하지 않았다. 5분쯤 지나, 이진우에게 "단독으로 할 수 있는 작전이 아니다. 특전사령관과 소통해달라"고 재고를 요청했다. 조성현의 건의를 받고 이진우는 "너희는 들어갈 필요 없다. 이미 특전사가 국회 본청 내부로 진입했으니, 너희는 외부에서 지원하라"고 명령하면서, 국회의원을 끌어내라는 지시를 철회했다.

조성현은 탄핵심판정과 형사법정에서 이진우에게 받은 명령을 사실대로 진술했다. 윤석열 측이 의인 행세를 한다고 인신공격성 질의를 하자 "그것이 사실이기 때문에 진술했다"며, "나는 의인이 아니다. 내가 거짓말을 해도 내 부하들은 다 알고 있다. 그렇기 때문에 나는 일체 거짓말을 할 수도 없고 해서도 안 된다고 생각한다"고 답했다. 조성현은 더 하고 싶은 말이 있느냐는 검사의 질문에 "사후적이지만 우리가 잘못한 부분이 분명히 있었다는 걸 뼈아프게 느끼고 반성하고 있다. 나의 미성숙한 판단 때문에 부대를 위태롭게 한 부분에 대해 말할 수 없는 책임감을 통감한다. 부하들에게 피해가 갈까 봐 그것이 걱정이다"라고 답했다.

오상배 대위, 윤석열에 배신감 느꼈다

이진우가 윤석열의 지시를 그대로 옮긴 것에 대해서는 1990년생 이진우의 부관 오상배 대위가 형사 법정에서 자세하게 진술했다. 그는 윤석열의 행동이 법리적으로 옳았다고 믿었고, 그래서 당연히 사실대로 말하고 책임을 질 것이라고 기대했다. 그러나 윤석열과 그의 변호사 석동현이 체포의 체 자도 꺼내지 않았다고 하는 것에 크게 실망했다. 그래서 형사 법정에서 자신이 직접 듣고 목격한 네 번의 통화 내용을 복기했다. 통화록 요약은 《오마이뉴스》에서 전재했다. ["너네는 계속해" 수방사령관 부관이 증언한, 그날 윤석열의 전화 네 번, 《오마이뉴스》]

> **1차 통화**
> 이진우 사령관이 김용현 장관과 통화 중이어서 전화기를 저한테 줘서 받으라고 했는데 안보폰에 '대통령님'이라고 떠 있었다. 제가 '대통령님이다'라고 돌려드려서 (사령관이) 대통령과 통화한다고 명확히 인식하고 있었다. 그때쯤 막 수방사 병력이 국회로 도착했고, 모든 문이 다 막혀 있어서 피고인께서 '상황이 어떠냐' 물어보셨고, 이진우 사령관은 '다 막혀 있는데 담을 넘어서 들어가라고 했다'는 취지의 보고를 한 것으로 기억한다.

2차 통화

(군이) 계속 못 들어가고 있는 상황이었고, 또 상황을 묻는 그런 통화였다. 이진우 사령관이 '국회 본관 앞까지는 병력이 갔는데 막혀서 못 들어가고 있다'는 취지의 보고를 했고, (대통령이) '네 명에서 한 명씩 들쳐 업고 나와라'는 취지로 지시했던 것으로 기억한다. 병력이 들어가서 본회의장 안에 있는 사람을 가마 태워서 데리고 나오는 그런 이미지로 연상됐다. '그럴 수 있나'라는 생각을 했고, 그냥 '포고령이 발령됐기 때문에 그럴 수 있나 보다. (대통령이) 법률가시니까 법리적으로 가능한 건가보다' 생각했다.

3차 통화

또 '아직도 못 들어갔냐'는 취지의 얘기를 피고인께서 하셨고, 이진우 사령관은 '본회의장 앞까진 갔는데 사람이 너무 많아서 문에 접근할 수 없다'고 했고, 피고인은 '총을 쏴서라도 문을 부수고 들어가라'는 취지로 말씀하신 것으로 기억한다.
오상배는 윤석열이 총을 쏴서라도 문을 부수고 들어가서 끌어내라는 취지로 얘기하자, 이진우가 충격을 받은 듯 대답을 안 했고, 윤석열이 서너 번 대답을 강요하듯 어, 어, 이런 식으로 얘기해서, 이진우가 대답을 안 하다가 작은 목소리로 예라고 대답했다고 했다.

4차 통화

거의 계엄 해제 결의안 통과되고 5분 내에 통화가 있었던 것 같다. 조각조각 기억이 나는데, 제일 먼저 기억 나는 것은 (대통령이 사령관에게) '지금 190명이 들어와서 의결했다는데 실제로 190명이 왔는지는 확인 안 되는 거니까 계속해라'는 취지다. 두 번째는 '그러니까 내가 선포하기 전에 병력을 미리 움직여야 한다고 했는데 다들 반대해서 일이 뜻대로 안 풀렸다'라는 취지로 얘기했던 것 같고. '결의안이 통과됐다고 해도 내가 두 번, 세 번 계엄 하면 되니까 너네는 계속해라'는 취지로 얘기했던 것으로 기억한다.

여인형의 중앙선관위 서버 탈취를 막은 윤비나 대령

여인형은 3일 밤 10시 45분경 방첩사 전 부대원 비상소집령을 하달했다. 여인형 지시로 방첩수사단장, 1처장 통제하에 164명이 출동했다. 국회에는 방첩수사단장 통제하에 10개 팀 49명이, 선관위 및 여론조사 꽃은 4개 팀 115명이 투입되었다.

여인형은 정성우 방첩사 1처장에게 "전산센터 통제, 서버 커피, 어려우면 서버 자체를 떼어 오라"고 지시했다. 정성우 방첩사 1처장은 밤 11시 50분 "사령관님 지시로 너희들은 내 지시를 받는다. 장관님께서 지시에 따르지 않으면 항명죄로 조치한다"며 100명의 대원을 4개 팀으로 나누어 과천 중앙선관위, 관악 중앙선관위, 수원 선관위 연수원, 여론조사 꽃 등에 파견했다. 하지만 영장이 발부되었는지, 포고령에 따른 압수수색이 가능한지 등에 대한 자체 논의가 있었다.

법무관 7명에게 선관위 서버 복사 및 반출에 대해 위법한 행위인지 물었다. 윤비나 방첩사령부 법무실장과 7명의 법무관은 "기본적인 법적 절차도 준수하지 않는 명령"이라고 입을 모으며 강력히 반대했다. 정성우 1처장은 대원들에게 선관위에서 최대한 멀리 떨어져 있으라고 지시했다. 선관위 서버 확보 임무를 맡은 송제영 대령은 부대원들을 인근 편의점에서 대기하도록 했다.

윤비나 대령은 국회 국방위에서 "적법한 절차에 따라 이뤄져야 한다는 게 주요 이유였다", "포고령 발령 전의 행위로 압수 등 수사를 해서는 안 된다", "압수 절차 등을 위해서는 최소한 범죄 혐의를 특정해 정식 입건해야 한다"라고 발언했다. 박범계 민주당 의원은 윤비나 대령을 포함해 불법적인 지휘명령에 반대한 7명의 법무장교에게 "기관 내 정직하고 정의로운 직원에 대해서 경의를 표한다"고 칭찬했다.

그 결과 과천청사 인원들은 선바위역 인근에서, 관악청사 인원들은 사당역 인근에서, 수원연수원 인원들은 의왕휴게소에서, 여론조사 꽃 인원들은 잠수교 인근에서 대기하다가 4일 새벽 1시 40분경부터 복귀하여 3시 18분에 모두 귀대했다.

조지호 경찰청장, 국회 봉쇄 지휘

윤석열은 '2200 국회, 2230 민주당사' 등의 메모가 적힌 지시서를 조지호 경찰청장과 김봉식 서울경찰청장에게 식사 자리에서 교부했다. 윤석열은 종북세력을 처단해야 한다는 취지로 계엄선포 계획을 말했다. 윤석열과 저녁 식사를 하고 돌아온 조지호와 김봉식이 필요한 조치를 논의했다.

논의 결과 국회 출입을 전면 차단하기로 결정했다. 목현태 국회경비대장은 밤 10시 30분경부터 국회의원의 의사당 진입을 통제했다. 김봉식은 10시 46분 서울청 경비안전계장에게 국회를 전면 차단할 것을 지시했다. 30개 기동대가 동원되었다. 10시 48분 국회 출입이 전면 차단되었다. 밤 10시 55분 국회경비대는 의사당으로 진입하는 모든 출입문을 봉쇄하고 5미터 간격으로 병력을 배치했다. 몸싸움이 벌어졌다. 국회의원에 한해서 일시 통로를 열어주었다. 밤 11시 38분 경찰이 국회 출입을 다시 전면 통제했다.

윤석열은 조지호 경찰청장에게 전화해 "국회 들어가려는 국회의원들 다 체포해. 잡아들여. 불법이야. 국회의원들 다 포고령 위반이야. 체포해"라고 명령했다. 조지호는 검찰 조사에서 "대통령이 굉장히 다급하다고 느꼈다. 그 뒤에 다섯 번의 통화 역시 같은 내용이었고, 여러 번 전화에서도 똑같은 내용과 톤으로만 지시했다"고 진술했다.

밤 11시 41분경 서울경찰청 공공안전차장은 경찰청 경비국장에게 "국회의원의 출입까지 전면 차단하는 것은 헌법 77조에 맞지 않는다"며 재고를 요청했다. 조지호는 "포고령을 따르지 않으면 우리들이 다 체포된다"며 지시대로 이행할 것을 명했다고 공소장에 적시되어 있다. 조지호 자신은 윤석열의 명령을 거부했다고 각종 진술에서 주장했다.

10시 41분 박찬대 민주당 원내대표가 민주당 국회의원들에게 국회로 집결하라고 지시했다. 10시 40분에는 우원식 국회의장이 공관을 나와 국회로 향했다. 우원식 의장은 밤 11시쯤 "모든 국회의원은 지금 즉시 본회의장으로 모여달라"고 공지했다.

 윤석열은 국회에서 계엄 해제를 의결한 후 두 차례 더 조지호 청장에게 전화를 걸었다. 봉쇄 해제 지시를 하지는 않았다. 12월 4일 새벽 5시 마지막 통화에서 윤석열이 "조 청장"이라고 하자 조지호는 "죄송하다"고 했다. 윤석열은 "아니야, 수고했어. 덕분에 빨리 끝났어"하고 전화를 끊었다. 조지호는 "뼈가 있는 말이라고 생각했다"고 한 것으로 알려졌다. 경찰이 제대로 봉쇄하지 않아 이렇게 됐다는 비아냥으로 들었다고 해석할 수 있는데, 헌법재판소 진술에서는 그런 말을 한 적이 없다고 부정했다.

 이렇게 계엄의 밤은 끝났다. 어김없이 새벽은 왔다. 12월 4일에는 12월 4일의 태양이 떠올랐다. 윤석열은 긴장과 초조로 밤을 꼬박 새웠다. 윤석열 정부가 무너지는 방아쇠가 된 명태균은 이날 숙면을 취했다. 명태균은 11월 15일에 구속수감되어 12월 3일에 기소되었다.

30장　　　이재명의 유튜브, 한동훈의 선택

12월 3일 밤 국회의원들은 윤석열의 초현실 같은 계엄 선포를 접하고 믿어지지 않았다. 현실 같지 않았다. 민주당과 국민의힘, 조국혁신당 SNS 단체방에는 긴장된 순간의 숨소리가 그대로 담겨 있다. 그 자체가 역사 기록물이다. 3개의 단톡방을 통해서 그날을 재현한다.

국회의원은 당선되면 선서하게 된다. 임기 첫 국회 개원식에서 모두 일어나 국회법 24조에 따른 선서를 한다.

"나는 헌법을 준수하고 국민의 자유와 복리의 증진 및 조국의 평화적 통일을 위하여 노력하며, 국가 이익을 우선으로 하여 국회의원의 직무를 양심에 따라 성실히 수행할 것을 국민 앞에 엄숙히 선서합니다."

12월 3일 밤 10시 25분에 계엄이 선포되었다. 12월 4일 오전 0시 30분께 국회 본회의장에 계엄 해제를 요구할 수 있는 의원 정족수(재적 과반수 150명)가 모였다. 그리고 12월 24일 새벽 1시 1분께, 계엄 해제를 요구하는 결의안을 190명 출석에 190명 전원 찬성으로 의결했다. 이런 비상 상황하에서 상황을 파악하는 본능, 자칫하면 사선이 될 수 있는 국회의 벽을 넘어서는 용기를 보여준 190명의 국회의원이 있었다.

민주당은 그들이 있어야 할 곳을 직감적으로 알았다. 헌법과 국민이 국회의원에게 부여한 권한을 행사할 수 있는 곳은 국회이다. 반면에 국민의힘은 당사를 선택했다. 당사에서는 의결을 할 수 없다. 당사는 자신들만 보호하는 거처가 될 수 있다. 계엄군이 여당 의원을 식별하기에 더없이 좋은 장소이다. 국민을 보호하는 장소는 되지 못한다.

12월 3일 밤 11시부로(언론 공개는 문자메시지를 통해 11시 23분) 공포된 계엄포고령 1호는 명백하게 국회를 겨냥하고 있었다. 포고령 제1호의 첫 번째 조항은 '국회와 지방의회, 정당의 활동과 정치적 결사 집회 시위 등 일체의 정치 활동을 금한다'라고 규정하고 있다.

군사정권하에서는 독재자가 마음만 먹으면 국회를 해산할 수 있었다. 영구집권을 꾀한 1972년 10월 유신에서는 '대통령은 국회를 해산할 수 있다'는 조항(제59조 1항)이 들어갔다. 대통령이 국회의원의 3분의 1을 사실상 전국구(비례대표) 의원으로 지명할 수 있는데도 해산권을 두었다. 전두환의 1980년 10월 헌법에는 '대통령은 국가의 안정 또는 국민 전체의 이익을 위하여 필요하다고 판단할 상당한 이유가 있을 때에는 국회의장의 자문 및 국무회의의 심의를 거친 후 그 사유를 명시하여 국회를 해산할 수 있다'는 조항(제57조 1항)이 있었다. 국회의장은 전두환의 자문을 수용하는 통로였다. 요식 절차일 뿐이다.

1987년 6월항쟁의 결과물인 9차 개헌을 통해 사실상 국회 해산을 불가능하게 했다. 아울러 국회가 재적의원 과반수의 찬성으로 계엄 해제를 요구하면 정부는 무조건 이를 받아들여야 한다. 독재자의 일탈을 국회가 견제할 수 있게 만들어 놓은 장치이다. 윤석열의 계엄 구상은 1단계로 국회를 봉쇄하여 계엄 해제를 막고 2단계로 국회와 정당의 주요 인사들을 검거하여 기능을 무력화시킨 다음에 3단계로 국회를 대체하는 기구를 만들어 개헌을 하려는 구상을 갖고 있었던 것으로 보인다. 그런데 190명의 국회의원들이 국회 사무처 직원, 국회의원 보좌진 그리고 시민들의 지원을 받아 곧바로 계엄을 해제했다. 이는 세계 민주주의 역사상 전례가 없는 일이다.

커트 캠벨 미 국무부 부장관은 '한국의 민주주의와 회복력, 국민의 의지가 매우 분명히 표현된 데 깊은 인상을 받았다'라고 했다. 역사적 상처와 현재성에 대해 계속해서 발언해온 한강 작가는 노벨문학상 수상 기념 강연에서 자신의 체험을 담담하게 이야기했다. 어린 시절 광주 학살을 간접 경험한 그는 20대 이후 "과거가 현재를 도울 수 있는가?", "죽은 자가 산 자를 살릴 수 있는가?"라는 질문을 가슴에 품었다고 한다. 시민들이 함께 기적을 만든 '계엄의 밤'과 그 이후 과정은 한강 작가의 오랜 고민에 대한 답이기도 했다. 그날 12월 3일 이후 죽은 자가 산 자를 살리고, 과거가 현재를 도울 수 있다는 것이 입증되었다. 광주의 기억이 있었기에 민주주의로 성장하고 훈련된 국민과 '국민의 대표'들이 막아섰다. 이날 그들의 헌신적인 노력이 없었다면 수많은 국민이 피를 흘렸을 수 있다.

첫 번째 기록물. 민주당 단체대화방(MBC 보도)

민주당 국회의원 단체방에 제1보가 떴다.

천준호	특보 윤석열 긴급 발표	10:27
천준호	계엄 선포	10:27
김성회	비상계엄 선포	10:28
허 영	뭡니까?	10:28
김성회	반국가 세력 척결. 국가 정상화	10:28

윤석열이 10시 25분 방송을 통해 5분간 담화문을 읽어나갔다. 계엄 선포와 거의 같은 시간에 국회로 결집하자는 제안이 떴다. 아직 포고령 1호가 발표되기 전이다. 이재명 대표는 10시 29분에 최고위원 단체방에 '국회로' 세 글자를 남겼다. 비슷한 시각, 민주당 의원 단체방에도 '국회로' 모이자는 의견이 속속 올라왔다.

천준호	지금 국회로 모여야 합니다	10:28
최민희	어떻게 해야 하죠? 뭐죠?	10:28
김성회	(유튜브 라이브 링크 공유)	10:29
강유정	일단 모두 국회로 와야	10:29
강유정	하지 않을까요?	10:29
최민희	갑니다	10:30

허종식	국회로 모입시다. 술먹은 얼굴인데—이게 무슨 비상계엄?	10:30
최민희	원내에서 지침을 내려주세요	10:30
김용민	바로 국회로 모여야 합니다	10:30
김준혁	지금 국회로 가겠습니다	10:30
권향엽	비상계엄 선포	10:30
박상혁	모입시다	10:30
복기왕	국회로 가겠습니다	10:30
권향엽	국회에 모입시다	10:31
김영진	국회로 모입시다	10:31

김영진 의원은 2024년 8월부터 여러 차례 계엄이 대비한 국회 테스크포스의 시뮬레이션 회의에 참여해왔다. 그래서 김민기 국회 사무총장과 통화하고 단체대화방에서 바로 국회로 모이자고 반복해서 제안한다.

백혜련	정말 미쳤네요	10:31
김영진	지금. 바로	10:31
정진욱	국회로 모입시다	10:31
이해식	네 전원 국회로 모입시다	10:32
진성준	국회로 모입시다	10:32
최민희	원내 지침을	10:32
최민희	지도부 지침을!	10:32

최민희	국회로 갑니다	10:32
강유정	일단 국회 와야 합니다	10:33
정진욱	지도부 지켜야 합니다	10:33
위성곤	국회로 모입시다	10:33
신정훈	미쳤네요. 대표님은?	10:33
복기왕	지도부는 모일 장소를 정해주세요	10:34
박민규	국회로 출발합니다…	10:34
박정현	어디로 가면 될까요?	10:34
최민희	이재명 대표님은 누구와 있나요?	10:35
최민희	박찬대 대표는요?	10:35
김문수	모입시다	10:35

밤 10시 30분부터 서울경찰청이 국회 주변에 5개 기동대를 배치했다.

허종식	대표님 원내대표 등 지도부는 안전해야 합니다	10:36
김원이	국회로 갑니다	10:37
위성곤	국회 본청 본회의장에 모여야겠습니다	10:37
김영배	국회로 갑니다	10:37
천준호	보좌진도 다 국회로 모여야 합니다	10:37
김한규	헌법 제77조 ④ 계엄을 선포한 때에는 대통령은 지체 없이 국회에 통고하여야 한다 ⑤ 국회가 재적의원 과반수의	

> 찬성으로 계엄의 해제를 요구한 때에는 대통령은 이를 해제하여야 한다.

국회의원이 해야 할 헌법적 근거가 공유되었다.

> 강유정　본회의장입니다　　　　　　　　　　　　10:39
> 황명선　국회로 즉시 갑니다　　　　　　　　　　10:39
> 이용우　국회 갑니다　　　　　　　　　　　　　10:40
> 김영진　의장님. 국회로 바로 오셔야. 출발하신다고 합니다　10:40

계엄해제를 의결할 수 있는 사회권을 가진 국회의장의 안전과 행방이 중요했다. 의장의 행선지가 알려지면서 국회 본회의장 집결에 확신이 섰다.

> 김용만　국회에서 뵙겠습니다　　　　　　　　　　10:40
> 백승아　저는 방금 원주 도착해서 도착하려면 한 시간 반이 　10:40
> 　　　　걸립니다. 바로 출발하겠습니다

정기국회는 매년 9월 1일에 시작하여 12월 10일까지 열리게 되어 있다. 12월 2일은 예산안 처리 법정시한이다. 12월 10일까지는 회기 중이라 원거리 지방의원들이 대부분 서울 숙소에 머물고 있어서 이동이 편했다. 경기, 강원 지역 의원들도 한 시간 반이면 대부분 도착할 수 있었다.

이수진	국회로 가겠습니다	10:40
박성준	국회의사당으로 모여야 합니다	10:40
김남희	의사당으로 가겠습니다	10:41
권향엽	본청으로 모입시다	10:41

박찬대 원내대표가 밤 10시 41분에 국회로 모이라고 공지를 했다. 10시 28분 계엄이 선포된 지 13분 만의 발 빠른 대응이다.

박찬대	긴급상황입니다. 의원님 모두 국회로 집결해주십시오	10:41
소병훈	국회로 즉시 갑니다	10:41
권향엽	군 동원도 할 수 있는 상태입니다	10:41
최민희	군 동향이 파악되나요?	10:41
박선원	707특임대 휴대폰 회수	10:42

국정원 출신인 박선원 의원이 발 빠르게 정보를 입수했다. 국회에 투입될 주력부대인 707특임대의 휴대폰 회수 명령이 떨어졌다는 것이다. 거의 실시간 정보이다. 의원들은 707특임대가 움직인다는 것에 진짜 계엄을 실감했을 것이다. 실제 상황인 것이다. 민주당 의원의 대부분은 1980년 5월 광주민주화항쟁을 직접 경험하지는 않았지

만 젊은 시절의 세대 기억으로 갖고 있는 세대이다.

박해철	안산 출발입니다	10:53
이건태	출입통제를 하지 않고 있다면 이때 신속히 전원 국회에 들어가야 합니다. 의장님, 부의장님 소재 보안에 부치고 따로따로 움직여서 국회에 오셔야 합니다	10:53
권향엽	본회의장 바로 문 열도록 조치하고, 당 대표님께서는 군 움직이지 말라는 긴급 메시지 내셔야 합니다	10:53
김성회	국회사무처 확인 결과 1050 현재 국회 출입 가능 영등포경찰서, 국회경비대 별도 연락 받은 것 없는 것으로 방호과 통화 확인	10:54

김성회 의원이 출입 가능하다고 한 그 시간부터(10시 50분) 국회의 모든 출입구를 경찰이 폐쇄했다. 국회가 완전 통제·봉쇄되어 있는 지가 관건이었다. 권향엽, 김성회 의원은 국회에서 오랜 기간 동안 근무를 한 바 있어서 계속하여 즉각적인 대응 방안을 제시했다. 사실 이때는 누구도 전체 그림을 그릴 수 없다. 불시에 당했기에 계엄군의 규모와 작전을 파악할 수 없다. 그냥 사지에 들어가는 것이지만 거기가 자신이 있어야 할 곳이라고 생각하고 가는 것뿐이다. 그런 상황에서도 오랜 경험 속에서 대응 매뉴얼을 만들고 공유하고 있었다.

이건태	국회를 막고 있다면 플랜B 마련해야	10:58
임호선	당사로 모여야 할 듯합니다	10:58
강유정	정문은요?	10:58
박찬대	모두 일단 잡히지 않게 조심하세요	10:59
강유정	해제하려면 국회 가야 합니다	10:59
전용기	본회의장으로 가야 합니다	10:59

국회경비대가 정문을 막아섰다. 국회경비대는 원래 국회를 지키는 임무를 부여받은 곳인데, 국회의원의 출입을 통제했다. 서울경찰청 소속으로 계엄의 경찰 투톱 중의 하나인 김봉식 서울청장의 지시를 이행하고 있었다. 김민기 국회 사무총장의 항의로 일시적으로 문을 열기도 했지만 문마다 상황은 달랐다.

강선우	(국회 앞 사진) 정문 막혔습니다	10:59
송재봉	국회에 들어갈 수가 없습니다	11:00
김용민	한곳에 모여서 뚫고 들어가야 하지 않을까요	11:00
최민희	당사로	11:00
최민희	일단	11:00
박찬대	저는 일단 담을 넘어 국회로 들어왔습니다	11:00

이때부터 월담이 혈로가 되었다. 국회 담장 높이는 1미터 높이이다. 5개 기동대가 국회를 둘러가며 차벽을 치고 막기 시작했을 때이다.

아직 경비가 허술한 곳을 골라서 월담이 시작되었다. 박찬대 원내대표의 월담 소식이 알려지면서 "넘기에는 어느 담이 좋은가" "2문과 3문 사이에 경찰 병력 경계가 허술하다" 등의 정보가 공유되었다.

정진욱	옆문도 막았습니다	11:00
정진욱	저도 담으로 들어갑니다	11:00
강선우	지금 아무데도 못 들어갑니다	11:00
권향엽	서문도 막았습니다	11:00
최민희	어느 담이요?	11:01
권향엽	최대한 들어 오셔야 합니다	11:01
이건태	담을 넘을 수가 있으면 국회로 들어가고 이게 안 된다면 당사로 모여야 하는데, 당사도 막고 있을 수 있습니다	11:01
신정훈	의원님들은 담을 넘어 들어오시오	11:07
강유정	수소 충전소로 전 담 넘었습니다. 여기 가능요	11:07
박정현	담 넘어 들어오셔야 합니다	11:07
위성곤	문을 열고 올 수는 없습니다. 국회경비대가 서울청 소속이라 국회가 컨트롤 불능. 담을 넘어요. 한강변 쪽으로	11:07
주철현	울타리 넘어 오세요	11:07
위성곤	본회의장으로 집결해 주십시오	11:07

우원식 국회의장은 11시 6분 담을 넘어서 국회의사당 5층 안전한 곳으로 자리를 잡았다(다음 31장으로 이어진다).

이재명, 국민이 이 자리를 지켜주셔야 합니다

10시 29분에 국회로 모이자고 한 이재명 대표도 부인 김혜경 씨가 운전하는 차를 타고 국회로 향했다. 10시 56분 이재명의 유튜브 방송이 시작되었다.

"국회로 와주십시오. 늦은 시간이긴 하지만 국민이 이 자리를 지켜주셔야 합니다."

그 당시에 이재명의 유튜브 채널 구독자는 107만 명 정도였는데 조회수가 240만 회를 돌파했다. 윤석열의 계엄 포고가 있고 난 후에 국민의 시선은 민주당으로, 그리고 민주당 내에서도 이재명으로 향하고 있음을 알 수 있다.

김성회 민주당 의원도 유튜브 방송을 했다. "지금 국회 담벼락은 문을 다 봉쇄한 거 같습니다. 밖에선 고성을 지르고 있고 저는 대중교통으로 담치기를 해서 국회 본회의장으로 들어가고 있는 중입니다." 방송에는 민주당 의원들이 당혹스러워하며 급하게 국회 본회의장으로 들어오는 모습이 생생하게 담겼다.

1980년 5월 27일. 광주는 완전히 고립되어 있었다. 새벽 3시, 탱크를 앞세운 계엄군들이 시내로 진입하기 시작했고, 새벽 4시 도청 주변은 완전히 포위되어 있었다.

"광주 시민 여러분, 지금 계엄군들이 쳐들어오고 있습니다. 사랑하는 우리 형제, 자매들이 계엄군의 총칼에 죽어가고 있습니다. 우리는 광주를 사수할 것입니다. 시민 여러분, 우리를 잊지 말아주십시오."

당시 유아교육과 대학생이던 박영순은 5월 21일 가두방송을 해달라는 시민군의 부탁을 받고 매일 밤 방송에 나섰다. 박영순의 밤샘 가두방송은 집안에서 소등하고 숨을 죽이며 총소리를 듣고 있던 광주시민들에게는 극한의 슬픔이었다. 눈물을 참을 수 없었다. 박영순의 이야기는 나중에 영화 〈화려한 외출〉의 엔딩신으로 만들어졌다.

이재명은 이 장면을 생각하고 유튜브 방송을 시작했다고 한다. 그리고는 방송을 킨 채 월담을 했다. 핸드폰의 카메라는 발걸음에 따라 걸어가는 길바닥을 불안하게 비추고 있었다. 매우 긴박한 상황임을 알 수 있다. 부인이 따라가면서 걱정하는 소리도 담겼다. 부인이 찍어준 사진을 보면 11시 6분 월담을 했다.

이재명은 경찰을 피해 "고개 숙이고 지나가다가 갑자기 담을 넘었다. 경찰이 잠깐 안 보이는 것 같아서 얼른 담을 넘었다"고 말했다. 국회에 있는 당 대표실로 가면 체포될 수도 있다고 판단해서 의사당 옆쪽의 숲에 숨어 있었다고 한다. 거기서 한준호 의원을 만나 일단 의원회관으로 가서 몸을 숨겼다. 그리고 자신이 잡힐 경우 다음 민주당 지휘자는 누구냐 하는 순서를 정했다. 계속해서 체포자가 생길 수 있기 때문에 최고위원 선출직 당선 순위, 원내대표, 최고위원 지명직, 다음에 사무총장 등 당헌대로 계획을 세우고 공유했다.

두 번째 기록물. 조국혁신당 단체대화방

윤석열의 남은 임기를 겨냥해 '3년은 너무 길다'는 말을 유행시켰던 조국혁신당의 움직임도 기민했다. 황준하 원내대표가 텔레그램 단체방 대화창을 공개했다. 신장식 의원이 10시 28분에 1보를 띄웠다.

신장식	지금 대통령이 계엄을 선포했다	22:28
정춘생	미쳤나봐요	22:29
신장식	미쳤습니다	22:29
이해민	저희 행동강령 있나요	22:30
황현선	댁에서 나와 계시거나 의회에 계시는 게 어떨까 싶습니다	22:30
정춘생	국회의장을 감금하면 계엄 해제 의결을 못해요	22:32
신장식	그러니까 국회에 모여 있어야 합니다	22:32
김선민	가겠습니다	22:33
이해민	넵	22:34
조 국	국회로 갑니다	22:47
김준형	저도 가고 있습니다	22:49
강경숙	(*헌법 관련 조항을 인용해 올림)	
황운하	일단 국회 본청으로 집결해주세요	22:56
이해민	들어갈 수 있나요. 못 들어가게 되면 우리 당 의원들이 모여 있으면 좋겠습니다. 알려주세요	22:57
서왕진	국회로 일단 갑니다	23:07
강경숙	과반수 모여야 하는데. 차가 시내에서 잡히지 않아요	23:07
차규근	의장님과 금방 국회 왔습니다. 월담해서 들어왔습니다. 본회의장으로 오셔야	23:08

우원식 의장은 11시 6분 국회 담을 넘었고, 차규근 의원은 2분 후에 메시지를 올렸다. 긴박한 순간들이었다.

> 정춘생　지금은 신분증 제시하고 신분 확인되면 들어올 수 있지만　23:24
> 좀 이따 군병력 투입되면 어려울 수도 있다(*정춘생 의원은
> 민주당의 국회 원내직에 오래 있어서 국회 상황을 꿰뚫어
> 볼 수 있었다)
> 이해민　야간 투시경, 정전 막아야 합니다. 정전 막아주세요.　00:57

세 번째 기록물. 국민의힘 단체대화방[TV조선]

국민의힘 단톡방은 한마디로 우왕좌왕하는 모습을 보였다. 당 대표인 한동훈과 원내 대표인 추경호의 지시가 엇박자가 났다. 의원들은 개인적 결단을 하지 않고 의총을 소집하자는 기회주의적인 태도를 보였다.

> 박수영　비상계엄 선포　22:29
> 조승환　저도 특보 봤습니다　22:31
> 김소희　민주당은 바로 국회 소집한다는데. 우리는 어찌해야 할까요?　22:45
> 권영세　그러게. 비상으로 국회 해산이라도 하겠단 건가?　22:46

2부　국민이 만든 '빛의 혁명'

후에 비상대책위원장이 된 권영세 의원은 이렇게 남 일 이야기하듯이 질문을 올렸다.

> 박수영 (*'헌법 77조' 계엄 관련 조문 공유) 22:49
> "대통령의 비상계엄 선포는 잘못된 것입니다. 국민과 함께 막겠습니다. - 당대표 한동훈" (*한동훈 대표 당 공지 공유)

한동훈의 첫 번째 입장이 알려졌다. 한동훈은 의원이 아니라서 단체방에 직접 글을 올릴 수가 없었다. 의원들은 이에 따르겠다고 대답하지 않았다. 긴박한 역사적 순간에 개인의 결단을 알리지 않고 의원총회를 통해서 당론을 모으자고 했다.

> 주진우 우리도 긴급의총 소집해야 할 사안 22:55
> 서지영 지도부에서 빠른 입장을 정리해주시기 바랍니다 22:56
> 조정훈 동의합니다 22:56
> 김소희 긴급의총 해야 합니다 22:56
> 김상욱 비상계엄을 저는 납득할 수 없습니다 22:58

국민의힘 소속 의원 중에서는 후에 대통령 탄핵안 표결에 찬성한 김상욱 의원이 맨 먼저 반대의사를 밝혔다. 이어서 한동훈의 입장이 재차 공유되었다. 민주당과 조국혁신당은 당 대표의 입장 천명과 함께 일사불란하게 움직였는데 국민의힘은 그렇지 않았다.

> 박정하 "대통령의 비상계엄 선포는 잘못된 것입니다. 국민과 함께 22:58
> 막겠습니다. - 당대표 한동훈" (*한동훈 대표 당 공지 공유)

추경호 대표는 22:59에 원내행정국을 통해 국회에서 비상의총을 소집한다는 문자를 보냈다.

> 김용태　국회 입구를 국회 경비단이 막아 출입이 봉쇄됐다고 합니다. 22:59
> 　　　　지도부에서 빠르게 판단을 해주셔야 할 것 같습니다.
> 　　　　의원총회를 열어주십시오
> 김상욱　역사의 죄인이 되어서는 안 됩니다　　　　　　　22:59
> 김종양　정말 아쉽습니다. 이렇게 있어도 되는 것입니까?　23:00
> 송언석　비상의총은 언제 어디서 하는 건가요?　　　　　23:01
> 신성범　국회는 해산되는 건가요?　　　　　　　　　　　23:01
> 주진우　현재 국회 통제 중　　　　　　　　　　　　　　23:02
> 정연욱　긴급 의총 열어야 합니다　　　　　　　　　　　23:02
> 김용태　(*경찰이 통제중인 사진 공유)　　　　　　　　　23:02
> 김종양　일단 저는 국회로 갑니다　　　　　　　　　　　23:02

밤 10시 59분에 국회로 모이라는 문자를 보냈던 추경호 원내대표는 이때부터 의총 장소를 여러 차례 변경 공지한다. 평상시라면 국회의원들이 자유롭게 차량을 타고 이동할 수 있지만 경찰과 군인의 통제로 이동이 어려운 상황이었다. 3일 밤 10시 59분 국회, 밤 11시

9분 당사, 밤 11시 33분 국회 예결위 회의장, 밤 11시 49분 국회 예결위 회의장, 4일 새벽 0시 3분, 5분, 7분, 8분 당사 3층 등으로 공지했다. 11시 9분에 당사로 변경 공지를 한 것은 국회 통제 상황을 고려한 한동훈 대표측 요구를 수용했던 것이라고 해명했다. 11시 22분에 윤석열은 추경호에게 전화를 걸어 1분간 통화했다. 윤석열이 사전에 알리지 못한 것에 대해 이해를 구하고 협조를 구했을 것으로 보인다. 11시 33분 추경호는 한동훈과 함께 국회로 향했다. 그 후 두 명의 행보가 갈라졌다.

윤석열과 한 차례 통화한 추경호 대표는 4일 새벽 0시 29분 우원식 의장과의 전화 통화에서 의원들이 표결에 들어갈 수가 없으니 표결 시각을 미뤄달라고 했다. 우원식 의장이 상황이 긴박하다며 본회의를 1시 30분에 개의하자고 했다. 추경호는 시간을 더 달라고 했다. 우원식은 두 번째 통화에서 의결정족수도 확보됐고 상황이 위중하다며 개의 시간을 새벽 1시로 앞당기자고 했다.

앞서 3일 밤 11시 43분 무장한 계엄군이 헬기를 타고 국회 경내 진입을 시작했다. 4일 새벽 0시 35분 우원식 국회의장이 국회 본회의장 의장석에 착석했다. 0시 39분 계엄군이 국회 2층 국민의힘 정책위의장 사무실 유리창을 파손하고 국회 본청에 진입했다. 0시 40분 계엄군 50여 명, 추가로 국회 담장을 넘어 진입했다. 추경호 대표는 시간을 더 달라고 했다.

> 신성범   저는 국회로 출발. 이럴 때 의원이 위치해야 할 장소   23:03
>   대한민국 국회입니다

서범수	국회는 폐쇄되었다 합니다. 의원님들께서는 당사로 모이시죠	23:04
한지아	추경호 원내대표님 비상 계엄령 선포 관련하여 긴급의총을 소집 요청합니다	23:04
김은혜	의총 소집했습니다	23:04

한동훈의 입장이 또 공유되었다. 절박했으나 울림이 크지는 않았다.

주진우	(*한동훈 대표 입장 공유) "즉시 계엄을 해제해야 합니다. 지금 민주당은 담을 넘어서라도 국회에 들어가는 상황입니다. 계엄 해제 안에 반대하는 분 계시는지요? - 한동훈 당대표"	23:24
김미애	도서관 뒤쪽으로 출입 가능하답니다	23:44
배준영	차량은 통제할 경우 도보로 이용합니다. 의원 신분증 제시하십시오	23:44
박수영	(*현장 사진 올림)	23:44
서범수	의총장소는 예결위회의장입니다. 오시는 의원님은 의총장으로 와주십시오	23:47
송언석	국회 출입이 안 되는데…	23:47
김은혜	도서관 뒤는 되나요?	23:48
추경호 원내대표	(*문자공지 비상의총 장소 : 국회 예결위장)	23:49
한지아	도서관 쪽으로 신분증 갖고 오시면 됩니다	23:49

우재준	막히기 전에 빨리 와주셔야 할 것 같습니다	23:49
강대식	도서관 쪽도 안 됩니다	23:50
서지영	출입 가능한 문이 어디입니까	23:52
이양수	(*국회소집 문자 공유하며) 들어가지를 못하는데	23:53
우재준	담 넘어서라도 와주세요	23:54
서지영	출입증 찍는 곳이 가능한 모양입니다. 도서관앞 철문 출입증 찍는 쪽으로 저도 있습니다.	23:56

추경호는 당사로 방향을 틀었다. 의원들은 어디로 가야할지를 몰라 갈팡질팡했다.

조정훈	지금 추대표님과 소통했는데 들어가지 못하는 의원님들이 있어서 당사로 모이라고 하시네요	23:57
박수민	도서관 쪽 막힌 거 같습니다	23:57
김희정	국회 차 들어오는 문 신분증 확인 후 들어옴. 차는 못 들어오고 사람은 출입 가능	23:57
우재준	본회의장 휴게실로 와주세요	23:58
한지아	본회의장 휴게실로 와주세요	23:58
조승환	사람 출입도 안 되어 당사로 갑니다	00:00
김정재	김정재, 정점식, 김미애, 조정훈, 박성훈, 윤한홍 의원 국회 못 들어가 당사에 왔습니다. 권성동 대표님도 당사에 계십니다	00:01

추경호 원내대표	(*문자공지 비상의총 장소 재공지 : 당사 3층)	00:03
우재준	경찰이 적극적으로 막지 않습니다. 가능하신 분들은 담 넘어 와주세요	00:03
박수민	담 타고 진입했습니다	00:04
서명옥	담벼락 곳곳에 경찰 배치되어 담도 못 넘어요	00:04
조정훈	본청에 몇 분이나 계신지요?	00:04
박형수	메시지에 혼선이 있으면 안 됩니다, 추대표님께서 직접 말씀해주세요	00:04
김소희	맞아요. 경찰들 있어서 담도 못넘어가요ㅠ	00:04
추경호 원내대표	(*문자공지. 비상의총 장소 재공지 : 당사 3층)	00:05
추경호 원내대표	(*문자공지. 비상의총 장소 재공지 : 당사 3층)	00:07
추경호 원내대표	(*문자공지. 비상의총 장소 재공지 : 당사 3층)	00:08
김정재	박덕흠 이상휘 김도읍 나경원 정동만 박준태. 당사로 왔습니다	00:05
박대출	추경호 원내대표가 정리해주세요	00:05
한지아	군인들이 총을 갖고 국회 진입했습니다. 국회로 와주세요 의원님	00:05
서지영	못 들어갑니다	00:05
한지아	군인들 본청 들어오려고 합니다	00:05
김희정	집결장소 명확히 해주시길 바랍니다	00:05
이인선	(*배준영 공지 언급하며) 뭔가 혼선이 있네요	00:05
서지영	충전소 쪽도	00:05
한지아	집결장소는 국회 본회의장 휴게실입니다	00:06

이인선	비서실장이라도 메시지 주세요	00:06
서명옥	당사로 갑니다	00:06
김소희	처음에는 되다가 지금은 안 되는 상황 같아요	00:06

친한계 의원들만 반복해서 한동훈의 지시라며 본회의장으로 오라고 호소했다. 우재준, 박정하, 박정훈이 애절하게 문자를 보냈다.

우재준	대표님 지시 사항입니다. 본회의장 와주세요	00:06
우재준	방금 옆에서 보고 지시하셨습니다	00:07
박정하	국회 본회의장으로 무슨 수를 써서라도 와야 합니다	00:07
우재준	최대한 각자 방법을 써서라도 와주세요	00:07
조정훈	지금 당사에 약 18분 넘게 있습니다	00:07
박정훈	본회의장으로 오셔야 합니다	00:09
우재준	당대표 한동훈입니다. 본회의장으로 모두 모이십시오. 당대표 지시입니다	00:10
송언석	우여곡절 끝에 예결위회의장에 도착했습니다. 아무도 안 계시네요	00:10
우재준	본회의장입니다. 예결위 아니에요	00:11
박덕흠	중앙당사입니다	00:13
박정훈	대표님 본회의장에 들어와 계시고, 여기서 모여달라고 하십니다	00:14

결국 국민의힘 의원들 50여 명은 당사에서 TV로 공수부대가 진입하는 장면, 그리고 계엄 해제 요구안이 통과되는 것을 지켜보았다.

김소희	거길 들어갈 수가 없어요. 처음과 달리 경찰도 깔려서 담도 못 넘어가요	00:15
김장겸	못 들어가고 민주당 지지자들에게 봉변당했어요	00:15
송언석	의총 장소가 어딥니까? 예결위회의장 아닌가요?	00:15
이달희	들어갈 수 없어 당사로 왔습니다	00:15
박덕흠	중앙당사입니다	00:16
박수영	공수부대 진입 중입니다	00:17
조승환	내부사진 올리지 않았으면 합니다	00:19
한지아	국회에는 군 헬기가 뜨고 군인들이 총을 들고 국회에 진입했습니다. 정당활동은 중지를 지시했습니다. 의원님들 오늘은 우리가 똘똘 뭉쳐야 할 때입니다. 원대실(원내대표실)에 계시지 마시고 본회의장 휴게실로 모여주세요	00:26
김정재	국회 들어가는 것이 불가능해 중앙당사에 모여 있습니다. 의원님들 50여 명 계십니다	00:30
최형두	지금 마산에서 막 도착해서 국회 앞입니다. 시민들이 국회 주변으로 많이 걸어다닙니다. 국회 담 안쪽에는 경찰이 배치되어 출입을 못 하게 합니다	00:41
조정훈	당사로 오세요	00:41
최형두	지금 헬기 3대가 국회 운동장으로 내린 듯합니다. 헬기는 다시 날아갔습니다	00:47

강민국	지금 서강대교 위인데 차가 움직이지 못하네요. 차량통제 하는 듯합니다	00:56
	[국회 본회의 비상계엄 해제 요구 결의안 의결]	01:00
최형두	170명 들어왔습니까?	01:01
최형두	담 넘어 왔습니다	01:11
조배숙	이미 190명 찬성으로 해제 의결되었습니다	01:15
최형두	국회 들어왔습니다	01:16

이재명과 한동훈의 악수

윤석열의 계엄 선포가 있던 그 순간에 국민의 다음 시선은 당연히 국민의힘, 그중에서도 한동훈 대표에게 쏠렸다. 해제에 필요한 의결 정족수를 확보하려면 국민의힘 태도가 중요했다. 민주당 단독으로라도 의결을 할 수 있지만 국민의힘에서 일부라도 가세하는 것이 의미가 있다.

한동훈은 페이스북에 "대통령의 비상계엄 선포는 잘못된 것"이라며 "국민과 함께 막겠다"라고 했다. 그는 곧바로 국회로 달려갔다. 그리고 한 여권 인사로부터 피하라는 언질을 받았다.

"다른 사람은 몰라도 한 대표는 절대 체포되면 안 된다. 체포되면 정말 죽을 수 있다. 그러니 즉시 은신처를 정해서 숨어라. 추적 안 되게 휴대폰도 꺼놔라. 가족도 피신시키는 게 좋겠다. 신뢰할 만한 정보이니 허투루 듣지 말고 꼭 그렇게 하라."

한동훈은 그래도 국회를 향했다. 그는 "계엄을 막아야 한다는 결심이 공포라는 반응을 압도했다. 나는 계엄을 막는 데 중요한 역할을 수행할 수 있는 위치에 있었고 어떻게든 막아야겠다"라는 생각을 했다고 한다. [《국민이 먼저입니다: 한동훈의 선택》, 메디치미디어] 그는 비상계엄이 민주주의와 공화주의에 대한 모욕이자 도전이라며 이를 우선하는 책임감이 진짜 보수주의의 정신이라고 했다.

국회 본회의장 로텐더홀과 본회의장 사이에 의원 휴게 공간이 있다. 여기에는 국회사무처 직원과 보좌진들이 계엄군의 진입에 대비해 대기하고 있었다. 이 중에 한동훈도 섞여 있었다. 국회 본회의장에는 의원들만 출입이 허용된다. 국민의힘 의원들이 일부 들어와 있었지만 사령탑이 없었다. 민주당의 박주민 의원이 손을 잡아끌고 한동훈을 본회의장으로 안내했다.

이재명과 한동훈은 계엄 해제 요구 결의안이 통과된 후 악수를 했다. 지난 9월 1일 대표회담에서 이재명이 계엄 가능성을 언급하자 한동훈은 근거가 없다고 일축했다. 만약 그런 일이 생긴다면 자신부터 나서서 막겠다고 했다. 한동훈은 그날 자신의 발언을 실천하게 되리라고는 꿈에도 생각하지 못했을 것이다. 12월 4일 새벽, 한동훈은 김종인 박사가 표현한 대로 이날만큼은 국민의힘의 대체 불가한 자산이었다.

계엄 해제 요구안이 통과되고서 국민의힘은 계엄군이 철수한 국회로 들어와 세 시간 넘게 의원총회를 했다. 한 친윤계 의원이 "대통령이 고독해 한다"고 했다. "대통령이 고독할 때 지도부는 뭐 했나. 우리가 말벗이라도 해주고 해야 되는 것 아니냐"고 했다. 다른 친윤계 의원은 "당 지도부는 대통령을 빨리 만나 파악해야 한다. 대통령이 극단적 선택을 하면 어쩌나"라고 걱정했다. 우리나라의 민주주의 후퇴와 경제적 충격을 걱정하는 소리 대신에 윤석열의 고독과 마음을 걱정하는 소리가 흘러나왔다.

31장 　　　　　　　　　　　　　　　우원식의 월담

우원식 국회의장은 만일의 상황에 대비하고 있었다. 국회의장에 당선되고 통상적이지 않은 일들이 반복되고 있었다. 대통령의 국회 경시의 정도가 지나쳤다. 여러 가지 이상 징후가 축적되면서 막연하게나마 이상한 일이 있을 수 있겠다는 생각을 했다.

22대 국회의 임기가 시작하고 2024년 6월 5일 우원식 의원을 전반기 국회의장으로 선출했다. 이미 3월부터 계엄을 모의하고 있었던 윤석열은 우원식 국회의장에게 축하 전화를 하지 않았다. 다음 날인 6일 현충일 기념식에서도 윤석열은 우원식과 의례적인 악수만 하고 축하의 말을 건네지 않았다. 모르는 사람처럼 건성으로 악수하고 지나갔다. 우원식은 굉장히 서늘하다는 느낌을 받았다. 6월 10일 윤석열은 정진석 비서실장을 통해서 뒤늦게 축하의 의미로 난 화분을 전달했다.

4년마다 열리는 국회 개원식은 대통령과 대법원장, 국무총리, 헌법재판소장 그리고 국무위원 등이 참석한다. 그것이 전통이다. 헌법을 제정하고, 헌법에 근거하여 입법하고 행정부를 감시하는 국회에 대한 존중의 표현이다. 2024년 6월 5일은 22대 국회의 등원 첫날이었지만 국민의힘 의원들이 원 구성 문제를 이유로 불참하고, 대통령도 참석 의사를 밝히지 않으면서 한동안 개원식 없이 운영되었다. 더 이상 미룰 수 없어서 9월 2일 정기국회 개회를 겸해서 개원식을 했다. 윤석열은 이날도 불참했다.

그해 7월부터 국회의장 주관 회의에서 김민기 사무총장이 계엄령이 발동될 수 있다고 여러 번 얘기했다. 우원식은 처음에는 비현실적인 얘기로 생각했다. 지금이 어느 시대인데 그게 가능하냐고 했는데 김민기 총장이 몇 번이고 다시 반복했다. 김민석 의원이 계엄 가능성을 처음 공개적으로 제기할 때에도 믿기 힘들어하는 분위기였다.

그러던 어느 날 우원식 의장의 군 출신 지인이 중요한 제보를 해왔다. 그 지인은 장관이 된 김용현이 쿠데타를 일으킬 사람이라며 대비를 해야 한다고 우원식에게 전했다. 김용현이 입에 계엄령을 달고 다니는 사람이니 주의해야 한다며 조심하라고 조언했다. 우원식은 김민기의 '계엄 대비론'에 대해 논의하는 자리를 마련했다.

우원식 주재로 사무총장과 정무직들이 모여 대책 회의를 했다. 헌법과 국회법, 계엄법 등에서 계엄 관련 내용과 조건, 국회의 대응 내용 등을 확인하는 해석 토론을 진행했다. 통상적인 위기 대응 매뉴얼에 따른 사무처 직원 비상소집 등도 점검했다. 대통령이 계엄령을 발동할 경우 국회가 해제를 요구할 권한이 있다는 것과 그 절차가 공유되었다. 또 해제 요구를 결의안 형식으로 채택할 때 국회 국방위원회를 거치지 않고 의장이 곧바로 직권상정을 할 수 있다는 것도 확인했다. 국회법 해설 387쪽에는 위원회 회부의 예외 안건으로 총 14개가 나열되어 있는데 그중 일곱 번째가 계엄 해제 요구 결의안이다. 이런 사전 준비가 없었다면 계엄 당일에 우왕좌왕했을 것이다.

이에 앞서 수도방위사령부는 4월 총선 직후 서울 19개 구청에 '서울시 국가중요시설 건물 내부 도면 협조 요청'이란 공문을 보냈다. 영등포구청은 국회와 KBS 도면을 보냈다. 7월 3일 특수전사령부 1공수여단이 국회에 공문을 보내서 국회의사당 설계 도면을 요구했다. 대테러 작전에 필요하다며 요청했지만 전례가 없던 일이었다. 국회는 이를 거부했다. 이때부터 주요 간부들과 함께 대외비로 대비 훈련을 했다. 문건은 생성하지 않았다. 윤석열과 그 일당이 국회가 모르게 계엄 모의를 진행하고 있는 동안, 국회도 윤석열이 짐작도 할 수 없게 이에 대비하고 있었다. 서로 상대방이 모르게 창과 방패가 움직이고 있었다.

우원식의 단호한 의지

10월 29일에는 이진우 수방사령관이 통합 방위 목적 등을 위한 시설 견학 명목으로 1경비단장, 군사경찰단장과 함께 국회의사당에 전원을 공급하는 여의변전소(국회 소재지 여의도동)를 시찰했다. 명목은 국회 시설이 타격받았을 경우 주변 시설의 전력 공급을 살펴본다는 것이었지만 이것도 이례적인 일이었다.

12월 3일 김민기는 윤석열의 계엄 선포 방송을 듣던 중 10시 28분에 사무총장 비서실장을 통해 국회 사무처 전 직원에게 비상소집령을 전했다. 10시 29분 우원식과 통화했다. 우원식은 날이 밝기 전에 상황을 매듭짓자고 결연한 의지를 보였다. 김민기는 용인에 있는 집에서 총알같이 튀어나와 택시를 잡았다. 달리는 택시 안에서 김영진 민주당 의원과 통화했다. 김영진은 계엄 대비 회의를 수차례 함께했기에 민주당 쪽 소통 채널로 생각하고 상황을 공유했다. 김영진은 민주당 단체 대화방에 국회의장이 공관을 출발했다는 것을 알리고 국회로 모이자고 글을 올렸다.

국회의장 공관은 대통령 공관과 인접해 있는 한남동 공관촌에 있었다. 우원식은 김민기의 전화를 받고 공관 밖에 군인들이 포위해 있을 터인데 어떻게 뚫고 나갈 수 있을지 고민했다. 1980년 전두환 일당의 확대계엄을 경험한 세대라서, 비상계엄은 주요 인사의 연행과 체포에서부터 시작한다는 것을 알고 있었다.

다행히도 그날은 경비대장이 퇴근을 안 하고 있었다. 원래는 당직 경찰 한 명만 근무했다. 경비대장에게 문밖을 살펴보라고 했다. 어떻게 군인들을 피해 나갈 것인지 궁리를 했다. 경비대장이 정문 근처를 살펴보니 군인들이 보이지 않았다. 혹시나 해서 멀리 입구까지 살폈지만 마찬가지였다.

우원식 의장의 부인 신경혜 여사가 국회까지 차를 운전해서 나가려고 하는데 마침 직원 한 명이 남아있었다. 김민기의 전화를 받고 6, 7분 만에 직원이 모는 차로 경호대장과 함께 국회로 출발했다. 부인에게 조심하라는 인사말을 남겼다. 그 세대는 기억과 경험으로 알지만 그날의 인사는 아주 오랜, 혹은 영원한 작별 인사가 될 수도 있었다.

우원식은 차 안에서 온갖 경우의 수를 생각했다. 어떻게 국회에 들어갈 수 있을 것인지 궁리를 하는 중에 한 기자가 전화를 해왔다. 국회가 봉쇄되어 있으면 어떻게 할 것이냐는 질문을 받고 "국회의원이 모여 있는 곳이 국회다"라고 답을 했다. 이 시간에 민주당 단체 대화방에서는 국회로 가자고 의견이 모이고 있었다.

과거 밀어붙이기 식으로 법안의 날치기 통과가 많았던 탓에 국회 본회의는 반드시 본회의장에서 진행하고, 의장은 의장석에서 진행하도록 규정이 바뀌어 있었다. 그런데 계엄에 대비한 여러 차례 회의에서 긴급하거나 특수한 상황일 경우 그러지 않아도 된다는 것을 공유하고 있었다. 그래서 우원식의 머릿속에서는 1차로 본회의장을 염두에 두고, 여의치 않을 경우 제3의 장소에서도 가능하다는 생각이 맴돌았다.

우원식 국회의장은 서강대교를 건너서 국회를 한 바퀴 도는 윤중로로 진입했다. 기동대가 버스로 국회를 둘러싸고 있었다. 반 바퀴를 돌아 영등포 쪽에 있는 의원회관 옆 3문 근처에 당도했다. 상대적으로 경비가 허술했다. 아직 이쪽으로는 경비대가 방어막을 치고 있지 않았다. 철로 된 담장은 높이가 1미터에 불과했지만 직각으로 되어 있어서 올라가기가 어려웠다. 그에 비해 화원 근처 담장에는 문양 같은 것이 있어서 담을 넘기에 용이했다. 67세의 국회의장이 담을 넘는 극적인 순간을 경비대장이 핸드폰 카메라에 담았고, 시민들은 이곳이 국회의장이 월담한 곳이라며 표식을 남겨두었다. 성지가 되었다.

10시 56분 담을 넘은 우원식은 의사당 1층을 통해서 10시 58분 의장실에 도착했다. 김민기가 11시 23분 국회로 들어왔다. 우원식은 주요 간부들과 대책 회의를 했다. 의장은 새벽이 오기 전에 계엄을 해제하자고 결의를 다졌다. 민주당 통로를 맡은 김영진이 민주당 의원들에게 이 같은 분위기를 전했다. 모두가 본회의장으로 모여야 하고, 본회의장에서 잡힐 각오를 해야 계엄을 저지할 수 있다고 했다. 고지를 알리고 방향타를 잡아주는 역할을 했다.

계엄을 막은 사무처 직원들과 보좌진

국회 간부들과 사무처 직원들도 속속 국회로 향했다. 이날 국회를 지킨 사무처 직원은 500여 명이다. 4일 0시 0분에 출입 기록을 통해 확인한 숫자이다. 의사당 안으로 들어온 의원 보좌진도 500여 명이었다. 국회의원들이 본회의장에서 해제 요구 결의안을 통과시킬 때까지 바리케이드를 쌓고, 완전히 무장한 군인들에 맞서 소화기를 뿌리며 국회를 지켰다. 이들이야말로 12·3 전투의 숨은 영웅들이다. 이 시간에 국회의사당 밖에서는 시민들이 모여 계엄군과 맞섰다. 국회 경내로 진입하기 위해 담을 넘는 계엄군을 끌어내리고 군용차를 막아섰다. 안과 밖에서 호응했다.

김민기는 국회에 도착하자마자 여러 차례 '염두 훈련'을 한대로 진지전을 지휘했다. 염두 훈련은 머릿속에서 상상하는 훈련 방식이다. 사무처 직원들은 준비한 매뉴얼대로 한 치의 오차도 없이 움직이기 시작했다. 대적 침투부대인 육군 201특공대 중위 출신의 김민기는 밀리터리 덕후라는 별명을 갖고 있을 정도로 군사와 무기체계에 정통했다. 특공여단 소대장 시절에 진압 작전 훈련을 받았다. 삽탄 착검 곤봉 방패 방석모 등 어떤 단계에서 어떤 수준의 무장을 하는지, 명찰과 부대 마크 등 침투에 따른 복장은 어떤지 등을 이미 20대 시절부터 체득하고 있었다.

김민기는 국회의원 3선을 하면서 정보위만 6년 가까이 했다. 간사를 거쳐 정보위원장까지 역임했다. 21대 국회에서는 국회 국방위원으로 활동했다. 그는 조현천 기무사령관이 2017년에 계엄문건을 만든 것을 놓치지 않고 주의 깊게 살펴보았다. 만약 문건에 적힌 대로 계엄이 진행된다면 어떻게 대응해야 하는지를 머릿속에서 수없이 그려보았다. 중고등학교 동문으로 20년간 정치를 함께해온 김영진 의원과 늘 토론했다.

김민기는 국회를 봉쇄하고 있는 국회 경비대장에게 수차례 전화를 걸어 즉시 봉쇄를 풀라고 경고했다. 경찰은 10시 50분 의사당 외곽을 둘러싸기 시작했다. 김민기는 직원들을 시켜서 계엄군의 진입 상황 등을 체크하게 했다. 반란군 윤석열에게 김용현이 있었다면 시민군 우원식에게는 김민기가 있었다.

우원식은 우선 대국민담화를 준비해야 한다고 생각했다. 이 시간에 국민이 주목하는 것은 국회의 대응이고, 우원식 의장이 어디서 무슨 준비를 하고 있는지이다. 우선 자신의 유튜브 채널을 통해서 입장을 내놓기로 했다. 마침, 국회 방송도 도착했다. 이때가 11시 55분이었다.

> "대통령의 비상계엄 선포에 대해 국회는 헌법적 절차에 따라 대응 조치하겠습니다. 모든 국회의원은 지금 즉시 국회 본회의장으로 모여주십시오. 국민 여러분께서는 국회를 믿고 차분하게 대응하기를 부탁드립니다. 특별히 군경은 동요하지 말고 자리를 지켜줄 것을 당부드립니다."

그리고 국회의장은 자리를 피했다. 방송을 통해서 의장의 위치가 노출되었기 때문이다. 5층 농림해양수산위원회 전문위원실을 근거지로 삼았다. 그리고 국회 4층, 5층, 6층, 7층 전체에 불을 켰다. 의장이 진지로 자리 잡은 곳만 불이 켜지면 계엄군이 이곳을 노릴 수 있었다. 모두가 침착하게 대응했다.

이 시각 국회의사당 뒤편에 707특임단을 태운 헬기 3대가 착륙했다. 11시 43분에 블랙호크 UH-60에서 내린 공수부대원은 대당 9명씩 모두 27명이었다. 이때부터 12월 4일 새벽 1시 15분까지 24차례 230명이 동원되었다. 해제안이 의결되고도 계속해서 10여 분간 실어날랐다. 회항 지시를 하지 않은 것이다.

민보협 SOS날리다

이들은 11시 50분경 국회의사당 본청 후문으로 진입을 시도했다. 바리케이드를 쌓고 준비하고 있었던 국회 사무처 방호과 직원들과 민주당 보좌진들 간의 첫 번째 전투가 벌어졌다. 민주당 보좌진 협의회(민보협)은 긴급공지를 날렸다. 후문 방어를 위해 속히 이동해 달라고 SOS를 쳤다. 의사당 본청 안에 있는 민지홍 씨 등 보좌진들이 젖 먹던 힘까지 다해 대항했다.

공수부대가 후퇴했다. 공수부대는 의사당 후문을 나가면서 청테이프로 출입을 통제했다. 진입하지 않고 밖에서 봉쇄했다. 이때만 해도 계엄군 사령탑은 국회의원들이 그렇게 빨리 국회에 들어오리라고는 예상하지 못하고 밖에서 차단하는 작전을 내렸던 것으로 보인다.

공수부대는 후문에서 영등포 쪽으로 돌아 본청 정문으로 향했다. 11시 55분경 본청 정문에서 국회 사무처 직원 및 보좌진들과 계엄군의 두 번째 전투가 벌어졌다. 김민기 사무총장이 허락 없이는 본청 출입을 할 수 없다고 강력하게 경고했다. 국회 사무처 직원들과 의원 보좌진 수백 명이 막아섰다. 국회 사무처 직원들은 공무원의 정치적 중립을 핑계 삼아서 소극적으로 처신할 수도 있었는데 그렇지 않았다. 민주당 당직자들과 보좌진들이 가장 적극적으로 계엄군과 몸싸움을 했다. 해제안이 의결될 때까지 1시간가량 몸싸움을 했다. 계엄군도, 시민군도 폭행이 오가거나 격렬하게 부딪히지는 않았다. 밀고 밀리는 수준이지만 긴장감은 팽배했다.

보좌진들은 회의용 탁자와 의자로 바리케이드를 쳤다. 사실 바리케이드라고 할 수도 없었다. 밀고 들어오면 바로 뚫릴 수 있는 정도였다. 하지만 중요한 건 기세였다. 계엄군은 아무런 소명 의식이 없었다. 보좌진들에게는 사명감이 있었다. 계엄군에 거칠게 항의했다. 본청 정문의 자동문이 파손되었다. 보좌관과 국회 직원 26명이 크고 작은 부상을 당했다. 영광의 상처였다. 나중에 대통령 탄핵소추안에는 월담 및 본청 저항 과정에서 다친 보좌진들의 이름을 기재했다. 강윤호·강태영·권영근·김가미·김대훈·김석태·김영표·김윤호·김재훈·김지훈·문서영·박규태·박기일·박준수·오가인·유현제·윤여길·이경은·이동기·이상엽·이승환·이시성·이주원·이주헌·이혜인·장대연이 그들이다. 국회 사무처 직원 47명도 부상을 당했다.

계엄군은 후문의 경우와 달리 정문에서는 밖에 청테이프나 케이블 타이로 막을 방법이 없었다. 문의 구조가 전기로 움직이는 자동인데 그마저도 파손되었다. 계엄군은 정문 대치 상황에서 처음에는 진입 여부에 대한 명확한 지시를 받지 못한 듯했다. 후문처럼 청테이프로 봉쇄하지도 못하고 진입하지도 못하고 있었다.

수도방위사령부에서 온 병력은 국회 정문 출입을 시도하다가 사람이 너무 많아서 여의치 않다고 판단했다. 이 상황을 접수한 조성현 대령은 시민들과 충돌하는 것은 아니라고 보고 외곽으로 물러나 있거나 대기하고 있으라고 지시했다. 본청 진입은 특전사에게 맡기고 후방 지원을 하라고 했다.

긴박한 상황에서도 우원식의 신중한 의사진행

상황이 급박했다. 새벽 0시 28분 우원식 국회의장이 추경호 국민의힘 원내대표에게 전화했다. 사안이 중대해서 모든 국회의원에게 투표에 참여하도록 기회를 주는 것이 마땅하다고 생각했지만 그럴 수 없었다. 부산, 광주에서 오는 국회의원들을 고려하면 네 시간은 기다려야 하는데 비상한 상황이니 한 시간 여유를 주겠다고 했다. 새벽 1시 30분에 본회의를 열자고 했다. 국회의장이 직권상정을 할 수 있지만 국회 본회의를 소집하고 개의하는 것은 교섭단체 대표와 '협의'하는 절차를 거쳐야 한다. 이미 이때는 민주당 의원만으로도 거의 의결정족수가 채워졌다.

새벽 0시 39분 정문에서 몸싸움하던 계엄군 707특임대원 16명이 의사당 2층 회랑을 마포 쪽으로 돌아 국민의힘 정책위의장 사무실 쪽 창문을 깨고 진입을 시작했다. 이동하는 길에 사진 취재를 하던 《뉴스토마토》 기자를 묶으려고 하는 시도도 있었다. 이때쯤에는 방첩사 단체 대화방에서도 정치인 14명을 체포하라는 지시를 수정하여 우원식, 이재명, 한동훈 3명을 특정해서 체포하라는 명령이 떨어졌다. 윤석열이 문을 부수고서라도 들어가 의원들을 끌어내라는 등의 지시를 마구 던지고 있을 때였다.

국회의장이 0시 35분 본회의장으로 입장했다. 이학영 국회 부의장은 먼저 입장해 있었다. 둘 중의 한 명은 의사를 진행해야 하기에 만일의 경우를 대비해 순차적으로 입장을 했다. 우원식은 0시 38분 추경호에게 전화했다. 계엄군이 들어와서 상황이 긴박해졌으니 본회의 개의 시간을 30분 앞당기겠다고 했다. 추경호는 의원들이 들어올 수 있게 국회 차원의 조치를 취해 달라며 시간을 더 달라고 했다. 우원식은 안 된다, 비상 상황이라고 답했다. 국회를 침탈하려고 들어오는데 국회 차원에서 계엄군에게 요구할 수 있는 상황이 아니며, 여당이 의지를 갖고 스스로 해결할 문제라고 생각했다. 새벽 1시 개의를 통보했다. 국회법상 협의 절차를 다시 밟은 것이다.

우원식은 이런 절차를 거치는 것이 중요하다고 보았다. 나중에라도 절차에 문제가 있다고 하면 계엄 해제 요구 결의안 처리가 수포로 돌아갈 수 있다는 것을 고려했다. 우원식은 담을 넘을 때도 고민했다고 한다. 국회의원의 출입을 막는 경찰을 보고 국회의장의 권위로 꾸짖으면서 철수를 요구하여 다른 의원들이 들어올 수 있게 하는 것을 잠깐 생각했다. 그러다가 본인이 체포되면 일을 그르칠 수 있다고 생각하고 조용히 월담을 했다.

0시 35분 의장석에 착석한 우원식은 개의 시간과 표결 시간을 고민했다. 정부에서 국회에 계엄안을 통보해야 하는데 도착하지 않고 있었다. 언론을 통해서 공표가 되었지만 법적 절차는 절차대로 밟아야 했다. 정부가 국회에 통보할 시간을 주지 않고 곧바로 표결하면 나중에 문제가 될 수 있었다. 23일 밤 10시 25분 계엄을 선포하고 11시에 포고령이 공포되었다.

우원식은 기다렸다. 명분을 축적해야 했다. 계엄령을 선포한 지 두 시간이 지났는데도 통보를 하지 않는 것은 고의로 표결을 지연시키려고 하는 것으로밖에 볼 수가 없었다. 김영진 등에 따르면 우원식은 윤석열의 방송을 국회 통보로 간주하는 수밖에 없다는 판단을 하고 자리에 앉았다. 우원식은 '영원한 민주주의자' 고 김근태 의원이 물려준 넥타이를 매고 있었다. 마음속으로 기도했다. "형님 도와주십시오." 0시 42분 전 국회의원들에게 새벽 1시 정각에 본회의가 개의된다는 문자를 발송했다.

계엄 해제 의결 요구안은 국회의원이 발의해야 한다. 박찬대 의원 등이 발의한 의안이 올라오는 데 시간이 걸렸다. 원내 행정실에 맡긴 의원들의 나무도장을 찍어서 새벽 0시 45분쯤 의안을 국회 사무처에 접수했다. 170명 의원 명의로 발의했다. 당론 발의였다. 이것을 의원들의 단말기에 띄워야 한다. 안건이 단말기에 뜨고 전광판에 표결 결과가 나오게 하는 시스템이 새벽 1시쯤 가동될 것으로 예상했다.

이날은 시스템 관리를 하는 대신정보통신의 이광복 이사 등 직원들이 국회로 달려왔다. 시민들이 월담을 도와주었다. 비상통로를 이용하여 목숨을 걸고 본회의장으로 도착했다. 사실 이들은 민간인 신분이기에 위험한 상황을 피했어도 되었다. 이들 역시 진정한 시민이었고 영웅이었다. 종전에는 시스템 작동에 40분이 걸리는데 이날은 20분도 걸리지 않았다. 그리고 오류도 없었다. 300명 의원의 단말기에 동시에 의안을 띄우면 한두 개 단말기에는 오류가 생기는데 완벽하게 진행됐다. 한 달 전에 큰돈을 들여 오래된 시스템을 교체한 덕을 보았다.

천만다행, 필리버스터를 몰랐던 국민의힘

국민이 화면을 통해 보는 국회 전자투표 시스템은 세계 최초로

2004년 우리나라 국회에 도입되었다. 이날 시스템이 작동되지 않으면 20여 년 전에 했던 방식으로 의원들이 기립하여 의사를 표현하고, 의정과 직원들이 자신들이 맡은 줄을 따라서 의원들의 이름을 적고 숫자를 세야 한다. 우원식은 국민에게 분명하게 보이는 이미지가 중요하다고 보았다. 그래야 부정이니 아니니 하는 뒷말을 차단할 수 있다고 보았다. 계엄군이 창문을 뚫고 들어오는 시간에도 전자 투표시스템이 작동되기를 기다렸다. 일단 비상 상황을 대비해서 교섭단체 국민의힘 대표와 합의한 시간보다 10분 이른 0시 50분에 본회의 개회를 선언했다.

이 시각 2층에 있는 국민의힘 정책위의장 사무실 창문을 뚫고 들어온 16명의 계엄군을 보좌진과 국회 직원들이 소화기를 들고 맞섰다. 이들은 0시 45분쯤 국민의힘 정책위의장 사무실에서 예결위 회의장으로 가는 통로로 진입을 했다. 여기가 뚫리면 본회의장으로 가는 로텐더홀로 가게 된다. 소총을 들고 위협을 한 계엄군도 있었다. 이날의 3차 전투는 치열했다. 보좌진들이 격렬하게 맞섰다. 상대는 대한민국 육군 최정예부대였다.

본회의장 안에서는 의원들의 긴박한 목소리가 터져 나왔다. 의원들은 "당장 안건을 상정하라", "계엄군이 국회로 진입했다"며 서둘러야 한다고 재촉했지만, 우원식은 "절차적 오류 없이 해야 한다. 아직 안건이 안 올라왔다"면서 자제를 요청했다. 그러면서 "밖의 상황을 잘 안다. 이런 사태엔 절차를 잘못하면 안 된다. 비상한 각오로 다 바쳐서 막는 것"이라고 말했다. 사실 우원식도 초조했다. 그날의 화면을 보면 일어서서 분주하게 안과 밖의 상황을 체크하고 있었다.

본회의장 로텐더홀에는 300여 명 국회 직원과 보좌진들이 몸으로 막을 준비를 하고 있었다. 본회의장 밖의 상황은 사무처 직원의 실시간 보고를 받고 있는 김민기를 통해 우원식에게 거의 동시에 전달됐다. 밖에서 계엄군과 대치하며 긴급하게 호소하는 소리가 들려오는 듯 했다. 다급하지만 시간 여유가 조금은 있어 보였다.

새벽 1시 우원식이 자리에서 일어나 의안을 상정했다. '헌법 제77조 제5항, 계엄법 제11조에 따라 비상계엄의 해제를 요구한다' 주문은 딱 한 줄이었다. 헌법 77조 5항은 '국회가 재적의원 과반수의 찬성으로 계엄의 해제를 요구한 때에는 이를 해제하여야 한다'이다. 제안 이유는 '2024년 12월 3일 윤석열 대통령의 비상계엄을 요구한 행위는 명백한 위헌이므로 입법부인 국회가 이를 바로잡고자 비상계엄의 해제를 요구함'이라고 하여 계엄의 위헌성을 강조했다. 계엄 해제 요구안은 필리버스터 대상이다. 천만다행으로 국민의힘에서 이를 몰랐던지 요구하지 않았다. 우원식은 국민의힘에서 이를 요구하지 않아 안도했다.

계엄군은 상부의 지시에 따라 단전하는 방법을 찾았다. 작전을 바꿨다. 전기를 끊으면 국회의 표결이 정상적으로 진행될 수가 없었다. 그들이 배전판을 찾아서 지하 1층을 단전했을 때에는 이미 표결이 종료되었다. 김민기는 위기 대응 매뉴얼 회의에서 국회 발전시설에 대한 대책을 수립해놓았다. 이들이 어떻게 발전시설을 지켰는지는 2차, 3차 계엄에 대비하여 비밀에 부치기로 했다.

새벽 1시 1분, 국민이 이겼다

새벽 1시 1분경 표결 결과가 나왔다. 의장이 재석 190명에 190명 찬성으로 해제 요구안이 가결되었음을 선포했다. 그가 의사봉을 3타 하는 순간 전광판에는 찬성을 한 190명 의원의 이름이 녹색으로 표시되었다. 국회의원들은 일어나서 박수쳤다. 국민이 안도했다. 본청 정문과 국회 밖에서 계엄군과 싸우고 있던 시민들은 "이겼다"고 소리쳤다. 우원식은 표결을 끝내고 마무리 발언을 했다,

"제가 오늘 의결하고 한 말씀 드리겠습니다. 국회의 의결에 따라 대통령은 즉시 비상계엄을 해제해야 합니다. 이제 비상계엄은 무효입니다. 국민 여러분께서는 안심하시기 바랍니다. 국회는 국민과 함께 민주주의를 지키겠습니다. 국회 경내로 들어와 있는 군경은 당장 국회 바깥으로 나가주시기 바랍니다."

이에 따라 군인들은 철수했다. 어떤 군인은 시민들에게 죄송하다며 고개를 숙이고 나갔지만 어떤 군인은 이용당한 처지를 한탄하는 듯 주저앉았다. 우원식은 국무회의에서 계엄이 해제되었다는 것을 한덕수 국무총리와 전화 통화를 통해 직접 확인하고 새벽 5시 34분에 정회를 선포했다.

만약의 상황에 대비하여 공관으로 가지 않고 국회에서 머물렀다. 그 당시 의장 공관에는 계엄군 13명이 4일 새벽 1시 42분경부터 4시 45분까지 머물렀다. 만약 의장이 표결을 마친 후 곧바로 공관으로 퇴근을 했더라면 계엄군이 우원식을 체포했고 윤석열이 2차 계엄을 진행했을 가능성을 확인시켜주는 대목이다.

우원식은 이날 보여준 안정감과 지도력을 인정받아 '제9회 민주주의자 김근태상'을 수상했다. 선정위원회는 "계엄령 해제 요구 결

의안이 가결되었다는 의사봉을 우원식 의장이 두드린 12월 4일 새벽 1시 1분은 민주주의를 지킬 수 있는 희망과 안도, 그리고 다시 새로운 싸움을 시작해야 한다는 강력한 깃발이 올라간 시간이었다. 민주주의를 지켜낸 그 날의 대한민국 국회에 깊은 존경과 감사를 표한다"고 선정 이유를 설명했다. 우원식은 현직 국회의장으로는 처음으로 26회 백봉신사상을 받았다. 그리고 방송기자연합회, 전국언론노동조합, 한국기자협회, 한국방송기술인연합회, 한국영상기자협회, 한국편집기자협회, 한국PD연합회가 언론 자유를 지켜준 것에 대한 감사패를 그에게 전달했다.

계엄해제 요구 결의안에 찬성한 190명 의원 명단

강경숙, 강득구, 강선우, 강유정, 강준현, 강훈식, 고민정, 곽규택, 곽상언
권칠승, 권향엽, 김교흥, 김기표, 김남근, 김남희, 김동아, 김문수, 김병기
김병주, 김상욱, 김선민, 김성원, 김성환, 김성회, 김승원, 김영배, 김영진
김영호, 김영환, 김용만, 김용민, 김용태, 김우영, 김원이, 김 윤, 김윤덕
김재섭, 김재원, 김종민, 김주영, 김준혁, 김준형, 김태년, 김태선, 김한규
김 현, 김현정, 김형동, 남인순, 노종면, 맹성규, 모경종, 문금주, 문대림
문정복, 문진석, 민병덕, 민형배, 민홍철, 박균택, 박민규, 박상혁, 박선원
박성준, 박수민, 박은정, 박 정, 박정하, 박정현, 박정훈, 박주민, 박지원
박지혜, 박찬대, 박해철, 박홍근, 박홍배, 박희승, 백승아, 백혜련, 복기왕
부승찬, 서미화, 서범수, 서삼석, 서영교, 서영석, 서왕진, 소병훈, 손명수

> 송기헌, 송옥주, 송재봉, 신성범, 신영대, 신장식, 신정훈, 안도걸, 안태준
> 안호영, 양부남, 어기구, 염태영, 오기형, 오세희, 용혜인, 우원식, 우재준
> 위성곤, 위성락, 유동수, 윤건영, 윤종군, 윤준병, 윤호중, 윤후덕, 이강일
> 이건태, 이상식, 이성윤, 이소영, 이수진, 이언주, 이연희, 이용선, 이용우
> 이원택, 이인영, 이재강, 이재관, 이재명, 이재정, 이정문, 이정헌, 이학영
> 이해민, 이해식, 이훈기, 임광현, 임미애, 임오경, 임호선, 장경태, 장동혁
> 장철민, 전용기, 전종덕, 전진숙, 전현희, 정성국, 정성호, 정연욱, 정을호
> 정일영, 정준호, 정진욱, 정청래, 정춘생, 정태호, 정혜경, 조경태, 조계원
> 조 국, 조승래, 조인철, 조정식, 주진우, 주철현, 진선미, 진성준, 차규근
> 차지호, 채현일, 천준호, 천하람, 최기상, 최민희, 한민수, 한병도, 한정애
> 한준호, 한지아, 한창민, 허성무, 허 영, 허종식, 홍기원, 황명선, 황운하
> 황 희

22대 국회 유일한 시각장애인 김예지 국민의힘 의원은 이날 표결에 참여하지 못한 참담한 심정을 페이스북에 올렸다.

> "늘 배리어프리(장애인 등 사회적 약자의 장벽을 시설 이용 장벽을 없애는 일)의 중요성을 외쳤던 제가 물리적 '배리어'를 느끼는 암담하고 절박한 순간이었다. 몸은 장벽으로 본회의장에 함께 할 수 없었지만 비상계엄 해제 결의에 대한 마음은 이미 찬성 버튼을 백만 번은 더 눌렀던 것 같다."

이날 비상계엄으로 민주주의 위기를 경험했던 수많은 국민도 집에서 TV를 보면서 김예지 의원처럼 마음으로 찬성 버튼을 백만 번, 천만 번은 눌렀을 것이다. 12월 4일 윤석열이 국민의힘 의원총회장을 찾아와서 설명하겠다고 했다. 우원식은 그의 국회 출입을 불허했다. 내란 우두머리가 국회를 방문하는 상황을 수용하기가 힘들었다. 돌발상황도 우려했다. 김민기는 12월 4일부터 비상계엄에 관여한 국방부, 경찰청, 국가정보원 직원들의 청사 출입을 제한했다. 그리고 해당 기관장은 원칙적인 출입 절차를 거쳐야 국회를 출입할 수 있게 했다. 이상민 행정안전부 장관, 박성재 법무부 장관, 조지호 경찰청장은 국회로 들어오면서 공항 검색대를 통과할 때처럼 몸수색을 받아야 했다. 두 팔을 들고 몸수색을 받는 법무부 장관의 사진은 국회가 계엄을 진압했다는 상징적인 모습 중의 하나로 회자되었다.

32장   계엄에 저항한 최초의 시민들

"…국민 여러분은 스스로 역사의 빛이 되었습니다. 대한민국과 전 세계는 5·18의 주먹밥이 12·3의 선결제로 이어지고, 2016년 촛불혁명이 2024년 빛의 혁명으로 승화한 모습을 보았습니다. 소중한 것을 지키려 들고나온 내게 가장 소중한 '빛'은 서로가 서로를 응원하는 빛이었습니다. 서로가 서로를 배려하고 존중하는 빛이었습니다. 평화와 사랑과 연대의 빛, 민주주의를 지키는 빛이었습니다. K-팝의 합창과 함께 어우러져 세대와 성별과 계층을 뛰어넘어 국민 모두가 튼튼하게 연대한 이 빛의 물결을 대한민국과 세계는 결코 잊지 않을 것입니다.

1894년 동학농민혁명, 1919년 3·1독립운동, 1960년 4·19혁명, 1980년 5·18광주민주화운동, 1987년 6월 민주항쟁, 2016년 촛불혁명의 역사가 2024년 12월 내란에서 대한민국을 구했습니다. 과거의 역사가 현재의 역사를 구원했고, 과거의 죽음이 현재의 삶을 지속시킨 새 역사를 국민 스스로 써 내려갔습니다. (중략)

대한민국 국회는 내란의 주모자들에 의해 강제로 동원되었지만, 임무를 회피하거나 소극적으로 임했던 계엄군 병사들과 총칼로 무장했으면서도 끝내 국민을 해치지 않으려 했던 계엄군 병사들을 기억합니다. '죄송합니다'라고 연신 고개를 숙이며 돌아섰던 계엄군 병사의 안타까운 눈빛에서 이들 역시 대한민국의 선량한 국민임을 깨닫습니다.

헌정질서가 위태로울 때마다 떨쳐 일어나 국헌을 바로 세우고 민주주의를 지켜낸 우리 국민의 위대함과 슬기로움에 대한민국 국회는 깊이 감사하며 무한한 존경과 신뢰를 표합니다. 대한민국 국민과 이 시대를 함께할 수 있어서 영광입니다."

64년 만의 대국민 감사문

국회가 12·3 불법 계엄 사태 당시 계엄군에 항거하며 민주주의를 지켜낸 국민에게 보내는 감사문을 채택했다. 운영위는 2024년 12월 31일 '12·3 윤석열 비상계엄을 해제한 대한민국 국민께 드리는 감사문'을 의결했다. 진성준 민주당 의원 등 169명이 참여했다. 국회가 대국민 감사문을 채택한 것은 1960년 4·19혁명 이후 64년 만이다. 국회는 1960년 4월 27일에도 4·19혁명을 기리며 '전국 학도에게 보내는 감사문'을 의결했다.

2024년 12월 3일 밤 비상계엄 선포 소식을 접한 시민들은 빠르게 움직였다. 택시를 집어 타고 여의도로 달렸다. 민주당에서는 전 당원 비상소집 문자를 날렸다. 민주노총 등도 바쁘게 움직였다. 시민 4,000여 명이 국회로 들어가려는 국회의원들을 돕고, 계엄군을 끌어내리고, 군용차를 막아 세웠다. 이렇게 빨리 계엄군 저지에 나선 시민들은 세계 어느 나라의 어떤 역사에도 없다. 이날 밤 세계는 윤석열의 계엄에 놀라고, 시민들의 반응에 더 놀랐다.

시사주간지 《시사IN》은 헌정질서가 무너질 뻔한 절체절명의 순간, 민주주의를 지킨 거리의 시민들을 '2024년 올해의 인물'로 뽑았다. 그 수많은 시민의 '찰나'가 모여 역사를 만들었다고 선정 이유를 밝혔다. 시민들이 보여준 K-민주주의에 대한 헌정이다.

"국회는 기민했고, 시민은 용감했다. 명령을 수행하는 군인들마저 '슬며시' 주저했다. '상식적인 세상'에 근거한 찰나의 행동들이 모이고 모여 이성 잃은 권력자의 돌발 행동을 통제했다. 역사는 '만약'이 없다지만, 만약이라는 샛길로 빠질 뻔한 대한민국 역사를 바로잡은 것은 12월 3일 당일, 그리고 이후 국회 앞에 모인 시민이었다. 그 결과 우리는 피 한 방울 흘리지 않고 쿠데타를 막았다."

12월 3일 그날 밤 계엄을 막는 역사의 현장에 가장 먼저 있었던 이들은 장애인이었다. 유엔이 정한 장애인의 날을 맞아 전국에서 모인 약 1,500여 명의 활동가들은 국회에 모여 1박 2일의 장애인권리쟁취 투쟁을 시작했다. 그날 낮에 그들이 힘겹게 오르던 국회의사당 계단을 그날 밤에 계엄군이 오르리라고는 아무도 상상을 하지 못했다. 전국결의대회는 문화제를 끝으로 1일 차 투쟁을 마무리했다. 지하철 국회의사당역에서 잠자리에 들려다가 계엄 선포를 듣고 국회를 지키기 위해 뛰쳐나온 시민들과 함께 꼬박 밤을 지새웠다. 몸이 불편해 경찰과 대치하는 맨 앞에 서지는 못했지만, '계엄 철폐'를 외치는 목소리는 그 누구보다 컸다.

"저희 장인어른께서는 '장수는 싸움터에서 죽는 것을 영광으로 여

긴다'는 말처럼 끝까지 싸우다 돌아가셨습니다. 몇 개월 전부터 감기가 떨어지지 않으셨고, 조금 힘들어하셨습니다. 그러나 윤석열 정권을 퇴진시키고, 다음을 준비해야 한다며 쉬지 않으셨습니다. 지난 12월 3일, 계엄이 터진 날 밤. 장인어른은 장모님께 '언제 돌아올지 모르겠다'는 말씀을 남기고 집을 나서시면서 저와 여러 동지와 함께 밤을 지새우셨습니다."

평생을 민주화운동과 통일 운동에 헌신했던 조성우 선생(1950~2025)도 짐을 싸고 전쟁터로 향했다. 그는 이번 싸움은 길 것 같다고 예언을 했다. 그리고 얼마 지나지 않아서 암으로 세상을 떠났다. 그의 사위 황순석은 장인의 마지막 출정 장면을 페이스북에 남겼다. 그날 총알보다 빨리, 계엄군보다 먼저 국회로 달려간 사람이 어디 '허당 조성우' 뿐이랴. 이름 모를 시민들이 국회로 향했다.

'진실의 힘'이 기록한 그 날, 그 시민들

재단법인 '진실의 힘'의 12·3 쿠데타 기록팀은 자료 수집에 나섰다. "그날의 마음, 생각은 물론이고 나아가 '당신은 어떤 사람이기에 그런 결정을 할 수 있었을까요'라는 질문으로 이야기를 나누고 싶습니다… 저희는 이번 내란 사태 때 거리에 나선 시민들의 말과 행동을 우리 사회와 민주주의를 지키고자 하는 염원으로 보았습니다"라고 취지를 설명했다. 재단 홈페이지를 통해 그날의 기록이 모아졌다. 기억을 제공한 시민들의 이야기를 재구성했다. ["'살 만큼 살았잖아' 세 자매는 달렸다…내란 막은 시민들의 그 날 밤《한겨레신문》 2025년 3월 1일]

— 서울 삼양동 이준형(56)

소리 죽여 옷을 챙겼다. 아직 뉴스를 보지 못한 아내는 딸과 방에서 대화하고 있었다. "제일 두꺼운 옷을 챙기고 등산 양말과 장갑을 챙겼다", "하루이틀 만에 끝날 일이 아니라고 생각"했다. 금융 거래에 필요한 오티피(OTP·일회용 비밀번호) 생성기도 주머니에 넣었다. 정보기술(IT) 회사 대표인 그는 사태 전개에 따라 거리에서 회사 일을 보거나 전호로 업무 지시를 해야 할 수도 있었다. 마지막으로 신분증을 챙겼다. 그는 1980년대 말 광주에서 대학을 다니며 5·18의 참상을 알게 됐다. 당시 신분 파악이 안 돼 가족 품에 돌아가지 못한 희생자들이 많았다. 그는 혹시 잘못되더라도 내가 누구인지는 확인할 수 있길 바랐다. 조용히 현관문을 열고 나왔다. 문을 닫는데 '삐리릭' 소리가 너무 크게 들렸다. 아내와 딸이 막으려고 뛰어나올 것 같아 엘리베이터를 내리자마자 밖으로 달렸다. 서울 강북구 삼양동에서 여의도로 급히 차를 몰았다.

— 경기도 고양시 유현주(66)

딸에게 가로막혔다. 현관문을 막고 선 딸이 관력으로 나가지 못하게 했다. 딸은 완강했다. 생전 처음 보는 모습이었다… 오늘은 절대 안 된다며 막무가내로 제지했다. 신발을 신으려는 엄마를 막고 비켜주지 않았다. 유현주는 딸의 마음을 이해하면서도 가야 한다고 고집했다. 언니가 나오지 않자 집 밖에서 기다리고 있던 막냇동생이 올라왔다. 상황을 파악한 동생이

언니는 집에 있으라고 했다. 걱정하는 딸을 위해서라도 '그럴까' 고민했지만 유현주는 끝내 포기하지 않았다. "나이 먹은 내가 가야 한다"며 뜻을 꺾지 않았다. "자포자기"한 딸이 20여 분 만에 힘을 풀었다.

"이룰 만큼 이뤘고 애들도 다 결혼했어요. 지난 인생 후회 없고 미련도 없어요. 죽기 전에 후회를 덜 남기고 싶었어요. 가면 위험할 수 있잖아요. 위험할수록 내가 그 앞에 있어야지 젊은 애들 앞세우면 안 되잖아요. 현장에 가고 싶었어요. 가서 뭘 어떻게 하겠다는 게 아니라 일단 그 현장에 있고 싶었어요."

막내 유현미⋯ 언니들과 만나기로 하고 집을 나서기 전 그는 친구들에게 전화했다. "'세 자매 장렬히 산화하다' 그렇게 기억해 줘" 농담 삼아 한 말이었지만 그는 스멀스멀 무서워졌다. 두려움을 이긴 것은 "모욕감"이었다.

"계엄이 성공한다고 생각하니까 못 살 것 같았어요. 도무지 '이후'를 상상할 수 없는 거예요. 참을 수 없는 모욕감이 들었어요. 막을 수 있다는 생각으로 간 건 아니에요. 뭐라도 해야 하니 일단 가자 싶었어요. 할 수 있는 게 그것밖에 없었으니까. 국회 앞에 쪽수 하나라도 늘리자, 그거라도 해보자 하는 마음. 돌이켜보면 제가 살기 위해서 나간 거였어요."

"내가 없으면 민주주의가 무너질 수 있다"

'휴먼 라이트 워치(Human Rights Watch)'는 1979년에 계엄 선포를 경험했다는 전직 교사 이현규(63) 씨를 인터뷰했다. "군이 발포를 시작하면 노인들이 앞으로 나가 젊은 세대를 지켜주자"는 70대 여성의 제안에 다른 시민들이 "그럽시다, 그럽시다"라고 동의하는 소리가 들렸다고 한다.

민주당 성북을 정민철 대학생위원장은 계엄령이 선포되자마자 택시비 4만 원을 내고 국회 앞으로 달려왔다고 했다. 그는《주간조선》과의 인터뷰에서 4일 0시부터 4시까지 국회 앞을 지켰다며 "대학생 친구들과 '우리는 잡혀가도 싸운다'며 함께 모였는데, 집에서 자다가 혹은 동네 산책하듯이 온 시민들도 굉장히 많았다"고 말했다. ['20대 기자가 처음 겪은 계엄 국회 6시간'《주간조선》 2024년 12월 6일]

황인경 씨는 곧바로 집에서 출발해 국회 앞으로 달려갔다. 가는 중에 X(옛 트위터)에 자신의 심정도 올리고, 현장 속보도 전했다.

"5·18 때 엄마 다니던 회사 직원은 창밖으로 고개를 내밀었다가 총에 맞아 죽었고, 외삼촌은 그냥 구경하다가 두들겨 맞아 허리 장애로 5·18 유공자가 되었습니다. 시위대가, 시민이, 가족이 변변한 이유 없이 폭도가 되고 개머리판에 맞고 강간 당하고 죽임 당할 수 있는 게 바로 비상계엄입니다. 저는 국회에 왔습니다. 가능한 분들은 함께해 주세요. 버스에서 군인들이 내리고 있습니다. 시민들이 막아서고 있어요. 계엄령 무효 되었나요. 다행입니다. 경찰들도 무슨 고생인가 싶네요."

친구들은 '혹시라도 무슨 일이 생기면 도망치라'고 연신 카톡을 보냈다. 그는 《시사IN》과의 인터뷰에서 무섭거나 고민되지 않았는지를 묻는 말에 망설임 없이 대답했다.

"거리도 멀지 않고 차도 있고, 안 나갈 이유가 없었다. 가서 별다른 역할은 못 해도 '그날 국회 앞에 많은 인파가 모였다'라고 했을 때 그중 한 명이라도 더 보탬이 됐으면 하는 마음이었다."

《시사IN》은 설동찬 보좌관(안태준 민주당 의원실)을 인터뷰했다.

"평범한 날이었다. 12월 3일 밤 10시 30분, 서울 여의도 국회 의원회관 840호에 홀로 남아 야근을 하고 있던 설동찬 보좌관은 뉴스를 보고 벌떡 일어났다. 윤석열 대통령이 비상계엄을 선포하고 있었다. '이게 진짜야?'라는 의문보다 '국회를 장악할지도 모른다'는 두려움이 먼저 스쳤다. 밖을 내다보니 이미 경찰차가 움직이면서 방호벽을 쌓고 있었다. 의원들이 국회 안으로 들어오려면 출입문을 지켜야 한다는 생각이 들었다. 그는 의원회관에서 가장 가까운 정문으로 뛰어갔다. 급한 마음에 미처 슬리퍼를 갈아 신지도 못했다.

정문은 이미 닫힌 뒤였다. 설 보좌관은 "누구 지시로 출입문을 막느냐"라고 항의하며 "직원들과 당원들은 들어올 수 있게 해달라"고 했지만 위에서 내려온 지시대로 할 뿐이라는 대답만 돌아왔다. 뒤를 이어 달려온 보좌진들과 담을 타고 넘어온 보좌진들이 힘을 모아 경비대와 실랑이를 벌였다. 결국 문이 조금 열렸지만 경비대 무전으로는 계속 '문을 닫으라'는 지시가 내려오고 있었다. 문을 닫으려는 경비대와 문을 열려는 보좌진들의 몸싸움이 계속됐다."

민주노총은 긴급 공지를 날렸다. "(윤석열이) 스스로 권력의 종말을 선언했다"며 "이제 윤석열은 끝이다"라고 선언했다. "비상계엄을 무력화할 수 있는 우선적 방법은 국회에서 취소하는 것입니다. 일단 야당 국회의원들이 국회로 모이고 있으나, 국회 진입이 어려운 상황입니다. 아직은 경찰 병력이 입구를 막고 있는 정도라서 긴급하게 집결하여 돌파하고자 합니다. 가능한 모든 동지는 국회 정문으로 모일 수 있도록 전파 바랍니다. 신속히 움직여야 합니다."

금융노조는 24일 새벽 0시 '반민주적 비상계엄, 국민과 함께 끝까지 저항할 것이다!'라는 성명을 발표했다. 성명을 통해 "10만 금융노동자들은 대한민국 민주주의를 파괴하는 행위를 절대 용납하지 않을 것이며, 시민의 기본권과 자유권, 노동권을 지키기 위해 모든 국민과 함께 끝까지 저항할 것"이라고 했다.

이재명 민주당 대표도 밤 10시 56분에 국회로 향하면서 유튜브 방송을 시작했다. "국회로 와주십시오. 늦은 시간이긴 하지만 국민이 이 자리를 지켜주셔야 합니다." 민주당도 밤 11시 55분 전 당원에게 문자 공지를 보내서 모이라고 호소했다.

혹은 자발적으로 혹은 호소에 응해서 역사의 부름에 응답한 시민들의 기록도 있다.

아카이브에 기록된 그날

"독재자는 언제나 국가 폭력을 사용해 세상을 어지럽혀왔고, 우리 시민은 언제나 민주주의 정신으로 저항해 거칠어진 세상을 사람이 살 만한 나라로 만들어 왔습니다. 돈을 가진 사람은 돈으로, 용기가 있는 사람은 용기로, 완력이 큰 사람은 힘으로, 기술이 좋은 사람은 기술로, 지식이 높은 사람은 지식으로 불온한 압제에 저항해 온 역사입니다. 기록학을 공부하는 우리는 기록하기로 했습니다."

비상계엄이 선포되고 한 달 후 한국외국어대 정보기록학과 대학원생들과 이 대학 출신의 기록학 연구자 30여 명이 '12·3 아카이브(https://1203archive.oopy.io)'를 열었다.

김어진숙은 "이재명 대표 라이브와 민주당의 문자… 사실 이 메시지는 제 몸을 그냥 국회로 바로 가게 해준 힘이었다"고 했다. @luckyy8591은 "남편이 여의도 가야 한다는 말에 죽을 수도, 감옥에 갈 수도 있겠다 싶어 한편으론 집에서 상황을 지켜봐야지 하다가 도저히 안 될 듯 해서 아주 작은 힘이라도 보탤까 싶어 남편 아들나 12시 넘어 차를 몰고 국회 근처 세우고 윤석열 퇴진 외치다가…"
@acupmoxa는 서울에 있는 아들이 국회로 가야겠다고 해서 만감이 교차했다. 계엄군이 체포하려고 하면 가급적 도망치고, 잡히면 저항은 하지 말고 순순히 체포되라고 하고 전화를 끊는데 눈물이 하염없이 흘렀다.
@why_not_x는 부인 모르게 작은 방의 책상에 통장 비밀번호와 국회 다녀오겠다는 메모를 남기고 청주에서 서울로 향했다.

@라미F는 가족과 가까운 친구들에게 "계엄 이후 연락이 안 되면 잡혀갔을 수도 있다"고 하고 국회의사당 후문에 당도했다. 광주에서처럼 죽을 수도 있겠구나 하는 생각을 했다. 강원도 횡성에서 요양하다가 올라온 사람의 사연, 필리핀 친구와 채팅을 하다가 계엄 소식을 듣고 국회로 차를 몰면서 내가 죽을 곳인가 하는 생각이 들었는데 예상보다 많은 사람이 있는 것을 보고 슬프면서 만감이 교차했다는 기록들이 올라와 있다.

그렇게 내가 죽을 곳인가 하는 생각을 하면서 국회로 모여든 사람들 덕분에 의사당 안에서는 계엄 해제 요구안을 의결할 수 있었다. 그들의 한결같은 기억은 5·18 광주였다. 계엄군과 첫 번째 전선에서 맞선다는 것은 가족과 생이별이며 죽음이라는 것을 알고 그들은 그 전선으로 향했다. 그들은 첫 번째 횃불이 되었다. 횃불은 응원봉을 든 빛의 혁명으로 진화했다.

이렇게 각계각층의 조직과 개인이 움직였다, 그들이 역사를 만들었다. 조 에스더는 "12월 3일 국회 앞 달려간 시민분들께 감사합니다"[《오마이뉴스》 2024년 12월 11일] 라고 감사의 마음을 이렇게 표현했다.

> "…그날, 따뜻한 집으로 다시 돌아갈 수 없을지도 모름에도 불구하고 집으로 가는 귀갓길에서 또는 친구들과의 반가운 식사 자리에서, 모처럼 일찍 잠들려고 몸을 눕혔던 침대에서 '계엄선포'라는 이야기를 듣고 국회로 달려온 분들 덕분이다.
> 　국회로 내달리면서, 또 헬기와 군인들을 봤다면 '죽을지도 모른다'는 생각이 스칠 만도 한데. 그 생각이 머릿속에 도착하기도

전에 그들은 국회 문 앞에 매달렸다.

　당시 현장 영상을 보니, 계엄군에게 "너 어디서 왔어? 왜 그래?"라고 소리 지르며 화난 아빠처럼 말한 이들도 있고, 계엄군을 너무 밀어붙이지 말라고 말리면서 이러지 말라고 타이르는 엄마처럼 말하는 이들도 있었다. 옷을 잡아당기며 앳된 목소리로 "이러면 안 되잖아요"라고 울부짖는 남동생 같은 목소리도 있었다. (중략)

　생각해보니 지금까지 우리의 삶은, 위대한 한 사람이 아니라 고통을 축적해내고 고통이 몸에 새겨져서 고통을 껴안고 사는 사람들 덕분이었다. 정세랑 작가의 소설《피프티 피플》에서 가습기 피해 유가족이 이런 말을 한다.

　"너 그거 알아? 세상에 존재하는 거의 모든 안전법은 유가족들이 만든 거야."

　'살아있는 모든 것은 무언가의 죽음을 먹고 사는 존재'라는 말을 들은 적이 있다. 지금 이 글을 써 내려가는 아주 평범한 오늘은, 지난 12월 3일 저녁 자신의 목숨이 어떻게 될지 계산하지 않고 무작정 달려간 사람들, 그들의 죽음을 각오한 내달림 덕분이다. 계엄 선포 뒤 이어진 일상을 복기해보니 정말 그렇다."

국회에 그들이 당도했을 때에는 이미 경찰이 외벽을 차단하고 있었다. 시민들의 격렬한 항의와 국회의원들의 질타에 부딪히면서 잠깐 봉쇄를 풀기도 했으나 경비는 견고했다. 이날 현장을 본《뉴시스》임철휘 기자는 서울의 사건·사고를 기록하는 일을 하면서 집회 참가자들을 은근히 내려 깔보는 경찰의 '세모눈'을 숱하게 봤으나, 그날 경찰 눈에서는 적의를 쉽게 찾지 못했다고 기록했다.

"누가 들어갈 수 있는지" 묻는 말에 "출입증을 가진 국회 직원들은 들어갈 수 있다"고 말할 땐 자신들도 납득이 된다는 듯 목소리에 자신감이 묻어났고, 자정을 20여 분 앞둔 시간부터 "아무도 못 들어간다"고 말해야 할 때는 목소리와 함께 어깨도 움츠러들었다. 굳게 닫힌 국회 정문 오른편에 처진 천막 사이, 경찰이 배치되지 않은 곳으로 적잖은 시민들이 월담하고 있었으나 못 본 척 '흐린 눈'하는 경찰을 몇몇 보았다.

"너희들이 겨누는 총에 너희 어머니가 쓰러질 수도 있다"

이날 계엄군과 세 차례 전투가 있었다. 본청 후문, 그리고 정문, 소화기로 계엄군에 맞선 본청 2층 복도. 의사당 본청 후문에서는 계엄군이 청테이프로 문을 봉쇄하고 퇴각하는 것으로 끝이 났다. 본청 정문 앞에서의 전투가 가장 길었다.

국회 보좌진들을 중심으로, 국회의사당 2층 출입구를 막기 위해 스크럼을 짜기 시작했다. 수백 명의 남녀 보좌진들이 계엄군과 밀고 밀렸다. 이곳저곳에서 서로 엉키는 긴장된 상황이었다. 계엄군도 무리한 도발을 하지 않았지만, 보좌진과 시민들도 자제했다. 우발적으로 유혈 사태가 날 수 있는 순간과 찰나가 있었지만 어느 정도 수위에서 대치가 이어졌다.

본청 2층의 자동 회전문 안에서는 책상과 집기 등으로 바리케이드를 쳤다. 2층과 3층에서 만일의 사태에 대비하는 보좌진들과 국회 사무처 직원들이 지켜보고 있었다. 시간이 갈수록 계엄군 수는 계속 늘어났다. 국회를 사수하려는 사람들은 더 이상 의사당 본청 입장이 어려웠다.

특전사 707특수임무단 출신 배우 이관훈이 국회에서 계엄군을 직접 설득했다. 유튜브 채널 '황기자TV'가 공개한 영상에서 이관훈은 국회에 진입한 계엄군에게 대화를 시도했다. 자신을 707 선배라고 소개한 이관훈은 "명령받아서 온 거 아는데 진정하라"며 "너희도 다 판단할 거라고 믿는다"라고 당부했다. 이관훈은 2004년 707특수임무단 중사로 전역, 현재 연기자로 활동하며 드라마 〈대조영〉, 〈환상연가〉 등에 출연했다.

"절대 폭력 행사하지 마라. 구실을 주면 안 된다"라며 격분한 이들을 말리는 사람도 있었다. 어떤 여성은 "너희들이 겨누는 총에 너희 어머니가 쓰러질 수도 있다"라고 군인들을 훈계했다. Z세대 군인들은 어떻게 해야 할지를 몰랐다. 전투식량은 배낭에 챙겨왔지만 수통에 물을 담는 대신에 생수를 들고 왔다. 우왕좌왕했다. 윤석열이 그동안 군과 자주 접촉하면서 정신무장을 강조했는데 이들은 체질적으로 다른 세대였다.

김대경 보좌관(민주당 민병덕 의원실)도 《시사IN》과의 인터뷰에서 군인들이 자신이 맡은 임무가 무엇인지 명확하게 인지하고 있는 것처럼 보이지 않았다고 말했다.

"혼란스러움 반, 명령은 따라야 한다는 생각 반인 것 같아서 군인들을 설득하려고 했다. '당신들이 이럴 이유가 없다', '내란에 동조하려는 거냐, 분명히 나중에 문제가 될 거다', '명령해서 온 건 알겠지만 적당히 해야 한다, 힘쓰면 안 된다'고 반복해서 얘기를 했다." 군인들은 가슴팍에 단 권총집에 손을 얹고 있었다. 김 보좌관은 세 번이나 "권총에서 손을 떼달라"고 말했다. 결국 군인들은 자세를 풀었다.

위험한 순간도 있었다. 밀고 당기는 과정에서 한 군인이 실제로 총을 뽑아 들기도 했다. "진짜 총이었는지 테이저건이었는지는 모르겠다. 총에 노란색, 빨간색 무언가가 붙어 있더라. 가슴팍에서 총을 꺼내니까 내 얼굴에 겨눠졌다" 총구를 마주한 설동찬 보좌관도 고함을 질렀다. "여기가 어디라고 총을 들이대! 쏠 수 있으면 쏴봐!" 분위기가 격앙되자 군인의 상관이 총기를 집어넣도록 했다. ['계엄이 내려진 밤, 국회를 지킨 사람들' 《시사IN》 2024년 12월 6일]

현장에 있었단 안귀령 민주당 대변인은 처음 소식을 접했을 때 공포감이 엄습했다. 본회의장이 있는 본청에 도착했더니 이미 계엄군이 와 있었다. 당직자들은 계엄군이 국회 본청으로 들어오는 것을 막기 위해 필사적이었다. 안귀령도 계엄군이 그 사이를 파고 들어오자 순간적으로 몸을 던져서 막았다. 군인들이 그의 팔을 잡고 막으니까 그도 군인을 뿌리치는 과정에서 총구를 잡고 밀쳐냈다. 그 장면이 포착되었다. 영국 국영방송 〈BBC〉는 2024년의 가장 인상적인 12장면에 그 사진을 포함시켰다.

공소장도 인정한 시민들의 공로

본청에서의 전투를 반관반민(주로 보좌진, 국회 사무처 직원, 국회 출입증을 가진 민주당 당직자)이 주도했다면 의사당 외곽의 전투는 민병대가 담당했다. 순수 민간인이었다. 검찰은 "국회 주변에 모인 시민들과 국회 직원들로 인해 체포조가 국회 안으로 진입하지 못한 채 계엄 해제 요구안이 가결되는 바람에 실패했다"고 공소장에서 밝혔다.

수도방위사령부 소속 계엄군의 국회 경내 진입 시도는 시민들의 저항으로 번번이 실패했다. 시민을 피해 경찰의 도움을 받아 경내로 진입하는가 하면, 시민이 그들이 타고 있던 중형버스 앞을 가로막거나 중형버스 밑으로 들어가는 바람에 대기하다가 돌아갔다.

"국회 앞에 3일 밤 11시 50분께 '대한민국 육군'이라는 문구가 적힌 버스가 도착하자 시민들은 군대의 국회 진입만은 막으려는 듯 버스 주변을 에워싸고, 일부 시민은 버스 앞에 주저앉았다. 한 시민은 버스 출입구를 막으며 "국회 안으로 군대가 들어가면 돌이킬 수 없을 것"이라며 외치기도 했다. 육군 버스는 시민들의 저항에 국회로 진입하지 못 하고 후진도 하지 못 한 채 도로 중앙에 정체돼 있었다. 마스크를 착용한 운전석의 군인은 난감한 표정을 지었다."['계엄 선포에 국회 지키러 나온 시민들⋯ "철폐하라" 함성', 《서울경제》 2024년 12월 4일]

차량 내부에 탄약 상자가 목격되었다는 진술은 공소장에 나온 무기 목록에서도 확인된다. 또 공소장에 '국회의사당 진입을 막고 있는 시민들을 제압할 목적으로 공포탄, 테이저건을 사용하고자 박안수 계엄사령관에게 사용 승인을 건의하였으나 박 사령관이 이를 거부하였다' 같은 대목에서도 무기를 사용하려 했던 정황을 볼 수 있다.

자정이 넘어가자 시민들이 2,000여 명으로 늘어났다. 국회 앞 도로에 차가 다닐 수 없을 정도로 많은 사람이 몰렸다. 정문이 완전히 봉쇄되면서 기자들의 출입도 막혔다. 시민들은 '계엄을 철폐하라'고 한 목소리로 외쳤다. "나라가 망해간다", "이 시대에 계엄이 웬 말이냐", "믿을 수가 없다", "계엄을 철회할 때까지 국회 앞을 지키겠다"고 목소리를 냈다. 버스에서 내리는 군인들을 향해 시민들은 "거리에 나와 있을지도 모르는 부모님과 가족을 생각하라"고 소리쳤다.

누군가 애국가를 부르기 시작했다

임철휘 《뉴시스》 기자는 취재 수첩에서 군인들의 모습을 이렇게 기억했다.

> "젊은 군인도 기억난다. 군 당국 마크가 그려진 스포츠유틸리티차량(SUV)에는 군인 세 명이 앉아 있었는데, 특히 뒷좌석에 앉았던 한 군인이 뇌리에 박혀 있다. 그는 고개를 들고 시민들과 눈 맞추던 앞 좌석의 두 명과 달리, 얼굴을 양손으로 감싼 채 고개를 앞 좌석에 처박고 있었다. 왼편에 놓인 탄약캔에는 자물쇠 두 개가 이중으로 시건돼 있었다. 수백 명의 시민에 둘러싸여 차가 옴짝달싹 못 하게 됐을 때 그는 어떤 기분이었을까. 피로와 패배감, 자괴감을 느꼈을까."

직장인 김동현 씨는 4일 새벽 0시 30분께 강서구 화곡동 집을 나섰다. 헬스장에서 운동을 마치고 돌아오다가 뒤늦게 소식을 들었다. 고양이 두 마리가 1주일 동안 먹을 수 있는 사료와 물을 준비해뒀다. 가까운 친구 몇 명에게는 혹시 자신에게 무슨 일이 생겼을 때 고양이를 챙겨줄 수 있도록 집 현관문 비밀번호를 알려주었다.

> "무조건 막아야 한다는 생각이 들었고 동시에 누구든 도와주러 올 거라는 확신이 있었어요. 그날 밤 국회 앞에 있던 사람들에게는 서로에 대한 신뢰와 연결되어 있다는 느낌이 있었습니다. 저는 먼저 나서기만 하면 되는 거였죠." [군용차 막아선 김동현 씨 인터뷰 '누구든 도와줄 거라 확신했어요', 《한겨레》 2024년 12월 30일]

그는 국회 인근을 지나던 군용차량을 홀로 막아섰다. 김 씨가 차량의 앞부분을 짚고 운행을 저지하자 주변에 있던 시민들이 곧바로 합세해 차량을 막아섰다. 미국 워싱턴포스트가 이 장면을 포착해 영상을 올렸다. 이재명 민주당 대표가 X(옛 트위터)를 통해 그를 찾았다.

영상이 찍힌 시점은 4일 새벽 2시경. 김동현은 서강대교 남단 사거리에서 국회 뒷문 방향으로 가려는 군용차량을 발견했다. 비상계엄 해제 요구 결의안이 통과됐지만 윤석열이 아직 계엄 해제를 선언하지 않았을 때였다. 김동현은 "시민들이 순순히 비켜줬을 때 정말로 (국회가) 안전할지 확신할 수 없는 상황이었다"며 "일단 차량을 향해서 뛰었다"고 말했다.

그는 《한겨레》와의 인터뷰에서 "차 안에 있던 군인이 비키라고 계속 손짓했다. 내가 처음 차량 앞에 서자 겁을 주려는 듯 슬쩍 앞으로 움직였다. '밀 테면 밀어봐라. 너희는 절대 국회 쪽으로 못 간다'는 느낌으로 버텼다. 합세한 시민들이 계속 막으니까 시동을 건 채 멈춰 있던 차량은 결국 후진해서 서강대교 쪽으로 돌아갔다"라고 했다.

계엄해제 요구 의결이 가결되자, 국회 정문 앞에 집결한 시민 4,000여 명은 일제히 "대한민국 만세!"를 연호했다. 누군가가 애국가를 부르기 시작했다. 우리는 이겼다는 소리가 저절로 나왔다. "가결됐습니다. 철수하십시오"라며 군의 철수를 유도했다. 계엄군이 우물쭈물하자 시민들과 국회 직원들이 소리쳤다. "계엄 해제됐어! 이제 너희 여기 들어오면 반란이야!"

한강 작가는 6일(현지시간) 스웨덴 스톡홀름 노벨상박물관에서 열린 노벨문학상 수상 기념 기자간담회에 참석했다. "맨손으로 군인들을 제지하려고 하는 모습들도 보았고 총을 들고 다가오는 군인들 앞에서 버텨보려고 애쓰는 사람들의 모습도 보았다. 그분들의 진심과 용기가 느껴졌던 순간이었다"고 그날의 감동을 전했다.

최정기 전남대 사회학과 명예교수는 "5·18정신을 상징하는 '민주·인권·평화'에 이제는 '정의'도 포함할지 고민해야 할 때다. 계엄 선포 당시 국회를 지키고자 달려간 시민들과 소극적으로 임무 수행에 나선 계엄군·경찰의 모습에서 1980년 5월 광주정신이 굳건히 지키려 했던 '정의'를 엿볼 수 있었다"고 《뉴시스》 인터뷰에서 밝혔다.

"택시가 여의도로 들어섰을 때였다. 우측으로 지상보다 약간 높은 둔치길에서 국회의사당을 향해 뛰어가는 일군의 사람을 보았다. 대여섯 명 돼 보이는 남자들 사이에서 한 중년의 아주머니가 열심히 뛰어가는 모습이 불빛을 받아 실루엣으로 보였다.

감동이었다. 저렇게 열심히 뛰어가는 아주머니가 있다니, 문득 울컥한 감정과 아울러 동학전쟁에 참여한 사람들이 떠올랐다. 국회의사당 근처에서 내려 정문 쪽으로 발을 재촉했다. 벌써 사람들이 꽤 있었다. 수백 명은 됨직해 보였다. 하지만 경찰들은 완강히 저지하고 있었다….

'계엄 철폐', '헌법 수호', '국회 수호', '민주주의 만세' 등의 구호가 격렬하게 터져 나왔다. 시간은 새벽 1시를 향해 가고 있었다. 국회 정문이 완전히 봉쇄되기 전에 들어갔던 시민과 국회의원 보좌진들이 계엄군과 몸싸움을 하면서 총구 앞을 막아서며 설득하고 때로는 간곡히 말리면서 같은 국민의 편에 설 것을 요구하자 이러한 상황을 전혀 예상치 못했던 계엄군은 심적인 동요를 느낄 수밖에 없었던 듯싶다.

갑자기 시민들 사이에서 환호성이 터져 나왔다. '비상계엄 해제 요구 결의안'이 가결됐다고 카톡방을 통해 전달된 것이었다. 시민들의 구호는 즉각 바뀌었다. 시위 끝에 이러한 행복감을 느낄 수 있다니, 모든 사람이 '민주주의 만세'를 외쳤다. 옆에 사람에게 부탁하여 인증사진을 찍었다….

왜 시위 중인 시민들이 특히 젊고, 어린 세대들은 또 왜 그렇게 밝고 즐거운 기분일까? 단순히 옳은 일을, 해야 할 일을 하게 되어서만은 아닐 게다. 우리 모두는 자칫 침몰할 수도 있었던 나라를 구하고 있다는, 또 이 기세는 세상 어느 누구도 되돌릴 수 없다는 확신을 갖고 있기 때문일 것이다. 국민만이 희망이자 답인 것이다." ['12월 4일 새벽 국회 앞에서 갖게 된 확신' 최병선 조선 자유언론 수호투쟁위원회 《민들레》 기고문]

Z세대 군인들의 용기 있는 태업

계엄이 실패로 끝나고 지휘관들은 발뺌을 했다.

"국무회의에 따라 발령된 계엄령이고, 계엄법에 따라 사령관이 발동한 포고령이었다(조지호 경찰청장)", "맞고 틀리고를 떠나서 위기 상황에 군인들은 명령을 따라야 한다고 강하게 생각한다(여인형 전 국군방첩사령관)", "뭘 어떻게 해야 되겠다, 그런 생각은 별로 없었고 명령을 받았기 때문에 할 수 있는 게…(박안수 전 계엄사령관)."

하지만 그들의 명령에 따랐던 Z세대 군인들의 가슴에는 깊은 상처가 남았다. Z세대 군인들은 그날 일종의 태업을 했다. 소극적으로 계엄 임무에 종사했다. 시민을 다독이거나 일으켜 세워주는 군인도 있었다. 지휘관들은 사후에 태연히 발뺌을 했지만 젊은 군인들은 트라우마 치료를 받고 있기도 하다. 그날의 분위기를 조 에스더 씨가 쓴 앞의 글에서 다시 엿볼 수 있다.

"무장한 계엄군은 시민 서넛이 달려들면 뒷걸음질을 쳤고 자기에게 가까이 오지 말라고 두 손을 저으며 시민들을 뒤로 물리는 것 같았다. 마치 자기 몸에 시한폭탄이 있으니 근처에 있지 말라고 하는 것처럼 말이다. 눈발이 흩날리던 여의도 국회 문 앞, 우리 모두는 누군가의 부모이고 가족이었다. 단지 서로 입고 있는 옷이 다르고, 해야 할 일이 달랐을 뿐이다. 무장한 계엄군이지만 그들이 누군가의 가족이라는 것을 잊지 않고 계엄군과 마주한 시민들, 얼굴과 몸은 일체 가렸지만 시민을 보면서 집에 있는 자신의 가족을 떠올렸을 계엄군들. 어쩌면 그들이 서로 이리 밀고 저리 밀리면서 계엄의 그림자를 국회 밖으로, 대한민국 밖으로 밀어낸 것 같다는 생각이 든다."

그날 각종 온라인 커뮤니티에는 수많은 계엄 관련 게시물이 올라왔다. 한 커뮤니티에는 12월 4일 오후 4시까지 1만 5,000여 개의 게시물이 올라왔다. 《솔로나라뉴스》에서는 '윤, 계엄 선포 사태에 대한 MZ 반응- 자유민주주의 수호한다면서 온갖 자유 다 억압하네'라는 기사에서 온라인에 게시된 청년층의 당혹감을 전달했다.

V***re	"한국 민주주의가 진짜 대단하긴 한 듯, 경험치가 없었으면 얼레벌레 하다가 먹혔을거임"
리00	"비상계엄 겪으신 아버지, 어머니 세대들이 진짜 존경스럽네요. 문득 드는 생각"
잼00	"5·18이 얼마나 끔찍했을까 실감됨!!!! 어릴 때 경상도 살아서 계엄 있었는지도 몰랐는데 이번 계엄 보면서 무장군인들이 시민들을 향해 총 쏘고 진압하고 했던 것은 진짜 최악의 사건이며 전두환은 인간말종!! 광주민주화 운동하신 분들은 존중받아야 합니다. 그리고 윤석열은 내란죄로 깜빵에서 썩어야 됨!!"
7***78e	"한국인들 오늘은 진짜 존경스럽습니다. 우리나라 시민들 진짜 멋집니다. 역사의 수레바퀴를 거꾸로 돌릴 순 없죠"
엄00	"김민석이 계엄 타령할 때 드디어 운동권의 종말이 온다 생각했습니다. 정말 동떨어진 현실 인식에 망상에 빠져 사는 아직도 80년대를 살아가는 민주당 586 운동권들 잘한다, 잘한다, 잘한다, 더 떠들어대라 그럴수록 운동권의 종말이 더 빨리 온다 속으로 응원했는데 윤석열이 진짜 계엄을 하다니"

《슬로우뉴스》의 이상헌 칼럼 'K-민주주의의 저력, 한국이 글로벌 롤모델이 된다'의 끝부분을 인용하는 것으로 제32장의 끝을 맺는다.

"외국 친구와 동료들에게서 쏟아지는 메일에 나는 이렇게 답하고 있다. 어느 외국 친구가 문자를 보내왔다. 탄핵 시위를 생중계하는 방송이 너무 좋더란다. 왜냐고 했더니, 자기가 아는 노래가 나와서 잠시 같이 따라 불렀다고. 그래서 한국 민주주의는 참 재미있다고 하더라.

이런 이야기도 전해 들었다. 그날 밤 국회 앞, 사람들이 서둘러 나섰다. 일흔은 넘어보이는 여성이 밀치며 앞으로 나섰다. 그는 내가 막겠다고 다들 뒤로 물러나라고 했다. 나는 살 만큼 살았으니 젊은이들은 얼른 뒤로 가라고 나서지 말라고 했다고 한다. 저 짧은 말 한 마디가 온전하게 아파서, 나는 어떤 말을 보탤 수가 없었다.

하지만 나는 이제 말할 수 있다. 이 싸움에서 반드시 우리가 이길 거라고. 우리가 다시 마주한 이 '좁은 회랑'의 끝에 더욱 단단한 K-민주주의와 새로운 도약이 있을 거라고. 노래 부르면서 격려하면서 가자."

33장　　　　　　　　　　　계엄의 고발자들

　윤석열은 아무 일도 일어나지 않았다고 했다. 계몽령이라고 했다. 국회의원을 체포하라고 지시한 적도 없고, 구금해야 할 정치인 명단을 불러준 일도 없다고 했다. 이 모든 것이 홍장원 국정원 1차장과 곽종근 계엄사령관이 만든 프레임이라고 했다.
　계몽령이란 조어는 처음에는 인터넷 사이트에 떠돌던 것인데《스카이데일리》가 2025년 1월에 기사에서 쓰면서 윤석열의 언어가 되었다. 계몽령이라는 말이 성립하기 위해서는 윤석열이 처음부터 각본을 다시 써야 한다.
　애초에 계몽령이었다면 윤석열은 2024년 3월부터 시작된 장군들의 모임에서 비상한 수단을 언급할 필요가 없었다. 장군들은 그렇게 긴장하고, 마신 술을 토해내고, 박정희, 전두환 장군 같은 사람이 왜 없는지 탓하는 글을 읽어 볼 필요가 없었다. 6월에는 장군들이 충성을 맹서할 이유가 없었다. 쇼를 하는데 무슨 맹서까지 필요하겠는가.
　윤석열이 9월에 국방부 장관을 교체할 이유도 없다. 신원식이 계엄을 반대했을 때 걱정하지 않아도 된다며 계몽 연극을 하는 것이라고 설득하면 되었다. 노상원은 점집을 다니면서 자신과 윤석열의 운명을 알아볼 필요도 없었다. 김용현은 북한의 오물 풍선 대응으로 원점 타격을 논의할 이유가 없었다.

윤석열은 한덕수, 최상목, 조태열이 계엄을 말릴 때, 걱정하지 말라고 날이 밝으면 끝날 일이라고 이해를 구했으면 되었다. 김건희도 모르게 하는 일이라고 굳이 설명할 필요도 없었다. 계엄이 실패로 끝난 심야에 김용현과 결심지원실에 둘이 앉아 한숨을 쉴 이유가 없었다. 김용현의 사의를 수용하지 않고, 등을 두들기면서 계몽 연극이 잘 끝났다고 했으면 될 일이었다.

12월 3일 윤석열의 몽상적인 계엄을 폭로한 이들이 있다. 홍장원 국정원 1차장은 윤석열의 정치인 구금 지시를 공개했다. 곽종근 특전사령관은 회심해서 여러 차례에 걸쳐 윤석열의 국회의원 연행 지시를 폭로했다. 윤석열은 이 두 명의 진술을 흔들려고 했다. 두 명은 일관되게 윤석열로부터 체포 지시를 직접 받았다고 증언하고 있어 본인이 살려면 역공해야 했다. 하지만 홍장원, 곽종근의 증언을 뒷받침하는 진술이 차고도 넘쳤다. 류혁 법무부 감찰관은 법무부와 검찰에서 유일하게 계엄의 심장에 정의의 칼을 꽂았다.

첫 번째 이야기. '보수의 품격' 보여준 홍장원

"저, 대통령 좋아했습니다. 시키는 거 다 하고 싶었습니다. 그런데 그 명단을 보니까 그거는 안 되겠더라고요. 예를 들어서 위원장님 집에 가서 편안하게 가족들하고 저녁 식사하고 TV 보시는데 방첩사 수사관과 국정원 조사관들이 뛰어들어서 수갑 채워서 벙커에 갖다 넣었다. 대한민국이 그러면 안 되는 거 아닙니까? 그런 게 매일매일 일어나는 나라가 하나 있습니다. 어디? 평양. 그런 일을 매일매일 하는 기관 어디? 북한 보위부. 이상입니다."

2025년 1월 22일, 윤석열 정부의 비상계엄선포를 통한 내란혐의 진상규명 국정조사특별위원회에서 안규백 위원장의 질의에 대한 홍장원의 답변이다. 홍장원 국정원 1차장의 국회 진술은 많은 사람에게 강한 인상을 남겼다. 평생을 군과 국정원에서 보낸 사람의 입에서 저런 발언이 나온 것이 신선했다. 민주주의 국가에서 벌어져서는 안 될 일이라는 일갈은 원래 야당, 시민사회, 재야의 몫이었다. 그런데 국정원에도 민주주의를 지키려는 신념을 가진 사람이 있다는 '놀라운 발견'을 하게 된 것이다.

윤석열은 2024년 12월 3일 밤 10시 58분경 홍장원에게 전화했다. 국정원장이 해외 출장 중인 것으로 착각했는지 1차장에게 지시를 했다. "이번 기회에 싹 다 잡아들여, 싹 다 정리해, 국정원에도 대공수사권을 줄 테니 우선 방첩사령부를 지원해. 자금이면 자금, 인력이면 인력 무조건 도우라"라고 했다. 목적어가 없었다.

홍장원은 '국정원도 모르는 어마어마한 일이 벌어져서 계엄령이 발동됐구나'라고 생각했다. 국내 장기 간첩단 사건을 적발했는가 긴급하게 추정했다. 북한 관련이거나 테러 기도가 적발되었을 수도 있는데 국정원이 까마득하게 모르고 있었다면 그것도 큰 문제였다. 홍장원은 밤 11시 6분 육사 후배인 여인형 방첩사령관에게 전화를 걸었다. 무슨 일인지 물었는데 여인형이 답변을 망설이자 V(대통령) 지시로 전화한 것이라고 설명했다. 뭐든 도우라고 해서 전화한 것이라고 했다.

홍장원 증언에 따르면 여인형이 체포 대상 명단을 불러주었다. 이재명, 우원식 등의 이름이 나왔다. 홍장원은 이를 받아적다가 전 대법원장이나 대법관까지 나오는 걸 보고 '미친놈인가?'라고 생각하며 더 이상 받아적기를 그만두었다. 뒤이어 여인형이 1차, 2차 대상을 순차적으로 검거할 예정이며 방첩사에 있는 구금 시설에서 조사한다고 하자 통화를 끝냈다. 나중에 기억까지 더듬어서 보좌관에게 명단을 정리하라고 했다. 여인형은 그 시간에 엘리베이터를 타고 있어서 무슨 통화를 했는지 정확하게 기억하지 못한다고 변명했다.

12월 6일 국회 정보위가 소집되었다. 홍장원은 기억하는 순서대로 여인형이 불러준 명단을 공개했다. 이재명, 우원식, 한동훈, 김민석, 박찬대, 정청래(법제사법위원장), 조국, 김어준(딴지일보 총수), 김명수(전 대법원장), 권순일(전 대법관), 김민웅(촛불행동 상임공동대표) 그리고 이름과 소속이 기억나지 않는 노총위원장 1인 등이라고 밝혔다. 윤석열 측은 이 명단이 민주당과 홍장원이 내통한 작품이라는 프레임을 씌우려고 했다.

"장원이의 어머니께서 내가 고등학생일 때 해 주신 말씀이 있다. '장원이가 육사가 아니라 창성이와 함께 서울대(이 친구는 두 곳에 모두 합격)로 갔으면 좋겠다. 왜냐하면 우리 집 살림은 평생 장원이 아버지가 소위 시절이나 장군 시절이나 똑같이 어려웠기 때문에.' 그러나 내 친구는 육사를 택했고, 지금까지 조국에 헌신해 왔다. 문재인 정권 시절 30여 년 동안 근무한 국정원에서 7,000원짜리 영수증이 하나 없었다고 2주 동안 조사를 받기도 했고, 몇 해 지난 후 결국 정권이 끝나기 전에 해임당했었다. 그런 그가 지금 민주당에 잘 보이려고 국회에서 그런 증언을 했다고? 정말 웃기는 소리다."[홍장원의 평생의 친구라는 홍창성 미네소타 주립대 교수 페이스북 글]

1964년 경상남도 진해에서 태어난 홍장원의 아버지는 해군 제독으로 예편했고 어머니는 간호장교 출신이다. 1983년에 육군사관학교 입교하여 육군사관학교 교수 및 훈육장교가 선발하는 대표화랑상을 수상했다. 대표화랑상은 가장 장래가 기대되는 육군사관생도에게 수여하는 상으로 대통령상을 받은 생도와 함께 육사의 백년탑에 이름이 새겨진다고 한다. 1992년 국가정보원으로 옮겼다. 누군가 홍장원 본인에게 '너 40년 동안 뭐 하고 살았니?'라고 묻는다면 평생 빨갱이 때려잡는 일을 했다고 말할 수 있을 정도로 사명감이 강하다. 블랙요원으로 30년을 근무했다. 홍콩 시장통에서 반바지를 입고 다니며 은밀히 임무를 수행했다.

대위 진급 후 육군특수전사령부 예하 제707특수임무대대에서 중대장으로 근무했다. 당시 부하 중엔 1980년 광주에 다녀온 대원들이 있었다. 나이를 먹으며 트라우마로 고통받는 모습을 지켜봤기 때문에 12·3계엄 사건이 발생했을 때 예민했다고 한다. 그는 헌법재판소와 CBS 인터뷰에서 "(비상계엄 당일)707 요원들은 그날 헬기에 탑승하라는 지시를 받았다. 그 헬기에 탈 때 국회에 간다고 알려주지 않았다. 아마 특전요원 한 사람은 무기를 가지고 탄을 싣고 공격용 헬기에 오를 때 드디어 우리가 작전을 하는구나. 평양에 내릴 수도 있구나라는 생각으로 탑승하지 않았겠느냐. 무슨 뜻이냐면 내가 돌아오지 못 할 수도 있어. 내가 전투에 나가는 거야. 작전하러 나가는 거야 그런 마음으로 탑승한 이들을 정치권이 이용한 것이니, 군인을 미워하지 말라"고 당부했다. 홍장원은 "국민께서 군복 입은 사람들에 대해서 많은 실망을 하셨겠지만 그 순간 많은 군인의 마음속에는 진정된 부분에서의 충성심이 있었다는 부분을 잊지 않으셨으면 좋겠다"고도 했다.

공소장과 관련자들의 진술을 종합하면 윤석열은 김용현에게, 김용현은 여인형에게, 여인형은 홍장원과 조지호 경찰청장에게 구금해야 할 정치인 명단을 순차적으로 불러주었다 여인형은 3일 저녁 7시 30분경, 정성우 방첩사 1처장에게 "경찰청장의 연락처를 알아보라"는 지시를 내렸다. 여인형은 밤 10시 30분경, 조지호 경찰청장에게 전화를 걸어 명단을 불러주며 정치인 체포에 대한 경찰의 협조를 구했다. 조지호는 이재명, 우원식, 한동훈이 포함돼 있었다고 검찰에 진술했다.

여인형이 김대우 방첩사 수사단장에게 명단을 불러줄 때 정성우 방첩사 1처장도 있었다. 정성우는 검찰에서 그 광경을 그대로 진술했다. 김대우는 곧바로 구민회 방첩수사단 수사조정과장에게 14명의 명단을 불러주었다. 이 인원들을 인수받아 구금시설로 이동한다는 임무도 받았다. 김대우가 미심쩍었던지 "그런데 혐의가 뭐냐. 영장 없이 구금할 수 있냐. 법무실에 문의해보라"고 구민회에게 지시했다.

구민회는 밤 11시 5분경 국방부 조사본부 소속 대령과 통화해 수도권 내 구금시설 12개, 병력 10명의 지원을 답변받았다. 그리고 경찰 국가수사본부 관계자와도 연락해 그때부터 병력 명단, 접촉 장소 등을 논의했다. 여인형은 노영훈 방첩사 군사기밀수사실장에게 수방사 벙커를 답사하라는 지시를 내렸다. 정치인 구금시설로 활용하기 위한 계획이었다. 현장에 나간 요원들은 "미친 짓"이라며 작전을 멈췄다.

위 흐름은 홍장원의 메모에 적힌 명단과 일치한다. 노상원의 수첩에 기재되어 있는 '수거대상'과 상당수 일치한다. 여인형의 검찰 조서가 헌법재판소에서 공개되었다. 여인형은 14명의 명단과 위치 추적 요청 사실 등을 인정하였다. 다만 체포조 운영은 부정했다. 여인형에게서 전달받은 체포조 명단은 다음과 같다.

- 홍장원(14~16명, 일부만 기재): 이재명, 우원식, 한동훈, 박찬대, 김민석, 김어준, 조 국, 정청래, 김명수, 김민웅, 권순일
- 구민회(14명): 이재명, 우원식, 한동훈, 조해주, 조 국, 양경수, 양정철, 이학영, 김민석, 김민웅, 김명수, 김어준, 박찬대, 정청래
- 조지호(16명, 일부만 기억): 이재명, 우원식, 한동훈, 박찬대, 정청래, 김명수, 권순일, 김동현

두 번째 이야기. 곽종근

곽종근 특수전사령관은 다른 계엄 참여 사령관들과 달리 양심고백 차원에서 일관된 증언을 했다. 12월 10일 국회 국방위원회와 국정조사특위, 헌법재판소에 출석해 윤석열의 지시를 그대로 공개했다.

윤석열은 12월 4일 0시 30~40분쯤에 곽종근에게 전화했다. "아직 국회 내 의결정족수가 안 채워진 것 같다. 빨리 국회 안으로 가서 의사당에 있는 인원들을 끌어내라"는 지시를 받았다고 밝혔다. 이상현 특전사 제1공수특전여단장(준장)도 청문회에 출석해 곽종근으로부터 '국회의원을 끌어내라'는 대통령 지시를 전달받았다고 증언

했다. 당시 현장과 특전사 지휘통제실에 있었던 특전사령관 참모들도 '대통령 지시'와 관련된 진술을 쏟아냈다.

곽종근은 본회의장으로 작전팀이 들어가야 하는데 많은 민간인과 대치하고 있는 상황을 두고 고민이 많았다. 김현태 707특임단장에게 "150명이 넘으면 안 된다는데 들어갈 수 있겠냐? 가능하냐"고 물었다. 김현태가 "더 이상 진입이 안 됩니다. 무리하시면 안 됩니다"고 하여 작전을 중지시켰다. 김현태는 이때의 상황에 대해 홀로 기자회견을 열어 눈물을 흘리며 대국민사과를 했다. 내용을 모르고 명령을 이행했던 부하들을 용서해 달라고 했다가 나중에 입장을 바꾸었다. 하지만 곽종근은 그날 김현태의 현장 판단이 있어서 부대 이동을 중지시킬 수 있었다며 그에게 여전히 고마운 마음이라고 했다.

국회에서 계엄령 해제안이 의결되고 난 후에도 김용현은 미련을 버리지 못하고 4일 새벽 2시 13분경 곽종근에게 중앙선관위 재투입을 지시했다. 곽종근은 힘없는 목소리로 "장관님, 이미 국회에서 병력이 빠져나왔는데 선관위에 다시 들어가는 것은 안 될 것 같습니다. 죄송합니다"라고 답을 했다. 특전사 방첩부 대장 김영권 대령은 당시 상황이 너무 어이가 없어서 이것은 꼭 기록해야겠다며 볼펜을 들었고 검찰에서도 기록한 대로 진술했다.

상황이 종료된 후 여인형이 곽종근에게 TV를 보고서 계엄을 알았다고 거짓 진술을 하자는 제안을 했다. 맨 처음에는 그렇게 말을 맞추었다. 12월 5일 김용현이 "비화폰 전화는 녹음되지 않으니 당당하게 하라"며 회유를 했다. 12월 6일 김병주 민주당 의원 조사 방문이 예정된 가운데 윤석열, 김용현 전화가 왔으나 받지 않았다. 그는 마음 정리를 하고, 이날 민주당 의원들에게 일부를 그리고 후에 국방위 등에 출석해 그가 알고 있는 진실을 공개했다.

그는 마음을 바꾼 이유를 두 가지로 설명했다. 하나는 투입되기 전까지 비상계엄 선포를 몰랐던 부대와 부하들을 보호하기 위해서다. 자신의 지시에 따른 것이기 때문에 온전히 자신이 책임져야 할 사안이라고 생각했다. 다른 하나는 솔직하고 정직하게 사실을 얘기하고 반성하는 것이 군이 받은 상처를 빨리 치유할 수 있는 길이라고 생각했다. 그는 《시사IN》과의 서면 인터뷰(2025년 3월)에서 "지금도 당시 투입됐던 부하들의 불안한 심리를 생각하면 가슴이 먹먹하다"라고 했다.

그는 옥중에서 세 차례의 입장문을 냈다. 2025년 2월 14일 검찰에 낸 자수서에서는 김용현의 회유를 받고 자수를 결심하게 됐다고 밝혔다. 그는 평생을 정직하게 살아왔다고 자주 말해왔는데 정직하지 않은 행위를 강요하는 상관을 보면서 모멸감을 느꼈던 것으로 보인다. 그는 자수서를 작성하여 제출하게 된 배경에 대해서 "이용, 회유 등의 말에 흔들리지 않고 기준과 방향을 유지"하기 위해서였다고 털어놨다.

곽종근은 2024년 3월 25일 중앙지역군사법원에 제출한 변호인 의견서를 통해 "공소 사실을 모두 인정한다. 또한 피고인의 잘못에 대해 국가와 국민께 사죄하고 용서를 청한다"고 했다.

곽종근이 법원에 제출한 '반성의 요지'

"저는 저의 과오를 부인하지 않겠습니다. 어떤 법적 책임도 달게 받겠습니다.

저는 어리석은 지휘관으로서 대통령의 지시와 명령을 무조건 따르는 것이 국가에 충성하는 군인의 본분으로 여기고 2024년 12월 1일 계엄 발표 이틀 전에 공소외 김용현으로부터 비상계엄과 관련된 임무를 부여받았고 그 이후 이틀간의 고민 끝에 2024년 12월 3일 그날 밤 부하들에게 국회 진입 및 미리 정한 총 6군데에 출동하라고 지시하고 명령했습니다. 다행히 부하들은 이 명령에 적극적으로 응하지 않았습니다. 그로 인해 헌정질서가 무너지는 최악의 상황을 피할 수 있었습니다.

생각하면 부하들이 나라를 살렸습니다. 그들이 현명했습니다. 저의 부대원들에게 감사할 따름입니다. 부하들은 당시 현장 상황이 처음에 생각한 것과 너무나 다르고 또 국민을 상대로 작전을 하는 것이 힘든 상황이라고 말하였습니다. 그러면서도 저의 명령에 최대한 따르면서도 문제되는 대통령과 국방부 장관의 지시에 대하여 '안 됩니다'라고 계속하여 저에게 알려주었습니다. 저의 부하들이 소극적이라도 제 명령에 따른 것이 죄가 된다면 이들을 용서해 주십시오. 제 명령으로 그리되었으니 책임은 오로지 제가 지겠습니다.

저는 대통령님께 이 자리에서 묻고 싶습니다. 대통령님, 그날 밤 정녕 저에게 의사당의 의원들을 끄집어내라고 지시한 적이 없으십니까. 문을 깨서라도 들어가 의원들을 끄집어내라고 지시한 적이 없으십니까. 또한 제가 계엄 해제 요구의결이 된 것을 확인한 다음 2024년 12월 4일 오전 1시 9분경에 707특임단과 1여단에게 이에 안전하게 국회에서 나오라고 한 지시를 대통령 본인이 저에게 하였기 때문에 따른 것이라고 말을 하는 것입니까?

대통령님이 그날의 진실을 가리고 저와 부하들을 거짓말쟁이로 만든다면 대통령의 지시에 따른 군인들을 두 번 죽이는 일입니다. 그것은 제 개인의 명예와 대한민국 군인의 명예를 짓밟는 일입니다. 군인은 명예로 사는 존재입니다. 명예를 짓밟는 행위는 군인의 생명을 뺏는 것이나 마찬가지입니다. 제가 아무리 어리석은 군인이라도 이것만은 참을 수 없습니다. 저는 어리석은 군인이지만 명예로운 군인으로서 진실을 말하겠습니다. 헌정질서를 문란한 죄를 참회하면서 진실을 말하겠습니다."

곽종근은 2025년 3월 중순경 옥중 일기에 이렇게 썼다. 윤석열이 구속 취소로 풀려난 직후에 작성한 메모이다.

"우리 군은 의리를 원하는가? 정직한 것을 원하는가? 계엄 당시 상황을 사실 그대로 이야기했다. 평생을 정직하게 살기 위해 노력했다. 정직하게 최선을 다해 노력하는 사람들이 보통 사람으로 존경받지 못하고 이용당하고, 바보처럼 보이고, 비참해 보이는 세상을 어떻게 이해해야 하느냐. 지금까지의 나의 군 생활, 신념, 가치는 무엇이 되는가?"

세 번째 이야기. 류혁

"차를 타고 청사를 빠져나가는데 제 차 하나만 나가는 방향이었고 수많은 차가 헤드라이트를 환하게 켜고 일렬로 줄을 지어 청사 쪽으로 들어오고 있더라고요. 다 공무원들이었겠죠. 정말 비현실적인 장면이었어요. 이게 뭔가 싶고… 그때 저는 제 차가 청사 출구에서 막힐지도 모른다고 생각했었습니다."

12·3 윤석열의 초현실적인 비상계엄을 접하고 법을 지키는 법무부와 검찰에서 유일하게 사표를 던진 이가 있다. 검사 출신의 류혁 법무부 감찰관이 《오마이뉴스》 인터뷰에서 밝힌 그 날 밤의 표정은 아주 인상적이다. 불법적인 계엄에 종사하기 위해 동굴 속으로 몰려오는 차량 행렬, 유일하게 계엄에 저항하여 동굴 밖을 빠져나가는 단 한 대의 차량. 류혁은 그날 밤 계엄에 저항한 유일한 검사였다.

류혁은 일찍 잠자리에 들었는데 아들이 깨웠다. 가짜뉴스인가 했는데 TV로 보니 실제 상황이었다. 민주주의 국가에서 있을 수 없는 일이 벌어졌다고 생각했다. 법무부에 남아있으면 계엄에 종사하는 꼴이 된다. 그래서 출근을 안 하고 그만두기로 결심했다. 그런데 TV를 보니 윤석열이 '일거에 척결한다'고 하는 등 조악한 언어를 반복해서 뱉어냈다. 법무부 청사에 직접 가서 항의하고 사표를 내기로 했다. 과천 법무부 청사에 밤 12시 직전에 도착했다.

박성재 법무부 장관이 회의를 주재하고 있었다. 김석우 차관과 실국장 등 15명 정도가 모여 있었다. 장관의 발언을 끊고 "혹시 계엄 관련 회의입니까?"하고 물었다. 박성재가 아주 언짢은 표정으로 "네. 그래요"라고 했다. 곧바로 "그러면 저는 이 회의에 참석할 수 없습니다. 계엄과 관련한 일체 지시나 명령에 따를 생각 없습니다"라고 하자 박성재가 큰 소리로 불만이 가득해서 "그렇게 하세요"라고 했다.

'법과 질서의 확립'이란 구호가 있는 법무부 메모지에 사직서를 썼다. 그만두어야 할 사람들은 저들인데 공연하게 자신이 그만두어야 하는 현실에 화가 났던지 그는 회의실로 돌아갔다. 회의실로 다시 들어가서는 "아무리 여야가 극한 대립을 해도 그렇지 계엄이 뭐냐"고 소리를 질렀다. 윤석열의 계엄에 어퍼컷을 날린 셈이다.

그는 4일 새벽 2시경 《경향신문》과의 전화 통화에서 "윤석열은 반란 수괴"라고 못 박았다. 1997년 검사 생활을 시작했는데 1995~1997년 12·12 군사쿠데타에 대한 기소와 재판 자료를 정독했던 기억이 있다. 내란죄에 대한 대법원의 판례를 명확히 이해하고 있었다. 그는 《경향신문》 인터뷰에서 "회의에 참석해 부화뇌동할 수가 없어 그냥 사표를 내고 나와버렸다. 이번 계엄은 헌법 위반이자 내란죄에 해당할 수 있다고 생각한다. 반드시 책임을 물어야 한다"고 했다.

그는 《중앙일보》와의 인터뷰에서도 "윤석열의 계엄 선포는 전두환의 12·12사태보다 악질적이다. 당시에는 국가 소요 사태, 폭력 사태가 있었지만 지금은 그런 것도 아니다. 계엄 선포는 국가의 존망이 위태로운 상황에서 제한적으로 해야 하는데 국회에 군을 진입시키는 범죄 행위가 이미 실현됐다"라고 내란죄가 성립되는 이유를 설명했다. "죽을 때 죽더라도 찍소리는 하고 죽자 싶었어요. 사직서를 내고 난 뒤니까 그렇게 말할 수 있었던 것도 있고요"[《오마이뉴스》 인터뷰]라고 당시의 심정을 기억했다.

그는 매일 아침 5시 30분에 일어나 한 시간씩 운동한다. 일주일 중 5일은 한강을 뛰고, 나머지 이틀은 자전거를 타거나 트레이닝을 한다.

"저는 바른 판단을 하는 데에는 건강한 몸, 마음의 여유가 필요하다고 생각해요. 저는 감찰관으로 일하면서도 15년째 운동을 하고 있는데 가끔 불가피한 일이 생겨 운동을 못 하고 출근하게 되면 그날은 판단력이 무뎌지는 게 확실히 느껴져요. 자연스럽게 술이나 과한 회식은 줄이게 됐죠. 저도 젊을 땐 조직에 어울리면서 술을 많이 마셨지만, 나이 들면서도 사람이 깨어 있으려면 그런 식으로 술을 많이 하면 안 될 것 같다고 생각했어요. 술로 한 몸이 돼서 뒤엉키고, 사람이 곧게 서지 못 한 상태에서 조즈 논리에 포섭되면 올바른 판단은 요원하다고 생각해요." [「계엄에 사표 던진 유일한 공직자, 류혁은 어떻게 '노!'를 외쳤나」, 《오마이뉴스》, 2025년 2월 22일]

저속 노화 전문가 정희원 교수는 술이 권력자의 판단을 그르친다며 윤석열이 계엄을 일으킨 원인 중의 하나가 알콜 중독이라고 지적했다. 류혁 전 감찰관의 얘기는 법무부와 검찰의 조직문화를 에둘러 비판한 것으로 보인다.

34장　　　　　　　　　윤석열의 담화문 저항

윤석열의 2차 계엄 시도

국회 본회의에서 비상계엄 해제 요구안이 가결된 건 2024년 12월 4일 새벽 1시 1분이다. 계엄법 제11조는 '대통령은 국회가 계엄의 해제를 요구한 경우에는 지체 없이 계엄을 해제해야 한다'고 규정하고 있다. 윤석열은 "계엄 해제 요구 결의가 나오자마자 바로 장관과 계엄사령관을 즉시 제 방으로 불러 군 철수를 지시했다(1월 23일 윤석열 탄핵심판 4차 변론기일)", "해제 요구 결의가 이루어진 이후에 즉시 모든 병력을 철수시켰다(2월 25일 윤석열 탄핵심판 최후진술)"라고 주장했다. 하지만 반복되는 '즉시'는 거짓이다.

　대통령 집무실에서 계엄을 지휘하던 윤석열은 합동참모본부로 향했다. 국회가 계엄령 해제를 의결했는데 윤석열은 계엄의 헤드쿼터로 역주행을 했다. 합참 지하 결심지원실에 도착한 건 그날 새벽 1시 16분이다. 결심지원실이라는 공간은 이번 계엄사태로 세상에 알려졌다. 결심지원실은 국군 수뇌부가 적과 대결하는 과정에서 결정, 결단을 돕기 위한 곳이다.

　김용현, 박안수 계엄사령관(육군 참모총장), 인성환 국가안보실

2차장, 김철진 국방부 군사보좌관 등이 배석했다. 김철진 군사보좌관은 4일 새벽 1시 20분에서 1시 50분 사이 윤석열과 김용현이 나눈 대화를 자필로 적어 검찰에 제출했다. 합참에 파견된 방첩사 요원이 박안수 옆에서 상황을 지켜보며 텔레그램 단체대화방에 전파한 것을 합해 현장을 재구성했다.

윤석열은 김용현에게 "국회의원부터 잡으라고 했는데 국회에 몇 명이나 투입했느냐"라고 성난 목소리로 물었다. 사색이 된 김용현이 "500명 정도"라고 답변하니, "거봐, 부족하다니까. 1,000명을 보냈어야지. 이제 어떡할 거야?"라고 물었다. 윤석열이 "그건 핑계에 불과하다. 국회에서 의결했어도 새벽에 비상계엄을 재선포하면 된다"라고 소리 지르는 것도 기록에 담겼다.

작전에 실패한 김용현은 아무 답도 하지 못했다. 박안수는 "적막이 감돌았다. 대통령이 화가 나셨나 하는 생각이 들 정도였다"며 어떤 지시도 없었다고 검찰에서 진술했다. 윤석열은 "그래서 이제 어떻게 해야 하는 거야? 국회법 나와 있는 거 어디 없나, 법령집 있어?"라며 법령집을 찾았다. 박안수는 윤석열이 그 법령집을 비교적 오래 보았다고 했다. 윤석열이 "셋(윤석열·김용현·박안수)만 있을 테니 나머지는 나가지"라고 하자 경호처 요원들이 다른 군 간부들을 내보냈다.

공수처는 방첩사와 합참 관계자의 진술도 확보했다. 윤석열이 김용현에게 "핑계"라는 단어를 사용하면서 "그러게, 잡으라고 했잖아요"라는 말을 했다는 것이다, 합참 관계자는 윤석열의 "잡으라"는 말은 "국회의원 등 체포 지시"로, "다시 걸면 된다"라는 말은 "제2의 계엄 선포를 말한 것이라 생각했다"고 진술했다.

새벽 1시 31분 윤석열이 합참에 온 지 15분이 지났다. 인성환 안보실 2차장은 신원식 안보실장에게 전화해 윤석열이 결심지원실에 오래 머물고 있는 것이 모양이 좋지 않다고 했다. 신원식도 계엄령이 해제되었는데 군사 시설에 간 것에 대해 오해를 받을 수 있다고 생각해서 정진석 비서실장과 결심실로 왔다. 신원식은 정진석 비서실장과 1시 46분 합참에 도착했고, 윤석열은 1시 49분에 합참을 나갔다. 윤석열은 계엄군 철수 지시를 하지 않고 결심실을 떠났다.

무거운 침묵이 흐르고 있는 가운데 김용현은 여기저기 전화를 주고받았다. 김철진 군사보좌관은 그중에 김용현이 버거보살 노상원 전 정보사령관과 통화하는 것을 들었다. "응, 상원아…. 이제 더 이상 어떻게 하냐?" 지친 목소리로 물었다. 김철진은 3개월여 동안 김용현을 수행하면서 노상원하고 통화하는 것을 몇 번 들었기에 금세 이 통화가 노상원과 하는 것임을 알아차렸다.

국수 먹으며 서로를 위로

김용현은 새벽 2시경에 계엄군 철수를 윤석열에게 건의했고 윤석열이 승인했다고 진술했다. 이 또한 거짓일 가능성이 크다. 김용현은 2시 13분, 곽종근에게 중앙선거관리위원회 병력 투입을 지시했다. 곽종근은 "장관님, 이미 국회에서 병력이 빠져나왔는데 선관위에 다시 들어가는 것은 안 될 것 같습니다. 죄송합니다"라고 답을 했다.

김용현은 분노한 윤석열에게 면피할 거리를 찾은 듯 하다. 국회는 중과부적으로 안 되니 선관위에서 성과를 올리고 싶었던 것으로 보인다. 이때 선관위에 나간 방첩사 대원들은 법두실의 위법 지적을 듣고 임무를 수행하지 않고 있었다. 문상호 정보사령관은 국회 계엄해제 요구안 가결 이후, 상부로부터 아무런 연락이 없자 1시 30분경 중앙선관위 쪽에 나간 인원들에게 철수하라고 지시했다.

새벽 3시 20분경 김용현은 주요 지휘관 화상회의를 열고 병력 복귀와 상황 종료를 지시했다. "고생 많았다. 특히 현장에 투입한 수방사, 특전사 장병들은 자유민주주의 수호를 위해 통제권자 명에 의거하여 노력하였다. 중과부적으로 목표를 이루지는 못하였으나 최선을 다했다. 모든 책임은 장관이 지겠다. 노고를 치하하고 명령에 따라준 것에 감사하다. 안전하게 병력 복귀하면 잘 격려해 주길 바란다"라고 했다. 그리고 새벽 4시 27분부터 3분간 진행된 한덕수 총리 주재 국무회의에서 계엄령 해제가 의결되었다.

검찰은 윤석열 대통령의 2차 계엄 시도 가능성에 대한 수사가 필요하다는 내용의 보고서를 작성했다. '2차 비상계엄 가능성에 대한 의혹 등 정리 보고(2024년 12월 10일)'라는 제목의 수사보고서에서 계엄 해제 요구 결의안이 통과되고 난 직후, 윤석열이 김용현에게 '왜 국회의원들을 잡지 않았느냐', '내가 다시 계엄을 할 테니 그때는 철저히 준비해서 국회부터 장악하라'라고 지시한 정황을 2차계엄 가능성의 근거로 적시했다.

김용현은 4일 오전 11시 30분경 윤석열과 통화하는 와중에 사직 의사를 밝혔다. 윤석열이 "상황이 어렵고 안 좋은데 수습을 해야지, 왜 사퇴할 생각을 하느냐", "밥은 먹었냐. 와서 국수라도 먹고 가라"고 했다. 박종준 경호처장 등과 대통령 공관에서 셋이 함께 점심을 먹었다. 분위기가 무거웠던지 경호 관련 이야기 외에는 특별한 기억이 없었다고 한다. 김용현은 "대통령께서는 내게 개인적으로 수고 많았다고 말씀하셨다… 예상컨대 내가 측은해 보였던 것 같다"라고 검찰에 진술했다.

그를 측은해하는 것을 보면서 김용현은 비상계엄을 더 '치밀하게 준비했어야 했다'라고 자책했다고 한다. 김용현은 "대통령님의 구국의 일념에 대해 존경해왔고 그런 뜻에 대해 공감했지만 중간에 참모로서 치밀하게 준비하지 못한 것에 대해 송구스럽게 생각한다. 계엄에 대한 당위성, 필요성에 대해서는 대통령님의 생각을 존중하고 있다… 이것이야말로 행정과 사법 기능을 마비시키는 국회의 패악질이라고 생각하고 여기에 대한 경종은 반드시 필요했다"라고 검찰에 진술했다.

결국 김용현은 사직했고 출국금지 되었다. 사령관들은 소환되고 차례로 구속되었다. 윤석열도 출국금지 되었다. 한동훈 국민의힘 대표는 윤석열의 탈당 제명 직무 정지 등을 차례로 주장했다. 윤석열의 탄핵소추안이 발의되었다. 1차 표결은 정족수(국회 재적의 2/3) 부족으로 투표 불성립이 되었다. 12월 14일 2차 표결을 앞두고 윤석열은 도박을 했다. 12일 네 번째 담화문을 통해서 자신의 입장을 강변했다.

궤변과 거짓으로 가득한 담화문

윤석열의 대국민담화는 자기합리화와 야당을 향한 적개심으로 가득 찼다. 윤석열은 "법적, 정치적 책임 문제를 회피하지 않겠다. 저를 탄핵하든, 수사하든 저는 이에 당당히 맞서겠다"고 했다. 담화

말미에 "마지막 순간까지 국민 여러분과 함께 싸우겠다"고 했다. 선전포고였다. 직접 작성한 200자 원고지 62장 분량의 원고를 29분간 낭독했다.

그는 탄핵 심판과 내란죄 수사에 대응하는 법 논리를 전개하는데 상당 부분을 할애했다. 비상계엄은 통치행위여서 사법심사의 대상이 아니라는 주장은 헌법재판을 주로 겨냥한 것이다. 대법원과 헌법재판소 판례는, 비상계엄과 같은 대통령의 통치행위가 고도의 정치적 행위라고 인정한다. 하지만 비상계엄 선포 행위가 형사적으로 범죄 행위에 해당하는지에 대해서는 사법심사의 대상이 될 수 있다고 판결해왔다. 국민의 기본권 침해와 직접 관련이 된다면 탄핵 심판의 대상이 될 수 있다는 입장을 취해왔다.

윤석열은 국회의원의 국회 출입을 막는 등 국회 기능을 마비시키지 않았다며 국헌 문란 목적이 없어서 내란죄에 해당하지 않는다고 했다. 형법 91조는 헌법 또는 법률에 정한 절차에 의하지 아니하고 헌법 또는 법률의 기능을 소멸시키는 행위나 헌법에 의하여 설치된 국가기관을 강압에 의하여 전복 또는 그 권능행사를 불가능하게 하는 것을 국헌문란 목적으로 보고 있다.

지금까지 확인했듯이 윤석열은 치밀하게 계엄을 모의해왔다. 국회의 기능을 마비시키기 위해 군경 4,000여 명을 동원했다. 실탄도 준비했다. 다만 국회의원과 시민들이 계엄군보다 빨리 행동해서 국회 기능을 마비시키지 못했을 뿐이다. 국회에 계엄군을 투입시킨 것이 몇 명이든 질서유지 차원이라는 그의 변명은 궤변에 불과하다.

부정 선거론과 중국 스파이를 제기한 것은 지지층 결집을 위한 것이다. 20%대 소수 강성 지지층을 자극하는 메시지였는데 그 후 국론 분열을 심화시켰다. 근거가 박약한 극우 유튜버들의 방송을 즐겨 시청하면서 축적해 온 논리에 불과했다. 이 중에서도 중국 혐오는 국가 지도자가 부추겨서는 안 되는 일이었다. 중국은 크게 반발했고 우리의 외교자산에 흠집이 났다.

  윤석열은 중앙선관위 전산시스템이 엉터리이고 국정원이 해킹을 시도하자 얼마든지 데이터 조작이 가능하다고 했는데 이 또한 사실이 아니다. 중앙선관위는 윤석열의 담화를 곧바로 반박했다. 선관위 양해하에 진행된 모의 해킹 실험은 해킹이 가능하도록 계정 등을 제공하고 이루어졌다는 것이다. 우리나라 개표는 실제 투표지에 대한 공개 수작업 개표이다. 1차로 분류기가 분류를 하지만 결과는 수작업으로 이루어진다. 이 과정에서 여야 선거참관인들이 모든 개표소 현장에서 이를 확인한다. 정보시스템과 기계장치는 보조수단에 불과하다. 그런데도 반복적으로 유튜버들이 이를 전자개표로 오도하고 잘못된 정보를 제공했다. 정작 선거에 출마한 사람들은 윤석열을 포함한 두세 명을 제외하고는 아무도 선거부정을 얘기하지 않았다.

보수 유튜버의 끝나지 않는 여론전

윤석열은 중국인 유학생이 드론으로 군사 시설을 촬영하는 간첩 행위를 했는데 법적 미비로 이를 처벌하지 못하고 있다고 했다. 경찰은 포렌식 분석이 완료되지 않아 간첩 행위 여부를 확정 짓지 못한 상태였다. 그런데 윤석열이 계엄 정당성을 강변하기 위해 사례로 들었다. 국회에서는 외국인 간첩 행위에 대한 법 개정이 논의 중이었다. 중국 외교부는 "한국 쪽의 언급에 깊은 놀라움과 불만을 느낀다. 한국 쪽이 내정 문제를 중국 관련 요인과 연관 지어 이른바 '중국 간첩'이라는 누명을 꾸며내고, 정상적인 경제·무역 협력을 먹칠하는 것에 단호히 반대한다"고 말했다.

계엄 2주 차 여전히 여론은 싸늘했다. 그런데 보수 유튜버들은 비교적 빠르게 전열을 정비하고 선동을 시작했다. 12월 11일부터 대통령실 주변에는 탄핵 반대 응원 화환이 세워지기 시작했다. 윤석열은 트럼프의 부활을 참조한 듯하다. 2020년 트럼프와 거의 흡사하다. 2020년 11월 대선에서 패한 트럼프는 부정투표설을 주장했고, 12월 19일부터는 소셜미디어를 통해 1월 6일 백악관 앞 'Save America' 집회를 고지했다. 트럼프는 "우리는 굴복하지 않을 것"이라고 했고 다음 해 1월 6일 폭도들의 의회 난입이 있었다.

미국의 군대는 이 기간에 트럼프에게 충성하지 않았다. 2020년 5월 25일 미국 시민 조지 플로이드가 경찰에 목이 눌려 사망했다. 전국적으로 일어난 시위 진압을 위해 트럼프가 연방 군대를 동원하려고 하자 마크 에스퍼 국방부 장관은 "민간 시위대 진압을 위한 현역 병력의 투입은 최후의 수단이며, 내란법 발동을 지지하지 않는다"고 명시적으로 반대했다. 마크 밀리 합참의장도 전군 지휘관에게 서신을 보내 연방군 투입 반대 의사를 밝혔다. 마크 밀리 합참의장은 3년 후 이임사에서 다음과 같이 발언했다. "우리가 수호하겠다고 서약한 것은 국가도, 집단도, 종교도, 왕이나 왕비도, 폭군이나 독재자도 아닙니다. 독재자가 되려는 사람(a wannabe dictator)도 아닙니다. 우리가 개인을 수호하겠다고 서약한 것도 아닙니다. 우리가 수호하겠다고 서약한 것은 미국의 헌법이고 미국이라는 이념입니다. 우리는 그것을 지키기 위해 기꺼이 죽을 각오를 합니다."

　12월 12일 윤석열의 담화는 역효과를 불러일으켰다. 한동훈 국민의힘 대표는 담화 발표 직후 윤석열 제명·출당을 위한 당 윤리위원회 소집을 지시했다. 한동훈은 그 담화가 "사실상 내란을 자백하는 취지"라며 "당론으로 탄핵을 찬성하자"고 했다. 한동훈의 이탈은 윤석열 탄핵소추안을 가결시키는 데 일조를 했고, 당내 기반이 약한 그는 그 결과로 대표직에서 물러났다.

35장   선결제와 응원봉, 그리고 평화의 깃발

1980년 5월 27일 새벽. 계엄군 47개 대대 2만 317명이 탱크를 앞세우고 광주 시내로 진입했다. 도청 안에는 시민군 157명이 남아있었다. 시민군 윤상원 대변인은 청소년들에게 집으로 돌아가라며 당부했다

> "오늘 우리는 패배할 것입니다. 그러나 내일의 역사는 우리를 승리자로 만들 것입니다. 여러분들은 역사의 증인이 되어 주십시오. 내일부터는 여러분들이 싸워주십시오."

승리의 가능성은 전혀 없었다. 꼼짝없이 죽은 목숨이었다. 그렇게 사람들을 도청 밖으로 내보내고, 끝까지 도청을 지킨 시민군은 바로 그 자리에서 장엄하게 산화했다. [《윤상원 평전》, 김상집 저]

  죽은 자가 산 자를 살렸다. 2024년 12월 4일 저엄군이 시민들에게 패배했다. 김용현은 중과부적이라고 했다. 1980년 광주는 시민군이 중과부적 정도가 아니라 한 줌밖에 안 되었다. 역사는 그들을 승리자로 만들었다. 광주에서 계엄군과 맞서 싸운 5월의 시민군이 있었기에 2024년 12월 그들의 딸과 아들, 손녀와 손자들은 K-팝을 부르며 마치 축제처럼 '윤석열 탄핵'을 외칠 수 있었다. 영국의 〈BBC〉

는 "그들의 부모세대가 민주주의를 위해 싸우다가 목숨을 잃었다"며 과거의 희생과 헌신이 있었기에 K-팝 콘서트장처럼 변한 민주주의가 가능했다고 보도했다.

"계엄군이 외부와 통신 교통을 차단해 생필품과 식량이 공급되지 않는 가운데도 매점매석 행위나 폭리를 취하는 자가 없었다. 언제 풀릴지 모르는 사태 속에서도 서로 식량을 나누어 먹었고, 총상으로 인한 환자가 급증하여 피가 부족하게 되자 헌혈하는 시민들의 수가 무한히 늘어서 지금도 헌혈 받는 피들이 남아돌고 있다. 부녀자들은 데모 대원들에게 스스로 음식과 약품을 제공했고 배고파하는 계엄군들에게 미움을 잊은 채 먹을 것을 제공해 주었다.
　소위 치안 부재의 10일. 곳곳에 흩어진 돌멩이 유리 최루탄 파편을 쓸어내는 시민들, 총격의 위험을 무릅쓰고 환자를 운반 간호했던 의사, 간호원들, 어느 때보다 가장 선량했던 세칭 부랑아와 버림받은 이들. 방망이를 휘둔 공수대원 앞에 너무나 쉽게 쉽게 울어버린 어느 아낙의 따스한 마음. 파괴와 방화를 하지 말자며 만류하던 우리 모든 광주 시민들!!" [광주사태에 대한 진상: 폭도는 누구인가?, 1980. 6. 천주교 광주대 교구 사제단]

'해방 광주'의 빛나는 자치 공동체, 나눔과 연대의 그 위대한 10일. 주먹밥을 나누며 서로를 부둥켜안았던 5월 광주의 정신이 44년을 건너뛰어 2024년 선결제와 응원봉, 그리고 평화의 깃발이 되어 돌아왔다. 12·3 쿠데타 이후, 전국 40여 곳에서 촛불이 타올랐다. 12월 7일 윤석열 탄핵소추안 1차 표결이 있었던 주말에는 주최 측 추산

100만 명이 모였다. 윤석열 탄핵소추안이 가결된 12월 14일에는 시위가 절정에 달했다. 응원봉을 든 시민들은 '윤석열 즉각 퇴진'과 '내란 동조자 국민의힘 해체'로 하나가 되었다.

촛불혁명에서 '빛의 혁명'으로

2016년 '박근혜 탄핵'을 외친 촛불집회는 민주주의 역사를 새로이 썼다. 그토록 다양한 시민이, 그토록 많은 시위대가 촛불을 모아 횃불이 되었다. 그러면서도 특기할만한 폭력 사태도 없었다. 국민적 합의하에 평화 시위가 진행되었다. 《워싱턴포스트》는 "한국은 전 세계에 민주주의를 어떻게 해야 하는 것인지 보여주었다(2017년 5월 10일)"라고 보도했다.

8년 후인 2024년 여의도 국회 앞에 촛불을 대신해 아이돌 응원봉(light stick)이 등장했다. 아이돌 팬덤이 나타났다. 그때는 광화문에서 박근혜가 머물던 청와대를 향해 행진했다면, 이번에는 '응답하라! 국회'였다. 문제를 최종적으로 해결할 수 있는 헌법적 기관인 국회의원이 답하도록 요구했다.

  2024년에는 시위의 주역도 바뀌었다. 문화도 바뀌었다. 2016년에는 촛불이 상징이었다. "촛불은 바람 불면 꺼진다"는 보수 쪽의 비아냥이 있자 LED 촛불이 나타났다. 그래도 진짜 촛불이 혁명의 가장 큰 줄기였다. 이번에는 촛불을 대신하여 응원봉이 그 자리를 대신했다. 촛불혁명이 '빛의 혁명'이 되었다.

  12월 4일 윤석열 대통령직 탄핵소추안이 야 6당 공동으로 발의

됐다. 국회의원 재적 300명 중 191명이 참여했다. 윤석열의 비상계엄 선포와 군경을 사용한 폭동이 내란죄에 해당하고 헌법과 계엄법을 어겼다는 것이다. 의결정족수인 재적 3분의 2에서 9명이 부족했다. 12월 4일 새벽 계엄군을 물리친 시민들은 그날 저녁부터 다시 국회 앞으로 모였다. 갑자기 젊은 세대가 모여들었고, 그들이 주역이 되었다. 12월 7일 윤석열 탄핵소추안 첫 표결을 앞두고 시위대는 하루가 다르게 증가했고, 빛의 물결도 늘어 있다. 수만 개의 응원봉이 하늘을 수놓았다. 장관이었다.

여론은 당시만 해도 압도적으로 탄핵을 찬성했다. 미디어리서치(12월 4일) 여론조사에 따르면 '탄핵/자진 사퇴'가 약 75%였고, '대통령직 유지'가 23.1%였다. 하지만 국민의힘이 움직이지 않았다. 12월 7일 민주당 원내대표 박찬대 의원이 탄핵안 제안 설명하면서 국민의힘 의원들의 이름을 한 명씩 호명했다. 국회 앞에 모여 중계를 보던 시민들도 함께 따라했다. 국민의힘에서는 안철수, 김예지, 김상욱 의원만이 투표에 참여했다. 나머지 105명의 국민의힘 의원은 퇴장하고 돌아오지 않았다.《한겨레》등 몇몇 언론사가 이날 국회에 돌아오지 않은 105명의 이름을 신문 1면에 사진과 함께 실었다. 역사에 기록했다.

국민의힘은 의원총회에서 탄핵 반대 당론을 정했다. 박근혜 때와 다르게 반대파가 압도적으로 우세했다. 그 당시 탄핵에 찬성했던 이들이 후에 겪었던 정치 보복, 그리고 아스팔트 우파와 유튜버의 압박 등이 다른 선택을 하게 했다. 반대 당론을 정하고서도 투표에 참여하지 않고 불참하기로 한 것은 내부 이탈 가능성이 크기 때문이었다. 12월 4일 새벽에 계엄 해제 요구 결의안에 찬성했던 의원

중에 18명도 배신자로 분류될 것을 두려워해 불참했다.

　의결정족수를 채우지 못하고 끝내 투표 불성립되자, 영하의 집회 현장은 얼어붙었다. 이 분위기를 살려낸 것이 20대 여성들의 K-팝 떼창이었다. 행진이 시작되면서 로제의 〈APT(아파트)〉 등을 자연스럽게 부르게 된 것이 일순간 시위문화를 바꾸었다. 힘이 되었다.

　매일 K-팝 경연장이 되었다. K-팝 팬들은 자기들이 좋아하는 아이돌의 응원봉을 들고 나왔다. 집회 연단에서는 아이돌 응원봉을 소개했다. 나와 음악적 취미가 같은 사람들이 집회에 참여하는 것을 보면서 위로가 되고 힘이 되었다. 나의 정체성인 응원봉이 두려움을 이기는 연대의 상징이 되었다.

K-팝 경연장이 된 집회

응원봉은 특히 MZ세대 여성들을 집회 현장으로 이끄는 역할을 했다. 한 여성 참가자는 군대가 국회로 진입하는 것을 보고 무서웠는데 응원봉을 들면 마음이 안정되지 않을까 해서 가지고 나왔다고 했다. 같은 응원봉을 들고 온 사람을 보고 안심이 됐다. 군대는 살벌했지만 시위는 살벌하지 않았다. 시위는 유쾌하고 상쾌하고 통쾌했다. K-팝과 응원봉이 시위 참가의 장벽을 없애주었다. 그들이 10대 시절부터 아이돌을 응원하면서부터 하던 그대로 하면 되었다.

　아이돌 팬클럽에게 응원봉은 최애 소장품 중의 하나다. 대개의 응원봉은 한정판이 많아서 가격(최고 15만 원)도 만만치 않다. 자신이 가장 아끼는 응원봉을 들고나와 나라를 구하는 구호를 외치고 노래를 부르는 것에 심장이 두근거렸다. 영하의 강추위는 문제가 아니었다. 사실 아이돌 덕질을 경험한 이들에게 영하의 날씨에 밤을 지새우는 것은 훈련된 일이었다. 아이돌이 음악방송 녹화를 하는 밤이나 새벽에 밖에서 대기하며 단련되었다. 마치 군대가 전투에 나가면서 담요와 수통을 챙겨 나가듯이 이들은 우비, 보온병, 핫팩을 챙길 줄 알았다.

당근마켓에서는 '집회 참석에 한해 엔시티 응원봉을 무료로 대여합니다'라는 글도 올라왔다. 응원봉 없이 집회에 가면 쑥스러운 중년 시민, 국회의원들도 챙겨서 나갔다. 당근마켓 등에 태극기 집회에 참석할 사람을 구하는 일당 아르바이트 구인 광고가 올라온 것과 대조적이었다. 이제 응원봉은 시위대의 필수품이 되었다. 조도가 높고 정육면체 모양으로 탄핵 두 글자를 붙이기 좋은 응원봉이 특히 인기가 있었다.

응원봉은 색깔과 모양이 아이돌 그룹별로 다르다. 원래는 팬들을 가르는 요소였다. 팬덤마다 상징색이 다르다. 1세대 아이돌 응원 도구는 풍선이었는데 이때는 서로 색깔을 선점하는 것으로 싸웠다. 유사 색깔을 사용하는 것을 갖고 시비도 벌였다. 상호 배격했다. 어느 순간부터 아이돌이 기획사에서 착취당하는 것을 보면서 응원봉 간에 그런 마음이 없어졌다. 2024년 탄핵 집회에 와서는 서로에 대한 배격이 아니라 하나가 되었다.

사회자가 응원봉 소개 시간을 가졌다. 별(아스트로)·아이스크림(아이오아이)·돌고래(엔믹스)·정육면체(엔시티)·가운뎃손가락(에픽하이)… 밤하늘에 빛나는 LED 조명 응원봉을 일일이 소개하기 힘들어서 나중에는 한꺼번에 호명했다. 어느 팬덤이 더 많이 나왔는가는 문제가 되지 않았다. 모든 사람이 민주주의와 헌법의 팬덤이었다.

민중가요에서 K-팝으로

안치환의 〈광야에서〉, 양희은의 〈아침 이슬〉 등 민중 가요가 K-팝으로 세대교체 되었다. 〈임을 위한 행진곡〉 등 민중의례를 대신하여 2016년 이화여대 시위를 통해 새로운 세대의 투쟁가가 된 소녀시대의 〈다시 만난 세계〉를 불렀다. 지금은 정말 소녀시대가 되었다. 소녀가 커서 청년이 된 그들이 집회를 주도했다.

에스파의 〈위플래시(Whiplash)〉부터 빅뱅의 〈삐딱하게〉 등이 반복되면서 중년 세대들도 따라부를 수 있을 정도가 되었다. 12월 14일 탄핵소추안 2차 표결을 앞두고는 아예 온라인으로 '플레이 리스트'를 신청받았다. G-드래곤의 〈삐딱하게〉, 이적의 〈그대랑〉, 손담비의 〈토요일 밤에〉, 박미경의 〈이유 같지 않은 이유〉 등을 부르며 시위대는 지치지 않았다. 중년들도 따라 할 수 있게 주최 측이 민중가요를 적절하게 배치하는 배려를 했다.

현재의 집회 시위문화는 1980년대 386세대들이 민주화운동을 하면서 생성되었다. 동남아에도 수출될 정도로 염원과 비장미, 연대와 희망이 섞여 있었다. 주먹을 불끈 쥐고 흔들며 '단결하자, 투쟁하자, 쟁취하자' 같은 구호 뒷부분을 삼창하는 시위문화가 만들어졌다. 심지어 보수정당과 단체들도 구호를 외치는 방식을 따라 배웠다.

K-팝 팬덤은 새로운 시위 방법을 창조했다. 디지털로 무장한 젊은 층 주도의 차세대 민주주의, 기술 민주주의가 만든 새로운 희망의 목소리였다. 그들은 정치에 무관심하지도 않았고, 개인주의에 머물지도 않았다. 기성세대는 아이돌 팬덤 문화를 하류 문화로 치부했는데 이것이 기성문화를 전복했다. 1970년대 포크송과 청바지로

상징되는 청년문화 이후 반세기 만에 벌어진 일이다. 베이비 부머가 갖고 있던 세대적, 문화적 파워가 뒤로 물러나고 2030이 문화의 중심으로 등장하는 예고편이었다.

응원봉으로 응원을 받았던 스타들도 응원봉 집회를 지지했다. 가수 이채연은 12월 7일 팬들과의 소통 플랫폼에서 "정치 얘기할 위치가 아니라고? 정치 얘기할 수 있는 위치는 어떤 위치인데? 우리 더 나은 세상에서 살자. 그런 세상에서 맘껏 사랑하자"며 함께했다. 가수 정세운은 팬카페에 12월 8일 "행봉(응원봉) 들고 흔드는 손이 언제 어디서든 얼지 않았으면 좋겠다"라는 글과 함께 기프티콘과 핫팩을 선물했다. 배우 김규리는 12월 19일 '빛의 혁명'이라는 작품을 공개했다. 마음껏 캡처해서 써도 된다는 글을 해시태그로 남겼다. 공개된 작품은 국회의사당을 향하는 수많은 응원봉 불빛과 촛불을 담고 있다.

"12월 7일 국회 앞 탄핵집회에는 100만 명(주최 측 추산, 연인원)이 운집했는데 이 중 29.7%가 2030대 여성이었다. [《경향신문》, 서울시·KT 추계 생활인구데이터] 20대 여성이 18.9%로 50대 남성 13.6%, 30대 여성 10.8%보다 압도적으로 높았다. 2016년 촛불집회 땐 20대가 19.4%였는데, 남녀 성비는 56.9% : 43.1%로 남성이 많았다."[도묘연 박사 논문 설문조사]

2014년 강남역 살인사건 이후 목소리를 내기 시작한 젊은 여성들과 페미니스트가 주력이 되었다. 이들은 성소수자 인권, 환경, 동물권 등 다양한 이슈에 관심 갖고 연대해왔다. 페미니스트, 퀴어, 장애인은 윤석열 정부에서 가장 차별받은 집단이다. 집회 현장에 무지개 깃발이 많았던 이유이기도 하다. 그중에서도 2030 여성은 손님에서 주인으로 바뀌었다.

미국의 대표적인 아나키스트이자 혁명가인 엠마 골드만은 "내가 춤출 수 없다면 그런 혁명에는 동참하지 않을 것이다"라고 말했다. 혁명은 본질적으로 참여한 각자가 주체가 되어야 하고, 모두가 춤출 수 있게 해야 한다는 것이다. 타인이나 사회적 약자, 그리고 소수자를 배제하는 방식으로 이루어진다면 그것은 혁명이 아니라는 외침이다. 2024년 대한민국에서 2030 여성이 주체가 됨으로써 혁명은 본질에 가까워졌다.

엠마 골드만의 이 말은 혁명은 즐거워야 한다는 것으로 재해석되기도 한다. K-팝, 빛의 혁명은 즐거웠다. 혁명의 기본 요소를 충족했다. 독일의 신학자 도로테 죌레는 "세계에 대한 다른 태도를 꿈꾸지 않고, 노래 없이 의식 없이 춤 없이 어떠한 저항도 성공하지 못할 것"이라고 했다. 2030 여성은 노래와 춤으로 새로운 세상을 꿈꿨다.

아이유가 나섰다, 선결제

12월 14일 윤석열 탄핵 소추 2차 표결을 앞두고 여의도에는 긴장감과 희망이 뒤섞였다. 곳곳에 음료, 떡, 어묵 물을 나눠주는 부스들이 마련됐다. 성대, 이대, 경희대 등 각 대학 민주동문회가 나섰다. 십시일반으로 먹을 것을 준비했다. 노사모도 탄핵어묵 무료나눔을 했다. 광주 시민들은 오월 밥차를 여의도에 보냈다. 진보당, 빈민당, 학교비정규직 노동자들도 어묵탕, 떡볶이를 나눠주는 푸드트럭을 준비했다. 제주도의 한 농민은 귤과 키위를 수십 상자를 직접 들고 왔다. 영유아와 함께 오는 부모를 위한 '키즈버스'도 마련됐다. 500일 된 아이를 키우는 엄마가 아이의 500일 기념여행비로 버스를 마련했다. 모든 사람이 모든 사람을 위한 나눔의 장이었다.

연예인들도 나섰다. 아이유는 국회 인근 빵집, 떡집, 국밥집 등 5곳에 빵 200개, 음료 200잔, 국밥 200그릇, 떡 100개를 준비했다. 소속사인 이담엔터테인먼트는 아이크(아이유 응원봉)을 든 유애나(아이유 팬덤)의 언 손이 조금이라도 녹기를 바란다며 핫팩도 나눠주었다. 선결제 문화는 자신이 좋아하는 아이돌 멤버의 이름으로 후원하는 나눔 문화이다. 한순간에 선결제가 집회의 문화로 진화한 것도 K-팝 팬들이 시위의 주인공이 되면서부터다. "덕후가 세상을 구한다는 말이 빛을 발하고 있는 요즘"이라는 감탄이 나올 정도가 되었다.

탄핵 반대 세력은 아이유를 '좌이유'라는 멸칭으로 불렀는데, 헌법재판소는 2025년 4월 4일 판결을 통해 누가 진실의 편에 섰는지를 보여주었다. 아이유 팬들은 판결이 끝난 후 성명을 발표했다. "조용히, 그러나 분명한 선택으로 표현의 자유를 행사하는 시민 곁에 섰다. 아이유의 선택은 민주주의를 향한 선한 용기였고, 시대를 앞서 읽은 문화적 혜안이었다. 아이유는 단지 후원자가 아니다. 그는 일상을 통해 헌법을 지켜낸 행동의 본보기였다"라고 강조했다.

걸그룹 뉴진스, 소녀시대 유리, 가수 이승환, 뮤지컬 배우 정영주, 배우 서하준 등 수많은 연예인이 동참했다. 박찬욱 영화감독은 빵을 선결제했다. 최민식 배우도 선결제를 하면서 "땅바닥에 패대기 쳐진 이런 좌절과 고통 속에서도 그 많은 친구가 휘두르는 응원봉, 탄핵봉을 보면서 기성세대의 한 사람으로 너무 미안하다"라고 했다. 세븐틴, 보이넥스트도어, 몬스타엑스 등 아이돌 팬들이 또 다른 팬을 위해 준비한 푸드트럭도 즐비했다.

기술 민주주의는 서로를 실시간으로 연결해주었다. 연예인만 나선 것이 아니다. "무료 닭강정 드시고 탄핵시위 힘내세요", "작게나마 도움이 되기 위해 국회의사당 ○○카페에 커피 100잔 선결제했습니다" 보수의 심장이라고 하는 대구도 예외가 아니었다. BTS 이름을 대면 커피 100잔, 빵 50개를 수령하게 하는 등 열기는 전국으로 번져나갔다. 한 이용자가 만든 '2024 촛불집회 선결제/ 나눔 페이지'엔 정해진 코드를 대면 수령 가능한 카페 정보 등이 실렸다.

정치인 중에서는 조국혁신당 조국 대표가 나섰다. 다른 국회의원들은 선거법상의 기부행위 금지 조항 때문에 선결제를 할 수 없었는데 조국 의원은 대법원 판결로 공민권이 박탈되어서 기부가 가능했다. "'월간 커피 여의본점'에 음료 333잔을 선결제했다"며 "제 이름을 대시고 받으십시오. 작은 이별 선물입니다'라고 적었다. 그 후 조국 전 대표는 서울구치소에서 윤석열 파면에 동참했다.

프랑스에서 큐레이터로 활동하는 '그리다' 씨는 1980년 5·18광주민주화운동 당시 계엄군으로 투입된 정보병의 딸이다. 그는 집회 참여 시민을 위해 커피 1,000잔을 선결제했다. 그리다 씨는 사회관계망서비스(SNS)에 '아침이슬로 다시 만난 세계; 어느 계엄군 딸의 고백문 그리고 천 잔의 커피'라는 제목의 글을 올렸다.

"꿈도 많고, 재주도 많고, 공부까지 잘했던 우리 엄마. 작은 시골 마을에서 선택할 수 있던 길은 먹여주고, 재워주고, 능력을 인정해주는 군대뿐이었다. 어느 날 엄마는 광주로 가라는 명령을 받았다.

정보병이었던 엄마는 거리로 나가지 않았지만, 그 모든 게 지옥처럼 엄마를 짓눌렀다. 광주를 도망치듯 빠져나왔던 미안함, 역사의 한가운데에서 그들 곁에 있지 못했던 죄책감, 진실의 반대편에 서 있다는 쓸쓸함 때문이었을까, 어머니가〈아침이슬〉을 부르다 목이 메곤 했다.

국회에 무장한 계엄군이 진입했으나 시민이 이를 막아냈다는 소식을 접하고 다시 1980년 광주와 어머니를 떠올렸다. 비상계엄 사태 이후 사나흘 동안 잠을 못 잤다. 시민들에게 마음을 보태는 게 어머니의 상처까지 치유하는 길이라고 생각했다. 혁명의 땅, 프랑스에서 그 기운을 담아 1,000잔의 커피를 보낸다. 에펠탑 앞에서〈다시 만난 세계(소녀시대)〉를 부르며 마음을 보태겠다."

5·18 주먹밥이 본 선결제

광주가 완전히 고립되었던 그 10일 동안에 대동세상을 경험한 이들은 지금의 선결제를 어떻게 볼까.《오마이뉴스》가 광주에 살고 있는 그들을 인터뷰했다. [1980년 당시 주먹밥을 돌린 박금옥, 오옥순 씨… "계엄날 광주 겹쳐 보여, 사태 끝날 때까지 함께 할 것",《오마이뉴스》2024년 12월 20일]

> 오옥순 "그때 광주에 학생들이 트럭을 타고 다니면서 빨간 머리띠를 두르고 거리를 떠돌았어요. 그러면서 '시민들이 다 죽어가고 있습니다. 좀 도와주십시오'라고 말했거든요. 그러니까 우리도 남의 자식이 아니라 내 자식

이라는 생각으로 주먹밥을 만들었죠. 쌀을 구하려고 상인들이 500원, 1,000원씩 걷었는데 그 당시에는 그것도 겁나 큰돈이었어요."

박금옥 "시민들이 밥도 못 먹고 다니니까 양동시장 상인들이 나선 거예요. 주먹밥 만들라믄 쌀도 있어야 한께 양동시장 온 상인들 나서서 돈을 모으고. 그때는 시위 참여한 사람들한테 어른, 애기로 구분하지 않고 다 주먹밥을 나눠줬어요. 물도 주고. 무조건 해서 막 맥이는 거여. 주먹밥은 밥을 동그랗게 뭉쳐서 소금 뿌린 게 전부였어요. 그때 김이 어서(어디서) 나겼어요. 넣을만한 게 없었지. 그렇게 만든 주먹밥을 구루마(수레) 안에다 싣고 들고 다님서 나눠주고 그랬어요."

오옥순 "우리 때는 주먹밥을 숨어서 만들었어요. 모르는 사람들이 5·18을 폭동이라 비난하고, '만에 하나 주먹밥 만든 게 알려지면 우리도 총 맞아 죽을 수도 있다'는 소문이 돌기도 했으니까요. 그래도 용케 숨어서 잘 버텨서 만들었죠. 난 (선결제하는) 요즘 사람들이 그때 우리 마음과 같다고 봐요. 나누는 것도 용기로 하는 일이에요. 자발적으로 하는 일이고. 요즘은 몇백만 원씩도 먼저 결제해 두고 집회 참여자들 먹으라고 하는 사람들도 있다면서요. 대단허지 진짜."

집회에는 종전에 볼 수 없었던 이색 깃발이 눈에 띄었다. 혁명에는 단일한 색과 깃발이 등장한다. 깃발은 목표를 제시한다. 깃발은 단결의 상징이다. 세력을 과시한다. 그런데 그 전에 볼 수 없었던 온갖 깃발이 등장했다. 응원봉과 함께 2024 집회의 상징이 되었다.

응원봉을 든 오타쿠 시민연대, OTT 뭐 볼지 못 고르는 사람들 연합회, 순댓국에 순대 빼고 먹기 연합, 덜 볶은 들기름 해방 전선, 원고하다 뛰쳐나온 로판작가 모임회, MZ세대에 감동받은 X세대 연합, 전국 집에 누워 있기 연합, 개근 환자 협회, 전국 거북목 협회, 전국 혈당 스파이크 방지 협회, 전국 수족냉증 연합, 전국 디스크 통증 호소 연합, 전국고양이노동조합, 강아지 발냄새 연구회, 만두노총 새우만두노조, 직장인 점심 메뉴 추천 조합, 전국 과체중 고양이 연합, 나 혼자 나온 시민, 날아다니는 스파게티 괴물 연맹, 개빡친 퀴어, 얼죽아(얼어 죽어도 아이스 아메리카노), 얼죽코(얼어 죽어도 코트)….

정당이나 노총 깃발보다 더 많은 것이 개인의 깃발이었다. 말로는 연대, 연합이라고 했지만 실상은 혼자인 경우도 많았다. '덜 볶은 들기름 해방전선'의 제작자는 부모가 보내준 들기름이 생각나서 이름을 지었는데 "현재 정부와 집권 여당에 대한 보편적인 분노를 나타내려고 일부러 아무 의미를 담지 않으려 했다"고 밝혔다.['국회 앞 가득 메운 시민들… '들기름전선' 등 이색깃발 눈길',《국민일보》2024년 12월 14일]

인터넷의 오타쿠 문화를 반영하고 있는 이 장난가득한 깃발 문화 역시 기존의 비장미 넘치는 운동권 깃발과 다르다. MZ세대는 익숙하지 않은 운동권 문화보다는 자신들이 익숙한 문화를 실어날랐다. 단체 메신저 앱을 통해 연결된 집회에 참여했고, 지극히 개인적인 문구를 자연스럽게 올렸다. 깃발은 대부분 평범한 일상을 사는 자신을 표현했다. 혹은 취미와 특기, 직업 등을 내세우며 함께하자는 '연합'과 '동호회'를 붙였다. 깃발이 대유행하자 일본 애니메이션 동호회 사람들은 마포에 호텔을 잡아놓고 밤새 제작했다고 한다. 이렇게 해서 1인칭 깃발, 1인 깃발의 시대가 열렸다. '흥의 민족'은 시위도 투쟁도 흥으로 했다.

박노해 시인은 '빛의 혁명'에서 "…우리는 그 모든 역사이자 미래이다// 나라가 위기에 처한 지금,/ 우리는 가장 앞서 새벽별로 빛난다/ 우리는 나를 살라 사랑으로 빛난다/ 우린 지금 빛의 혁명을 써나가고 있다// 우리는 선의 전위다/ 우리는 빛의 연대다/ 우린 이미 봄의 희망이다"고 썼다.

백만 명 울린 여고생 연설

이들의 목소리가 결집하여 '윤석열 즉각퇴진·사회대개혁 비상행동'이라는 연대체를 만들었다. 12월 9일 '윤석열퇴진운동본부'와 '거부권 거부행동' 두 단체가 발족 제안을 내놓은 후 이틀 만에 1,549개 단체가 참여했다. 박석운 한국진보연대 상임공동대표는 "최소강령 최대연대 방식으로 매일 촛불, 주말 최대 촛불을 만들고, 퇴진 촛불의 전국 확대로 나아갈 것이다. 한국사회대개혁을 위한 논의도 촛불광장에서 만들어갈 것"이라고 발족 취지에 대해 설명했다.

"주권자의 이름으로 명령한다. 윤석열은 퇴진하라!"는 발족 선언문(2024년 12월 11일)에서 "광장에 모인 시민들의 힘으로… 헌정질서를 회복시켜야 합니다. 그리고 그 광장에서 차별과 혐오가 없는 평등한 세상, 전쟁 없는 평화로운 세상, 모든 사람의 인권이 진정으로 존중받는 세상을 만들기 위한 한국사회 대개혁을 논의하고 토론했으면 좋겠습니다"라고 했다.

문제는 국민의힘이었다. 12월 7일처럼 국민의힘이 불참하면 안 되었다. 부산시 집회 연단에 오른 여고생 연설은 공감을 불러일으켰다. "막 걸음마를 뗀 사촌 동생들과 남동생이 먼 훗날 역사책에 쓰인 이 순간을 배우며 자신에게 물었을 때 부끄럽지 않게 '당당하게 그 자리에 나가 말했다'고 알려주기 위해 나오게 됐다"고 동기를 털어놓았다.

하루도 안 돼 영상 조회수는 100만 회를 훌쩍 뛰어넘었다. "부산 국민의힘 의원들보다 훨씬 훌륭하다", "18살 부산의 딸보다 못한 105명 내란의 힘 국회의원들은 부끄러운 줄 알라"는 댓글들이 달렸다.

"현 정권을 보고 5개월 전 학교에서 민주주의에 대해 배웠던 저와 제 친구들은 분노했다. (…) 대통령이 고3보다 삼권분립을 모르면 어떡하냐. 국민의힘 의원들은 당의 배신자가 되는 것이 아닌 국민의 배신자가 되는 것을 선택했다. 우리나라에서 보수의 의미는 이미 문드러진 지 오래다. 국민의힘은 더 이상 보수주의 정당이 아니다. 반란에 가담한 반민족, 친일파 정당일 뿐이다.

(7일 국민의힘이 탄핵소추안 표결에 집단 불참한 데 대해서) 시민이 정치인에게 투표 독려를 하는 나라가 세상천지 어디 있느냐. 당신들이 어젯밤 포기했던 그 한 표는 우리 국민이 당신들을 믿고 찍어준 한 표 덕분인데 왜 그 한 표의 무거움을 모르고 있느냐. 지금

제가 서 있는 여기 부산에서, 서울에서 그리고 대한민국 전국에서 쏘아 올린 촛불이야말로 진정한 국민의 힘이다. 역사는 우리에게 말한다. 일제에 광복을 얻어냈을 때도, 이전 정부들에게서 민주주의를 얻어냈을 때도 나라를 지켜왔던 건 늘 약자였다. 우리나라 역사상 국민이 진 적은 없다. 오래 걸린 적은 있어도 절대 지지 않는다."

정치인이 유권자에게 투표를 호소하는 것이 아니라 유권자인 시민이 정치인에게 투표를 호소하는 상황이 국민의힘을 압박했다. 결국 국민의힘이 탄핵 반대 당론을 사실상 유지한 채 본회의장에 입장하여 투표하기로 했다. 12월 14일 우원식 국회의장은 2차 탄핵소추안 표결 결과가 적힌 쪽지를 받았다.

"명패 수는 300명입니다."

인사 사항이라서 전자 투표가 아닌 무기명 비밀투표로 진행됐다. 국회의 무기명 투표는 본인 명패를 명패함에 먼저 넣고, 투표지를 투표함에 넣는다. 대리투표를 막기 위한 것이다. 명패 수와 투표수가 일치해야 한다. 이어 투표함이 열렸다. 누군가는 눈을 감았다. 광장에서 어떤 이는 고개를 파묻고 손을 모아 기도했다. 찬성과 반대, 숫자를 세는 데 34분이 걸렸다. 국회의장이 일어섰다.

"총투표수 300표 중 가 204표, 부 85표, 기권 3표, 무효 8표로써 가결됐음을 선포합니다."

우원식 국회의장은 "국민 여러분께서 보여준 민주주의에 대한 간절함, 용기와 헌신이 이 결정을 이끌었습니다"라고 감사의 마음을 표했다. 범야권 192석에 더해 국민의힘에서 8명 이상의 찬성이 필요했다. 안철수·김예지·김상욱·조경태·김재섭·한지아·진종오 의원 등이 공개적으로 찬성 의사를 밝혔다. 여기에 5명의 의원이 가세해서 탄핵안이 가결되었다. 국민의힘 의원총회에서는 이들을 색출해야 한다는 소리가 나왔다. 국민의힘은 돌이킬 수 없는 길을 갔다. '내란의 힘'이 되어 극우적인 목소리를 내는 의원이 다수가 되는 상황까지 갔다.

36장   헌법을 부정하는 반동 세력

한국의 보수는 대구, 경북을 중심으로 한 영남 보수, 기득권 강남 우파, 개신교 근본주의, 그리고 20대 남성으로 구성되어 있다. 내란 국면에서 가장 적극적으로 나선 것은 개신교 보수주의였다. 한국 교회는 해방 이후 월남한 평양교회 출신들이 주축이다. 그들의 뿌리 깊은 반공주의가 이승만, 박정희, 전두환을 거치면서 한국기독교총연합(한기총)으로까지 이어졌다. 보수주의의 뿌리이자 인적 자원의 공급원이 되었다.

  그들 중 상당수는 '하나님이 선택한 미국'과의 결합은 우리의 축복이라고 믿고 있다(개신교 관련 내용이라서 하느님이 아니라 하나님으로 표기). 한 손에는 태극기를 다른 한 손에는 성조기를 들고 다니는 이유이다. 한국 개신교는 출발부터 미국의 근본주의 신앙을 수입했다. 유럽의 자유주의, 이성주의 신학과 다르게 미국의 근본주의는 성경을 문자 그대로 해석한다. 종말이 다가오고 있고, 선과 악(공산주의, 동성애, 민주당, 이슬람)의 최후결전이 임박했다. 성전에 나서는 것이 구원을 받는 길이라고 믿는다.

윤석열은 예수

윤석열의 망상 계엄이 선포되자 보수적인 개신교 목사들이 제일 먼저 들고 나왔다. 전광훈 사랑제일교회 목사는 2024년 12월 3일 비상계엄이 선포되자 밤 11시 46분 '전광훈TV'에 나와 계엄포고령 1호를 읽으며 만세를 외쳤다. 국회의원이 본회의장으로 들어가자 "그 사람들 다 체포해야 돼. 정리 안 하면 대한민국에 희망이 없어"라고 큰소리로 외쳤다.

김홍철 장로회신학대학 교수는 12월 8일 사랑제일교회 저녁 예배에 참석해 "예수가 하나님의 아들이고 그가 바로 하나님의 빛이다. 윤석열 대통령은 지금 흑암 가운데 있는 백성들에게 큰 빛을 비추어서 대한민국을 빛의 나라로 바꿀 수 있는 위대한 발걸음을 떼셨다"라고 말했다.

손현보 부산 세계로교회 목사는 탄핵안이 가결되고 난 12월 15일 교회 예배에서 "국가의 수장이 없어졌다. 그럼 우리나라 신용도가 떨어지지 않겠나. 수출 잘 되겠나. 대한민국이 전 세계에서 자랑스럽겠나. 그렇게 되면 기업도 어려워지고 실업률은 오르고 환율은 치솟고 물가는 오르고 결국은 파산하는 중소기업들이 수도 없이 나올 것이다. 그런데 거기 나가서 노래 부르고 흔들고 있어요? 바보들이잖아"라고 했다.

전광훈, 손현보 양인은 그 후 탄핵반대집회를 이끄는 보수, 극우의 양대 기둥이 되었다. 전광훈은 그가 이끄는 대국본(대한민국바로세우기국민운동본부)과 자유마을이라는 조직을 기반으로 하여 주로 광화문에서 집회를 열었다. 노년층과 보수 우파들이 참여했다. 손현보는 2025년 1월 3일 세이브코리아(SAVEKOREA) 국가비상기도회를 따로 만들고 '성전'에 뛰어들었다. 전한길 역사 강사를 영입하여 세를 불렸다. 개신교의 많은 목사와 교회들이 손현보를 선택했다. 여의도에서 시작하여 여의도에서 집회를 마무리했다. 전광훈은 광화문파, 손현보는 여의도파라고 불리웠다.

전광훈은 누구인가?

전광훈 목사(1954년, 경상북도 의성)은 1983년 사랑제일교회를 세웠다. 외환위기 때 어려움을 겪은 교회들을 상대로 재테크 교육을 해주었다. 목회 비전과 연계하여 재테크 방법을 알려주었다. 1998년 청교도 영성훈련원을 설립했다. 김홍도 목사를 훈련원 총재로 추대하고 금란교회에서 청교도영성수련회를 열면서 전국적으로 명성을 얻었다. 여기에서 목회자들을 기수별로 배출했다. 전국 네트워크의 발판을 마련했다. 영성훈련원을 거친 목사 전도사들이 전광훈이 부르면 성도들을 아낌없이 동원해 주었다.

2003년 3·1절 구국집회는 보수주의 부활의 신호탄이었다. 김대중, 노무현에게 정권을 잃은 보수주의는 침몰하고 있었다. 한기총이 30만 명을 모았다. 전광훈은 이때 극우의 전사가 되었다. 내친김에 열린우리당이 추진하던 언론법·사학법·국가보안법 등 이른바 '4대 악법 개정 저지 운동'에 나섰다. 결국 2005년 1월 열린우리당이 포기선언을 했다. 보수교단의 압승이었다.

전광훈은 정당을 창당했다. 한국기독당이 스타 목사들의 열렬한 후원을 받으며 출범했으나 비례 득표 3%를 넘어서지 못해 의석 확보에 실패했다. 전광훈은 이때부터 당명을 바꾸어 가며 6번을 창당했다. 김진홍 목사가 이끄는 기독교 뉴라이트 운동에도 참여했다. 2007년 대선에서 이명박 장로를 대통령으로 만드는 데 발 벗고 나섰다. 뉴라이트 인사들이 이명박, 윤석열 정부 들어서서 출세의 길을 달렸다. 뉴라이트 중에서 개신교만이 대중 동원력을 갖추고 있었다.

2016년 박근혜 대통령이 국정농단 사건으로 탄핵되었다. 친박 단체를 중심으로 결성된 '대통령 탄핵기각을 위한 국민총궐기 운동본부(탄기국)'와 어버이연합이 주도권을 쥐었다. 우리공화당의 조원진이 가세했다. 문재인 정부의 탄생으로 이들이 세력을 잃고 사분오열되었을 때 광장을 지켜준 이가 전광훈이었다. 조직력과 동원력으로 집회를 유지했다. 광장과 아스팔트가 그의 교회가 되었다. 거리에서 깃발을 들고 버텨온 것이 전광훈 원톱 체제를 만드는 발판이 되었다.

2018년부터 광화문에서 태극기 세력과 결합, 문재인 정권 퇴진 운동을 주도했다. "문재인 간첩" 등의 발언으로 강경 보수파의 지지를 얻었다. 여의도 순복음교회, 금란교회의 지지를 얻어 2019, 2020년 한기총 회장을 연임하면서 한국교단을 대표했다. 공부한 신학교도 목사안수도 불분명한 그가 변방에서 중심으로 올라섰다. 기세가 오른 그는 "하나님 꼼짝 마. 하나님. 하나님 까불면 나한테 죽어"라고 했다. 자유한국당 국회의원들이 그 앞에서 까불지 못했다. 머리를 조아렸다. 2022년 대선에서는 윤석열을 후보로 만들고 당선시키는 데 기여했다. '신의한수', '홍철기TV' 등 부정선거를 주장하는 유튜버까지 합류했다.

전광훈의 정치 비즈니스

전광훈의 메시지는 단순하다. 반복적이다. 한국 교회가 가진 맹점들을 최대한 활용한다. 한국 교회는 성도들이 일상생활을 희생할 정도로 교회에 헌신적이게 한다. 최종적으로는 목회자, 목사의 권위에 순종하게 한다. 전광훈은 목사 정도가 아니라 하나님과 '맞먹는' 선지자다. 전광훈은 늘 얘기한다. "대한민국 공간에서 100년을 보면 결국 한국에서 유일하게 올바른 사람임이 입증될 것"이라고 자화자찬한다. 그런데 '아멘'이라며 화답한 사람 중에 100년 후에 살아있을 사람은 아무도 없다. 검증할 수가 없다.

전광훈은 집회에 연주팀과 리액션팀을 배치한다. 오디오 시스템은 완벽하다. 부흥회처럼 집회 열기를 극대화한다. 사람들을 흥분하게 하고 열광하게 한다. 영어 통역까지 대동한다. 세상은 개개인들의 복잡한 고민에 대해 일일이 답을 줄 수 없다. 전광훈의 종교는 단순하다. 믿으면 구원을 받는다. 거기에 해답이 있어 보인다. 노년층은 이런 집회에서 위안받는다.

한국 개신교의 주류는 기복적이다. 우리의 토속신앙에 미국의 번영주의 신학이 결합되었다. 교회가 성장하고, 헌금이 많이 들어오고, 목사가 부유하게 사는 것은 다 하나님이 임재하고 있다는 증거다. 부자가 하늘나라에 가는 것은 낙타가 바늘구멍을 통과하는 것과 같다는 성경 말씀은 잊어버렸다. 전광훈은 그래서 대놓고 돈을 좋아한다고 말한다. "헌금 시간이 가장 기쁜 시간"이라고 말한다. 그가 하는 집회에서 반강제적으로 자유일보 구독, 알뜰폰 서비스, 선교카드 등을 통해 돈을 모았다. 제3의 연금이라 하여 노후에 월 100만 원씩을 돌려주겠다며 다단계로 가입자를 모았다.

전광훈은 정작 자신의 고유 비즈니스에서는 재미를 보지 못했다. 바티칸 교황청처럼 세계기독청을 한국에 세우겠다며 헌금을 강요했다. 1년에 1조 원의 부가 창출된다고 했다. 50억 원의 재산 가치가 있는 장위동 사랑제일교회를 알박기를 하여 재개발 조합에서 500억 원을 벌려다가 실패했다.

손현보는 누구인가

손현보(1962년)는 고신대에서 신학을 전공한 정통이다. 담임목사를 맡은 부산 세계로교회는 부산 강서구에 있다. 외지에 있는데도 불구하고 주변 인구가 늘어나고 봉사활동을 적극적으로 하면서 급격히 성장했다. 전광훈의 사랑제일교회 등록 성도가 2,000~3,000명인데 세계로교회는 등록 성도가 1만여 명이다.

손현보가 전국적 목회자로 부상한 것은 팬데믹 기간이었다. 그는 정부의 대면 예배 금지 방침을 거부했다. 2021년 1월 대면 예배를 강행하자 부산시가 교회 폐쇄 조치를 했다. 손현보는 교회 앞마당에 의자를 깔고 예배를 이어갔다. 고신은 일제강점기 신사 참배를 거부했고, 해방 후 신사참배 회개 운동을 했던 교단이다. 우상숭배 거부가 핵심이다. 고신은 국가가 어떤 요구를 하더라도 예배 양식을 지켜야 한다는 신앙을 갖고 있다. 2021년 3월, 고신 총회 차원에서 성명서를 발표해 현장 예배 제한 명령을 철회해달라고 정부에 요청했다.

손현보는 2024년 10월 27일 '한국교회 200만 연합 예배 및 큰 기도회'를 열었다. 공동대회장은 이영훈 여의도순복음교회 목사, 오정현 사랑의교회 목사였지만 기도회를 성사시킨 것은 손현보였다. 서울시청과 여의도 일대에 개신교인 23만 명(경찰 추산)이 모였다. 기도회 주제는 동성혼과 차별금지법 제정 반대였다.

보수 개신교인들 사이에서는 전광훈의 공로를 인정하지만 함께 하는 것을 불편해 했다. 사이비와 이단 같은 언사가 논란을 제공했다. 목사 자격 박탈 위기에 처하자 새로 교단을 만들어 목사직을 유지하는 것도 문제였다. 대안을 찾던 중에 손현보가 나타난 것이다. 10월 27일을 기점으로, 부산의 목사가 단숨에 보수 교계의 적자로 떠올랐다. 전광훈과는 다른 의미에서 변방에서 중심으로 부상했다.

동성혼 반대는 한국 교회의 중심 비즈니스이다. 개신교회는 늘 선과 악의 대립구도를 찾는다. 이슬람은 세력이 미미해서 전선을 꾸리기 어렵다. 동성혼에 대해서는 사람들이 갈수록 관대해졌다. 2022년 대통령 선거 TV토론에서는 왜 개인의 성적 취향을 문제 삼느냐는 발언까지 나왔다. 2024년 10월 건강보험공단에서 동성 사실혼 부부의 피부양자 자격을 인정했다. 교회의 위기감은 커졌다. 차별금지법이 통과되면 동성혼 반대 설교 목회자가 탄압을 받게 된다면서 종교의 자유가 위협받고 있다고 했다. 공산화와 다를 바가 없다고 했다. 위기는 성도들을 결집시킨다. 사탄의 권세에서 나라를 구해야 한다며 하나님의 응답을 구했다.

10·27 집회는 세이브코리아의 산파였다. 그 전신은 '거룩한방파제'다. 주로 동성애 반대, 차별금지법 반대 운동을 하던 단체였는데 2025년 1월 3일 국가비상기도회로 발전했다. 이 집회로 그동안 광장의 원톱이었던 전광훈이 일격을 당했다. 집회 주도권을 놓고 손

현보와 전광훈의 사이가 나빠졌다. 윤석열 계엄으로 양자가 뭉칠 듯하다가 다시 헤어졌다. 반공이라는 큰 비즈니스를 만났다. 시장을 평화롭게 나눠가질 수 없었다. 개신교에서 그동안 나라의 공산화를 막자는 기도를 해왔지만 윤석열이 계엄의 명분으로 공산세력과 싸우겠다고 선포하면서 시장이 갑자기 커졌다. 반 동성애 비즈니스에서 반공 비즈니스로 뛰어들었다.

전광훈, 전세 보증금이라도 빼서 혁명에 나서라

전광훈은 늘 광화문을 사수했다. 광화문을 거점으로 두고 지방을 돌았다. 가끔 한남동으로 출장 집회를 가기도 했지만 광화문 터줏대감을 자처했다. 서울서부지법에서 영장실질심사가 열리던 2025년 1월 19일에도 광화문 집회를 유지했다. 뒤늦게 서부지법으로 방향을 틀었다. 여기에서 초유의 법원난동사건이 벌어졌다.

그의 풀뿌리 조직은 전국 3,518개 자유마을이다. 대국본 산하 조직이자 전광훈이 만든 자유통일당의 유관조직이다. 국회의원 선거구 254개 지역구, 3,518개 읍·면·동에 모두 대표자를 두고 태극기 집회에 동원한다. 자유마을 강령을 보면 '마을 리더를 체계적으로 훈련 시킨 후 대한민국을 재건할 사회 및 정치리더로 성장시키는 것을 목표로 한다'고 되어 있다. 가입자들에게는 지방자치 선거에 나갈 수 있는 희망을 심어줄 수 있고, 국민의힘 국회의원들에게는 손을 벌리게 하는 지점이다.

전광훈은 집회 때마다 3,000만 명을 모으면 끝장이 난다고 강조했다. 한 동네에서 1만 명씩, 전국 3,518개 자유마을에서 3,600만 명을 모을 수 있다는 얘기이다. 전광훈은 "12·3 비상계엄으로 국가가 살아났다", "윤석열은 광화문 집회 없이는 살아남을 수 없다"고 외쳤다. 전광훈은 "마지막으로는 국민저항권을 발동해야 한다. 국민저항권이 헌법 위에 있다는 것을 윤석열 대통령이 가르쳐 주었다"라고 말했다.

그는 늘 국회의원 수와 비슷한 300명 규모의 국민저항권위원회를 만들 것이라고 공언했다. 윤석열이 국회를 해산하고 비상입법기구를 만들려고 했던 구상과 비슷하다. 4·19혁명처럼 국민저항권을 밀고 나가서 국가를 새롭게 조직해야 한다고 주장했다. 교회가 침묵하다가 히틀러 체제를 맞은 것처럼, 교회가 가만히 있으면 공산국가가 된다고 했다. 국민저항권은 순교를 의미했다. 반복해서 집회에 참석한 자유마을 주민들은 세뇌를 당했다. 논리는 단순하다. 탄핵이 인용되면 이재명 세상이 오고, 이재명 체제는 곧 공산주의 사회이다. 지도부가 저항권을 발동하면 죽음을 각오하고 싸움에 나서야 한다. 순교를 각오하고 나서야 한다는 것이다.

지금 우리 마을이 적화될지도 모른다는 위기감이 자유마을 대표들을 통해 전국으로 확산된다. 집회에 참석하는 사람들의 대화를 들어보면 "배급제 사회가 되어야 정신을 차린다"며 계엄을 정당화했다. 왜 김대중, 노무현 문재인 정부하에서는 그토록 그들이 두려워하던 공산화가 안 됐는지 질문을 하지 않는다. 전광훈과 유튜버들의 말에 의문을 품지 않는다. 회의적으로 생각해보지 않는다.

전광훈은 3,000만 명 동원을 위해서 핸드폰 비용 5만 원씩을 나눠주며 독려했다. 전세방을 빼서라도 지역에서 버스 10대씩 동원하라고 했다. 나라가 북한으로 넘어가면 전셋방이 어디있냐는 그의 말에 참석자들은 아멘으로 답했다. 정작 그가 얼마만큼의 사재를 털었는지는 알려져있지 않다.

전광훈은 2025년 3월 8일 윤석열이 구속 취소 결정으로 석방되자 자신의 예언이 맞았다며 기세등등했다. 전광훈은 이 무렵 김문수 고용노동부 장관의 대선 후보 지지율이 오르자 "20년 전 기도 중에 김문수를 대통령 만들라는 음성을 들었다"고 주장했다. 2024년 12월 임시국회 대정부 질의에서 서영교 민주당 의원이 계엄을 막지 못한 데 대해 국무위원들이 모두 일어서서 사과하라고 했다. 한덕수 국무총리를 포함해 장관들이 일어나 고개를 숙였다. 김문수만 그냥 앉아 있었다. 이 사진, 한 장으로 김문수의 지지율이 올랐다.

손현보, 전한길을 영입하다

손현보는 2025년 1월 3일 기자회견을 열고 세이브코리아 국가비상기도회 창립을 알렸다.

"대한민국은 1948년 기도로 세워진 자유롭고 자랑스러운 나라다. 140년 전, 미국 선교사들을 통해 자유와 독립에 눈을 뜬 이 땅의 그리스도인들은 국가의 위기 때마다 기도와 행동으로 나라를 구해왔다… 지금은 하나님을 두려워하며 나라를 사랑하는 우리 그리스도인들이 대한민국을 구하기 위해 일어서야 할 때다… 하나님의 뜻에 따라 일어선 우리는 이제, 조용히 자신의 소임을 다하던 애국시민들을 일으켜, 삼권분립을 훼손하고, 법치를 유린하는 대한민국의 반역자들에 맞서 싸워나가야 한다… 그리하여 1948년 기도로 세워진 대한민국에, 다시 한번 하나님의 정의와 공의가 강물처럼 흐르게 만들 것이다."

삼권분립을 훼손하고 법치를 유린한 것은 윤석열이다. 성명은 그 반대이다. 1월 11일 여의도 기도회를 시작으로 1월 18일에는 전국 각지에서 동시다발 집회를 예고했다. 부산, 대구, 광주 대전 집회에서는 대규모 세를 과시했다. 전국 보수 교회가 성도들을 동원했다. 전광훈에 대한 교회의 반감이 작용했다. 손현보의 설교는 정통 교단의 용어를 사용해서 교회 청년들을 동원하는 데 부담이 없었다. 주류 교단에서 자란 교인들에게 익숙한 말과 기호를 사용하기 때문에 안정감을 느낄 수 있었다. 국민의힘 의원들이 집회에 참석해서 눈도장을 찍었다. 계엄군이 저지른 만행으로 큰 상처를 입었던 광주에서 계엄을 옹호하는 집회를 여는 것에 대해 광주 시민의 커다란 공분이 있었다. 광주 집회에 참석한 이들이나 부산, 대구 집회에 참석한 이들이 대개 비슷했다. 같은 교회에서 버스를 타고 집회마다 참석을 했다.

한국사 일타 강사 전한길 씨가 가담하면서 세를 불렸다. 전한길은 2024년 세계로교회 청소년 여름캠프에서 강의를 한 바 있다. 강의의 대부분은 이승만을 칭송하는 내용이었다. 그는 1월 5일 부산 세계로교회에 참석해 간증과 강연을 했다. 전한길은 "세계로교회가 지금까지 대한민국에 크게 있었던 세 가지 사건의 기준점이 되어 줬다"며 코로나19 대면 예배 강행, 10.27 동성혼 반대 연합예배, 세이브코리아 출범을 거론했다.

전한길은 팬데믹 때 교회를 약화시키려는 정치적 야욕을 갖고 정부가 대면 예배를 금지한 것이라고 했다. 문재인의 정치적 의도가 있었다는 것이다. 포괄적 차별금지법이 가정을 파괴하고 사회를 파괴하고 최종적으로 교회를 파괴한다고 했다. 차별금지법은 유엔의 권고사항이다.

손현보는 전국을 돌면서 윤석열의 논리를 그대로 따라 했다. "이 나라가 무너질 징조가 보인다. 민주당은 선전, 선동, 공작을 일삼고 있다. 이재명이 정권을 잡으면 이 나라는 한 달도 못 돼서 사회주의 국가가 될 것이다. 선관위를 보면 이 나라에 망조가 든 것을 알 수 있다. 이 나라의 군대도 과거 제국들이 몰락할 때와 같은 모습을 보이고 있다"라고 말했다. 계엄에 소극적으로 작전에 임하거나 태업을 한 군인들을 조선조 말 망국의 군인에 빗대었다. 손현보는 애국 시민과 성도들이 마지막 희망이라며 "윤석열을 속히 복귀시켜 정국을 안정시키고 제2의 건국을 해야 한다. 이 아름답고 복된 나라를 다음 세대에 물려줘야 한다"라고 강조했다.

개신교, 증오의 언어

"기독교는 증오의 언어에 익숙해요. 성경과 찬송에서 적그리스도를 말하고, 마귀들과 싸우는 이야기가 많이 나오거든요. 극우들에겐 이재명 대표가 무찔러야 할 사탄이자 마귀인 거죠." [김진호 제3시대그리스도교연구소 이사, 《경향신문》 인터뷰 중에서]

서강대 종교학과 서명삼 교수는 하나님과 사탄의 대결 구도라는 이분법으로 세상을 바라보는 미국의 은사주의 개신교에서 한국의 극우 목사들이 영향을 받았다고 분석했다. 미국의 은사주의 개신교는 트럼프가 신앙은 약해도 하나님께서 그를 내세의 세상을 구할 것이라며 트럼프의 당선에 기여했다. 주술에 빠져있는 윤석열도 문제가 될 것이 없다. 하나님께서 들어세우셨기 때문이다.

세이브코리아 여의도 집회에서 주성민 목사는 "세상은 참이냐 거짓이냐, 자유주의냐 공산주의냐 두 가지다. 그러나 항상 진실이 이길 것이며, 하나님께서는 기도에 응답하신다. 공산주의 떠나가라, 사전선거 폐지하라, 탄핵을 기각하라" 등과 같은 구호를 외쳤다.

배덕만 느헤미아 기독연구원장은 CBS 인터뷰에서 한국 개신교인 중에 한 10% 정도가 극우 기독교인일 것이라고 추정을 했다. 예전에 비해서 더 강성을 띠면서 파괴력이 훨씬 더 커졌다고 진단했다. 중국 음모론, 부정 선거론 같은 것을 반복적으로 들으면서 공포감과 절박감이 정서적 동력을 만들었다고 보았다. 지금 곧 나라가 망할지도 모른다, 한국 기독교가 무너질지도 모른다라고 하는 생존에 대한 위기감이 아주 극단화되어 있어서 금방 터질 것 같은 지경에 이르렀다는 것이다. 또 오랫동안 이미 준비되고 훈련됐던 교계의 동원력, 조직력도 한몫하고 있다고 보았다. 대형교회일수록, 극우 목회자일수록 탑다운(위에서 아래로 내려가는) 방식으로 대중을 동원할 수 있는 영향력이 강하다.

전광훈과 손현보의 명암, 구로구청장 선거와 부산교육감 선거

2025년 4월 2일 재보궐 선거가 몇몇 곳에서 치러졌다. 서울 구로구청장 재선거 원인을 제공한 국민의힘이 후보를 내세우지 않았다.

전광훈의 자유통일당 이강산 후보(1989년)가 35%를 득표했다. 자유통일당 강령에는 "전교조가 주도하는 잘못된 역사교육과 동성애·이슬람·차별금지법을 척결한다"라고 명시되어 있다. 이강산 후보는 선거 내내 '불법체류자를 청소하자'라며 반중혐오를 조장하고 '대통령 탄핵저지'를 슬로건으로 내세웠다. 언론의 주목을 별로 받지 못했지만 자유통일당의 35% 득표에 대한 재미있는 분석이 있어 소개한다.

"이 결과는 어떻게 해석될 수 있을까? 1. 누가 되었든 '민주당'은 절대 안 된다는 인구가 전 국민의 1/3은 된다. 2. 계엄이라는 반헌법적, 폭력적 행위에 동의하는 인구가 1/3이다. 3. 그냥 국민의힘 지지층을 흡수했을 뿐 큰 의미는 없다.

뭐가 되었든지 보수정당이 지금처럼 길을 잃고 극우 포퓰리즘에 부합한다면 정말로 강력한 수준의 극우정당이 자리잡게 될지도 모른다는 우려는 현실이 될 것이다. 더불어 일부에서 주장하듯 국민의힘이 없어진다고 해서, 민주당이 보수정당으로 자리 잡고 진보정당과 건강한 경쟁을 하는 체제는 그저 환상이라는 것도 보여준다. 탄핵 이후 정계개편에 대한 여러 이야기가 있겠지만 무엇보다 보수계열 정당이 어떻게 다시 헌정질서 안으로 들어오느냐는 중요한 문제라고 생각한다. 헌정질서를 무시하고, 차별과 혐오를 조장하는 세력이 집권 가능한 세력으로 성장하게 되어서는 안 된다." [조현준 국회의장 비서관 페이스북]

부산시 교육감 선거도 치러졌다. 진보 단일후보 김석준 전 교육감이 51.3%를 득표해 당선되었다. 보수는 분열되었는데 정승윤 후보가 40.19%, 최윤홍 후보가 8.66%를 얻었다. 정승윤의 출정식에는 손현보와 전한길이 참석했다. 전한길은 "4월 2일이면 우리 윤석열 대통령께서 탄핵 각하나 기각이 되어 직무 복귀해서 국가 시스템이 정상화될 무렵이다. 그때 윤 대통령 지지율이 되게 중요하다. 윤 대통령 지지율도 올려드리고 자유민주를 지켜야 하지 않겠느냐. 그래서 4월 2일 재·보궐선거에서 보수 우파가 반드시 승리해야만 한다"라고 말했다.

출정식에 앞서 오후 3시께 정승윤 후보 선거사무소에선 손현보 등 8명의 목사가 승리를 기원하는 예배를 드렸다. 한국공무원불자연합회 회장 정승윤의 어깨에 손을 올리고 안수기도를 했다. 하나님은 기도에 응답하지 않았다. 진보 김석준 후보가 부산의 모든 곳에서 승리했다. 2018년 싱가폴에서 트럼프와 김정은이 정상회담을 할 때 치러진 지방선거에서 민주당이 승리했다. 부산시장 선거에서 이기고, 부산 지역 16개 구청장, 군수 중에 13곳에서 승리했다. 교육감 보궐선거에서는 모든 곳에서 승리했다.

전광훈은 기고만장해질 수 있는 근거를 얻었다. 손현보는 태세전환의 필요성을 느꼈을 것이다.

헌법재판소 판결 이후

헌법재판소에서 판결이 있고 난 다음 날, 4월 5일 봄비가 내리는 가운데 전광훈은 집회를 열었다. 전광훈은 "헌재 결정에 절대로 동의할 수 없다. 헌재의 권위보다 국민저항권의 권위가 그 위에 있다"고

했다. 전광훈은 이미 자신이 윤석열 탄핵과 구속을 다 예측했으며 윤석열이 검찰총장 재직할 때 하나님이 계시했다고 했다. "대통령 만들어라, 그러나 마지막은 감옥 갈 것이다"라고 했다는 것이다. 전광훈은 "나를 일반 목사로 보면 안 된다. 나는 기도를 빡세게 하는 사람이다"며 윤석열이 부활할 것이라고 '예언'했다.

사회를 본 목사는 헌금 시간에 잠시 비가 멈춘 것도 돈이 젖지 않도록 하는 하나님의 뜻이라고 했다. 이날 집회 참가자 수는 이전보다 크게 줄었다. 그는 "전광훈 목사님 힘내시라고, 우리는 믿음으로 이겼다고 감사 헌금을 오늘만큼은 더 드려주셔야 한다"고 말했다.

손현보는 탄핵 재판 결과에 승복했다. 모든 집회 일정을 취소했다. 전광훈은 내란 선동혐의로 조사를 받았다. 손현보는 전광훈에 비해 전략적인 사고를 하고 있다는 평가를 받는다. 2월 15일 광주 집회에서는 고 김대중 대통령을 "위대한 지도자"라고 칭했다. 장소를 고려한 발언이었다. 손현보는 중앙일보 인터뷰에서 "윤석열이란 사람이 아니라 자유민주주의 체제를 지지하는 것"이라고 했다. 그는 전광훈에 비해 탄핵 반대 운동을 더 넓게, 더 길게 바라보았다.

탄핵 반대 집회에서 청년들이 등장했다. 특히 손현보의 세이브코리아 집회에서 두드러졌다. 보수 개신교 일부에서는 전교조가 아이들을 반기독교로 이끈다고 믿는다. 아이들을 구해내기 위해서 대안학교도 만든다. 대형교회에서는 유학 가는 아이들을 위해서 기숙형 대안학교도 설립했다.

손현보는 북한 아이들은 유치원 때부터 위대한 김일성 동지라고 부르며 교육을 받는데 우리도 어릴 때부터 바른 성경, 기도, 역사,

가치관을 가르쳐서 이 세상을 바꿔가야 한다고 강조한다. 손현보는 '희망의 대한민국을 위한 한국교회 연합 기도회(2025년 2월 18일)'에서 "교육법을 바꿔 기독교 대안학교에 재정지원을 해야 한다. 한국이 기독교 국가가 돼야 한다"라고 주장했다. 진화론을 가르치는 공교육에 아이들을 맡길 수 없다며 기독교 국가가 되기 위해서는 교육을 바꿔야 한다는 것이다. 전광훈이 노년층을 상대로 집회를 열었다면, 손현보는 청년을 보고 집회를 열었다. 개신교 극우의 원톱이 바뀔 수 있다고 보는 관측이 설득력을 얻고 있다.

전광훈, 손현보의 과잉대표, 개신교의 자성운동

전광훈, 손현보로 개신교가 등치화되는 것을 방치한 데 대한 개신교 내의 자성과 회개가 있었다. 한국기독교교회협의회(NCCK) 시국회의가 성명을 발표했다. 대한예수교장로회 고신총회 소속 단체도 손현보의 징계를 촉구했다. 기독교대한감리회도 '거짓 예언자들에 대한 성명서'를 채택했다. 김형국, 하창완, 임진산 목사 등이 '극우화를 경계하는 한국교회와 그리스도인에게 드리는 글'이라는 시국선언을 발표했다.

김요한 목사(새물결플러스&아카데미 대표)는 헌법재판소 판결이 나오자 "경찰은 전광훈을 빠르게 잡아들여 엄중한 죗값을 물으라. 확신하건대, 전광훈 하나만 사회와 격리해도 극우 파시스트들이 헌재의 결정에 반해 불법 소요와 폭동을 도모하는 일은 없을 것"이라고 했다.

특집 **1**

한국의 개신교 보수화

우리가 직면한 질문은 두 가지이다. 첫째는 해방 직후 남한 인구의 3% 안팎이었던 개신교가 어떻게 최대 종교가 되었냐는 점이다. 개신교는 통계청 조사로 2015년에 인구대비 19.74%, 967.6만 명의 성도를 확보해 최대종교로 부상했다. 둘째는 개신교가 어떤 연유로 친미·반공·반북이라는 3대 가치와 친일·반중·친이스라엘이라는 보조 가치로 보수화되었냐 하는 의문이다.

① 미군정과 개신교의 운명적 만남, 미국과의 만남을 하나님의 계획으로 이해
해방 직후 미군정청은 공인교(公認敎) 정책을 시행했다. 공인교 정책이란 국가에서 공식적으로 인정하는 종교에만 각종 혜택을 주는 정책이다. 실질적으로는 교세가 컸던 유교·불교·천도교·대종교를 인정하지 않고 기독교(가톨릭과 개신교)만을 공인했다.
1945년 10월 미군정청은 일제 때 경축일을 폐지하고 미국의 축제

일을 공휴일로 지정했다. 단군 이래 처음으로 추수감사절과 크리스마스가 공휴일이 되었다. 부처님 오신 날이 공휴일이 된 것은 그로부터 30년 후인 1975년이다. 심지어 미국의 독립기념일(7월 4일)도 남한의 5대 축제일이 되었다.

미군정청은 영어를 공용어로 선포했다. 영어와 번역한 한국어의 불일치가 생길 경우에는 영어를 기본으로 했다. 한국어는 학교에서 사용하는 교육용 언어이고 영어는 정부에서 사용하는 유일한 언어가 되었다. 이렇게 되자 영어가 권력이 되었다. 400명에 가까운 영어 통역관은 대개 친일 지주의 자녀로 유학을 다녀온 자이거나 선교사의 도움으로 미국에서 공부를 한 이들이었다.

강인철의 논문 [《한국기독교회와 국가 시민사회》]에 따르면 미군정이 임명한 11명의 행정고문 중에서 목사 3명을 포함한 6명(55%)이 개신교 신자다. 1946년 미군정의 최고위직에 임명된 한국인 50명 가운데 35명이 기독교 신자였다. 제헌의회가 만들어지기까지 대의기구 역할을 했던 과도 입법의원 90명 가운데 21명이 개신교 신자였다. 초대 입법의원 190명 중 38명(목사 13명 포함)이 개신교인이었다. 미군정 당시 남한의 인구가 1,580만 명 정도로 추산되고 개신교와 가톨릭을 합해 45만 명 정도, 인구의 3% 정도인데 이에 비하면 과다비례가 되었음을 알 수 있다.

해방 직후 미군정은 적산(일제의 부동산과 재산)을 처분했다. 적산기업·적산가옥·적산종교시설을 불하했다. 이중 신사와 천리교 등 일제의 종교자산 대부분을 개신교에 몰아줬다. 천리교는 일본에서 유입된 종교로 식민지 시절 교세가 커서 재산도 많았다. 1947년 9월 19일 조선불교중앙총무원장 김법린은 군정청 재산관리관에게 "당연히 불교계에 이양되어야 할 일본 불교적산이 하등의 연고 없는 단체 또는 개인에 의해 불법점거 또는 부적당하게 이양되어 있으며 이미 점유 중이거나 임대차계약 완료된 재산까지도 다른 곳으로 이양되어 있다"는 항의 공문을 보냈다. 해방 직후 불교계가 관리하던 40여 개의 일본 천리교 사원 가운데 30여 개가 교회와 유관기관에 이양됐다.

② 대교회주의의 뿌리

한경직 목사의 영락교회 등 대형 교회들과 주요 신학대들 대부분이 천리교 자산의 특혜 배분으로 자리를 잡았다. "해방 후 일본 신사나 일본 사원 자리가 예수교 예배당 혹은 교회 학교로 변모된 것은 하나님의 특별한 은총인 동시에 기독교의 승리이며, 한국 교회의 광영이며 사교(邪敎)에 대한 역사적 심판"이라고 개신교 측에서는 의미를 부여했다. 대교회주의가 이때 만들어졌다. 대교회는 '하나님의 은사의 징표'였다. 예수 그리스도는 믿음의 반석 위에 교회를 세우려고 했지, 대교회를 세우려고 하지는 않았다.

　미군정 고위관리들은 남한을 기독교 국가화하여 소련에 맞선다는 점령지 건설 원칙을 갖고 있었다. 그들은 그리스도의 정신을 기초로 하여 '건국'을 한다는 원칙을 갖고 있었다. 이런 원칙에 따라 형무소 교화사업도 목사만 참여하도록 했다. 개신교가 독점하다시피 하던 형목은 1961년에서야 타 종교에도 개방됐다. 형목(교도소 선교), 군목(군대 선교), 경목(유치장 선교)이 중요한 이유는 어려운 환경하에서 사람들이 회심하게 되고, 그들의 회심이 사람들에게 주는 울림이 있기 때문이다. 일반인의 기준에서 볼 때는 외진 곳이지만 종교의 입장에서 보면 개인의 영혼을 구제해 주는 것을 물론이고 선교의 블루오션이다. 그 블루오션을 특정 종교에 몰아준 것이다.

미군정은 1947년 3월부터 일요일마다 KBS의 전신인 서울중앙방송국(HLKA)을 통해 선교 방송을 내보내게 하는 등 개신교를 우대했다. 다른 종교는 월 2-3회 선교 방송의 기회를 가졌지만 개신교는 매주 방송을 할 수 있었다. 서울중앙방송은 일제 시대부터 국영 방송의 역할을 했다. 일황의 항복선언도 이 방송을 통해 들었다. 국영 방송 같은 위상을 갖고 있어서 이 방송에 자주 노출될수록 특정 종교가 국교처럼 인식되는 효과를 주게 된다.

이규태의 책에 보면 일제 말기에 학교에 다녀오면 형들이 이불 속에 들어가〈미국의 소리(VOA)〉방송을 들었다. 일제가 곧 패망한다는 소리를 듣고, 이 얘기를 밖에 나가서 했다가 혼쭐이 났다는 회고가 있다. 당시 이승만도 주기적으로〈미국의 소리〉방송에 출연했는데, 해방 정국에서 이승만이 대통령감이라는 인식을 굳히게 하는데 방송이 기여했다. 그만큼 미디어의 영향력은 크다. 가톨릭에는 경향신문사를 불하했다.《경향신문》은 이승만 시대에 대표적인 야당지가 되었다.

한반도 5천 년의 역사에서 문명은 인도와 중국을 통해서 들어왔다. 종교적으로나 문명적으로나 동양에 속해 있었다. 한반도의 분단과 미군의 점령으로 문명과 신앙의 경로가 하루아침에 바뀌었다. 서양 문명 특히 미국 문명과 기독교가 하루아침에 남한 땅을, 공산주의와 소련문화가 북한 땅을 지배했다. 해방 이전과 해방 이후 완전히 다른 세상이 되었다. 개신교 보수파에서는 미국과의 만남을 하나님의 계획으로 이해하는 경향이 강하다.

③ 이승만과 개신교, 기독교 국가 건설을 일생의 목표로 삼아

이승만(1875~1965)은 유학 가문에서 자랐다. 어머니는 독실한 불자였다. 영어를 배우려고 1895년 배재학당에 입학했다. 선교사들을 통해 개인의 자유와 정치적 평등이라는 민주주의 사상을 접했다. 한성 감옥에 투옥되었을 때, 개신교로 개종을 했고 기독교 국가 건설을 일생의 목표로 삼았다. 문명국이 되기 위해서는 기독교 외에 다른 대안이 없다고 주장하였다.

미국에 유학하여 프린스턴대학에서 공부했다. 프린스턴대학은 당시에는 복음주의, 기독교 보수주의의 산실이었다. 그는 미국 생활을 하면서 기독교 국가 건설 꿈을 점점 구체화하였다. 한인기독학원, 한인기독교회 및 한인 YMCA를 창설하여 교포들에게 기독교를 전파했다. 미국인들을 상대로 대한민국 임시정부 수립이 미국의 건국 이념과 제도를 따른 '형제 공화국'의 건설이라고 선전했다. 1919년부터 한국을 동아시아 최초의 기독교 국가라고 알렸다.

이승만은 해방 후 귀국하여 1945년 11월 한 연설에서 "지금 우리나라를 새로이 건설하는 데 있어서 튼튼한 반석 위에다 세우려는 것입니다. 오늘 여러분이 예물로 주신 이 성경 말씀을 토대로 해서 세우려는 것입니다. 부디 여러분께서도 하나님의 말씀을 반석 삼아 의로운 나라를 세우기 위해 매진합시다"라고 했다. 이어 1946년 3·1절 기념식에서는 "한민족이 하나님의 인도하에 영원한 자유 독립의 위대한 민족으로서 정의와 평화와 협조의 복을 누리도록 합시다"라고 했다.

1948년 5월 제헌국회가 구성되었다. 총선거는 원래 5월 9일 일요일로 정해졌으나 개신교에서 주일날에 선거를 할 수 없다고 미군정을 설득하여 월요일인 5월 10일로 바꾸었다. 이승만은 1948년 5월 27일 국회의원 예비회의에서 임시의장으로 선출됐는데, '하나님과 순국선열과 3,000만 동포 앞에 삼가 선서함'이란 제목의 선서문을 채택했다. 5월 31일 제헌국회 제1차 회의는 "임시의장 이승만 박사가 등단하여 전 국회의원들에게 먼저 하나님께 기도하자고 제의하고, 이윤영 의원(목사)이 기도했다."[속기록]

"대한민국 독립민주국 제1차 회의를 여기서 열게 된 것을 우리가 하나님께 감사해야 할 것입니다. 종교 사상 무엇을 가지고 있든지, 누구나 오늘을 당해 가지고 사람의 힘만으로만 된 것이라고 우리가 자랑할 수 없을 것입니다. 그러므로 하나님께 감사를 드리지 않을 수 없습니다. 나는 먼저 우리가 성심으로 일어나서 하나님에게 우리가 감사를 드릴 터인데…."[임시의장 이승만]

"(일동 기립)이 우주와 만물을 창조하시고 인간의 역사를 섭리하시는 하나님이시여, 이 민족을 돌아보시고 이 땅에 축복하셔서 감사에 넘치는 오늘이 있게 하심을 주님께 저희들은 성심으로 감사 하나이다…."[이윤영 의원 기도]

사실상 하나님의 나라를 선포하는 의식이 되었다. 이승만은 그해 7월 24일 대통령 취임식에서 하나님의 은혜를 되새기며, "오늘 대통령 선서하는 이 자리에서 하나님과 동포 앞에서 나의 직책을 다하기로 한층 더 결심하며 맹세합니다"라고 하였다.

국가의 주요 의례를 기독교식으로 행하고, 허리를 숙이는 국기에 대한 배례(경배)를 주목례(注目禮)로 대체하였다. 미 군정, 그리고 정부 수립 이후에도 일제시대 처럼 국기에 대한 경례를 했다. 개신교에서는 "국기를 우상화했던 일본과 나치 독일은 패망했다"며 배례는 국기를 우상화하는 것이라고 반대했다. 범 개신교의 의견으로 1950년 3월 반대 서한이 이승만에게 전달되었고 그해 4월 국무회의에서 국기를 주목하며 오른손을 왼편 가슴 심장 위에 대는 주목례로 바뀌었다.

④ 이승만, 각종 인프라와 구호 물자 몰아줘

이승만은 한국전쟁과 그 후 계속된 원조 물자 배분 과정에서 기독교계에 특혜를 주었다. 외국의 기독교 구호단체들이 보내오는 구호금과 구호물자를 한국기독교 연합회(KNCC)를 통해 배분하도록 조치했는데 이는 기독교세를 급성장시키는 물적 기반이 됐다. 교회에 가면 빵과 우유를 얻어먹을 수 있었고, 부활절과 성탄절에는 교회를 찾는 사람들의 수가 늘었다. 춥고 배고프던 시절, 교회에서 울려 퍼지는 찬송가 소리와 따뜻한 죽 한 그릇은 사람들에게 없던 신심도 생기게 했다. 60대 이상 많은 이들이 당시를 회고하면서 부활절 달걀과 성탄절 선물이 신앙을 갖게 된 계기였다고 말한다.

전쟁 직후 피난민이 260만 명, 이재민이 340만 명, 빈민이 430만 명 등 총 1,000만 명이 구호의 대상자였다. 한국 정부나 민간단체는 재정이나 조직 면에서 감당할 엄두조차 내지 못했다. 외국의 대규모 원조가 시작되었다. 조직이 있는 기독교가 원조 물자의 배분을 담당했다. 미국은 전체 구호물자의 대부분을 담당했고, 한국인들에게 미국은 구원자로 비쳤다.

미국은 일제에서 우리 민족을 독립시킨 해방자이고, 공산주의 침략에서 우리를 지켜준 수호자이고, 경제를 일으켜 준 구원자라는 인식은 한국 개신교의 정체성을 만들었다. 미국은 하나님이 선택하고 하나님이 임재한 국가이며, 그런 미국과 한미동맹을 맺게 된 것은 하나님의 계획이었다는 인식을 갖게 되었다.

한국전쟁을 거치면서 국민의 신망을 잃은 이승만 대통령은 '북진통일'과 반공주의를 이용해서 권력을 안정시켰다. 북한의 남침 위협은 이승만의 비타협적인 반공주의를 강화했고, 이승만이 미국을 압박해서 체결한 한미상호방위조약은 미국을 한반도에 묶어두었다. 미군이 인계철선이 되었다. 자유민주주의 단독정부 수립과 한미동맹을 주도한 이승만은 하나님의 선택이라는 생각이 이승만 국부 추대 운동의 한 배경이 된다. 한국의 보수개신교가 신앙처럼 강조하는 친미 한미동맹 반북 반공의 가치관은 이렇게 해서 만들어졌다. 개신교 지도자들은 미국과 함께 반공의 최전선에서 선교하는 것을 하나님이 주신 특권이자 은혜라고 생각하게 되었다.

기독교의 보수주의와 함께 정치적 보수주의도 이때 태동한다. 보수주의라는 용어는 에드먼드 버크의 '프랑스혁명에 관한 성찰'에서 처음 사용됐다. 그는 1789년 프랑스혁명 직후 기존 질서가 거부당하자 "역사 속에서 쌓아 온 보존하고 지켜야 할 가치들"이 있다고 주장했다. 즉 확인된 가치들을 유지해야 한다는 것인데, 이렇게 해서 근본적 변혁, 외과적 수술(surgical operation)을 꿈꾸는 진보주의와 대립하는 점진적 변화, 표면적 치료(cosmetic healing)의 보수주의가 탄생했다.

한국의 보수주의는 무엇을 지킨다는 토대 위에서 시작하지 않고 무엇을 반대하는 것에서 시작했다. 조선왕조 500년과 일제 36년을 경험한 한국에서 자유, 민주, 공화 같은 가치는 원래 우리 보수의 것이 아니었고 체득되지 못했다. 우리가 보존하고 지켜야 할 가치라는 공감대와 경험이 부족했다. 그러다 보니 이승만이 반공을 매개로 하여 독재로 치닫는 것을 제어하지 못했다. 한국의 정치적 보수주의와 개신교 보수주의는 이렇게 불안정한 출발점에서 동거를 시작했다.

⑤ 한경직과 개신교의 DNA

해방 이전 우리나라에 파송 온 개신교 선교사의 3분의 2가 미국이었다. 개신교 초기 1백년 역사를 돌아보면 거의 대부분이 미국에서 왔다. 고종의 특사로 만국평화회의에 간 호머 헐버트, 1919년 3.1만세운동 당시 일제의 만행을 세계에 폭로한 프랭크 스코필드 같은 선교사는 극히 예외적이었으며 대부분은 일제에 순응하도록 가르쳤다. 미국 선교사들의 입장은 정치참여 불가였다.

선교사들은 미국에서 지배적이었던 복음주의 특히, 태동 단계인 근본주의를 신앙의 무기로 하여 조선 땅에 들어왔다. 조선에서는 성경을 가르칠 선교사가 부족하여 성도끼리 주기적으로 모여서 성경을 공부하는 사경회가 집회와 전교의 유일한 수단이었다. 이처럼 성경을 중시하는 신앙적 분위기에 성경무오설(무오류설)을 믿는 미국의 복음주의 선교사들이 들어왔다. 주로 북장로교 선교사들이 황해도, 평안도 지방에서 선교했다.

복음주의자들은 성경을 존중했다. 일점일획도 마음대로 해석하지 않았다. 요한계시록의 종말론(세대주의 전 천년설)에 입각하여 말세가 가까이 오고 있다는 믿음을 갖고 있었다. 지금 이 시기가 말세라는 여러 가지 신학적 근거를 갖고 있었다. 종말이 임박했으므로 인간의 힘으로 무엇을 하기보다는 회개를 하고, 복음을 전하고, 성령체험으로 부흥을 하고 예수의 재림을 기다려야 한다는 교리를 갖고 있었다. 기도하며 휴거와 천년왕국을 기다려야 한다는 신앙이 조선왕조 5백 년의 치정과 유교에서 희망을 찾지 못했던 조선 민중에게는 그야말로 복음처럼 들렸다.

감리교의 1903년 원산 부흥운동, 1907년 장로교의 평양 대부흥운동은 한국개신교 역사에서 기록적인 성령체험으로 전해져 온다. 원산에서 자신의 죄를 공개적으로 고백한 이 체험은 평양에서 1,500명 성도의 고백이라는 대부흥으로 이어졌다. 예수 사후 다락방에서 초대교회가 탄생한 것처럼 한국교회의 오순절사건이라고 할 정도로 개신교 부흥의 단초가 되었다. 초기 기독교 시대에 희망을 잃은 유대인들이 성령체험으로 기독교 부흥을 일으켰던 것과 비슷한 체험으로 인식되었다. 평양이 '동양의 예루살렘'이라는 별칭도 대부흥에서 비롯되었다. 평양이 개신교의 중심이 되었다.

평양의 대부흥에 힘입어 서북교회(평안도 평양 중심) 황해도 교회가 전체 개신교의 70%의 비중을 차지했다. 신학교가 설립되고 미션스쿨이 만들어졌다. 북한 교회가 월남하면서 세력을 키웠다. 해방 후 10년간 신설된 2,000여 개의 남한 교회 중에서 90% 이상이 월남한 개신교들에 의해 세워졌다. 이들의 힘으로 남한의 개신교는 비약적으로 교세를 확대하게 된다. 프린스턴 신학대학원에서 공부한 한경직 목사(1902~2000)의 월남은 개신교 역사에서 중요한 전기가 된다.

한경직은 영락교회의 초고속 성장을 이끌었다. 창립 당시 27명이던 신자가 이듬해 말에는 1,500명에 육박하게 되었고, 1949년에는 6,000명에 이르는 대형 교회가 되었다.

⑥ 월남민들에게 개신교회는 안식처 역할

북한 지역에서 공산주의 박해를 받아 월남한 이들의 안식처 역할을 한 것이 고도성장의 배경이 되었다. 1945년 말에 월남한 사람들은 주로 기독교인이거나 중상류층에 속했다. 이들은 김일성의 토지개혁으로 땅과 고향을 빼앗기고 인민재판으로 숙청을 당할 위기에 처한 계층이었다. 오갈 곳 없는 그들은 한경직 목사의 영락교회로 몰렸고, 교회는 그들에게 원조물자와 경찰관 등 일자리를 알선했다.

그 많은 월남 교회 중에서 영락교회로 사람들이 몰린 이유는 한경직의 반공주의가 강력하면서도 신앙적으로 매력이 있었기 때문이다. 신의주 반공 투쟁 등에 앞장섰던 그들은 반공투사를 자처하고 폭력의 선봉에 섰다. 서북청년회를 결성하고 좌익과 민간인 테러에 앞장섰다. 물불을 가리지 않았고 무서운 게 없었다. 당시에 지지기반이 미약했던 미군정과 이승만에게 중요한 자산이 되었다.

> "그때 공산당이 많아서 지방도 혼란하지 않았갔시오. 그때 '서북청년회'라고 우리 영락교회 청년들이 중심되어 조직을 했시오. 그 청년들이 제주도 반란사건을 평정하기도 하고 그랬시오. 그러니까 우리 영락교회 청년들이 미움도 많이 사게 됐지요."[《한경직 목사》김병희, 규장문화사]

한국전쟁이 발발하자 뉴욕에 있는 국제선교협의회(IMC)와 국제문제교회위원회(CCIA)에 급전이 당도했다. "북한이 침략했다. 미국의 도움이 필요하다"는 두 줄짜리 전문은 한국기독교연합회 남궁혁 총무가 발신자로 되었지만 실제로는 한경직 목사의 아이디어였다. 이 전보가 자유세계와 유엔을 움직여 한국파병을 결정하는 데 어느 정도 작용했는지는 증명하기는 힘들다. 하지만 한경직이라는 인물이 한국기독교의 지도자가 되는 데 결정적인 역할을 했다.

한경직의 성공스토리는 구호물품을 만나면서 더욱 빛났다. 한국전쟁이 일어나자 전 세계에서 구호물품이 답지했다. 한경직이 주도한 '대한기독교구제회'는 구호물품을 받고 전달하는 인프라가 되었다. 물품이 있는 곳에 사람이 모여들었고, 교회에 대한 충성심은 더욱 강화되었다.

한경직은 역대 정부의 신뢰를 받았다. 1948년 신탁통치와 남한단독정부 문제를 두고 여론을 청취하기 위해 유엔 한국임시위원단이 방한했다. 미군정은 한경직을 개신교의 유일한 대표로 위촉해서 위원단과 면담하도록 주선했다. 박정희가 쿠데타를 일으켜 집권했을 때, 미국은 그의 남로당 전력 때문에 신뢰를 주는 데 망설였다. 한경직은 특사 자격으로 김활란 등 개신교계 인사들과 함께 미국을 방문하여 쿠데타 당위성을 설명했다. 이후 반공연맹(자유총연맹 전신으로 개신교가 설립을 주도) 임원 등을 맡아 군사정권을 옹호하였다.

한경직은 1975년 '나라를 위한 기독교 연합 기도회', 1987년 10월 3일 '나라와 민족을 위한 기도 대성회' 등을 열었다. 여의도 광장에는 수십만 명의 성도들이 모였다. 그는 위기에 처한 독재정권에 힘을 실어주는 기도를 했다. 1975년은 월남이 패망했을 때였고, 1987년은 6월항쟁이 있었다. 공산주의 위협 앞에서 나라를 구하자는 기도회는 반공주의 독재정권에게 힘이 되었다.

한경직은 1989년 개신교의 정치참여를 행동으로 옮기는 한국기독교총연합회(한기총) 설립을 주도했다. 이명박 대통령 만들기의 일등공신인 전광훈 목사 등 많은 목회자에게 한경직은 아이콘이 되었다. 그는 반공주의와 반북, 친미와 한미동맹을 성경 다음으로 믿음의 가치로 생각하는 한국 교회의 원형과 DNA를 만들었다는 평가를 들었다.

⑦ 박정희시대에 만들어진 국가조찬기도회

박정희는 어릴 적에 구미에 있는 교회를 다녔다고는 하지만 종교적으로는 모호했다. 육영수는 독실한 불교 신자였다. 그는 이승만 장면처럼 국가의식을 기독교식으로 하지는 않았다. 처음에는 유교, 불교, 나중에는 개신교, 가톨릭을 초대해서 의식을 치렀다.

박정희는 취약한 기반을 넓히기 위해서 적절하게 종교를 활용했다. 호국불교가 다시 등장한 것도 불교와의 관계 개선의 결과이다. 반공을 고리로 하여서는 개신교와 우호 관계를 유지했고, 전통문화를 매개로 하여서는 불교와 잘 지냈다.

박정희 시대에는 개신교 입장에서 볼 때 불편한 몇 가지 조치가 있었다. 이승만은 국기를 '성화'하는 것에 반대했지만 국가주의자인 박정희는 국기와 국가를 '성화'했다. 국기에 대한 경례와 맹세, 국기하강식, 국민교육헌장, 영화관에서의 애국가 연주 등이 박정희 시대에 늘 만나는 일상이었다. 거리를 지나가다가도 오후 6시 국기하강식 애국가 연주가 나오면 전 국민이 그 자리에 멈춰 서서 경의를 표해야 했다. 숙연했다. 하루라도 애국하지 않으면 안 되는 시대였다.

새벽 종소리를 들으며 새마을운동을 하고 반공으로 하루를 마감하는 시대였다.

단군 신전 및 동상 건립운동을 통해 단군 신화를 부활시켰다. 이승만이 하나님으로 시작하는 인사말을 했다면 박정희는 단군 성조로 시작했다. 지금에 와서는 개천절이 아니면 누구도 인사말에 단군을 거론하지 않지만 당시에는 대통령을 따라서 각종 훈화에서 단군을 거론하는 게 유행이었고, 달력에는 서기와 함께 단기를 병기했다.

박정희의 종교 중립화 정책에도 불구하고 대다수의 반공주의 개신교는 박정희의 쿠데타와 10월유신을 지지했다. 이미 개신교는 반공의 보루였고 박정희는 그 보루의 세속적 사령관이어서 개신교의 정교일치는 자연스러웠다. 5·16쿠데타를 군사혁명이라고 찬양했던 김준곤 목사는 대통령조찬기도회(1966)에 이어 국가조찬기도회를 잇달아 성사시켰다. 국가조찬기도회는 1953년 미국에서 시작되었다. 미국 복음주의가 대통령을 포섭하기 위해 만든 행사이다. 우리나라에서는 첫 회부터 "링컨 대통령과 같이 은총을 받는 사람", "모세와 같은 능력으로 민족을 이끌어 나갈 지도자에게 지혜의 지팡이를 달라"는 기도가 이어졌다. 재선 고지가 불안했던 박정희는 만족스러워했다.

⑧ 수백만 명을 넘는 초대형 예배 등장

개신교는 국가조찬기도회를 통해 '대표 종교'의 외양을 얻는 효과를 얻었다. 대통령과 국회의원, 국무위원이 참여하는 조찬기도회는 고위 공직자와 교류할 수 있는 시간이었다. "교회가 성장하고 번성해 가면서 더 크고 웅장한 교회 건물, 사무실과 기관들을 짓기를 갈망한다.

정부를 비판하지 않아야 재산개발에 대한 승인이 가능할 뿐 아니라, 공개적으로 정부에 적극적인 지지를 표하면 눈에 띌 정도로 재산 증식이 빨라진다."[당시 한국에서 선교했던 미국인 목사 '진 매튜스', 《News & Joy》]

개신교는 초대형 대중 전도집회 등 많은 새로운 특권들을 얻어 냈다. 반공주의와 개신교가 결합한 대형집회는 교세 확장에도 크게 기여했다. 전국복음화운동(1965 김활란), 빌리 그래함 내한 전도(1973), 엑스폴로74(1974 김준곤), 민족복음화대성회(1977 신현균) 등 수십만 명, 연인원 수백만 명을 넘는 초대형 예배는 정권의 뒷받침이 있어야 가능했다. 교회의 반공·반북 신앙은 정권을 지원했다. 카터 대통령의 미군의 철수 움직임에 대해서도 그가 마음을 돌리도록 하나님에게 기도로 호소했다.

군 정신력 강화를 위한 전군신자화운동(1969)에서도 개신교가 가장 과실을 많이 얻었다. 군대에서 개신교 장병이 기하급수적으로 늘어났다. 김준곤은 10월유신을 정신혁명이라고 칭송했고, 전군신자화운동은 세계 기독교의 자랑거리라고 의미 부여했다. 박정희는 1976년 신앙전력화(信仰戰力化)라는 친필휘호를 군부대마다 하달하여 힘을 실어주었다. 군부대에 좌익의 침투를 우려한 박정희에게 반공을 신앙으로 하다시피 하는 개신교는 든든한 후원군이었다.

쿠데타를 일으킨 박정희는 혁명 공약 제1조에서 반공을 첫 번째 국시로 표명했다. 자유와 민주가 아닌 반공이 국시였다. 자유와 민주 수호의 결과물로써 반공이 아니라 반공이 우선인 것이다. 개신교도 비슷한 양상을 띠었는데 공산주의를 요한계시록에 나오는 '괴물', '악마', '붉은 용' 등으로 묘사했다. 한국전쟁을 겪고, 박정희 시대의 반공주의를 경과하면서 개신교의 선민의식은 한국이 세계 반공 전선 최전방에 서서 사탄과 아마겟돈의 전쟁을 치르고 있다는 자부심을 만들었다.

이승만 시대에 한경직 목사가 중심이었다면 박정희 시대에는 조용기 목사가 새로운 별이 되었다. 박정희 시대에는 너나없이 "잘살아보세"라는 염원이 지배했다. 산업화 도시화가 시작되면서 그 열망이 퍼져나갔다. 이 시대의 코드에 잘 맞는 것이 조용기의 번영신학이었다. 번영신학은 한마디로 하면 "예수 믿으면 잘 살 수 있다"는 것이다. 부자가 되는 것은 하나님의 뜻이라고 한다. 우리가 교회에 가면 "예수 믿고 복 받으세요"라는 말을 자주 듣는데 번영신학적인 인사이다. 조용기가 교회의 대세가 되었음을 보여주는 변화이다. 조용기는 질병에 대해서도 적절한 해법(기적의 은사)을 갖고 있는 것으로 비쳐졌다. 박정희의 새마을운동도 조용기의 새마음운동에서 아이디어를 얻었다고 한다.

'조용기 현상'이 대유행하는 시기가 도래했다. 이제 많은 이들은 조용기와 순복음교회를 롤모델 삼아 선망했고 모방했다. 조용기는 병든 몸의 고통에서 자유롭게 되는 것과 영의 구원이 별개가 아님을 주장했다. 여기에 하나 더, 지긋지긋한 가난에서 벗어나려는 갈망까지도 포함되어야 진정한 구원이라고 강변했다.

개신교에서 급속하게 번영신학이 전파되었다. 교회에서 한 설교를 기억나는 대로 옮겨 본다.

"여러분 성경 말씀에 하늘에 재물을 쌓으라 했어요. 어떻게 하면 하늘에 재물을 쌓겠어요. 강남에 땅을 사는 게 하늘에 재물을 쌓는 길은 아닙니다. 주식을 사는 것이 하늘에 재물을 쌓은 길은 아니예요. 땅값이 올랐는지, 주가가 내렸는지 분심이 들어서 하나님을 멀리하게 됩니다. 교회에 헌금하세요. 하늘에 재물을 쌓으세요. 교회에 헌금하면 하나님이 복을 내려줍니다."

'아멘'으로 답하는 소리가 나오고 십일조 헌금, 감사 헌금이 쌓인다. 교회에 순종하고 봉사하면, 목사에 충성하면 복이 내려온다고 믿게 된다. 하늘의 처소에 있는 모든 영적인 복을 하나님이 약속했는데, 지금 내가 부자가 되고, 자녀가 성공하는 현세의 복부터 구하면서 기복신앙화된다. 하나님이 내 아들을 서울대에 합격시켜 주기 위해서 기도가 부족한 남의 아들을 결과적으로 서울대 입시에서 떨어트린다는 사고가 어떻게 가능할까? 기도와 헌금의 반대급부로 하나님이 현세의 복을 내린다면 하나님은 고대 원시 종교에서부터 내려오는 기복적인 신과 다를 바 없다.

⑨ 독재에 저항하는 민중신학

박정희 정권은 불교에도 혜택을 주었다. 종파교해제도(宗派教誨制度) 도입을 통한 교도소 포교 참여, 군종제도(군 법사. 1967) 참여를 가능케 했다. 이승만이 형목과 군종을 기독교에만 개방했는데 박정희는 더 넓게 문을 열었다. 1975년 불탄일을 공휴일로 하여 불교계의 숙원을 풀어주었다. 사찰입장료(문화재 관람료) 징수를 허용하여 재정적인 도움을 주었다. 대대적 불교문화재 복원사업(1962 불교재산관리법 제정)을 지원하고, 새마을사업이라는 명목으로 전국의 사찰에 도로와 전기를 공급해 주었다.

박정희가 이처럼 공을 들였지만 1980년 전두환의 신군부는 '불교계

정화'에 나섰다. 국보위의 수사 지시를 받은 합동수사단과 3만여 명의 군병력이 전국 6,000여 개 사찰에 난입하여 2,000여 명의 스님들을 강제 연행했다. 전국 10·27법난은 조계종 총무원장 월주 스님이 신군부세력이 요구한 전두환 지지 표명을 거부한 데서 비롯되었다.

한편 보수 개신교는 1980년 8월 6일 전두환 국가보위비상대책상임위원장을 위한 조찬기도회를 열어 그를 이스라엘의 지도자 여호수아에 비교하며 "어려운 시기에 막중한 직책을 맡아 사회악을 제거하고 정화할 수 있게 해주셔서 감사하다"고 기도했다. 1980년 5월 광주에서 많은 시민이 계엄군에 의해 목숨을 잃은 지 얼마 안 되었을 때였다.

당시 기독학생들은 양희은의 〈금관의 예수〉를 부르며 하나님의 정의를 구했다.

"얼어붙은 저 하늘, 얼어붙은 저 벌판 태양도 빛을 잃어 아 캄캄한 저 곤욕의 거리 어디에서 왔나 얼굴 여윈 사람들 무얼 찾아 헤매이나 저 눈, 저 텅 빈 얼굴들. 오 주여 이제는 여기에, 오 주여 이제는 여기에, 오 주여 이제는 여기에 우리와 함께 하소서 아 거리여 외로운 거리여 거절당한 손길들의 아 캄캄한 저 가난의 거리 어디에 있을까 천국은 어디에…."

박정희 시대에는 산업화에 따른 양극화, 독재 통치에 따른 인권탄압으로 진보주의 신앙운동이 일어나면서 정권과 긴장 관계를 형성했다. 안병무, 문익환 목사 등이 민중신학 이론을 제공했고 도시빈민선교회, YMCA, 기독학생운동 등이 에큐머니칼운동으로 연대했다. 1970년 전태일의 분신은 '민중과 함께 하는 선교'로 전환하는 분수령이 되었다. 출애굽기의 출애굽성화, 갈릴레이의 민중운동에서 영감을 얻어 민중이 하나님의 정의를 실현하는 담지자라고 보았다. 개신교 에큐메니칼운동은 1987년 민주화 과정에서 역할을 하고 세력을 형성했는데 이것이 복음주의와 근본주의의 위기의식을 가져오면서 새로운 역관계가 형성되었다.

⑩ 미국의 근본주의

2016년 미국 대선에서 트럼프를 당선시키는 데 큰 역할을 하고, 2024 대선에서 강한 영향력을 발휘하는 개신교 근본주의. 이들은 누구일까? 미국의 근본주의는 어떻게 해서 한국에 수입되었을까? 근본주의는 왜 정치에 개입할까? 이런 문제의식을 갖고 한국과 미국의 개신교, 그리고 정치를 들여보아야 그 작동 원리를 이해할 수 있다.

미국은 남북전쟁(1861-1865) 이전까지만 해도 큰 도전을 몰랐다. 자원은 풍부했고 국토는 넓었다. 뉴욕에서 캘리포니아까지, 알래스카에서 루이지애나까지 국토가 확장되었다. 종교의 낙원을 찾아 이민을 온 그들에게 미국은 하나님의 약속된 땅으로, 미국인은 선택 받은 국민처럼 생각되었다. 주님이 미국을 선택하고 여기에 천년왕국이 도래할 것이라는 '명백한 운명'을 믿었다.

남북전쟁은 큰 시련이었다. 최초의 큰 아픔이었다. 신앙에서 해답을 찾아야 했다. 전쟁의 결과, 흑인 노동자들이 북으로 대거 이주하고 실업과 슬럼가 등 도시화의 새로운 문제가 생겼다. 자본주의의 모순이 드러났다. 찰스 다윈이 《종의 기원》(1859)이라는 책을 통해 진화론을 펴냈다. 창조론을 믿고 있는 미국인들에게 이는 중대한 도전이었다. 남북전쟁과 진화론은 미국인들이 갖고 있었던 낙관론을 흔들었고 시대적 상황은 비관론에 빠져들게 했다. 계몽주의와 근대 과학의 영향을 받아 유럽에서 성서비평학이 만들어지고 미국으로도 전달되었다. 성서를 있는 그대로 해석할 것이 아니라 그 시대의 상황 등을 반영하여 보아야 한다는 것이었다. 진화론과 함께 성서비평학은 기존의 신앙을 뒤흔드는 도전이었다.

프린스턴대학을 중심으로 해서 미국 개신교가 답을 찾았다. 성경은 일점일획도 틀림이 없다는 성경의 무오설(무오류설) 즉 복음 말씀으로 돌아가야 한다는 것이다. 복음 말씀에 따르면 종말이 다가오고 있고(세대주의적 전 천년설) 예수가 재림하며 선과 악의 아마겟돈 최후의 전쟁이 벌어지면 그때에 의인들은 들어올림(휴거)을 당하고 천년왕국이 도래한다는 것이다. 따라서 인간의 지성으로 이에 대비할 수 없으니, 사회 변화로는 해결이 안 되니 성령에 의탁하고 선교로 성전에 동참해야 한다는 것이다. 요컨대 성서비평학 같은 자유주의 신학을 비판하고, 인간의 이성으로 탕법을 찾을 수 있다는 사회개량론을 비판하는 것이다. 세상을 구하기 위한 선교, 행동주의를 촉구하고 나섰다. 여기에 영향을 받은 미국의 엘리트들이 전 세계로 나가 신앙을 전파했다.

⑪ 레이건 부시 트럼프 당선에 기여

미국인의 70%가 기독교를 믿는데 그중 개신교는 50% 가톨릭은 20% 정도가 된다(2021). 복음주의자들은 미국 전체 기독교인의 81%이다. 그중 오른쪽에 근본주의자들이 있다. 중간에 광의의 복음주의자들이 있다. 나머지 20%는 자유주의, 진보주의적인 에큐메니칼운동으로 분류할 수 있다. 미국 기독교는 1940년 49%였는데 2차 대전 이후에 급격히 늘어났다. 기독교가 냉전에서 사탄과 싸우는 도구화하면서 급증했다.

빌리 그래함 목사는 1949년 로스앤젤레스 부흥회에서 세계적인 부흥사로 발돋움했다. 소련이 핵을 갖게 되면 뉴욕, 시카고 다음에 LA가 공격목표가 될 것이라고 설교했고, 언론은 이를 대서특필했다. 2차대전에서 승리한 것은 기도 덕분이라며, 하나님께서 생존이냐 멸망이냐는 극단적인 선택지를 주었는데 소돔과 고모라처럼 되지 않으려면 기도해야 한다고 했다. 1957년 뉴욕에서 열린 그의 부흥회에는 97회 설교를 하는 동안 300만 명이 참여했다. 에덴동산에는 노동조합도, 노조 지도자도 살지 않았다고 하여 자본가들의 지지를 얻었다. 1966년부터 2년간은 베트남에서 설교하면서 "우리가 전쟁에서 군사적으로 이기고 있다는 점에 의심의 여지가 없다"고 하여 닉슨에게 힘을 실어주었다. 1970년대에는 한국으로 왔다.

무늬만 기독교 신자였던 아이젠하워는 대통령 선거를 앞두고 빌리 그래함의 조언을 받아들여 "성경에 기반을 둔 기독교로 회귀해야 하고 자신이 이를 위해 미국인들을 이끌어야 하기 때문"에 출마했다고 밝혔다. 1953년 1월 20일 취임식에서 기도를 올린 최초의 대통령이 되었고 백악관에서 최초로 세례를 받은 대통령이 되었다.

근본주의는 복음주의 1세대의 분리주의에서 벗어나 1940년대에 서부에 독자적인 신학대학을 설립하는 등 제도권으로 진입했다. 1960년~1970년대에 미국은 가치관에서 여러 변화를 경험한다. 원하지 않은 임신에 대한 여성의 자기결정권, 공립학교에서 흑백인종의 통합 등 새로운 이슈가 터지면서 "하나님의 가치에 맞서 인간들이 멋대로 가치를 결정하는 세속적 인본주의"에 맞서야 한다는 소명의식이 생겨났다. 이 복음주의자들은 행동에 나서 1979년까지 백인 아이들이 다닐 수 있는 사립학교를 5,000여 개 만들었고 홈스쿨링을 보급했다. 인종 분리 폐지는 사탄의 행위이고 소련의 개입이라고 선전했다.

　복음주의자들이 볼 때 미국은 온갖 형태의 세속인본주의 공격을 받고 있었다. 공교육의 세속화, 환경운동, 포르노, 동성애, 페미니즘으로 미국은 타락하고 있다고 보았다. 1979년 6월 '도덕적 다수'라는 3세대 근본주의 그룹이 결성된다. 그들은 유권자 등록 캠페인을 벌이고 우파후보에게 투표하라고 설득했으며, 우파후보와 당선인들이 근본주의의 뜻에 따를 것을 요구했다. 또 창조박물관 등 온갖 관련 문화를 만들었다.

⑫ '도덕적 다수'의 출현

1980년 공화당 후보인 레이건은 복음주의 신자는 아니었다. 반대편에 있는 지미 카터야말로 신실한 복음주의자였다. 우파 기독교에서 보면 카터는 자유주의자여서 지지대상이 아니었다. 그들은 레이건을 설득해서 회심하게 했다. 전직 배우인 레이건은 '도덕적 다수' 지도부를 만나 눈물을 흘리는 모습을 연출했고, 우파 기독교는 그들이 꿈꾸던 대선 후보를 만났다고 기뻐했다. 조지 H. 부시도 지지했는데 레이건과 부시는 당선이 되고나서는 약속을 이행하지 않았다. 그런 와중에 그들이 적그리스도라고 본 클린턴이 당선되어 성추문으로 백악관을 오염시키는 것은 물론 온갖 세속적 인본주의로 미국을 타락시켰다며 분노했다.

마침내 그들이 원하던 최적의 후보 조지 W. 부시를 만났다. 9·11테러가 올 것을 알고 하나님이 예비한 후보였다고 그들은 말한다. 국민투표에서 지고 선거인단에서 승리한 것이 하나님이 역사한다는 증거라고 했다. 부시는 온정적 보수주의를 외치며 국가의 영역인 복지서비스를 교회와 기독교자선단체에 위임했다. 복음주의 목사들은 새로운 일자리를 찾았고, 그들은 자신이 운영하는 기관에 유대인과 동성애자의 채용을 거부했다. 하나님이 더 이상 당하고만은 있지 않다는 증거라고 생각했다.

트럼프가 나타났다. 트럼프는 우파 기독교가 원하는 모든 것을 약속했다. 트럼프는 기독교인은 아니었다. 하지만 문제 될 것이 없었다. 하나님이 이교도를 통해서도 역사한 선례가 있다고 했다. 트럼프가 죄인인 것은 분명하지만 하나님은 죄인을 통해 뜻을 펴기도 했다는 것이다. 사람들이 상상하지 못하는 방식으로 역사한다는 것이었다. 트럼프는 집권 4년 동안 이스라엘 주재 미국 대사관을 예루살렘으로 옮기는 등 약속한 것을 실천했다. 트럼프는 시련을 거쳐 다시 나타났다. 2024년 대선 와중에 그가 총격을 받았는데 살아났다. 이것이야말로 하나님의 뜻이라고 근본주의자들은 굳게 믿었다. [빌 그래함부터 트럼프까지는 'The Christian Right, the Republican Party and Donald Trump(존 뉴싱어)에서' - '노동자연대' 번역문 참조]

한국의 개신교는 태생부터 미국의 복음주의 영향을 받았다. 한기총부터는 미국의 '도덕적 다수' 등 근본주의와 궤를 같이했다. 동질화율이 가장 높다. 미국은 공산주의와 그리고 탈냉전 이후에는 테러리스트, 북한 등 악의 축과 늘 대립했다. 악마와 사탄이 있어서 세계의 경찰 역할에 국가의 재정과 국민을 동원할 수 있었다. 공산주의와 북한을 80년 가까이 대하고 있는 한국과 미국이 동질화율이 높은 이유이고, 한국의 개신교 보수파와 미국의 근본주의가 굳건한 교회동맹을 맺게 된 이유이다.

⑬ 태극기 집회

1988년 2월 한국기독교교회협의회(KNCC)는 37차 총회에서 '민족의 통일과 평화에 대한 한국기독교회 선언'을 발표했다.

> "우리는 갈라진 조국 때문에 같은 피를 나눈 동족을 미워하고 속이고 살인하였고, 그 죄악을 정치와 이념의 이름으로 정당화하는 이중의 죄를 범하여 왔다. 특히 남한의 그리스도인들은 반공 이데올로기를 종교적인 신념처럼 우상화하여 북한 공산정권을 적대시한 나머지 북한 동포들과 우리의 이념을 달리하는 동포들을 저주하기까지 한 죄를 범하였음을 고백한다."

KNCC 통일선언은 민족분단의 고통을 경험한 독일 교회의 우정어린 조언과 1970년대부터 통일을 고민한 기독교인들의 오랜 고민과 논의의 결과물이다. 평화의 종으로 이 땅에 온 예수 그리스도가 평화와 화해와 해방의 하나님 나라를 선포했다는 믿음에 기반했다.

반공과 반북, 한미동맹을 DNA로 하여 성장한 보수주의 개신교는 통일선언을 결별 선언으로 받아들였다. 남북화해 및 긴장 완화, 주한미군의 궁극적인 철수 등의 실천사항을 도저히 받아들일 수 없다고 판단한 보수교단을 망라하여 1989년 한국기독교총연합회라는 근본주의 단체가 출범했다. 2013년 대한예수교장로회의 탈퇴, 2019년 전광훈의 한기총 회장 당선으로 세가 위축되었지만 보수주의 정치운동이 이때부터 시작되었다.

1980년대 민주화운동의 거센 물결 앞에서 지리멸렬했던 보수교단은 한기총의 등장으로 정치세력화했다. 성속이원론을 폐기하고 정치참여노선을 채택했다. 재정위기에 처했던 한국기독교교회협(KNCC)을 압도했다.

김대중 정부 말기, 노무현 정부 초기의 대북화해정책, 효순·미선 사건으로 인한 반미시위를 보면서 반공주의에 기반했던 개신교는 큰 위기의식을 느꼈다. 친북 좌파정권과 그 세력이 이 사회를 지배했다고 보고 정치적 행동에 나섰다. 2003년 1월 서울 광장에서 시국기도회를 잇달아 연 데 이어서 기독당을 결성하여 2004년 총선에 참여했다.

개신교 우파, 기독 뉴라이트는 노무현 정부의 4대개혁 입법을 반대하고 좌절시키면서 정치적 효능감을 맛보았다. 보수 언론과 사학재단, 개신교가 사립학교법, 국가보안법 개정에 맞섰다. 결국 열린우리당을 분열시켰다. 기독교 국가 건설을 꿈꾸면서 서울을 하나님께 봉헌한 이명박 장로의 대통령 만들기에 나섰다.

2004년 미국 의회가 북한인권법을 통과시키는 데에 측면 지원을 했고, 북한 정권이 붕괴하면 10년 이내에 1만 개 이상의 교회를 세우겠다며 탈북자단체를 지원했다. 대북전단살포에 직간접적으로 관여했다. 이런 일련의 행동에 뉴라이트도 함께 했다.

이명박 정부 들어서서는 극우적 개신교 시민단체의 결성에 나섰다. 우파 개신교는 한국 극우의 가장 강력한 동력이고 공급처이자 운동 주체가 되었다. 북한 이슈에서 동성애자 이슈까지 전선을 확대하여 전방위적 역사전쟁, 문화전쟁을 벌여나갔다.

노무현 정부 시절, 법무부와 진보적인 의원들이 제기했던 차별금지법을 동성애 조장법이라고 본질을 왜곡했다. 법안이 통과되면 목사가 설교 중에 동성애에 대해 부정적인 말을 해도 교도소에 가게 된다며 종교탄압 프레임을 붙였다.

⑭ 에스더 운동이 그 출발점

처음에는 에스더 운동이라는 소수단체에서 시작했는데, 나중에는 세를 불렸다. 나라사랑학부모회, 바른 성문화를 위한 국민연합과 같은 단체가 출범했다. 미국의 '도덕적 다수'가 성교육을 금지하고 순결교육을 하자는 캠페인을 했던 것을 한국에서도 전개했다. 2016년 21개 교단이 뭉쳐서 '한국 교회 동성애 대책협의회'를 구성했다. 이런 운동의 와중에 종북딱지가 만능이 되었다. '종북게이(성소수자 좌파)'처럼 종북=게이와 같은 비논리적인 이데올로기적 공격이 만연했다.

퀴어축제 반대에 나섰다. 소돔과 고모라처럼 하나님이 심판할 것이라며 회개를 촉구했다. 차별반대법은 18대 국회 진보당에서 재차 발의한 데 이어 19대 국회에서 민주당 의원 66명도 입법안에 동의했다. 2013년 유엔인권이사회까지 법 제정을 권고하고 나섰지만 보수교단에서 일간지에 광고를 게재하고 낙선운동을 벌이겠다고 하면서 법안을 스스로 철회했다.

자신감을 가진 개신교 보수는 전선을 확대했다. 한국 내 무슬림의 세 확대를 경계하고 양심적 병역거부, 난민 등 소수자 인권신장에 반대했다. 성직자 납세 반대 운동에 나서면서서 이를 종교탄압에 대한 대응이라고 했다. 실제로 과세대상이 되는 목사는 전체의 5% 이내지만 이들의 목소리를 제어할 수 없는 교회 내 분위기가 조성되었다.

예수 그리스도는 태어나자마자 난민이 되었다. 왕이 태어난다는 동방박사의 말에 헤로데가 전 이스라엘의 신생아를 모두 죽이라고 했는데, 천사의 안내로 마리아와 요셉이 아기 예수를 데리고 피신했다. 하지만 예수를 믿는 개신교인들은 난민의 수용을 반대했다. 이슬람이 들어온다는 논리로 반대했다. 이 시기가 개신교 우파의 목소리와 영향력이 가장 커졌을 때였다.

2015년 통계청 조사와 2005년 조사를 비교해보자. 개신교는 10년 사이에 125만 명이 늘어나 967.6만 명, 19.74%로 최대종교가 되었다. 이 시기에 교세를 확장한 곳은 개신교뿐이었다. 통계청은 1985년부터 10년마다 국민의 종교 분포를 조사하고 있다. 불교는 296.9만 명이 줄어든 761만 명으로 15.5% 가톨릭은 112.5만 명이 줄어든 389만 명으로 7.9%였다.

세계 50대 대형교회를 꼽으면 한국 교회가 한때 23개를 차지했다(1993년 기준). 금란교회, 광림교회, 성락교회, 중앙연세교회, 영락교회, 순복음교회, 은혜의진리교회 등이다. 세계초대형교회 통계(2024 Global Megachurches/Warren Bird)로는 아시아 142개 교회 중에서 32개가 한국 교회이다. "기독교는 그리스로 가서 철학이 되었고, 로마로 가서는 제도가 되었다. 유럽으로 가서는 문화가 되었고, 미국으로 왔을 때 교회는 기업이 되었다. 한국에서는 대기업이 되었다."[손석희]

⑮ 골목상권 침입한 대형교회

대형교회가 많은 것이 과연 축복이냐는 데어 대해서는 의문이 든다. 개척교회가 있고 자립교회, 중견교회가 많은 것이 건강한 생태계이다. 번영신학적 입장에서 보면 대형교회는 하나님이 세상에서 축복을 내리는 살아있는 증거이다. 대형교회는 버스까지 동원하여 성도들을 자기 교회로 모이게 한다. 대형교회가 종교의 골목상권을 침범하면서 개척교회와 소형교회는 문을 닫는다.

한국은 해외 선교도 세계 제일이다. 2023년 한국 선교사는 세계 174개국에 2만 3,318명이다. [한국 세계선교협의회, 한국선교연구원 보고서] 한기총 설립 이후 공격적으로 해외 선교를 지원하고 있다. 미국 크리스채너티 2006년 커버스토리에서는 한국이 2위였으나 2010년 고든콘웰신학교 국제기독교 연구소 통계로는 미국 12만 명, 브라질 3만 4,000여 명에 이어 6위로 랭크되었다.

인구사회학적으로 한국에서는 더 이상 교회의 개척이 가능하지 않다. 노태우, 김영삼 시절에 신학대학이 늘어났고 안수를 받는 목회자들을 한국에서 수용하기가 힘들어졌다. 저출산으로 선교의 대상이 줄어들었다. 해외 파송에서 길을 찾았다. 미국과 함께 세계 선교를 책임지고 있다는 자부심을 갖게 됐다. 미국과 한국 개신교에서는 근본주의가 가장 강한 세력을 구축하고 있다. 불교국가, 이슬람국가, 중국, 이스라엘에까지 선교사들이 나갔다. 충돌이 잦을 수밖에 없다.

2016~2017년 박근혜 탄핵국면에서 다시 한번 총집결을 했다. 태극기 부대를 형성했다. 성조기, 이스라엘기, 일장기까지 동원되었을 때 많은 이들이 당혹감을 감추기 어려웠다. 하지만 촛불이 승리하고 진보정권이 출범했으며 10년 보수 정부는 적폐세력으로 몰렸다.

보수 개신교는 절치부심하여 2022년 윤석열 정부를 출범하는 데 기여했다.

영적인 전쟁에 나서라고 촉구하는 전투적 기독교, 종북 좌파의 득세와 동성애 확산으로 종말이 다가왔다며 세대주의적 전 천년설을 유포하는 근본주의적 신앙, 선과 악의 최후의 결전 아마겟돈이 다가왔다며 적그리스도와 최후의 결전을 독려하는 정치적 행동주의는 여전히 강한 세력을 유지한 것 처럼 보인다. 하지만 "하나님 나한테 까불면 죽어…" 등의 전광훈 목사의 발언이 알려지고 MZ세대의 무관심에 부딪히면서 내용적으로는 신앙의 이탈자가 많아지고 있다.

그들이 절치부심하여 대통령으로 만든 윤석열은 계엄으로 몰락을 자초했다. 신앙의 위기에 부딪혔다는 인식이 있으면 교회의 쇄신이 있어야 하는데 70년 된 한국교회의 반공 DNA는 변하기를 거부했다. 김정은과 핵무기 그리고 문재인, 이재명이 있는 이상, 다시 말해 사탄이 있는 한 그들의 영적 전쟁은 계속될 수밖에 없다. 그렇게 신앙이 형성된 탓이다.

성경은 모든 민족에게, 땅끝까지 복음을 전하라고 가르친다. 기독교의 정신에 비추어 보면 예수가 창녀와 문둥병 환자, 사마리아인을 포용했듯이 이 시대의 소수자와 난민들의 목소리를 외면해서는 안 된다. 지금 이 시대의 땅끝은 가난하고 소외되고 탄압받는 이들이다. 그것이 사랑이고 포용이다. 북한의 동포들은 가장 가까이에 있는 우리의 땅끝이다. 2000년 전에 이 땅에 평화로 온 예수 그리스도는 오늘도 평화를 바라고 있다.

—《뉴스투데이》에 저자가 2024년 9월에 연재한 글

37장　　　　　　　　　두 번째 대첩, 남태령

2024년 12월 3일 계엄군을 막고, 12월 14일 윤석열 탄핵안 가결을 이끈 여의도 대첩에 이어 12월 22일 남태령 대첩은 세상 소수자의 연대에 빛나는 승리였다. 2025년 한강진 키세스 대첩까지 3대 대첩이라고 불린다. '빛의 혁명' 시리즈 하나하나가 세계 민주주의 운동사에 빛나는 역사로 기록되고 있다. 그중에서도 3대 대첩은 시민들이 이룬 가장 위대한 승리로 기록될 만하다.

2015년 11월 당시 쌀수입 중단 등을 요구하며 민중총궐기에 참여한 백남기 농민이 경찰의 물대포를 맞고 사망했다. 국가 폭력에 분노한 농민들이 2016년 '전봉준 투쟁단'을 조직했다. 트랙터를 몰고 서울 입성을 시도했다. 양재IC에서 경찰 저지를 뚫지 못해 하루 노숙을 했다. 인근 주민들이 핫팩, 음료수 등 투쟁 물품을 가져다주었다. 함께 노숙한 이들도 있었지만 그렇게 끝을 맺을 수밖에 없었다.

2024년 12월 16일 '전봉준 투쟁단'이 8년 만에 서울로 향했다. 전국농민회총연맹(전농), 전국여성농민회총연합(전여농)이 동군·서군으로 나눠 경남 진주와 전남 무안에서 각각 트랙터를 끌고 윤석열이 있는 한남동을 향해 진군의 나팔을 울렸다. 전국농민회 정책위원장을 지낸 강광석 농민운동가는 그가 참여한 28시간의 남태령 대첩을 글로 남겼다. 그는 남태령 대첩을 심장이 박동하는 대로 서술했다.

"트랙터는 총 37대였다. 나는 앞 트랙터를 따라가는 것이 아니라 뒷 트랙터에 밀려가는 것 같았다. 중간에 대열은 잠깐 쉬면서 생밤 몇 개를 나누어 먹었다. 트랙터 속도는 느려졌고 드문드문 경찰이 보였다. 이제 막는구나 생각했다. 남태령이었다."

원래 남태령은 여우와 산적이 들끓었던 고개였다. 관악산 능선에 자리한 해발 183m 고개다. 지금은 경기도와 서울을 잇는 왕복 8차로 외길이 되었다. 시속 약 20km로 엿새를 달려 서울을 코앞에 둔 투쟁단의 트랙터는 12월 21일 토요일 정오 남태령 고개에서 멈춰서야 했다. 경찰버스가 이들의 행진을 막았다. 막대한 교통 혼잡을 초래할 우려가 있다며 서울 진입을 허용하지 않았다.

"여기서 우리가 빠지면 쓰겠는가"

2024 전봉준 투쟁단은 윤석열의 망상 계엄으로 관심을 끌고 있었다. 12월 12일, X(옛 트위터)에 '향연'이 글을 올렸다. 국민의 짐이 된 "국민의힘 장례식에서 상여 행렬을 보고 싶으십니까"라는 글을 올렸는데 호응이 좋았다. 전농이 그에게 '엑스 홍보대사'를 맡겼다. 트랙터 행진이 시작된 12월 16일부터 시시각각 글을 전달해 올렸는데 조회수가 10만~20만 회는 기본이고 어떤 글은 400만 회에 달했다.

12월 21일 그의 엑스 계정도 바빠졌다. '남태령까지 전방 4km', '여러분, 농민 트랙터가 서울의 길목에서 막혔다(낮 1시)' 라고 시시각각 보고했다. 남태령에서 경찰에 막혔을 때에는 트랙터 농민과 시민 합해서 200여 명에 불과했는데 일부 시민이 반응하기 시작했다.

"따뜻한 떡볶이가 왔다. 시민이 보내준 것이라고 했는데 두 그릇을 먹었다. 조금 있으니 김밥이 왔다. 있을 때 먹어 두어야 한다고 생각하고 다시 먹었다. 핫팩이 왔다. 핫팩에는 군인이 근무를 서는 사진이 있었다. 여기가 그들이 지키는 고지와 같다고 생각했다. 경찰은 저녁이 되어서 시민들이 모두 자리를 뜨면 들어내려고 하는구나, 언론이 없을 때 들어내려고 하는구나 생각했다. 결과는 말하지 않아도 예측 가능한 것이었다." ['28시간 남태령', 강광석]

전봉준 투쟁단의 긴급 호소문이 발표됐다. "시민 여러분! 2024년 오늘, 바로 여기 남태령이 우금치입니다. 갑오년 동학농민군이 끝내 넘지 못한 그 우금치가 바로 여기 남태령입니다. 이번에는 기필코 넘고 싶습니다. 농민들과 함께 해주십시오. 오늘의 우금치 남태령으로 달려와 주십시오." 향연도 글을 계속해서 올렸다. "여러분, 여기 지금 농민분들이 다쳤어요. 도와주세요" 놀라운 일이 일어났다. 1~2시간 만에 수천 명의 젊은이가 남태령 고개로 몰려오기 시작했다.

대열은 눈덩이처럼 커졌다

"여덟 시가 지나자 광화문에 있는 시민들이 여기로 올 수도 있다는 말이 돌았다. 늦은 시간에 누가 온다는 것은 우리를 구하는 일인데 그런 일이 일어날지 알 수 없었다. 아홉 시가 되자 트랙터 옆에 삼삼오오 사람이 보이더니 점점 사람이 많아져서 앞 사람은 앉으라더니 더 큰 앰프를 행사장에 가져온다고 말하더니 노래가 나오고 사람들이 미치고 노래는 더 커지고 저녁 10시가 되자 대열은 눈덩이처럼 커졌다." ['28시간 남태령', 강광석]

1년 중에 겨울이 가장 길다는 동지. 일기 예보는 다음 날 새벽에 영하 10℃가 될 것이라고 했다. 남태령 고개의 칼바람으로 체감온도는 영하 20℃였다. 전농TV 등을 통해 남태령 상황은 실시간 알려졌다. 1950~1960년대 이농을 하여 도시로 왔을 농민의 손녀가 주축인 20대가 남태령을 향했다.

사실 이들은 평소 농민 이슈에 대해서 잘 몰랐다. 민주당이 통과시킨 양곡법(남은 쌀을 정부가 매입하고, 양곡 가격이 평년 가격 미만으로 하락하면 정부가 차액을 지급하도록 하는 내용)과 한덕수 대통령 권한대행이 이를 거부한 내용을 상세하게 파악하는 이들은 많지 않았다. 그냥 사회적 약자인 농민이 자기 목소리를 내려고 한다는 것에 연대하고 싶었다. 이를 공권력이 막아섰고, 그 과정에서 농민이 다쳤다는 것에 분노했다. 지나온 시절 자신들이 사회적 약자, 소수자로 겪은 서러움이 떠올랐고, 농민들이 내민 손을 잡아주어야겠다는 생각으로 왔다.

그들의 손에 들린 것은 여지없이 응원봉이었다. 여의도에서 〈다시 만난 세계〉를 부르며 흔들던 그 응원봉을, 광화문에서 '윤석열 파면'을 소리치며 흔들던 그 응원봉을 관악산 하늘에 수놓았다. 농민들이 가장 소중한 트랙터를 몰고 왔듯이, 그들은 최애품인 응원봉을 들고 나왔다. 남태령역에 내리자마자 집회 현장이 어딘지 따로 찾아다닐 필요가 없었다. 지하도를 걸어 올라 밤하늘을 보는 순간, 빛이 보였다. 수없이 많은 별이 보였다.

퀵배달 오토바이들이 지나가면서 피자, 핫도그 등을 배달했다. 핫팩을 실어날랐다. 시민들이 난방버스를 보내주었다. 이름 모를 시민들이 어디선가 결제했다. 성경에 '오병이어'의 기적이 있다. 진리의 가르침에 굶주린 군중 수천 명이 예수 그리스도를 따라 다녔다. 군중은 굶주렸다. 그들이 가진 것은 다섯 개의 빵과 물고기 두 마리가 전부였다. 예수가 축복하여 군중들이 모두가 배부르게 먹을 수 있었다.

"김밥 한 줄을 받으면 절반만 먹고 절반은 뒷사람에게 보냈다. 집에서 데워온 보온병 물을 옆 사람과 나눴다. 집회 현장에서 책을 펴고 공부하다 저체온증으로 쓰러질 뻔한 신미영(24·여성의당 경기지부 당원)은 발 핫팩을 나눠주던 노인, 직접 가져온 귤을 나누던 여성 등 집회에 있던 이들이 "모두 따뜻하고 다정하셨다"라고 말했다."['남태령 대첩' 참가자 15명이 그날 밤 겪은 '희한한' 일, 《오마이뉴스》 이슬기의 뉴스 비틀기, 2024년 12월 27일]

"치마를 입고 있었는데 이름 모를 누군가가 롱패딩을 벗어주시고 가심, 남태령 2번 출구 앞 후원물자 관리하던 분들과 통성명도 없이 묵묵히 일하다 청소 싹 끝내고 쿨하게 '그럼 언젠가 다시'라며 인사함, 음식과 물건이 물밀듯이 밀려오지만 뒷사람을 위해 딱 필요한 만큼만 챙기는 모습, 빨갛게 얼어붙은 작은 손들"[10인10색 '남

태령 대첩' 출전 동기 '우리가 서로에게 이렇게 따듯할 수가 있구나 계속 눈물이 났어요',
《한겨레21》. 2024년 12월 29일

응원봉이 바다를 이루었다

"이제 사람들은 한 5,000명, 아니 만 명, 숫자는 가늠되지 않았다. 꾸역꾸역, 느릿느릿, 무장무장 밀물이 뭍을 압박하듯 사람들이 밀려들었다. 나는 그곳 가까운 곳에 지하철이 있는지도 몰랐다. 이제 열한 시면 지하철이 끊긴다고 사람들이 말했다. 바람 차가운 령에서, 군인들도 서 있기 어려운 이 추운 고지에서 젊은 사람들이 버틴다는 것은 상상하기 어려웠다. 10시가 넘자 사회자가 걱정된 목소리로 물었다. '이제 곧 지하철이 끊기면 이곳은 올 수도 없고 나갈 수 없는 곳이 됩니다. 어찌합니까?' 어떤 사람이 마이크를 잡고 말했던 것 같다. '멀리서 오신 분들이 여기서 이 고생을 하는데 혼자 있게 해서야 되겠습니까? 박수가 터져 나왔고 그렇게 밤샘 농성은 만장일치로 결정되었다. 이때부터 응원봉이 바다를 이루었다." ['28시간 남태령', 강광석]

기술민주주의는 남태령에서도 위력을 발휘했다. 현장에 있는 400여 명이 참여하는 대화방도 개설하여 실시간 정보를 교환했다. 밤새 사회를 본 권혁주 전농 사무총장은 "집에 돌아가시라는 말도, 이 자리를 계속 지켜달라는 말도 못 드리겠습니다. 어떻게 해야 할지 솔직히 모르겠습니다"라고 말했다. "이제 곧 막차(지하철)가 끊어집니다"라는 주최 측의 안내가 계속됐지만 사람들은 경찰을 향해 "차

(경찰 버스) 빼라"고 외쳤다.

6070 농민이 〈농민가〉를 불렀다. "삼천만 잠들었을 때 우리는 깨어 배달의 농사 형제 울부짖던 날 손가락 깨물며 맹세하면서 진리를 외치는 형제들 있다… 춤추며 싸우는 형제들 있다. 춤추며 싸우는 형제들 있다" 진짜 춤추며 싸우는 자매들이 있었다. 2030 자매들은 〈다시 만난 세계〉, 〈질풍노도〉, 〈낭만 고양이〉로 화답했다. 이 모든 과정이 전농TV 등 유튜브로 생중계됐다.

"집회 사회자라 하기는 어렵고 무슨 DJ라고 해야 할 주관자는 노래마다 타이밍을 기가 막히게 찾아내 떼창을 유도했는데 실로 이것은 경이로운 사태였다. 그들은 밤새웠고 그것을 보는 농민들은 입을 다물지 못했고 보고 싶어서 들어가지도 못했다. 이것은 한 개의 나락이 160개의 알곡이 되는 일보다 놀라웠다. 그들은 노래하며 춤추고 말하고 한숨 쉬고 야유하고 환호했다. 처단할 것을 결의하고 울지말라고 위로했다." ['28시간 남태령', 강광석]

28시간의 위대한 교실

남태령 집회는 '다양한 정체성의 모임'이었다. 28시간의 위대한 교실이었다. 특이한 것은 발언을 하는 사람들이 자신의 정체성을 자연스럽게 용기 있게 말하고 발언을 이어갔다는 점이다. 이민자 1세, 성적 소수자, 페미니스트, 여성 농민… 그런데 모두가 대한민국 국민이고 헌법을 수호한다는 동질감이 있었다. 그전에는 이질감을 느꼈던 이들에게 동질감을 확인하는 기이한 체험이었다.

"노동·퀴어·장애·기후 등 여러 집회를 느슨하게 오가면서도 저 자신이 각기 다른 자아들로 찢어져 그저 부유한다는 느낌을 받곤 했어요. 그런데 생각지도 못한 장소에서 퍼즐이 맞춰지는 느낌이어서 신기했어요. 비관만 늘면서 사회 운동에 대한 기대를 접었던 차에 무언가 새로운 길을 위한 작은 새싹이 돋아난 것 같았고 그건 다 함께 해주신 분들 덕분인 것 같습니다." [10인10색 '남태령 대첩' 출전 동기 '우리가 서로에게 이렇게 따듯할 수가 있구나 계속 눈물이 났어요', 《한겨레21》. 2024년 12월 29일]

《오마이뉴스》 '이슬기의 뉴스 비틀기'에서 조단원 씨는 이 광경의 의미를 이렇게 해석했다.

"개별 의제를 얘기하면 '숟가락 얹지 마라'하는 비아냥이 날아들던 2016년 박근혜 탄핵 집회 때와는 다른 풍경이다. 그런 게 중요하지 않았던 거죠. 최소한 그 자리에서는 '우리가 다양한 삶의 양태를 가지고 있고, 각자의 삶에서 각자가 투쟁하는 와중에 여기 모였다'는 생각을 공유했던 거 같아요. 필요에 의한 공동 전선이 아니라 여기 있는 동지들이 '넌 뭐니? 네 얘기도 좀 들어보자' 하는 식으로요."

새벽 3시 반, 〈불나비〉의 가수 최도은 씨가 도착했다. "밤새 여러분의 모습을 보고 도저히 가만히 있을 수 없어서 〈불나비〉를 들고 왔습니다. 여러분이 아니었으면 바로 이 왼편 수도방위사령부(수방사) 지하 벙커에 수천 명이 잡혀 들어갈 뻔했습니다." 불을 찾아 헤매는 불나비처럼, 밤이면 밤마다 그리워… 오늘의 이 고통, 이 괴로움, 한숨 섞인 미소로 지워버리고 앞만 보고 걸어가는 우린 불나비… 그들은 응원봉을 든 불나비가 되었다.

죽은 자는 산 자를 온 힘으로 돕는다

12월 22일 한 누리꾼이 SNS에 올린 글이 엄청난 반향을 일으켰다. "오늘 남태령에 가려고 신발을 고르다가 경찰들이 가로막는다는 말에 방수화를 신어야 하나 고민했다. 그리고 문득 백남기 어르신이 별이 된 이후 전농의 투쟁으로 물대포가 더 이상 나오지 않는다(헌법재판소가 물대포 살수를 위헌으로 판결)는 걸 깨달았다. 죽은 자는 산 자를 온 힘으로 돕는다. 그리고 산 자는 죽은 자를 온몸으로 기억한다."

노벨문학상 수상자 한강 소설가는 12월 8일 스웨덴 스톡홀름 한림원에서 "광주를 다룬 소설《소년이 온다》를 쓰는 동안, 실제로 과거가 현재를 돕고 있다고, 죽은 자들이 산 자를 구하고 있다고 느낀 순간들이 있었다"고 말했다. 그렇게 그날 밤, 고 백남기 농민은 남태령에서 함께했다. 천 개의 별이 된 세월호 아이들도 그날 남태령에서 빛으로 돌아왔다.

"나는 그들의 얼굴에서 세월호 아이들을 보았다 세월호 아이들이 그 자리에 왔다고 굳게 믿었다. 죽은 자가 산자의 길을 열었다고 믿었다. 하늘의 별이 된 그들의 영혼이, 배에 남긴 마지막 손톱자국이, 그들의 호주머니에 있던 핸드폰이 지상에 내려와 응원봉이 되었다고 생각했다. 세월호 이전의 세상과 이후의 세상은 달라야 한다는 다짐들이 저들의 가슴속에서 분노의 꽃을 피웠다고 생각했다. 찬 바다에서 죽은 사람도 있는데 이깟 겨울 하룻밤이 무슨 대수냐며, 그들은 인류의 역사는 잔인하기 짝이 없는 인간과 아름답기 그지없는 인간의 투쟁이라는 사실을 몸으로 보여주었다.

  나는 22일 일요일 새벽 4시 남태령에서 여명을 보았고 승리를 확신했고 세월호의 부활을 보았다. 그 후로부터는 경찰벽을 넘는 것도, 한강을 넘은 것도, 윤석열 자리의 턱밑까지 압박한 것도 이미 되어질 길이었다." ['28시간 남태령', 강광석]

22일 오후 민주당 등 야당 의원들이 나섰다. 민주당 김성회, 임호선, 이소영, 채현일, 문금주 의원이 경찰청장 직무대행을 만나서 협상했다. 남태령 현장에는 김성우, 김준혁, 모경종, 어기구, 임미애, 이재정, 이언주, 양문석 의원이 함께하고 있었다. 경찰은 10대의 트랙터가 시내에 진입하는 것을 허용했다. 행진이 곧 시작된다는 소식이 들려와 모두가 환호했다. 10여 대의 트랙터와 50여 대의 트럭들이 도로 옆에 일렬로 서 있었고, 농민들이 앞장섰다. 12월 22일 오후 4시 남태령역에서 시민들과 함께 행진이 시작됐다.

  SNS에 글이 올라왔다. "전봉준이 130년 만에 드디어 서울로 입성한다" 우금치 전투의 한을 푼 '남태령 대첩'이라는 말이 나왔다. 1894년 녹두장군 전봉준은 청나라 군대와 일본군이 진주한 한성 탈환을 위해 북상하다가 공주 우금치 고개에서 조선 일본 연합군에게 패배했다. 그해 12월 7일 일본군에게 인계되어 한양으로 압송되었다. 남태령 고개를 넘었을 것이다.

  전봉준의 한을 조선 백성들은 "새야 새야 파랑새야 녹두밭에 앉

지마라 녹두꽃이 떨어지면 청포장수 울고간다"는 노랫말로 기억했다. 안도현 시인은 '서울로 가는 전봉준'에서 이렇게 노래했다.

"…그대 떠나기 전에 우리는/ 목쉰 그대의 칼집도 찾아주지 못하고/ 조선 호랑이처럼 모여 울어주지도 못하였네/ 그보다도 더운 국밥 한 그릇 말아주지 못하였네/ 못다 한 그 사랑 원망이라도 하듯/ 속절없이 눈발은 그치지 않고/ 한 자 세 치 눈 쌓이는 소리까지 들려오나니

　그 누가 알기나 하리/ 겨울이라 꽁꽁 숨어 우는 우리나라 풀뿌리들이/ 입춘 경칩 지나 수군거리며 봄바람 찾아오면/수천 개의 푸른 기상나팔을 불어제낄 것을/ 지금은 손발 묶인 저 얼음장 강줄기가/ 옥빛 대님을 홀연 풀어헤치고/ 서해로 출렁거리며 쳐들어갈 것을…"

한남동에는 전봉준 투쟁단을 마중 나온 시민들로 가득 차 있었다. 응원봉을 들고 노래를 부르면서 농민들의 트랙터가 용산으로 오기만을 기다렸다. 남태령에서 건너온 트랙터 10대가 모습을 드러내기 시작하자 세상이 떠나갈 듯 환호성이 울렸다. 트랙터를 몰고 온 농민들도 울고, 시민들도 함께 울고 웃었다. 눈물이 웃음이 되고, 웃음이 눈물이 되었다. 순간 헨델의 개선행진곡 〈보아라, 용사 돌아온다 (See, The Conqu'ring Hero Comes)〉가 하늘에 울려퍼지는 듯 했다.

'윤석열 즉각퇴진·사회대개혁 비상행동'이 12월 8일 서울 종로구 향린교회에서 집담회 자리를 마련했다. 남태령 대첩이 각자에게 어떤 의미였는지 참가자 70여 명의 쪽지가 전시됐다. 부채감 때문이

라고 말하는 이들이 많았다. 12월 3일 그때 계엄군을 막으러 가지 못한 미안함 때문이었다고 했다. 《오마이뉴스》 '이슬기의 뉴스 비틀기'에 실린 내용을 재인용한다.

> "계엄령이 선포되던 12월 3일, 저는 국회에 갈 수 있는 거리였는데도 가지 않았고, 새벽 내내 라이브를 보며 부끄러워했거든요(여채현, 21, 대학생)."
>
> "(라이브 방송)스트리밍을 틀어 놓고 잤다가 아침에 눈 뜨자마자 화면을 확인했어요. 화면 속에 계속 똑같은 사람이 더 빨개진 손으로 응원봉을 흔들고 계시더라고요. 그 순간에 진짜 마음이 너무 힘들어졌던 거 같아요(이은비, 43, 킨츠기 공예가)."
>
> "친구가 거기 있다는 거예요. 그래서 그냥 '그래. 너한테 내가 핫팩 갖다주러 갈게' 하는 마음으로 갔거든요(조단원, 32, 개발자)."
>
> "12월 3일 계엄 터졌을 때 국회에 못 간 게 마음에 걸려서, 빚졌다는 생각이 자꾸 들어서(레즈비언 여성 요술봉, 40)"
>
> "'시민들이 오니까 경찰이 폭력적으로 굴지 못하는 것 같으니 남태령으로 와주세요'라는 트윗을 보고 무작정 4호선을 타고 내려갔습니다. 그냥 그분들 지켜야겠다는 마음밖에는 없었어요(물결, 21)."

하원오 전봉준투쟁단 총대장·전국농민회총연맹 의장은 2024년 12월 23일 성명을 발표했다.

"1894년 우금치, 한양으로 진격하던 갑오농민군이 패배했습니다. 꽃잎보다 붉은 피를 흘리며 수만 명의 농민군이 쓰러졌습니다. 그러나 새로운 세상을 향한 그들의 열망은 사라지지 않았습니다… 형형색색의 응원봉이 내뿜는 밝은 빛이 어둠을 몰아냈습니다. 각종 음식과 방한용품은 물론이고 보조배터리, 담요와 위생용품, 심지어 밥차와 난방버스까지. 모아주신 따뜻한 마음이 추위를 몰아냈습니다. 남태령 고개를 가득 채웠던 '차 빼라!' 구호가, 농민가요부터 트로트와 K팝까지 끊이지 않았던 음악과 몸짓이, 두려움을 몰아냈습니다. 그 덕분에 트랙터는 공고해만 보였던 경찰의 봉쇄를 열어내고 모든 코스를 완주할 수 있었습니다.

여러분! 역사는 지난 이틀을 '남태령 대첩'으로 기록할 것입니다. 그저 이겼기 때문만이 아닙니다. 혐오와 차별 속에 주류사회에서 배제되어온 여성, 성소수자, 청소년, 노인, 도시빈민, 농민이 만든 승리였기 때문입니다. 성별도 세대도 지향도 직업도 다른 이들이 하나로 연결되어, 연대를 넘은 '대동의 남태령'을 열어냈기 때문입니다."

38장 한강진 대첩 이끈 키세스군단

2025년 1월 5일 새벽, 서울에 7mm의 눈이 내렸다. 눈은 내리면서 녹기도 했다. 기온은 영하 3도에서 영상 1도 사이였다. 윤석열의 한남동 관저 앞 도로에서 시민들은 은박 담요를 깔고, 은박 담요를 몸에 덮고 자고 있었다. 그 위에도 눈이 내렸다. 눈이 사람을 덮었다. 볼에 느껴지는 차가운 눈방울을 맞으며 한 명, 두 명 일어났다. 온 세상이 눈이었다. 모두가 눈사람인 듯했다. 세상이 갑자기 순백으로 느껴졌다. 그 장면이 사진으로 하나, 둘 담겼다. 그리고 SNS를 통해 퍼져나갔다. 신경림이 '새벽은 아우성 속에서만'에서 노래했던 것처럼 아직 잠에서 깨어나지 않은 사람들도, 집에서 편하게 자고 있었던 사람들도 모두 하나로 어깨동무를 하는 순간이었다. "키세스군단이 왔다" 허쉬 초코렛 모양의 은박 전사들은 어디서 온 것일까? 눈과 함께 내려온 것일까? 우주에서 내려온 전사들이란 말인가. 사람들의 감동은 SNS를 타고 전파됐다. 하늘은 눈을 내렸고, 사람들의 눈에서는 눈물이 흘러내렸다.

무능한 공수처

내란 우두머리 윤석열의 체포는 생각보다 쉽지 않았다. 윤석열이 2024년 12월 14일 국회에서 탄핵되어 대통령직이 정지된 후 한남동 관저를 저항의 베이스캠프로 삼았다. 경호처를 사병화하여 버티기에 들어갔다. 고위공직자범죄수사처는 검경에 강제 이첩 요구권을 발동해 12월 18일 윤석열 수사를 시작했다. 윤석열에게 12월 18일, 25일, 29일 세 차례 출석을 요구했다. 윤석열이 불응하자 공수처는 12월 30일 서울서부지방법원에 체포영장을 신청했다. 법원은 2025년 1월 6일까지 7일간 유효한 영장을 발부했다.

공수처와 경찰 국가수사본부 특별수사단 등으로 꾸려진 공조수사본부의 윤석열 체포 시도는 3일 이른 아침 시작됐다. 그런데 체포영장 집행을 예고했다. '수사의 밀행성' 원칙을 깼다. 영장 만료시간도 언론에 알려졌다. 공수처는 경호처가 협조할 것이라는 아마추어적인 생각을 갖고 임했다.

경호처의 대비는 철저했고 기습 효과는 없었다. 공수처가 1차, 2차 저지선은 돌파했으나 3차 저지선에서 막혔다. 경호처와 군인 200여 명이 만든 인간벽을 넘어서지 못했다. 6시간 동안의 대치 끝에 소득 없이 상황을 종료했다. 그리고 추가적인 집행을 하지 않았다. 어쩔 줄을 몰랐다. 무책임했다.

그중에서도 국민을 가장 화나게 한 일이 있었다. 경찰이 영장 집행을 막는 박종준 경호처장 등을 현행범으로 체포하려고 했다. 공수처 검사가 신중을 기해야 한다며 불허했다고 한다. 경호처 직원들을 자극하여 물리적 충돌이 일어날 것을 우려했다는 것이다. 하지만 직권남용, 권리행사방해죄, 특수공무집행방해죄가 적용될 수 있다고 경고해 놓았던 터이다. 경호처장을 연행해서 벽을 무너뜨릴 것으로 기대했는데 그렇게 못했다.

이재승 공수처 차장은 1월 6일 "그 정도로 강한 저항이 있을 거라고는 생각하지 못했고 (경호처의) 협조를 기대했다"며 경찰의 영장 집행 전문성과 현장 지휘 체계의 통일성 등을 종합적으로 고려해 국가수사본부에 일임한다고 했다. 이날 법원의 1차 영장 기간은 만료됐다.

키세스군단의 출현

1월 3일 공수처가 체포 작업을 중단하자 영장이 만료되는 6일까지 3박 4일은 온전히 시민들의 몫이었다. 이 3박 4일은 집회를 하기에 최악의 날씨였다. 한강진역 인근에서 체포 촉구 시위를 했다. 사람들은 아스팔트 노숙을 위해 두툼한 깔개를 준비했다. 은박 담요는 함박눈을 맞으며 철야 집회를 이어가는 참가자들을 위해 트위터에서 긴급 모금을 통해 후원물품으로 제공되었다. 4일 밤에서 5일 새벽까지 눈이 내렸다.

5일 아침 X(옛 트위터), 페이스북에는 은박 담요를 뒤집어쓴 채 바닥에 앉아 농성을 이어가는 시민들의 사진이 게재됐다. 순식간에 퍼졌다. 일요일 아침의 감동이었다. "이렇게 춥고 눈도 오는데 우리 아이들이 은박지를 뒤집어쓰고 밤새 버티고 있었다니… 편안하게 따뜻한 집에서 자고 일어난 내가 너무하네"(장영승), "이렇게 혹한 속에서 밤샘하는데 하필 이런 때 멀리 나와 있으니 죄스럽기 그지

없다. 눈물 나는 사진에 괜찮냐고 안부를 물으니 '키세스 초콜릿 같지 않냐?'며 유쾌하게 응답하는데 그 얘길 들으니 또 눈물이 왈칵 ㅠㅠ 고맙고 또 고맙다. 누군가 은주사 미륵불이라고 하던데 어느 날 우뚝 일어서서 세상을 뒤집는 미륵불이 따로 없다. 대한민국의 미래가 여기에 있다."(이진선)

감동적인 사진들을 모아 재편집하고 퍼날랐다. "한강진역의 신새벽. 웅장하고 아름다운, 비장하고 성스러운 키세스 은빛 전사들!! 그대들이 진정 이 시대의 천사들입니다. 너무 감동이라 그날의 사진을 모아 봤습니다."(이성환)

"키세스 동지", "한남동 키세스 시위대", "웅장하고 아름다운 키세스들" 찬사들은 시로 만들어지고, 일러스트로 제작되었다. 경희대 물리학과 김상욱 교수는 나사(NASA)가 우주에서 보온을 위해 개발한 것이 키세스 담요라며, "한남동의 키세스 시위대는 곧 우주 전사라 할 만하다"라고 했다. 김상욱 교수는 "은박 담요 혹은 스페이스 블랭킷은 알루미늄을 얇은 플라스틱 소재에 코팅한 것이다. 몸에서 나오는 적외선을 반사하여 체온을 보존해 준다"고 설명했다.

한남동 키세스 사진 속에는 정혜경 진보당 국회의원도 있었다. 3일부터 5일까지 밤샘 집회에 함께했다. 정혜경 의원은 《오마이뉴스》와 한 전화 인터뷰에서 "시민사회와 2030 여성의 결합으로 탄핵의 광장이 열렸다"라고 말했다.

"모두가 염원했다. 공수처가 윤석열을 제대로 체포하지 않으니 시민들이 직접 체포하겠다는 마음에 저도 함께했다. 날씨가 너무 추웠는데 저도 그렇고 다들 밤에 한숨도 자지 않았다. 남태령에서부터 2030 여성은 얼어 죽을 각오로 집회를 같이 버텼는데 이번에도 그런 열의와 절박함이 있었다. 단 한순간도 지금 이 상황을 용납할 수 없고, 단 한순간도 이 자리에서 떠나지 않겠다는 마음으로 여성들은 꽉 차 있었다. 탄핵의 시간이 지나간 뒤 새로운 사회로 나아가는 과정은 지금 광장에 나온 여성들과 이주민과 성소수자와 장애인들의 절규에 대한 답을 내는 것이어야 한다. 그것이 우리 모두의 책무다."

정혜경 의원이 그날 새벽, 밝은 얼굴로 하늘에서 내려오는 눈을 보며 웃고 있었는데 그 옆에 가난한 수도승 같기도 하고 등신불 같기도 한 사람이 잠을 자는 듯한 모습이 보였다. 정혜경이 '빛' 같은 느낌이었다면 그는 '그림자' 같았다. 이정헌 만화가는 "고맙습니다. 미안합니다. 응원합니다."라는 문구와 함께 '그림자'를 만화 이미지로 표현했다. 키세스군단의 상징 짤이 탄생했다. 그는 2019년 조국 법무부 장관이 딸 생일 케이크를 사 들고 집에 들어가는 뒷모습을 그려서 화제가 되었다.

인간 키세스 짤의 주인공은 정혜경 의원의 비서인 천승훈 씨였다. 2박 3일 동안 관저 앞에서 밤새고 아침 7~8시쯤, 체력적으로 피곤했는지 잠깐 졸다가 찍힌 사진이다. 그는 《오마이뉴스》 인터뷰에서 "모두가 평화롭게 자기 이야기를 쭉 이어서 하는, 아고라(광장) 같다는 느낌을 받았어요. 처음엔 민주노총 조합원들이, 나중엔 장애인과 성소수자들이 서로의 이야기를 들으면서 연대하는 분위기였어요. 시민분들이 자유 발언을 많이 신청하셨어요. 밤부터 이어진 대기 줄이 아침이 돼도 50명 가까이 늘어져 있었어요. 의료진들은 돌아다니면서 '몸 불편한 사람 없냐'며 물어봐 주시고, 시위에 참여하지 못한 시민들은 난방버스를 대여하고 음식을 배달로 보내주시기도 했어요. 중간중간 케이팝에 맞춰 춤을 추니까 축제 뒤풀이 같다는 생각도 들었어요"라고 기억했다.

경이로운 광장, 우리 모두의 정신적 자산

비상행동은 6일 오전 기자회견을 열었다. 공수처에 대한 비판이 쏟아졌다. 이호림 성소수자차별반대 무지개행동 집행위원은 "고작 5시간 만에 체포영장 집행을 시늉만 하고 떠난 공수처는 집행을 경찰에 떠넘기고 기한 만료를 기다리나. 체포영장의 주체가 누구인지는 중요하지 않다. 중요한 것은 대통령이라는 자가 내란을 했다면 그를 체포하고 구속하고 처벌하고 파면하는 것이 민주공화국의 당연한 정의"라고 강조했다.

한미경 여성연대 상임대표는 "이유가 무엇이든 공수처가 윤석열 체포영장 집행을 포기한 데 대해 분노한다. 공수처는 책임으로부터 자유롭지 못하다. 이 불안한 정국을 끝내는 단 하나의 방법은 윤석열 체포와 구속임을 명심하라"라고 했다.

송경동 시인은 이 광경을 이렇게 노래했다. [한-강진대첩 '키세스'는 어떻게 탄생했나… 숨은 주역들 이야기, 《오마이뉴스》]

"한강진 윤석열 공관 앞. 텅 빈 광장에 잠시 서 있었습니다. 3박 4일 몇 시간 못 자며 몽유병 환자처럼 그 광장에서 먹고 잤습니다. 이곳에 울려 퍼지던 노래와 춤과 함성, 모든 시대의 고통과 억압과 차별을 고발하며 터져 나오던 새로운 시대의 발언들, 새벽 폭설을 맞으며 한 사람 한 사람이 눈부처가 되어가던 경이로운 광장. 겨울비가 내려도 겨울 나목들처럼 처연히 그 자리를 비키지 않던 사람들의 존엄한 광장….

그 광장에 잠시 서서 눈을 감아 보았습니다. 윤석열 체포·구속의 시간은 잠시 미뤄졌지만 우리는 역사에 길이 남을 또 하나의 '광장의 시간'을 함께 만들어 냈습니다. 새로운 사회의 주체와 의제를 세워내는 또 한 번의 소중한 전진이었습니다… 우리 모두가 함께 한 3박 4일 한강진 대첩에 대한 기억이 이 공동체의 소중한 역사적·정신적 자산으로 오랫동안 기억되고 기록될 것입니다….”

한강진 대첩의 이미지는 강했다. 그래서 이미지만 남고 메시지는 사라질 것이라는 우려도 여기저기서 제기됐다. oniru.vegan은 '기억하라, 이미지만 차용하지 마라'는 글에서 이렇게 말했다.

"이들을 그냥 '키세스단'이라고 하지 않길 바란다. 이들 앞에는 붙여야 할 수식어가 있다. '페미니스트 성소수자 장애인'이다. 남태령과 한남동에서 가장 오래, 가장 앞에 있던 이들이 바로 '페미니스트 성소수자 장애인'들이다. 앞에 나와 연대발언 하며 소개할 때 가장 많이 나온 말이 바로 이 말들이다. 남태령때도, 한남동에서도. 페미니스트라는 이름 때문에 혐오받지 않기를 바란다는 말, 여기에서 처음으로 자신의 정체성을 밝힌다는 말, 동덕여대에 연대한다는 말, 이 말들에 가장 크게 환호하던 이들이 응원봉을 들고 은박지를 뒤집어 쓰고 있었다.

이 말을 하는 이유는, 탄핵 정국이 지난 뒤 이 수식어들이 잊혀지고 키세스만 남을까 두려워서이다. 가장 어지러운 때 응원봉을 들고 은박지를 뒤집어쓰고 남태령과 한남동을 지킨 '페미니스트 성소수자 장애인'. 이 시기가 지나고 나면 잊지 않고 이들과 꼭 모두 연대해 주길 바란다. 페미니스트라 조롱하지 말고, 성소수자를 혐오하지 않고 장애인을 잊지 않고."

예수 공현 대축일, 화장실 개방한 꼰벤뚜알프란치스코수도회

한남동 시위대를 위해 일신빌딩 일신홀 미술관과 수도회가 쉼터를 제공했다. 주변에는 화장실이 부족했다. 꼰벤뚜알수도회에 여성들의 행렬이 길게 늘어섰다. 오상환 요셉 수사가 BTS 아미봉을 들고 여성들을 남성 화장실로 인도했다. 누군가가 그에게 아미봉을 건네주었다. 또 누군가가 그다음부터는 남자 화장실을 자유롭게 이용할 수 있도록 '성 중립 화장실'이라고 쓴 종이를 붙여놓았다. 마침 이날은 가톨릭에서 아기 예수가 동방박사를 맞아 처음으로 모습을 드러낸 뜻깊은 축일이었다. 《뉴스앤조이》가 이 수도회에 관한 기사를 다루었다.

"꼰벤뚜알수도회는 '시대의 징표를 읽고 쇄신과 적응을 통해 세상과 함께 산다'는 지향점을 갖고 있다. …꼰벤뚜알은 마을에서 공동체를 이뤄서 살던 수도 형제들이었다. …선교적 삶은 그냥 그 안에서 복음적으로 사는 것, 담을 세우는 게 아니라 사람들과 어울리면서 그리스도의 사람으로 사는 것이다."[키세스 전사들과 함께한 '난방 성당', 《뉴스앤조이》 2025년 1월 7일]

시민들은 3박 4일 동안 경당(작은 성당) 내에서 추운 몸을 녹이고 식사를 나누고 쪽잠을 자고 짐을 맡기며 밤샘 집회를 이어갔다. 수도원이 그런 시민들의 베이스캠프가 된 격이었다. 수도원 입구에는 '난방 성당'이라는 표지판이 달렸다. 오상환 수사는 인터뷰 요청을 완강히 거절하면서 "나에게 관심을 가질 것이 아니라 거리에서 집회를 하는 시민들에게 집중하는 게 맞다. 수도원에 이렇게 크게 관심을 가질 필요가 없다"고 했다.

수도회 김욱 다윗 원장신부도 수도원을 개방하는 것이 세상과 함께 살아가기 위한 당연한 일이었다며 "저희가 오히려 얻은 게 크다"고 말했다.

"성당 안에서는 굉장히 평화로웠다. 이곳은 누구에게나 다 열려있는 공간이었기에 화장실을 이용하고 성당에서 쉬어 간 사람 중에는 탄핵을 찬성하는 이도, 반대하는 이들도 있었을 것이다. 그런데 이 안에는 그런 곤란이 없었다. 밖에서는 싸우고 있지만 또 안에서는 시민들이 질서정연하게 지내시는 걸 보면서 여기에 평화가 있다고 느꼈다."

기독교 중에서 가톨릭은 계엄 직후부터 내란을 비판하고 참여를 촉구했다. 김용태 마태오 신부(천주교 대전교구 정의평화위원회 위원장)는 2024년 12월 9일 시국미사 강론에서 윤석열 내란 사건을 요한 묵시록에 빗대 설명했다. "악마라고도, 사탄이라고도 하는 자가 12월 3일 밤에 지랄발광하였습니다. 사전을 찾아보니 지랄발광은 개지랄의 경북 방언이라고 나와 있습니다."

김용태 신부는 "국민의힘을 해산되도록 하고, 해체 수준의 검찰개혁과 해야 한다"며 "그러지 않으면 지금 윤석열을 탄핵해도 제2의 윤석열, 제3의 윤석열이 등장할 것"이라고 말했다.

정치는 가장 고급스러운 형태의 자선

가톨릭 주교회의 정의평화위원회 총무인 하성용 유스티노 신부는 기고문에서 용감하게 예언자의 목소리를 내야 한다고 했다. 다음은 가톨릭 뉴스에 실린 특별기고문 '대통령의 비상계엄, 어떻게 바라봐야 할까(2024년 12월 11일)'의 발췌문이다.

> "정치는 가장 고급스런 형태의 자선으로, 그리스도인들이 정치와 정치인에게 무관심한 것은 공동선을 위한 덕행을 저버리는 것과 같습니다.《가톨릭교회 교리서》에서는 교회의 사회참여에 대해 '인간의 기본권과 영혼들의 구원을 위해 필요할 때에는 교회가 정치질서에 대해 윤리적 판단을 내리는 것은 마땅한 일이다'[《가톨릭교회 교리서》 2246항] 라고 밝힙니다… 정치에 관해 이야기하는 것이 잘못이라고 단정할 수는 없습니다. 침묵과 식별의 시간도 필요하지만, 용감하게 예언자적 목소리를 내는 것도 필요합니다."

교황청 성직자부 장관 유흥식 추기경이 헌법재판소에 정의로운 판결을 촉구했다. 2025년 3월 21일 바티칸에서 녹화된 담화문에서 "위기의 대한민국을 위한 갈급한 마음으로 헌재에 호소한다"며 "우리 안에, 저 깊숙이 살아있는 정의와 양심의 소리를 듣는다면 더 이상 (선고를) 지체할 이유가 없을 것"이라고 말했다. 그는 "프란치스코 교황은 '고통에는 중립이 없다'고 말씀하셨다"며 "이와 마찬가지로 정의에는 중립이 없다. 우리 헌법이 말하는 정의의 판결을 해달라"고 했다. 그는 "법은 상식과 양심으로 해결이 안 되는 일이 있을 때 사용할 수 있는 인간 사회의 최후 보루"라면서 "그런데 우리 사회는 양심이라는 말이 빛을 잃은 지 오래이며, 법에만 저촉되지 않으면 무슨 일을 해도 된다는 마음을 넘어, 법을 가볍게 무시하는 일을 서슴지 않는 무서운 마음이 자리 잡았다"고 우려했다.

2025년 3월 30일 천주교 교구장 8명을 포함한 사제·수도자 3,462명은 사순절 제4주일을 맞아 "헌법재판소는 국민에게 승복하라!"라는 제목의 시국선언문을 발표하기도 했다.

"군경을 동원해 국회와 선관위를 봉쇄 장악하고 정치인과 법관들을 체포하려 했던 위헌·위법 행위를 단죄하는 것이, 명백한 사실도 부인하고 모든 책임을 아랫사람에게 돌리는 자의 헌법 수호 의지를 단죄하는 것이, 명백한 사실도 부인하고 모든 책임을 아랫사람에게 돌리는 자의 헌법 수호 의지를 가늠하는 것이, 그를 어떻게 해야 국익에 부합하는지 식별하는 것이 그렇게 어려운 일인가…."

"주권자인 국민은 법의 일점일획조차 무겁고 무섭게 여기는데 법을 관장하고 법리를 해석하는 기술 관료들이 마치 법의 지배자인 듯 짓뭉개고 있다. 정의 없는 국가란 '강도떼'나 다름없다고 했는데, 지금은 그만도 못한 '사자들'이 우리 미래를 가로막고 있다. 머리 위에 포탄이 떨어졌고, 땅이 꺼졌고, 새싹 움트던 나무들은 시

커멓게 타버렸다. 하지만 새로운 시작이 멀지 않았다. 미련한 사제, 수도자들이지만 저희도 불의의 문을 부수고 거짓의 빗장을 깨뜨리는 일에 힘을 보태겠다."

39장   윤석열의 농성전

2025년 1월 15일 10시 33분, 공조수사본부가 윤석열 체포영장을 집행했다. 변호사를 선임할 수 있고, 묵비권을 행사할 수 있다고 고지했다. 10시 35분, 윤석열이 여러 대의 경호처 차량 어딘가에 몸을 숨긴 채 관저 밖으로 나왔다. 10시 52분, 윤석열이 차량에서 내려 과천 공수처 청사 내부로 들어갔다.

  윤석열은 대한민국 헌정사상 최초로 체포, 기소, 구속된 현직 대통령이 되었다. 재임 중 출국금지도 초유의 일이었다. 합법적 절차에 의해 내란죄로 체포, 기소된 세계 두 번째 현직 대통령이 되었다. 페루의 페드로 카스티요가 친위 쿠데타를 시도했다가 실패하고 체포된 바 있다.

  1월 15일 오전 11시, 공수처는 영상녹화조사실에서 윤석열 상대로 피의자 조사를 시작했다. 윤석열은 이름 나이 주소를 묻는 인정신문부터 묵비권을 행사했다. 영상 녹화도 거부했다. 저녁 9시 40분, 피의자 조사가 종료되어 윤석열은 서울구치소로 이동했다. 윤석열은 8시간 20분 동안 조사를 받는 내내 진술을 거부했다. 윤석열은 단 한마디를 했다. 저녁 식사 메뉴를 묻자 "된장찌개"라고 답했다. 다음날 윤석열은 건강이 안 좋고 "어제 충분히 입장을 얘기했다"며 소환을 거부했다. 그가 어제 충분히 얘기한 것은 된장찌개, 한마디뿐이었다.

경호처, 강경파 무너지다

공조수사본부는 철저한 준비를 하고 2차 영장을 집행했다. 경호처를 무력화시킬 정도의 인원을 확보했다. 그리고 심리전을 통해서 경호처 내부의 충성파를 고립시켰다. 다수의 경호원을 분리했다.

윤석열 측은 체포영장 집행에 대비했다. 《한국일보》는 2024년 12월 초, 김건희와 충성파로 경호처 2인자인 김성훈 차장간에 나눈 텔레그램 대화를 입수했다. 김건희가 "V(윤 대통령)가 염려한다", "특검법 때문에 영장 집행 들어오는 것에 대해서 걱정하고 있다"고 보내자, 김성훈이 "걱정하지 마십시오. 압수영장이니 체포 영장이니 다 막겠습니다"라고 답한 것으로 보도했다. 윤석열이 탄핵되기 전에 김건희 특검법을 우려하면서 나눈 대화로 보인다. 이때도 이랬는데 내란수괴로 영장이 집행될 당시의 분위기는 더 강경했다.

윤건영 민주당 의원은 윤석열이 무기 사용을 해서라도 영장 집행을 막으라는 지시를 했다고 폭로했다. 윤건영 의원에 따르면 윤석열은 2025년 1월 12일 경호처 간부 6명과 오찬을 함께 했다. 윤석열이 "체포하려고 접근하는 경찰들에게 총은 안 되더라도 칼이라도 휴대해서 무조건 막으라는 지시를 했다"고 전했다. 김성훈 차장과 이광우 경호본부장, 김신 가족부장 등이 점심 식사에 참석했다.

다음날 김성훈이 주재한 회의에서 무력 사용 방침을 전달했다. 김성훈은 대테러과 직원에게 관저 주변 순찰을 지시하면서 실탄을 포함한 화기는 가방에 넣어 노출되지 않게 휴대할 것 등 대비책도 하달했다. 4급 이상 간부 대부분이 집단 반발했다. 윤건영은 "금일(1월 13일) 경호처 과장 부장단 회의에서 경호차장과 경호본부장에 대해 사퇴하라는 요구가 터져 나왔다"고 공개했다. 경호처의 사병화에 반대하는 움직임이 있었다는 것이다. 이처럼 2차 체포영장 집행을 앞두고 관저 안의 비밀이 밖으로 새고 있었다.

온건파 박종준 경호처장의 사퇴와 내부 반발

경호처는 크게 흔들리고 있었다. 박종준 처장은 2차 집행을 앞두고 1월 10일 사의 표명 후 경찰에 자진 출석했다. 특별수사단은 박종준 경호처장, 이진하 경비안전본부장에 대한 피의자 조사 등을 토대로 경호처 내 분열 분위기를 감지했다. 박종준은 직원들에게 비폭력 대응을 주문했다. 윤석열 변호인단에게도 제3의 장소에서 조사를 받는 타협안을 제시했다. 윤석열이 강경파인 김성훈에게 힘을 실어주었다. 힘을 잃은 박종준은 결국 경찰에 출두하면서 물러났다. 김성훈이 실권을 잡자 경호처 직원들이 돌아섰다.

　1월 11일 경호처 내부망에는 한 직원이 '체포영장 집행을 막는 것은 공무집행 방해'란 취지의 글을 올렸다. 김성훈은 이 글의 삭제를 지시했다. 내부 반발이 있자 다시 복구시켰지만 언론에까지 알려졌다. 경호처 사상 처음 있는 일이다. "칼이라도 들고 지켜라"는 윤석열의 지시가 알려지면서 불만은 극도에 달했다. 법적 문제가 생기면 변호해주겠다는 윤갑근 변호사의 발언에서 진실성을 느낄 수 없었다. 이용당한다는 느낌에 분노가 전염되었다.

경호처 직원들의 이반

공수처도 심리전을 계속했다. 관저 내부에 대한 파악도 마쳤다. 제보가 있었기 때문에 가능했다. 관저에 진입하면서 입간판과 구두로 경고를 계속했다. 영장집행을 방해할 경우 현행범으로 체포하겠다고 했다. 반면 영장 집행에 협조하면 선처하겠다고 약속했다.

윤석열 운명의 날 1월 15일, 김성훈은 새벽 6시 공관 내부를 돌며 방어에 나서라고 화를 내면서 소리를 질렀다. 아무도 반응하지 않았다. 이미 경호원들 상당수는 휴가를 냈다. 공조수사본부가 진입하자, 대부분은 대기동에서 관망했다. 현장에 남아있던 경호원들은 오히려 경찰에게 길을 안내했다. 경호처 직원 몇몇은 경찰을 응원했다고 한다.

차성안 서울시립대학교 법학전문대학원 교수는 페이스북에 "경호처 직원이야말로 영웅"이라고 치켜세웠다. 그는 "국회 앞에서 소극적 불복종을 펼친 군인들처럼, 문무를 겸비한 최고의 공무원인 경호처 직원들이 대한민국의 법치주의를 구했다. 헌법을 구했다. 영장 집행 저지라는 부당지시를 거부한 그 용기에 박수를 보낸다"고 했다.

대한민국역사박물관은 2025년 1월 현대사 사업의 하나로 역대 대통령 보좌 직업인 15명에 대한 구술채록서 '청와대로 출근하는 사람들'을 출간했다. 이성우 전 대통령 경호처 안전본부장은 "중요한 것은 경호공무원은 대통령이라는 공인을 경호하는 것이지 대통령이 된 개인을 경호하는 것이 아니다. 이를 망각해서는 안 된다"고 했다. 이성우 전 본부장은 지난 1987년부터 2012년까지 약 25년간 청와대에서 경호공무원으로 근무하며 모두 6명의 대통령을 근접 경호했다.

경호처의 사병화, 윤석열 찬양가까지 등장

김성훈은 2023년 8월 대통령 부친상 때 장례업무를 계기로 윤석열의 눈에 들었다고 한다. 김건희의 생일날 경호 의전차량으로 생일 이벤트를 기획한 것으로 알려졌다. 윤석열 부부가 경남 거제 저도에서 휴가를 보낼 때, 해군 함정을 동원해 파티를 벌인 일도 그와 관련이 있는 것으로 전해졌다.

"84만 5,280분 귀한 시간들 취임 후 쉼 없이 달린 수많은 날
84만 5,280분 귀한 시간들 오로지 국민만 생각한 당신
84만 5,280분 귀한 시간들 당신이 보여준 넘치는 사랑
따뜻한 손길과 사랑이 필요한 곳에 언제나 당신이 함께했죠
84만 5,280분 귀한 시간들 오로지 국민만 생각한 당신
새로운 대한민국 위해서 하늘이 우리에게 보내주신
대통령이 태어나신 뜻깊은 오늘을 우리 모두가 축하해
존경을 담아 축복해
해피 버스데이 투유
사랑하는 대통령님, 생신 축하합니다.
사랑으로"

대통령경호처 창설 60주년(2023년) 행사에서 경호처 직원들이 윤석열에게 헌정한 곡이다. 경호처는 1963년 12월 14일 창설되었다. 윤석열의 생일은 12월 18일이다. 경호처의 생일이 윤석열의 생일이고, 윤석열의 생일이 곧 경호처의 생일이다는 생각에서 헌정곡을

바쳤다. 당시 행사에서는 윤석열 삼행시 선발대회 등도 진행했다. 김용현 경호처장과 김성훈 당시 기획관리실장이 주도했다. 논란이 되자 '윤석열 생일 파티에 경호처 직원이 동원된 사실이 없다'고 부정했다. 김용현은 기자들을 향해 "여러분은 친구들이 생일 축하 파티나 축하 노래 안 해주나", "업무적인 걸 떠나서 사람이 살아가는 세상"이라고 되물었다.

총 갖고 다니면 뭐하나

윤석열은 2차 체포영장 집행이 다가오자 불면의 밤을 보냈다. 변호인단도 한남동 관저에서 함께 했다. 윤석열이 변호인단 나눠주겠다고 아침에 샌드위치 10개를 만들었다고 한다. 윤석열은 40년 전 동네 아주머니가 참치를 양파, 마요네즈와 버무려서 집에 가져왔었는데 이걸 밥하고 먹다가 빵에다 넣어 먹어보니 참 맛있어서 그때부터 직접 만들어 먹었다고 한다. 국민의힘 의원 45명이 한남동으로 왔다. 그중에 윤상현, 권영진 의원 등과 대화했다. "우리 당이 잘 되기를 바란다", "열심히 당을 잘 이끌어달라", "이대로 나라가 가선 안 된다", "대통령직에 연연하지 않겠다" 등 국민과 전혀 관계없는 그들만의 대화였다.

그중에 압권은 유튜브를 잘 보라고 했다는 것이다. "요즘 2030 세대가 관저 앞에서 (탄핵 반대)집회를 하고 있는데 유튜브를 통해 그 모습을 모두 지켜보고 있다. 연설 내용이 매우 논리적이고, 자유민주주의에 대한 열망과 친중 세력에 대한 반감이 담겨 있어 깊은 감동을 받았다. 요즘 레거시 미디어는 너무 편향돼 있기 때문에 유튜브에서 잘 정리된 정보를 보라"고 조언을 했다. 그는 직원의 휴대폰을 이용하여 고별 메시지를 남겼다.

"저는 오늘 이들이 경호 보안구역을 소방장비를 동원해서 침입해 들어오는 것을 보고 불미스러운 유혈 사태를 막기 위해서 일단 불법 수사이기는 하지만 공수처 출석에 응하기로 했습니다. 그러나 제가 이 공수처의 수사를 인정하는 것은 아닙니다. 대한민국의 헌법과 법체계를 수호해야 하는 대통령으로서 이렇게 불법적이고 무효인 이런 절차에 응하는 것은 이것을 인정하는 것이 아니라 불미스러운 유혈사태를 막기 위한 마음일 뿐입니다."

진짜 원한 것은 준 유혈 사태가 아니었을까? 정말 유혈 사태를 막으려고 한 것이 그의 진심일까? 아니면 대세가 기울었다고 보고 순순히 체포에 응한 것일까? 윤석열 측 석동현 변호사는 15일 유튜브 채널 '고성국TV'와 전화 인터뷰를 했다. 속내가 드러났다. 석동현 변호사는 "사실은 관저 문 앞이나 입구에서 정말 대통령 차량이 나가는 걸 막아주셨으면 하는 마음이 굴뚝같습니다만 경찰이 입구를 광범위하게 차단해서 여의치 않은 것을 잘 안다"며 "관저 앞 이쪽저쪽 시민들께서 아셔야 한다는 것"이라고 말했다.

윤석열이 체포됐을 당시 김건희가 "총 갖고 다니면 뭐하나, 그런 거 막으라고 가지고 다니는 건데"라며 경호처를 질책했다고 한다. 경찰 국가수사본부는 2025년 1월 김성훈, 이광우 구속영장 신청서에 이런 정황을 담았다. 김건희가 가족경호부 사무실로 찾아와 경호처를 강하게 질책했고, "마음 같아서는 이재명도 쏘고, 나도 자결하고 싶은 심정"이라며 여러 심정을 토로했다는 게 경찰이 확인한 정황이다. 대통령실은 모두 부정했다.

15일 극우 성향 단톡방과 유튜브 채널에서는 "탄핵이 인용되고 이재명 대통령 되는 순간 제2의 천안문 사태가 난다", "부정선거로 이재명이 대통령이 될 수 있다", "사법 체계가 무너졌으니 국민이 나서야 한다"라는 선동이 반복됐다. 극우 유튜브 채널에는 '결집', '단결', '총동원령' 등의 단어가 반복적으로 사용됐고, "대통령 체포 세력과 맞서 싸워야 한다", "전쟁이다"라는 거친 표현이 난무했다. 내란을 선동하고 있었다고 《오마이뉴스》가 전했다. [윤석열 체포 이후, 극우 유튜브의 '황당한' 주장 셋, 《오마이뉴스》 2025년 1월 16일]

그 시간에 한남동에서는 윤석열 지지자들이 미국 트럼프 진영에서 사용했던 'STOP THE STEAL' 손팻말을 흔들고 있었다. 미국 백악관은 윤석열 체포에 대해 "미국은 한국 국민을 확고히 지지한다. 우리는 법치주의에 대한 공동의 약속을 재확인하며, 대한민국과 그 국민이 헌법에 따라 행동하기 위해 기울인 모든 노력에 감사한다"는 입장을 밝혔다. 국무부는 "한국 민주주의의 토대가 강하다는 것을 보여줬다. 우리가 한국에서 본 것 중 하나는 한국의 민주적 회복력이 작동한다는 것이다"라고 했다.

'심우정 검찰'은 김성훈 못 잡나, 안 잡나

내란 수괴 윤석열의 관저농성전을 지휘했던 김성훈에 대해서 경찰이 세 번 영장을 신청했으나 검찰이 모두 반려했다. 김성훈은 경찰 출석하면서 휴대전화를 가져오지 않아 증거인멸 우려가 있었다. 비화폰 통화기록 삭제 및 총기 사용 검토 등 윤석열 지시를 이행한 정황을 포함해 영장을 신청해도 반려했다.

검찰의 행태에 대한 비판이 쏟아졌다. 결국 영장심의위원회에서 결정하기로 했다. 3월 6일 서울고등검찰청 영장심의위원회는 6:3으로 검찰이 영장을 청구하는 것이 적정하다고 결정했다. 경찰이 김성훈에 대한 구속영장을 검찰에 신청한 지 4번 만에 검찰이 김성훈에 대한 구속영장을 청구하게 됐다.

김성훈 구속영장에는 윤석열 체포를 저지(특수공무집행방해)하고 비화폰 데이터 삭제를 지시(대통령경호법의 직권남용)했다는 혐의가 담겼다. 이광우가 계엄 선포 직전인 2025년 12월 3일 저녁 8시 20분 챗GPT를 이용해 '계엄'을 검색하는 등 사전에 계엄 선포를 인지하고 있었을 가능성 등도 영장에 담긴 것으로 알려졌다.

3월 21일 서울서부지법에서 김성훈 차장에 대한 구속영장 실질심사가 진행되었다. 영장심사에 서울서부지검 담당 검사가 불출석했다. 중요사건에 대한 영장심사엔 검찰이 들어가는 게 일반적인데 황당한 일이 벌어진 것이다. 비상행동은 "내란수괴를 풀어준 심우정 검찰총장에 대한 탄핵이 시급하다"고 했다. 김필성 변호사는 페이스북에서 "100% 검찰이 만든 기각"이라고 지적했다.

"검찰이 작정하고 공소제기와 증거제출을 이상하게 하면, 법원이 그걸 어떻게 할 방법이 없다. 심증으로 이건 아니라는 생각이 들어도, 법원은 제출된 증거와 다르게 자기 마음대로 판단할 권한이 없다. 그래서 많은 경우 이상한 판결은 검찰에게 책임이 있다. 검사는 아예 이 사건 영장심사에 나가지 않았다. 제가 나름 형사사건 경험은 꽤 있는 변호사인데도, 이런 경우는 뜬소문으로도 들어본 적이 없다. 이렇게 대놓고 검사가 이 사건을 편파적으로 했다면, 영장청구는 제대로 했을까? 필요한 증거들은 제대로 제출했을까? 전 100% 아니었을 거라고 본다."

김성훈은 헌법재판소가 탄핵을 기각할 것이라고 확신했다고 한다. 4월 4일 윤석열이 업무에 복귀하게 되면 첫 번째로 현충원에 참배하는 동선까지 짰다고 한다. 윤석열이 파면되었음에도 경호처장 직무대행 자리에서 물러나지 않고 있는 김성훈에 대한 반발이 커졌다. 직원들 사이에서 '경호차장 등의 권한 행사 중지 청원의 건'이라는 연판장이 돌았다고 한다. 직원 상당수가 연판장에 참여한 것으로도 알려졌다. 경호처에서 수뇌부의 퇴진을 촉구하는 연판장이 돈 것은 이번이 처음이다. 결국 그는 대기발령이 되었다.

3부 헌법의 교과서 탄생하다

40장   서부지원 난동, 극우 파시즘의 태동

파시즘은 혐오와 폭력의 정치다. 군중심리를 이용한 극단의 정치이다. 반복과 세뇌를 통한 동원의 정치다. 박정희와 전두환 시기의 1차 파시즘은 전 사회를 병영화했다. 박정희는 교련 교육을 통한 학교의 병영화에서부터, 반공연맹 등 사회의 병영화를 통해 병영 국가를 완성했다. 전두환은 대량 학살과 삼청교육 등 공포 정치 시대를 만들었다. 박정희, 전두환은 군대와 경찰을 통해 전 사회를 억압했다.

  민주화 이후 파시즘 세력은 소수화되었다. 보수 정당도 변화를 꾀했다. 그랬던 보수 우익이 정치적 절망에 빠지면서 파시즘이 다시 싹텄다. 2000년대 초가 그 시발점이다. 뉴라이트, 일베, 태극기 부대 등의 거점이 생겨났다. 1월 19일 서울서부지방법원 난동 사건은 한국 극우가 폭도를 동원하여 국가 기관관에 폭력을 행사한 첫 번째 사건이다. 헌법과 법률을 수호하는 최후의 기관에 수백 명이 난입하여 기물을 부수고 영장을 발부한 판사를 테러하려고 했다.

  법원 난동 사건의 주체는 세 부분으로 구성되어 있다. 하나는 전광훈 사랑제일교회 목사 등 극우파 개신교가 주도하는 파시스트이다. '국민저항권'이라는 해괴한 논리를 제공했다. 둘째는 디시인사이드 보수 갤러리와 일베로 대표되는 온라인 극우 청년이다. 아스팔트 극우 노년층과 거리가 있었으나 유튜브라는 플랫폼에서 접점을 찾았다. 유튜브를 통해서 극우 개신교와 극우 온라인이 만나게 된 것이다. 이 플랫폼이 탄핵 국면에서 온라인 극우 청년을 아스팔트로 나오게 해 태극기 부대에 합류시켰다. 셋째는 윤석열과 국민의힘이다. 정치권 극우이다. 국민의힘은 비상계엄과 법원 난동 사건 등에서 돌아올 수 없는 강을 건넜다. 뉴라이트도 결국은 극우(Far Right)화되었다.

전광훈의 해괴한 선동

전광훈은 1월 18일 광화문 집회에서 "헌법 위에 또 하나의 권위인 국민저항권이 있다. 당장 서울서부지법으로 모여 대통령 구속영장을 저지하기 위해 국민저항권을 발동해야 한다. 오늘 내로 우리는 윤석열 대통령을 찾아와야 한다"고 말했다. 오후 4시쯤 광화문 집회를 마무리한 뒤 서울서부지방법원으로 이동했다. 윤석열 영장이 발부된 이튿날 새벽 3시경부터 서부지법 폭동이 벌어졌다.

국민저항권은 원래 헌법상의 개념으로, 민주공화제 헌법을 수호하기 위한 것이다. 헌법 전문에 4·19혁명을 명문화했다. 5·18민주화운동을 전문에 넣으려는 노력도 민주주의의 역사를 되돌릴 수 없게 하기 위한 것이다. 그런데 헌법 질서를 부정하는 윤석열의 내란 행위를 옹호하면서 국민저항권이라는 개념을 왜곡했다. 국민저항권은 "민주적 기본질서를 침해·파괴하려는 공권력에 저항하는 국민권리이자 헌법수호제도[헌법재판소 2013헌다1 중]"이다. 헌정 자체를 부정하는 행위는 이 개념으로 정당화할 수 없다.

군중들이 서부지원으로 향했다. 전광훈은 "우리가 서울구치소로 들어가서 모시고 나와야 한다. 국민저항권이 최고의 것이니까. 국민저항권이 발동됐어. 그게 천국인 거야. 아멘 해야 해"라고 외쳤다. 전광훈의 사랑제일교회 특임전도사 두 명도 서부지원으로 가서 이날 밤 폭동을 주도했다. 이형석 특임전도사는 판사실 문을 발로 부수고 들어갔다. 윤영보 특임전도사는 셔터문을 강제로 끌어올렸다. 특임전도사 세 명 중에 두 명이 이 사건으로 구속됐다.

이형석 전도사는 서부지원 난동 사건 2일 전에 자신의 유튜브 채널에서 "언제든지 목숨 걸라고 하면 숨도 안 쉬고 간다. 경찰병력 있어도 눈곱만큼도 고민 안 한다. 총 맞아 죽어도 간다. 결정적인 순간이 오면 쳐들어간다. 명령이 안 떨어져서 기다리고 있다"고 했다. 그리고 그날이 왔다.

이형석 전도사는 2020년 법원의 사랑제일교회 명도집행 과정에서 화염병과 쇠파이프로 저항하다가 구속됐던 전력이 있다. 법원은 "1987년 헌법 개정 이후 법원 판결의 집행을 사실상 폭력으로 무력화한 최초의 사례로서 법원 판결의 권위 및 법치주의에 대한 정면으로 도전"이라며 "헌법수호 차원의 관점에서 치명적인 위협"이라고 규정했다.

광화문 최고 사령관 전광훈은 "내가 그런 애들하고 대화할 군번인가? 나이가 70이 넘은 원로 목사인데"라며 특임전도사 구속과 선을 그었다. 그는 "광화문 애국 성도는 창도, 칼도 든 적이 없다. 저항은 폭력과는 무관하다"라고 주장했다.

전광훈은 2019년에도 순국결사대를 조직해 청와대 진입을 선동했다. 순교자를 모집했다. 그는 생명을 던지기로 한 순교자의 수가

180명에 달한다고 했다. 현장에 투입되기 전에 유서를 작성한 이들도 있다고 한다. 지금도 전광훈의 집회에서는 "이 몸이 죽어서 나라가 산다면 아아 이슬같이 기꺼이 죽으리라…"는 순국결사대의 노래를 제창한다.

전광훈은 이재명 민주당 대표에 대한 극도의 증오심을 수시로 표출했다. "이재명은 사탄의 포로야. 사탄이 시키는 대로 안 하면 못 견디게 되어 있다고. 이것을 막을 사람은 나와 여러분밖에 없다"고 설교했다. 이재명이 2024년 1월 부산 가덕도 신공항 부지를 방문했을 때, 경동맥 파열로 사망에 이를 뻔한 테러 사건이었다. 주진우 《시사IN》 편집위원은 〈MBC PD수첩〉 '폭도가 된 종교인'에서 테러범이 "전광훈 추종자다. 내가 이재명을 없애야겠다고 세팅되어 있다"고 분석했다. 테러범의 변명문을 보면 기독교 주도의 자유마을로 재집결해야 한다며 기독교 순교정신으로 끝을 맺었다. 주진우의 분석대로 하면 테러범은 자신의 행위를 순교로 생각했을 것이다.

전광훈은 2024년 4월 총선 전에도 순교를 강조하면서 "죽읍시다. 나와 함께 순교합시다. 여러분 다 죽여놓고 내가 마지막에 죽을 거야. 여러분 수령님 모시고 살 거야?"라고 반문하면서 "인생 최대의 축복은 순교다. 인간으로 태어나서 다시는 기회가 없다"라고 했다. 사랑제일교회는 논란이 커지자 순교가 죽음을 의미하는 것이 아니라 신념을 뜻하는 것이라고 해명했다.

전광훈은 2025년 1월 15일, 윤석열이 체포된 날 50세 남성이 윤석열 체포에 항의하면서 분신을 시도하자 이런 망언도 했다. "제게도 개인적으로 생명을 던지겠다라고 하는 메시지가 수백 통 왔다. 제가 '지금은 때가 아니다. 언제든지 내가 죽을 기회를 줄 테니 조금만 더 기다려서 효과 있는 죽음을… 언제 내가 한 번 안내할 테니'라고 달래느라 밤을 새웠다."

치밀하게 준비된 제2의 내란

디시인사이드의 '국민의힘 갤러리(이하 국힘갤)'와 '국민의힘 비대위 갤러리(이하 비대위갤)', '미국 정치 갤러리(이하 미정갤)' 등 3곳이 바쁘게 움직였다. 이 게시판들은 윤석열 2030 지지자의 온라인 집결지이다. 2030 윤석열 지지자들이 전광훈의 국민저항권 선동에 반응했다. 《연합뉴스》가 최근 1년 이들 3개 게시판에서 게시글 작성자들의 네이버 기준 연령대를 검색했더니 미정갤은 81.3%, 국힘갤은 65.1%가 20~30대였다. 비대위갤만 50대 이상이 46.1%이고 20~30대가 31.3%였다. ["과격행동 거듭나는 '디시의 청년들'… 한국판 '재특회'■ 꿈꾸나", 《연합뉴스》 2025년 2월 17일]

국힘갤 등엔 "국민저항권, 나라 엎어질 준비해라", "서부지법에 국민저항권 발동, 가슴이 웅장", "방망이, 칼, 삼단봉, 너클 등 뭐든 좋으니 공격 무기 챙기라", "헌법상 국민저항권은 물리력이 포함된 개념임. 우파 내의 X선비질 극복이 필요하다", "아니 XX 그래서 저항권은 대체 언제 쓰는 건데, 헌재에서 탄핵 가결 나면 저항권 발동하는 거임?" 등의 글이 올라왔다. 《연합뉴스》 등에서 보도한 것을 시간순으로 편집했다. 해당 게시글에는 댓글이 수백, 수천 건씩 달리기도 했다.

■ 재일본 조선인 '특권을' 용납하지 않겠다고 하는 시민 모임. 2007년 1월 발족한 극우 민족주의 단체.

1월 16일

- "서부지법 후문으로도 와줘. 담이 낮아서 여기로 진입하러 올 수도 있을 거 같고(오후 8시 비대위갤)"
- "여태까지 평화시위하면서 이뤄진 게 뭐가 있었느냐. 직접적으로 행동하지 못하는 동안 웃고 있던 건 이재명(밤 11시 36분 미정갤)"

1월 17일

- "저항권으로 유리창 깨서 진입하고 이런 거 되지? 사람만 많으면 뒤쪽 담장을 넘어서 유리창으로 진입해도 될 거 같은데(17일 새벽 1시 37분)"
- "차량 번호를 조회해보니 관용차 맞으니 여기 깔고 있을 애들 잘 기억해두라(오후 3시 39분 미정갤)"
- "집회가 목적이 아니라 영장 발부 못 하게 하는 게 목적", "타이어에 펑크내야 된다"

1월 18일

- 새벽 1시경 서부지법 현장을 찾은 윤석열 변호인단 배의철 변호사 유튜브 영상 빠르게 확산
"대통령께서 지금 여러분의 모습을 지켜보고 계신다. 젊은 분들이 자발적으로 모여 미래를 열고 있는 곳이 이곳 서부지법 앞" 배의철 변호사의 주장은 이들의 난동에 불을 붙였다.
"윤석열 대통령이 우리한테 지령내린 거 같다(…) 이건 강 대

놓고 국민저항권을 사용할 때라고 말하고 있는 거임(1월 18일 3시 22분 게시)" 배의철은 "법관의 재판에 영향을 미칠 우려가 전혀 없었다. 대통령이 참 안타깝게 생각하고 걱정한다는 메시지를 전달하고 싶었다"라고 해명했다.

- "담을 넘어서 건물 자체를 막자(낮 12시 11분 미정갤)"
- "압사가 무서워서 담 넘었다고 하면 된다(오후 4시 16분 비대위갤)"
- "구속되면 서부지법 판사 XX들 잡아다 돌팔매질을 쳐야지", "영장 결과 나올 때까지 절대 가면 안 된다. 영장 당직 판사한테 시민저항권이 뭔지 제대로 보여줘야 함", "오늘 국민저항권은 연습이었다. 상황이 악화되면 실전으로 나아갈 것(국힘 비대위갤)"
- "경찰 인력 없는 곳. 담 넘을 사람은 참고하라(오후 5시 41분에 비대위갤)"

1월 19일 새벽
- "폭력시위를 준비하자(새벽 1시 6분 미정갤에서 270여 명의 추천을 받음)"
- "기각이든 인용이든 신경 쓸 때가 아니다. 자유민주주의를 수호하는 하나의 목적으로 내전까지 각오할 집단이 필요하다(미정갤)"
- "확실하게 보호 장비를 착용해야 한다. 얼굴에 복면 착용은 필수다. 오늘 힘 싸움할 때 (군대 전투화를) 신었는데 효과

> 좋다. 빠루 제외 날류는 쓰지 말고 둔기를 추천한다(새벽 4시 10분 비대위갤)"
> - "체포됐습니다. 죄송합니다(새벽 4시 10분 비대위갤에 "구경하다 잡힌 거라고 밀고 나가라", "화장실에 들어갔다고 우겨라" 등의 댓글 달림)"

아수라장이 된 법원, 폭도가 된 사람들

1월 19일 새벽 2시 59분 시위대는 후문 담장을 넘고, 경찰 저지선을 뚫으며 법원 내부에 진입하기 시작했다. 현장에 있던 유튜버들은 "밀고 들어가자", "이젠 전쟁이다"라고 외치며 법원 난입을 유도했다. 3시 7분경, 폭도들이 욕설을 하며 "영장 담당 판사 나와라"라고 소리쳤다. 대열 앞에 있던 한 남성이 경찰을 향해 거칠게 다가갔다. 다른 한 명은 지지자들을 향해 검지를 치켜올렸다. 군중이 일시에 달려들었고 경찰이 속수무책으로 밀렸다.

  폭도들은 기세를 몰아 1층 창문을 부수고 철문을 밀어올렸다. 건물 안으로 진입해 닥치는 대로 물건을 부수고 우리창을 깼다. 음료수 자판기로 문을 막던 서부지법 직원들은 건물 옥상으로 대피했다. 그들은 사건이 끝나고 나서도 엄청난 트라우마를 호소했다. 건물 밖에서 경찰을 폭행하는 이들도 있었다. 무정부 상태였다. 할리우드 영화에서 보던 광란은 3시 32분까지 30분 가까이 지속됐다.

  한 남성이 법원 유리창을 향해 1m 길이의 플라스틱 막대를 던지고 경찰을 향해 "너희들은 개야. 짖으라면 짖고 물라면 무는 개"라고 말하며 조롱했다. 다른 남성은 이마로 경찰관의 머리를 들이받아 현행범으로 체포됐고, 체포 도중에도 경찰관의 정강이를 걷어찼다. 또 다른 남성은 당직실에 있는 CCTV를 뜯어내고, 안에 있던 전자레인지를 들고나와 법원 1층 민사 신청과 출입문과 통합민원지원센터 출입문을 향해 던졌다.

고위공직자수사처 소속 공무원 11명이 탑승한 승용차 2대를 가로막고, 이들 중 일부가 유리창을 주먹으로 강하게 내리쳤다. '투블럭남'이라고 불린 10대 남성은 집회 참가자들에게 경찰관과의 충돌을 유도했다. 그는 다수의 폭도에게 경찰관을 향해 다가가자는 제스처를 하면서 경찰관을 밀쳤다.

그는 판사실이 있는 법원 7층까지 들어갔다가 나와 인근 편의점으로 갔다. 공소장에 따르면 라이터 기름 두 통을 구입해 법원 본관 건물과 신관 건물 사이로 향했다. 흥분한 그는 라이터 기름 한 통에 구멍을 뚫은 뒤 다른 사람에게 건네주었다. 본관 건물 쪽 1층 깨진 창문을 통해 안쪽으로 기름을 뿌리게 했다. 명백한 방화 시도였다. 라이터로 종이에 불을 붙여 깨진 창문으로 건물 안쪽에 던졌다. 다행히 화재로 이어지지는 않았다.

전국 곳곳에서 모인 시위대는 유튜버들의 발언에 자극을 받아 행동이 과격해졌다. 난입한 폭도들은 영장 발부 판사를 찾기 위해 법원 내부를 돌아다녔다. 법원 7층까지 단숨에 올라가 "XX, 문을 다 부숴야 하는 거 아니야", "여기 판사실인데 있을 것 같은데", "저 안에 숨었을 수도 있지" 등의 대화를 주고받으며 판사실을 뒤졌다.

유튜버들은 법원 점거와 폭력 사태를 생중계했다. 10명 이상의 유튜버가 법원 안으로 들어갔다. 폭동 당시의 상황이 생생하게 녹화되었다. 구독자 83만 명인 한 유튜브 채널 운영자는 현장 중계 도중 붙잡혔다. 도합 유튜버 3명이 경찰에 현행범으로 체포됐다. 영상은 대부분 비공개로 돌려졌다. 증거인멸을 위해서다. 경찰에 구속되어 미처 영상을 삭제하지 못한 유튜버는 바보 취급을 받았다.

극우 유튜버들은 12·3 비상계엄 사태 이후 4월 4일 헌법재판소 판결까지 역대 최대의 호황기를 맞았다. 황용석 건국대 미디어커뮤니케이션과 교수는 "극단 성향의 유튜버들은 정치적 심리 보상에 더해 수익을 얻을 수 있는 상황"이라며 "더 자극적이고 극단적일수록 시선을 끌 수밖에 없다. 유튜버의 선동으로 인해 현장에 있던 참가자들과 시청자들은 죄책감이 감소하는 등 심리적으로 동조하게 된다"고 했다. ['후원금 톱 10명 중 9명이 보수-극우 유튜버'. 《동아일보》, 2025년 1월 17일]

멀쩡해 보이는 사람들이 폭도로 변해

경찰이 1월 19일 서부지법 폭동 연루자 99명을 입건했고, 이 중 66명이 구속됐다(2025년 2월 5일 현재). 경찰 부상자는 55명이나 되었다. 머리에 피를 흘리는 등 중상자도 7명에 달했다. 검찰의 공소사실 요지에는 특수공무집행방해, 건조물침입, 특수감금, 건조물방화미수 등 혐의가 적시됐다.

폭도 중에는 서울대학교를 졸업하고 여의도 증권맨으로 좋은 평가를 받던 30대 남성도 있다. 겉으로는 평범해 보이는 이웃이 파시즘 선동하에서 폭도로 변할 수 있는 사례로 회자되었다. 폭도들의 직업은 전문직(치과의사, 약사 등), 자영업(공인중개사 등), 복지센터 대표, 물리치료사, 대학생, 간호조무사 실습생 등 다양했다.

서부지법 폭동 직후부터 부정 선거론을 퍼트리거나, 전광훈 사단에 속하는 변호사들이 나섰다. 체포된 폭도들은 국민의힘에 기대를 걸었다. 그들은 폭동에 배후가 있다는 주장을 부인했다. 대부분 어느 조직이나 단체의 회원이 아니라, 한남동과 광화문 집회를 통해서 얼굴만 아는 사이였다고 변명했다. 우연히 들어갔다고 했다.

헌법재판소 헌법연구관 출신 노희범 변호사가 반문했다. "판사의 영장 발부에 항의하기 위해 법원에 침투하고, 경찰관들과 법원 직원들의 직무를 방해했다. 그러면 당연히 건조물침입, 특수공무집행 방해 등 혐의가 적용된다. 다중이 위력을 보이고 공용물을 손상하지 않았다면, 혼자 거기 들어갔겠나? 다중의 위력을 이용해서 덩달아 법원에 들어간 것 자체가 법치주의의 근간을 무너뜨리는 매우 위험한, 위헌적인 행위이고 그래서 '멋모르고 들어갔다'고 해서 용서되지 않는다."['폭동 전날 국민저항 언급 52만 유튜버… 과거 폭력 선동 유죄', 《CBS 노컷뉴스》]

정필승 변호사는 개그맨 출신 강성범의 유튜브 채널에 나와 "무료로 변론해 주겠다고 설레발 치는데, 진짜 농담이 아니고 진영을 떠나서 변호사 양심을 걸고 이야기하는데 그냥 국선변호사 쓰세요. 무조건 무릎 꿇고 빌어야 한다"라고 했다. 보수 우익에서 폭도들을 영웅시하고 희생자로 코스프레하는 것에 대한 비판이다.

국민의힘 제2내란 부추켰나

윤상현 국민의힘 의원은 윤석열 지지자가 보낸 문자를 받았다. 1월

18일 밤 9시 11분 공수처 차량을 막았다고 경찰이 학생 3명을 잡아갔다, 좀 알아봐 주실 수 있냐는 취지의 문자였다. 밤 9시 46분 "조사 후 곧 석방할 것"이라고 답장을 보냈다. 윤상현은 다른 지지자가 밤 11시 29분 "오늘 월담한 17인 훈방 조처됐나. 모금 이야기까지 나오고 있다"고 문자를 보내자 조사 후에 곧 석방될 것이라고 답했다.

윤상현은 신남성연대 유튜브 채널에서 "17명의 젊은이가 담장을 넘다가 유치장에 있다고 그래서 관계자하고 이야기했고 아마 곧 훈방될 것이다, 이렇게 보고 있다"며 "애국시민 여러분께 감사드린다"고 말했다. 폭동 전날인 1월 18일, 윤상현은 실제로 강남경찰서장에게 전화를 걸어 "서부지법 연행자 잘 처리 부탁한다"고 말했다.[이호영 경찰청장 직무대행, 1월 21일 국회 행정안전위원회 답변]

노종면 민주당 의원은 19일 페이스북에서 윤상현의 태도를 비판했다. "서부지법 습격의 전조는 18일 저녁 월담이었다. 경찰이 월담자 17명을 체포했지만 극우 시위대는 '훈방'될 것으로 믿고 더 대담해진 듯하다. '훈방' 기대의 근거는 윤상현이었다. 이 내용이 급속히 시위대 사이에 공유됐고 이후 습격, 폭동의 도화선으로 작용했을 수 있다. 법원이 침탈 위협을 받고 있는데도 침탈자들이 훈방된다고 안심시켰으니 이것이 습격 명령과 무엇이 다르겠는가"라고 지적했다.

"윤석열과 국민의힘 지도부는 끝내 우리의 소중한 민주공화국에 '극우 폭동'이라는 지옥으로 가는 문을 열었다. 이 지옥문을 닫고 다시는 열릴 수 없도록 봉인해야 한다"라고 사회민주당 한창민 의원도 1월 20일 국회 기자회견에서 말했다.

민주당 박희승·오기형·차규근 의원은 22일 긴급 토론회를 개최

했다. 토론회에서 한상훈 연세대 법학전문대학원 교수는 "전광훈 목사와 석동현 변호사 등 대통령 측근들이 '저항해도 죄가 성립되지 않는다', '대통령 차량 막아달라' 등의 발언을 집회에서 했다. 이런 발언들이 서부지법 폭동을 야기한 부분에 대해서 규명돼야 한다. 윤석열이 대국민담화 및 편지를 통해 '끝까지 싸우겠다'고 한 선동이 폭동 사태를 부추긴 측면이 있다"고 비판했다.

전우용 역사학자는 '김어준의 뉴스공장'에 출연해 "법원에 대한 공격, 판사에 대한 공격은 남미에서는 종종 있다. 윤석열은 전형적인 남미 마약 카르텔의 두목, 우두머리 행세를 하고 있다. 민주당에서 정권 잡으면 우리나라가 베네수엘라처럼 된다느니 아르헨티나처럼 된다느니 남미랑 비교해 왔는데 실제로 이 나라를 지금 남미로 전락시키고 있는 게 저 집단이다"라고 했다.

박구용 전남대 철학과 교수는 이 대담에서 폭도들을 군중과 다른 폭민으로 규정했다.

"군중은 전통적으로 말하면 정체성이 불분명하다. 우발적이기는 하지만 때로는 민주주의의 큰 동력이 되기도 한다. 폭민(mob)은 부정적 감정으로 정체성을 확립하고 있는 집단이다. 지금 2차 내란은 폭민을 동원하는 파시즘 탄생을 의미한다. 반혁명적이다.

프랑스 반혁명도 성직자(전광훈 목사)와 결합돼 있다. 시대의 변화를 못 따라가는 젊은이들이 문제다. 변화에 못 따라가는 부정적 감정을 가진 정체성을 누가 확립해 주는가. 바로 종교 그리고 기존의 권력자다.

(서부지원 폭동이) 보수를 더 궁지로 몰아넣는 거 아니야? 우파,

극우 세력이 쪼그라들게 되는, 자기 발등을 찍는 행위 아니야. 그게 굉장히 나이브한 생각이다. 이들은 트럼프의 재당선을 보면서 우리도 그럴 수 있다고 생각한다. 앞으로 이것을 제대로 처리하지 못하면 이 세력은 점점 강력하게 아주 오랫동안 대한민국에 파시즘의 위협을 가할 것이다."

특집 2

20대 남성은 왜 극우가 되는가?
여민남국(여성은 민주, 남성은 국힘)의 뿌리를 찾아서

"이대남은 민주주의를 위협하는 파시즘의 첨병이자, 윤석열과 국민의힘의 홍위병, 유겐트가 되었다. 대구 지하철, 세월호, 이태원 참사의 희생자를 조롱하는 학우들, 여성과 장애인 성소수자를 혐오하는 교실 분위기, 일베가 단순히 유머로 치부되는 학교 내 남초 환경, 그리고 이 모든 것의 연장선에 있는 군대와 온라인 커뮤니티까지. 이런 것들이 이대남이라는 집단을 만들어냈다.

이렇게 '만들어진' 이대남은 자신의 권리가 무엇에 위협받고 있는지, 누가 민주공화국 대한민국을 파괴하고 있는지 판단하지 못한 채, 반대를 위한 반대와 혐오를 위한 반대를 일삼고 있다. 급기야 이들은 탄핵 반대 집회에 참가하는 수준을 넘어 내란 가담 세력이 되어 폭동을 일으키고 법원을 습격하는 상황까지 이르렀다. 이대남을 사유화하고 자신의 이익을 위해 이용하는 윤석열과 국민의힘에 분노하기에 이 자리에 섰다."

대구에서 올라온 20대 남성(고양이 뉴스 유튜버)이 윤석열 파면 촉구 집회 현장에서 성토했다. 남성 청년으로서 같은 세대의 보수화, 극우화를 개탄하고 나선 것이다. 내란 전과 내란 후, 그리고 조기 대선을 보는 태도에서 청년 남녀는 확연한 차별을 보인다. 전 연령층 구간에서 남녀가 차이를 보이는 것은 2030 세대뿐이다. 동시대를 살아가는 청년 남녀의 상반된 정치적 태도는 왜 다른 것일까?

① 누가 짱돌을 들었는가?

《중앙일보》가 두 개의 집회에 참여한 인구데이터를 분석했다. 서울시는 KT와 협업해 매일 1시간 단위로 각 지역에 사람이 얼마나 있었는지를 연령별·성별로 추정한 생활인구 데이터를 홈페이지에 공개한다. 2024년 12월 14일 오후 3시 탄핵안 촉구를 위해 여의도에 모인 인파는 44만 5,900여 명이다.

그중 20대 여성의 비율이 15.6%로 가장 높았다. 뒤를 이은 것은 30대 여성(11.5%)이었다. 집회 참가자 4명 중 1명(27.1%)은 2030 여성이었다는 이야기다. 응원봉을 들고 K-팝을 부르며 시위를 주도했다. 반면 20대 남성은 3.9%, 30대 남성은 6%에 그쳤다.

윤석열 체포 영장이 집행됐던 1월 15일 서울 한남동에는 태극기와 성조기를 쥔 2030 남성의 모습이 눈에 띄게 늘어나 있었다. 이날 오전 10시 한남동에는 4만 8,300여 명이 모여들었다. 20대 남성(6.5%) 30대 남성(10.7%)로 이들의 합(17.2%)은 여의도의 탄핵안 촉구 때(9.9%)보다 비중이 2배 정도 늘었다. 1월 19일 새벽 '서울서부지법 난입' 사태에서도 이어졌다. 시위대가 법원으로 난입하기 직전인 18일 오후 11시 같은 데이터 분석 결과에서 20대 남성과 30대 남성은 각각 6.1%, 9.4%를 기록했다.

청년 남성이 내란을 비호하는 정당을 옹호하고, 정권 재창출을 원하는 집회에도 참석했다. 폭도가 된 이들도 있다. 윤석열이 시청하기를 권고하는 극우 유튜브를 즐겨 시청하고 있다. 지역주의, 개신교 근본주의, 고령층 반공주의와 함께 2030남성의 여성 혐오주의가 극우정당의 4대 인적 기반이 되었다. 2021년 서울시장 보궐선거(출구조사에서 20대 남성 72.5% 국민의힘 지지) 이후 청년 남성의 상당수는 일관되게 국민의힘을 지지하고 있다. 국민의힘이 극우화되었는데도 여전히 지지하고 있다. 그 지지가 2025 대선에서는 이준석 지지 현상과 겹쳐 나타났다.

② 이대남, 변혁의 주체에서 극우의 전사로?

우리 역사에서 20대는 늘 변혁의 주체이자 담지자였다. 새로운 역사의 희망이었다. 그런데 그 20대 남성이 극적으로 변화했다. 홍세화가 '그대 이름은 무식한 대학생(《한겨레》, 2003)'에서 먹고 마시고 논다고 개탄했던 그들. 우석훈, 박권일이 《88만 원 세대》(2007)에서 세대 착취와 승자 독식 구조에 맞서기 위해 토플책을 덮고 거리로 나와 봉기하라고 촉구했지만 꿈쩍도 안 했던 그들. 그들이 어디에 있는가 했더니 한남동과 서부지방법원에 나타났다. 2030 남성은 왜 그렇게 되었을까?

조 앤 윌리엄스는 EBS〈위대한 수업〉을 통해 '저출생, 워킹맘, 극우 그리고 신자유주의 현상'을 진단했다. 왜 젊은이들이 극우화되는가를 묻고 답했다.

"남성들은 경쟁이 심해지자 분노와 불안을 느끼게 되었다. 중산층

일자리와 내 집을 얻기 어려워졌다. 아버지 세대에 가능했던 일이 지금 세대에서는 어려워졌다. 아버지 세대에서는 좋은 일자리 대부분을 남성이 차지했다. 지금은 아니다.

미국과 유럽의 젊은 남성은 이민자를 탓하지단, 한국의 젊은 남성은 젊은 여성을 탓한다. '분노는 항상 아래로 흐른다.' 이것은 진리다. 부유층이나 노동의 질을 떨어트리는(비정규직) 대기업, 정부를 탓하는 대신에 여성을 비난한다. 20대 남성의 80%가 차별받고 있다고 생각한다.

'남성성'을 위협하는 것 중에 '가장(家長) 역할을 제대로 못한다'는 것이 가장 큰 비중을 차지한다. 가정을 부양하는 것은 오랫동안 '남성성', '남성다움'의 상징이다. 이 남자다움의 상실을 남성들이 맛보고 있다는 것이다. 그로 인한 분노가 여성 혐오로 이어지고 있다."

③ 남성성, 남성다움의 상실 혹은 변화 - 가부장제에서 가모장제로

인류가 수렵사회에서 농경사회로 발전하면서 면면히 이어져 온 것이 가부장제적 질서다. 여기서 남자는 가정의 중심이고, 돌아가신 조상 남자는 우주의 중심이었으며, 남자 자손은 미래의 중심이었다. 이것이 주자학적 세계관이었다. 조선 사회에서 인간은 아들을 낳고 키우기 위해 살아왔다고 해도 과언이 아니다. 우주의 중심이 된 남자 조상을 잘 섬기기 위해서는 제사를 주관할 아들이 필요했다.

역사(history)는 남성사(hisstory)이다. 남성의 역사이지만 모든 남성의 역사가 아니다. 가부장제하에서 지배자가 된 남성의 얘기다. 씨족의 위계를 관리하고 그 체계와 항렬을 통해서 단합을 도모하고 위세를 과시했다. 제사와 같은 문중의 가장 큰 행사를 관리하고 재산을 분배했다. 남성은 이 세계의 중심이고, 여성은 국외자였다. 지배 당한 남성들도 그들의 세계관에 젖어 있었다.

남성다움은 가정을, 가정경제를 부양하는 것이었다. 그 반대로 여성은 그 가정을 관리하는 역할 분담체제였다. 미국과 유럽에서 분업이 먼저 깨졌다. 1960년대 페미니즘 운동과 1970년대 여성의 사회적 진출, 1980년대 여성 CEO의 출현, 1990년대 여성의 전문직 진출이라는 새로운 현상에 부딪혔다. 여자는 남자의 경쟁자가 되었다. 학업·직업·운동·리더십 등 모든 면에서 높은 성취욕과 자신감을 가진 여성, 이른바 알파걸(Alpha Girl)이 출현했다. 해나 로진은《남성의 종말》이라는 책에서 이를 가모장제의 출현이라고 분석했다.

결정적인 것은 세계화, 신자유주의이다. 외환위기를 거쳐 한국 경제와 사회도 완전히 신자유주의에 포섭됐다. 평생직장 시대에서 고용이 불안정한 시대가 되었다. 부의 원천이 노동에서 금융으로 이전했다. 노동의 외주화, 비정규직화가 진행됐다. 남성이 가정의 주부양자로서 어깨를 펴고 살던 시대는 끝났다. 여성도 신자유주의 피해자가 되었다. 반면에 새로운 흐름도 나타났다. 여성이 주 부양자가 되거나 여성이 남자보다 수입이 많은 현상이 나타났다. 그렇게 된 부모를 보면서 오늘의 20대는 자랐다.

우리나라의 7080 고령층은 가부장제에서 태어나서 가부장제로 인생을 마감한다. 지금의 5060은 가부장제의 온갖 특혜 속에서 자라나서 가모장제에 적응하며 살아간다. 원래 가모장제는 가정의 주부양자가 여성이 되었다는 의미이다. 여기서는 가부 가모장제가 양립(공동부양제)하고 있거나, 여성의 권력이 가정 내에서 남성보다 우위에 섰다는 의미로 사용했다. 지금의 20대 이하는 가모장제에서 태어나 가모장제하에서 살아가고 있다. 그런데 기성세대는 여전히 20대의 남자에게 구시대의 남자다움을 강요한다.

④ 지금의 청년 남성은 어떻게 자라났나

우리나라에서는 선택적 낙태, 즉 여아를 낳지 않고 남아를 골라 낳는 젠더사이드(Gendercide)가 지속되었다. 1970년대에 시작하여 1990년 무렵에 정점(여아 100명 대비 남아 114)을 찍었고 2011년에 들어서 자연 성비(105.7)로 돌아왔다. 젠더사이드의 후반부에 태어난 남자아이들은 부모의 의도와 달리 학교에서부터 여자아이에게 밀렸다. 공부는 여자들이 앞섰고, 사귐의 주도권은 여자에게 넘어갔다.

합계출산율이 6.0이었던 1960년에 남자와 여자는 학교에서 경쟁 상대가 아니었다. 가정에서부터 여자는 남자를 위해 희생했다. 오빠나 남동생의 학업 성취를 위해 공장에 취직하고, 집안의 생활비를 보탰다. 이때는 과외공부, 학원, 진학 등 미래를 위한 투자가 남자아이들한테 집중되었기 때문에 여자아이는 경쟁 상대가 될 수 없었다. 어차피 여자는 졸업하고 나면 시집갈 것이라는 사회 인식이 팽배해 있어서 공부를 열심히 할 이유가 없었다.

출산율이 떨어지면서 남녀 차이가 없어졌다. 여자아이에 대한 투자가 똑같이 이뤄졌다. 그러면서 다른 나라에서 겪는 학령기 남학생의 학습 부진이 우리나라에도 나타났다. 여자아이가 남자아이에 비해 발달이 먼저 이뤄지면서 교실의 경쟁에서 앞선다. 남자아이들은 반복되는 좌절을 일찍부터 경험한다. 스스로를 우성으로 생각하지 않고 열성으로 생각하게 된다. 공부로는 여성과 경쟁이 안 된다는 좌절에 빠지게 된다.

싸움이나 게임중독 등 사고를 치지 않고 공부에 집중하는 비인지적 능력도 남자아이들이 부족하다. 편잔과 꾸지람은 온전히 남자아이의 몫이다. 과거에는 남자답다고 했던 행동이 용서가 안 된다. 사회에서, 가정에서 위험한 존재로 인식되었다.

1996년에 출판되어서 밀리언셀러가 된 장편 소설 《아버지》(김정현 저)에서 아버지는 항상 외롭다. 가족으로부터 인정받지 못 한다. 돈 버는 기계다. 요즘 남자아이들이 본 첫 남성이다. 아버지의 지위와 역할이 위태로워 보였다. 남성성, 남성다움 즉 패권적인 헤게머니는 보이지 않았다. 어머니는 강하다. 가정 내에서 막강한 책임과 권한을 가진 실력자다. 때로는 남편의 기를 살리기도 하고, 반대로 남편을 윽박지른다. 용돈도 어머니에게서 나온다. 사회에서 처음 접하는 이들도 대개 여성이다. 초등학교에서 선생님은 여자다. 가르치는 것은 여자가 하는 일로 아이들이 생각할 수 있다.

대학은 이미 여학생이 더 많다. 대학입시에서 여학생과 치열한 경쟁을 한다. 그리고 스펙 쌓기에 나서야 하는데 남자는 군대에서 2년을 보내야 한다. 군대는 남녀 경쟁에서 결정적이다. 취업경쟁을 하는 또래 친구 여자아이가 스펙을 쌓는 동안 북한 땅을 바라보거나 기합을 받는다. 군대를 다녀왔다고 해서 국가가 나에게 해주는 일이 없다. 그들은 남자로 태어나서 특혜를 받았다고 생각하지 않는다. 현재의 청년 남성은 성 차이가 역전된 시대에 살고 있다.

⑤ 남녀 간의 성전(性戰)이 시작됐다.

페미니즘이 남녀평등을 추구하는 것이라면 청년 남성은, 특히 '이대남'은 그런 시대를 살아왔다. 태어날 때부터 세상이 그랬다. 남성 우위라는 개념 자체를 잘 모른다. 꿈도 못 꾼다. 이미 세상은 가모장제를 향해서 가고 있다. 지금까지 수천 년간 남성이 태어나고 자랐던 방식과는 전혀 다른 세상을 살고 있다. 마찬가지로 2030 여성의 삶도 사고방식도 그들의 어머니, 어머니의 어머니의 어머니, 수천 년간의 어머니와 완전히 다르다.

외환위기는 중산층을 파괴했고 중산층의 진입장벽을 높였다. 금융위기 등 잇단 경제위기는 치열한 적자생존의 시대를 만들었다. 남자와 여자의 무한경쟁이 시작되었다. 외환위기를 겪으면서 가장 안정된 직장을 찾기 시작했다. 남자도 여자도 공무원이 되려고 했다. 이때부터 공무원 시험 열풍이 30년 가까이 지속되었다. 이 시기에 이회창 아들의 병역 면제가 이슈가 되었다. 이를 덮기 위해서 1998년 공무원 시험에 군가산점 5%를 주겠다고 정부가 발표했다. 이화여대생 5명이 나서서 헌법재판소에 위헌심판을 제기했고 만장일치로 위헌판결이 났다. 징집문제는 남녀 간의 이익 전쟁이 되었다. 여자도 병역의무를 이행해야 한다는 소리가 나왔다. 격렬한 남녀 성전의 서막이 열렸다.

남성들은 신자유주의하에서 집과 여성을 소유할 수 있는 남성과 그렇지 못한 남성으로 나뉘어진다. 다수의 남성은 후자로 편입되어 점차 남성다움(주부양자)을 상실해 나가는 데 반해서, 여성은 남녀관계에서 우위에 서기 시작했다. 남자의 자격, 국민의 자격을 박탈당했다고 생각한 남성은 인터넷 공간으로 이주했다. 디시인사이드와 같은 남초 공간을 시작으로 일간베스트에서 형제애를 키웠다. 꼴페미를 처단하자는 폭력과 욕설이 난무한 가운데서 새로운 남성다움을 습득했다. 인터넷 남초 공간에서 남자의 자격을 이상한 방식으로 회복하여 재주체화하는 것이다.

여성들은 철저히 배제되었다. 여성이 들어오게 되면 현실 세계처럼 여성을 소유한 소유자와 그렇지 않은 비소유자가 나뉘게 되고 세상이 평등해지지 않는다. 여성이 들어오면 축출했다. 현실 세계에서 마음껏 할 수 없는 연애와 성, 포르노 이미지를 교환하고 공유하는 사이트(소라넷)를 통해 해소했다. 그런 남성의 존재가 알려지면서 여성들의 분노는 극에 달했다.

2016년 강남역 살인사건이 발생했다. 이 사건은 한국 여성들이 자신들의 운명을 집단적으로 자각하게 했다. "우리는 우연히 살아 있다." 여성의 생명이 항상 위협받는 구조를 깨트리기 위한 운동이 일어났다. 사회적 반향이 없으면 반향을 만들겠다고 선언한 여성들의 공적 등장이었다. 여성운동의 대중화를 촉발시켰다. 2015년 8월 메갈리아라는 페미니스트들의 독립된 왕국이 건설된다. 이들은 남성들의 여성 혐오에 대해 남성 혐오로 되돌려주었다. 미러링을 이용한 전투적 페미니즘의 등장으로 대단한 전략적 성과를 얻었다. 반면 강남역 살인사건으로 남성들은 잠재적 범죄자가 되었다는 피해의식을 갖게 되었고, 메갈리안의 등장으로 남성들은 온라인이라는 그들만의 영토도 위협받았다.

ⓖ 청년 남성은 세상을 어떻게 보는가

다수의 청년 남성은 세상이 완전히 여자 위주로 돌아간다고 생각한다. 정체성 정치 즉 페미니즘은 이제 부문운동이 아니라 주류운동의 하나가 되었다. 페미니즘이 권력이 되었다고 보며 자신들을 페미니즘의 피해자라고 생각한다. 자신들은 이미 성평등한 세상에서 태어나, 여성을 차별하지 않았는데도 어느새 자신은 가해자가 되어 있는 현실이 밉다.

남자들은 찌질해 보인다. 왜소해진다. 중산층이 될 수 있는 좋은 일자리는 갈수록 여성들이 침투한다. 여성들은 명품, 성형, 해외여행 등으로 소비시장의 주체가 되었다. 반짝반짝거린다. 그들의 인스타그램만 보아도 알 수 있다. 여자들의 이런 소비는 남자들에게 빌붙어 사치한 결과라는 것이 청년 남성들의 인식이다. 남성들은 게임캐릭터, 술집 풍경, 영끌해서 구입한 외제차를 올릴까 말까 한다. 잘해봤자 인생에 단 한 번 미국 야구, 영국 축구 직관한 그림이다. 질적 차이이다.

여성들 사이에서는 비혼선언, 비혼주의, 비혼가족이 어느새 트렌드가 되었다. 선택적 낙태로 남자들이 가뜩이나 많은데 여자들은 점차 연애와 결혼으로부터 멀어져간다. 남자들이 경제력을 독점했을 때는 경제력으로 얻은 일부를 여성에게 나눠주는 대신에 섹스와 연애, 가정과 가사노동을 교환했다. 남자들의 호주머니가 얇아지면서 그런 우월적 교환은 어렵다. 가뜩이나 힘든 판에 비혼을 당한다. 여성들은 외국 남자와 어울린다. 그들과 교제할 때는 더치페이를 하면서 한국 남자한테는 독박을 쓰게 한다는 분노를 갖고 있다. 게다가 "키가 180cm 이하면 루저"라는 말까지 한다. 아예 기회조차 가질 수 없게 된다.

2030 남성은 여전히 자신의 어머니 같은 여성상을 원한다. 그런

여성은 이제 현실에서는 없다. 반면 2030 여성은 자신의 어머니처럼 살지 않겠다며 결혼도 하지 않고 아이도 낳지 않으려고 한다. 남자는 전통에 따라 모든 것이 유지되기를 바라면서 더 보수적이 되는데 여자는 더 넓은 평등과 더 많은 변화를 원한다. 그 간극이 크다. 여기서 생기는 원망을 된장녀, 김치녀로 한국 여성을 매도하면서 해소한다.

모든 것은 군대 문제로 환원된다. 세상이 이렇게 돌아가는데 경쟁자인 된장녀, 김치녀를 위해 군에서 복무한다는 것이 억울하다. 공인된 국가 기구에서 2년을 폭력적인 환경에서 살았는데 국가가 합당한 보상을 해주지 않는다고 생각한다. 게다가 군 경력이 승진에서 반영되어서는 안 된다는 지침을 기재부가 2021년에 정부와 공기업에 일괄적으로 내려보냈다. 여성에게는 여성을 위한 정부 부처(여성가족부)가 있지만 남자는 2년 동안 공적 기부를 강제하는 국방부만 있을 뿐이다. 이것이 청년 남성 특히 이대남의 생각이다.

⑦ **남자의 적은 남자**

기성세대는 차별적 사회에서 얻을 것을 모두 다 얻었다. 그리고 자신들의 여성에 대한 죄책감을 다음 세대에게 전가한다. 남녀평등의 전도사인 양 행동한다. 여성할당제가 가장 대표적인 것이다. 2030 남성은 사회적 약자이다. 6070 남성처럼 강자가 아니다. 6070 남성이 속죄를 하려면 그들 세대의 여성을 위한 보상을 강구해야 하는데 나이가 들어서 은퇴를 해버렸다. 그러자 5060 남성이 그 보상책을 만드는데 그 짐은 2030 남성의 것이 되어버렸다고 생각한다.

기성세대는 부동산으로 누릴 것을 다 누렸지만 이들에게는 기회가 없다. 국민 10명 중 1명이 코인 투자를 한다. 20대 대학생 4명 중에 1명이 코인 투자를 하는데 대부분이 남학생이다. 알바를 하면서 번 돈으로 어떻게 해서든 내 집 마련의 남성성을 회복하려 하는데 정부는 불법 도박이라고 한다. 그러면서 세금을 걷겠다고 한다. 국가가 나를 위해서 이제껏 해준 일이 무엇이냐고 묻게 된다.

이들을 대표하는 이도 없고 목소리도 없다. 철저하게 소외되어 있다. 대부분은 여자들의 눈치만 살폈다. 직장에서 일을 시킬 때도 힘든 일은 남자들의 차지였다. 남적남. 남자들의 적은 남자다. 남자 상사는 여성의 눈치를 살핀다. 남자에게는 남자니까 참으라고 한다. 이것은 약자에 대한 성차별이라고 외치고 싶지만 구차해 보여서 그만둔다.

직장에서 성차별 성희롱 방지 교육도 철저히 여성을 위한 것이다. "남자는 군대를 갔다와야 사람이 된다", "사내자식이 불알 두 쪽 달고 태어나서 쪽팔리지도 않냐", "남자니까 참아야 한다", "남자가 쪼잔하게 왜 그러냐" 이런 것들이야말로 성차별적이지 않은가? 직장 내 성희롱·성차별 방지위원회에서 이런 점을 시정했다는 말을 청년 남성은 들어보지 못했다. 데이트 폭력은 남성만이 저지른다는 전제, 여성은 성범죄 고소 시에 무고죄, 조사유예를 받는 조치. 이런 것이 과연 공정한가를 묻는다.

그래서 차라리 소라넷, N번방, 연쇄강간범 같은 범죄에 대해서는 사형 등 중형에 처하라고 한다. 모든 남성을 존재적 범죄자로 몰지 말고, 범죄자는 엄격히 처단하라고 말한다. 사형제도를 폐지한다고 말로만 하지 말고 어떤 기한 내에 집행하겠다고 명백하게 말하라고 한다. 확실한 법 집행을 요구하고 있다.

이 모든 불만은 여성가족부로 향한다. 2015년 여성정책원이 여성혐오 발생 이유를 조사했다. 10대 남자 청소년(53.8%)과 남자 대학생(48.4%)은 압도적으로 "여성가족부 때문에" 여성 혐오가 발생했다고 대답했다. 복수 응답을 할 수 있는데 "군대는 안 가면서 특혜만을 요구하는 여자들 때문에", "공중 질서를 어기는 무개념 여자들 때문에", "남자에게 의존해서 사치를 일삼는 여자들 때문에"가 그다음으로 많았다.

2030 남성은 여성가족부가 남녀가 평등한 세상을 만든다고 하는데 그렇다면 청년 남성은 보호의 대상인가 아니면 회피의 대상인가라고 질문을 한다. 2030 남성도 힘들다며 여성을 위한 평등은 이미 초과 달성되었다고 불만을 토로한다. 강남역 살인사건 후 2016년 문재인은 최초의 페미니스트 대통령을 선언했다. 2022년 윤석열은 페이스북에 '여성가족부 폐지'라는 단 7글자 공약으로 청년 남성 표를 쓸어모았다. 그리고 윤석열은 체포되면서 유튜브를 통해 청년들에게서 희망을 느낀다고 했다. 신남성연대 등 극우 유튜브는 그들에게 극우적 세계관을 주입한다. 게임 커뮤니티에서 남성의 언어와 세계관을 접하고, 남초 커뮤니티와 유튜브를 통해 세계관을 단련한다.

⑧ 2030 남성은 이념 집단은 아니다. 공정을 바랄 뿐이다.

청년 세대에게는 이념이 없다. 민주 대 반민주의 시대에 살지 않았다. 좌와 우로 나뉘어 있지도 않았다. 공정은 남녀 모두 그들 세대의 가장 민감한 이슈이다. 2018년 평창 올림픽 남북단일팀 결성은 남북화해를 위한 결단이다. 그런데 청년 사이에서 반대 여론이 급속하게 번져나갔다. 단일팀 결성으로 올림픽 진출 꿈이 좌절된 이들에게 공정하지 못하다는 것이다.

인천국제공항공사 보안요원 정규직화 논란은 문재인 정부 초기에 부딪힌 악재였다. 치열하게 경쟁하는 사회에서 어느 날 기성세대의 결정으로 하루아침에 정규직이 된다는 것은 긍정하지 않다는 것이다. 2021년 서울·부산시장 보궐선거를 앞두고 터진 한국토지주택공사 직원들의 부동산 투기 사건은 성난 민심에 불을 질렀다. 세월호 참사와 박근혜 탄핵으로 완전히 새로운 세상을 꿈꿨지만 여전히 세상은 내로남불이고 불공정하다고 보았다.

국민의힘의 콘크리트 지지층인 6070의 세대 기억은 한국전쟁이다. 민주당의 절대 지지세력인 4050의 세대 기억은 광주다. 2030의 세대 기억은 세월호 참사와 박근혜 탄핵 촛불시위다. 그들의 세대 기억으로 볼 때 이념적으로 보수화될 이유는 없다. 그런데 이대남은 보수정당으로 경사되어 있다.

청년 남녀가 갈리는 것은 젠더 이슈이다. 세상의 따듯한 시선은 모두 청년 여성에게로 향해있다. 특히 진보적인 586세대 남성들이 그렇다. 그들은 남태령 대첩, 응원봉 떼창, 키세스에 열광한다. 그들의 SNS에는 온통 이들에 대한 찬사가 넘쳐난다. 민주주의의 보루라고 보고 변화의 담지자라고 평가한다. 새로운 세상의 희망을 보았다며 벅찬 기쁨을 토로한다.

악순환이다. 청년 남성은 갈수록 진보의 영역에서 멀어져 간다. 청년 남성에게는 다른 정치적 선택의 방도가 없었다. 2021년 서울·부산시장 보궐선거에서 압도적으로 국민의힘을 선택했다. 2022년 대선에서 20대 남성은 이재명 36.3%, 윤석열 58.7% 지지를 보였다.

20대 여성은 이재명 58%, 윤석열 38.3%로 나뉘었다. 30대 남성은 이재명 42.6%이고, 윤석열 52.8%였다. 30대 여성은 이재명 49.7%, 윤석열 43.8%로 나뉘었다. [방송3사 출구조사 참조] ■

'여민남국', 이것은 이제 추세가 되었다. 내란 사건을 경험하고도 교정이 되지 않는다. 2025년 설을 전후해 다수의 여론조사가 나왔다. 동아시아연구원(EAI) 여론조사에서 18~29세 남성의 23.6%, 30대 남성의 21.1%가 "상황에 따라 독재가 민주주의보다 낫다고 답을 했다. 70대 남성에 버금가는 수준으로 극우화되어 있다. "나 같은 사람에게는 민주주의나 독재나 상관없다"고 응답한 20대 남성이 37.4%, 30대 남성이 35.7%로 모든 연령대에서 가장 높았다. 청년 남성이 내란 이전에 보수 정당을 지지한 것과 지금의 극우화된 보수정당을 지지하는 것은 사회에 미치는 여파가 다르다. 청년 남성의 이런 흐름을 방치하면 세대 기억으로 보존되어서 극우화의 발판이 될 수 있다. 이들을 방치하는 것을 잘못된 일이다.

조 앤 윌리엄스는 〈저출생, 워킹맘, 극우 그리고 신자유주의(EBS)〉에서 좀 더 포용적이고 미래지향적인 사회가 해법이라고 말한다. 아버지 세대는 그렇지 않았는데 자신들의 세대만 피해를 보고 있다는 향수적 박탈(Nostalgic Deprivation)에서 벗어나도록 유도해야 한다고 권한다. 노동법을 고쳐서 보다 안정된 일자리를 제공해

■ 참고: 2025대선에서 2030 남여의 선택은 다음과 같다. 방송3사 출구조사 결과로는 20대 남성의 37.2%가 이준석 후보에, 36.9%가 김문수 후보에 투표하여 합계 77.3%가 양 후보를 지지했다. 30대 남성은 두 후보 각각 25.8%, 34.5%로, 합계 60.3%였다. 그에 반해 20대 여성은 58.1%, 30대 여성의 57.3%가 이재명 후보에 투표했다. 특히 20대 여성은 5.9%가 권영국 후보에 투표해서 권 후보의 전체 득표율 0.98%를 크게 상회했다.

야 하고, 아버지 세대가 누리지 못했던 미래경제에서 기회를 찾도록 사회를 재설계해야 한다. 사회에서의 실패가 본인의 잘못에서 기인한 것만은 아니다. 실현하기 어려운 가장의 역할에 대한 그들의 상실감을 위로해야 한다.

 2030 남녀의 성전은 페미니즘에 대한 태도를 갖고 해법을 찾을 수 없다. 누구 편을 들어준다고 해서 답이 나오는 것이 아니다. 어떻게 하는 것이 남녀평등인지 남녀가 만족할 만한 중간 지대의 해법이 잘 보이지 않는다. 사회경제구조를 바꾸어서 사회적 약자에게 더 포용적인 방향으로 갈 때 갈등과 대립도 줄일 수 있다. 지금 20대에서 남자들이 사회적 약자일 수 있다는 따듯한 시선이 필요한 때이다.

—《뉴스투데이(2025년 1월 30일)》에 실린 저자의 글

41장   음모론의 생산자들 그리고 맹신자들

2025년 4월 12일 봄비가 내리면서 벚꽃이 떨어지고 있었다. 광화문에서 덕수궁까지 전광훈의 집회가 열렸다. 한 청년이 올라왔다. 북한 인민군 복장을 하고 나타났다. 우리 사회가 공산화되고 있다는 것을 경고하기 위해서라고 한다.

"헌법재판소가 5 대 3이나 7 대 1로 기각을 했다면 그래도 이해할 수 있습니다. 그런데 8 대 0이 무엇입니까. 이거야말로 우리 사회가 공산화됐다는 증거입니다."

"맨 앞줄에 앉아 있는 예쁜 젊은 여성, 그리고 셋째 줄에 있는 섹시해 보이는 여성. 여러분들은 이제 고위층을 위해 봉사하게 될 것입니다."

이 밑도 끝도 없는 선동을 하는 사람이나, 이것을 듣고 박수 치는 사람들. 윤석열이 벌여놓은 음모론의 신도들이다. 민주당이 집권하면 북한과 손잡고 공산화되고, 홍콩처럼 중국 공산당이 지배할 것이라는 두려움을 갖고 있다. '부족주의 음모론'이다. 자신들이 속한 부족이 믿는 음모론에 빠져서 심리적인 위안을 얻고, 나아가 자신들만

이 나라를 위한다는 애국주의적 우월감에 빠져있다. 그래서 헌법재판소가 파면 결정을 해도, 나라를 지킨다는 우월주의, 자기만족 의식을 갖고 집회 현장에 나와있다.

《스카이데일리》가 만든 산불, 전국에 번져

윤석열이 비상계엄 선포 이후 "중국인이 드론으로 국정원을 촬영하다 붙잡혔다"고 언급한 네 번째 담화(2024년 12월 12일)에서 불을 붙인 중국간첩론은 2025년 1월 16일 《스카이데일리》의 기사로 커다란 산불이 되었다. 이 산불은 거의 두 달간 전국을 불태우고, 아직도 잔불이 남아있는 상태이다.

> "비상계엄 당일 경기도 수원시 소재 선거연수원에 있던 중국인 99명이 주일 미군기지로 압송됐고, 검거된 이들은 미군 측에 인계돼 평택항을 거쳐 일본 오키나와 미군기지로 이송됐다."

기존 미디어는 아무 곳도 이를 보도하지 않았다. 윤석열이 맹신하는 유튜브만 실어날랐다. 학력도 높고, 각 분야의 정상에 오른 이들도 《스카이데일리》가 유일한 진짜 정론지라고 믿는 상황이 됐다.
〈KBS 추적 60분〉 '극단주의와 그 추종자들: 계엄의 기원 2부'가 2025년 3월 7일 방영됐다. KBS는 방송에서 캡틴 아메리카 복장을 하고 다니는 안병희를 인터뷰했다. 《스카이데일리》가 쓴 문제의 기사 취재원이다. 안병희는 캡틴 아메리카 복장을 한 채 중국대사관과 경찰서에 난입하려고 한 혐의로 구속됐다.

KBS 인터뷰는 구속 전에 이뤄졌다. 안병희는 미 CIA 출신 블랙 요원이라고 주장하고 다녔다. 안병희는 자신을 "트럼프 1기 행정부에서 활동한 블랙 요원"이라고 주장했다. 미 육군 예비역인데 "바이든 행정부 들어 복귀하지 않아 행방불명자 처리돼 신분이 말소됐다"고 했다. CIA 신분증도 보여주었는데 인터넷에서 구입할 수 있는 것으로 눈썰미가 있으면 금방 가짜라는 것을 알아차릴 수 있다. 신분을 감춰야 하는 블랙 요원은 신분증을 소지하지 않는다.

안병희는 누구인가

서울에 있는 한 신학교를 나왔다고 한다. 대한애국당 후보로 2018년 서울 강남구 의원 선거에 나온 적이 있는데 선거 공보물에 육군 병장 만기 제대라고 기재했다. 경찰 수사 결과 안병희는 미국 입국 기록조차 없는 것으로 확인됐다. 미 육군 2사단은 안병희의 복무 사실이 없다고 했다. 주한미군은 입장문을 내어 "한국 언론 기사에 언급된 미군에 대한 묘사와 주장(중국인 99명 오키나와 미군 기지 억류설)은 전혀 사실이 아니다(entirely false)"라고 밝혔다. 그런데 영어도 제대로 못 하는 자칭 미국 블랙 요원에게 제대로 당했다.

《스카이데일리》 기자가 안병희에게 먼저 물어봤다. "혹시 계엄령 때 중국 간첩 90명 정도가 잡힌 것 알고 있냐", "어디로 간 것 같냐'고 질문을 하자 그때부터 소설을 만들기 시작했다. 그는 거짓말을 하게 된 동기를 이렇게 얘기했다. "정보기관 사람까지 속을 정도면 오히려 저한테는 좋은 그림 아닌가요. 그만큼 더 똑똑하다는 얘기니까. 거짓말을 해서 속일 수 있을 정도의 능력치라면 어디 정보기관 바로 데려갈 수 있을 정도의 인재가 된다는 거잖아요."

> **안병희 녹취록 내용**
> - 6개월 단위로 실업급여 받고 이러면서 그 사람들 직업 훈련 시킨다고 해놓고 결국 간첩 교육시키고."
> - 그러면 이제 반중감정을 확 일으키는 거지. 국민 혈세로 간첩을 양성했다고 하면.
> - 그거로 바꾸시고 서양인 대신에 코카시안이라고 쓰면. 약간 전문적인 표현을 쓰죠. 미싱 인 액션(missing in action).
> - 부정선거라고 해요. 부정선거를 밝히기 위해 한국에서 줄곧 첩보 활동을 해왔다.
> - 블랙 요원이 아니라 블랙옵스(Black Ops. 흑색작전). 하나님도 넣어버릴까요 그냥.
> - 하나님은 미국을 통해 중국의 간첩들을 상대하기 위해 영웅을 한국에 보내 도왔다. 이런 식으로.
> - 그런 식으로 바꾸시고 마지막으로 한 번 더 교정 본 걸 저한테 보내주세요.

《스카이데일리》는 관련 후속 보도를 이어가다가 중앙선관위로부터 고발당했다. 경찰은 압수수색을 했다. 보도를 한 허겸 기자는 출국

■ 《스카이데일리》는 중국의 간첩들이 한국의 선관위 연수원 제2생활관에 기숙하면서 6개월 주기로 교체했고, 목인(木人)이라는 인공지능(AI) 프로그램을 사용해 한국과 미국의 내정에 간섭해 왔다고 보도했다.

금지를 당했다. 그는 "안병희 씨가 여러 소스 가운데 한 명은 맞지만 백악관을 포함한 미국 현지 취재원과 국내외 정보기관 취재원들의 첩보를 종합했다"고 해명했다.

믿고 싶은 것만 믿는 사회심리

《조선일보》양상훈 주필 칼럼을 보면 우리나라 기득권층이 음모론에 얼마나 취약한지, 확증편향에 얼마나 깊게 빠져있는지 엿볼 수 있다. 음모론에 빠진 사람들이 매달리는 희망이 있다. 자신이 믿은 종교가 사이비가 아니기를 바란다. 신앙처럼 되어버린 부정 선거론, 공산화 위기론이 사실은 사기에 불과한데 이를 진실인 양 믿고 있다. 이 믿음이 사기로 판명되지 않기를 바라는 가느다랗고 간절한 희망의 일단을 여기에서 볼 수 있다. 명문학교 동창회, 개신교 단톡방(일명 카톡교)에 그토록 돌고 돌던 경전들이 거짓이 아니기를 바라는 간절한 마음을 칼럼에서 생생하게 읽을 수 있다.

"전문직에 종사하는 분을 통해 놀라운 이야기를 들었다. 선관위 선거연수원에서 중국 간첩 99명을 체포해 주일 미군 기지로 압송했다는 것이었다. 출처를 묻자 정의롭고 옳은 말만 하는 분이 진행하는 유튜버라고 답했다…" 실제로 필자는 이 괴담을 사실로 믿고 있는 많은 사람들을 만났고 그중에는 이름을 들으면 놀랄 만한 사람들도 있다고 했다. '관계 당국이 모두 허위라고 발표했고 조선일보 취재인의 현장 사실 확인에서도 근거를 찾지 못했다'는 필자의 설명에도 믿지 않는 듯 했다. 믿고 싶지 않았다는 것이 더 정확한 표현일 것 같다.

가짜뉴스, 가짜뉴스, 가짜뉴스

이제 윤석열 신도, 전광훈 성도들의 사고방식대로 한다면 우리는 늘 우리 옆에 누가 중국인인지 확인하고 살아야 한다. 주민센터나 은행 창구에 갔을 때 혹시 이 사람이 중국인이 아닐까. 내 주치의가 화교는 아닐까? 우리 집 아이의 배우자가 중국인은 아닐까? 조금 있으면 우리나라 의료보험은 중국인 때문에 망하고, 우리나라 대학은 중국인 특례입학으로 중국인 대학이 되고, 대한민국은 중국 사람들 땅이 되고, 탄핵 찬성 집회에 나오는 사람들은 중국인들뿐이라고 믿어야 한다.

선관위 직원이 중국인이라는 가짜뉴스도 범람했다. 사실은 선관위 정규직 직원 가운데 외국인은 단 한 명도 없다. 선관위에 '계약직 공무원'을 외국인으로 채용할 수 있다는 규정이 있다.《한겨레21》 취재 결과, 2013년 오스트레일리아인 1명(약 2년), 2016년 영국인 1명(약 4년)이 계약직으로 근무했던 것이 전부다. 2020년 21대 총선에서 서울 은평구 개표 사무원 가운데 6명이 중국인이었다는 의혹이 제기된 적이 있다. 지역 의용소방대원들로 5명은 한국 국적, 1명은 중국 국적의 영주권자였다. 개표 장비가 중국산이어서 중국이 데이터를 조작했다는 거짓말까지 돌았다.

헌법재판이 진행되면서 헌법연구관이 중국인이라는 가짜뉴스도 돌았다. 헌법연구관은 판사와 마찬가지로 특정직 국가공무원으로 분류돼, 외국인 채용은 법적으로 불가능하다. 헌법재판소 공보관의 'ㄹ' 발음에 중국인 억양이 묻어난다며 중국인(화교)이 헌재까지 침투해 대통령 탄핵을 유도하고 있다는 숏츠까지 돌았다. 동조 댓글이 1,000여 개에 달했다. 버전도 여러 개다. 이 역시 가짜뉴스다.

친구를 생각하며 쓴 칼럼

광주고등법원의 차기현 판사는 친구인 재판연구원 손덕중을 위해 변론을 썼다. 손덕중의 조부모는 중국 공산당을 피해 바다 건너 한국에 왔다. 그는 화교 3세로 대한민국에 귀화한 한국 국민이다. 2013년 법원 재판연구원이 되었을 때, '화교 출신 재판연구원 탄생'이라는 기사가 실린 적이 있다. 지금은 민간 일을 하고 있다. 대통령 탄핵심판을 앞두고 '헌법재판소 연구관의 이름이 이상하다', '누구누구가 중국인 같다'는 등의 공격이 시작됐다. 그가 마치 '우리 사법부에 침투한 중국인 중 하나'인 것처럼 저격하는 유튜브 영상도 등장했다. 악플, 혐오 표현이 뒤따랐다. 상처 입었을 그의 영혼을 생각하면 친구로서 정말 마음이 아려온다고 썼다.

차기현 판사는《법률신문》에 게재한 '중국인이 뭐 어때서'라는 칼럼에서 우리 사회의 중국인 혐오를 일본에서 만연한 재일조선인 혐오와 비교했다.

> 혐한단체의 얼간이들이 일본에 잘 정착해 살고 있는 재일동포의 면전에서 "너희 나라로 돌아가"라는 막말을 던질 때, 일본 내 양심세력과 함께 다 같이 분노했던 우리였다… 그중 대표적 인물인 간바라 하지메(神原元) 변호사에게 술자리에서 "변호사님도 이런 활동하면서 '알고 보면 한국인, 조선인'이라는 식의 공격을 받은 적이 있지 않나요?"라고 물은 적이 있다. 간바라 변호사는 "그런 적 꽤 있죠. 그땐 '그래, 한국인이면 뭐가

잘못됐냐(韓国人なら何が悪いの)?'라고 응수했지요"라고 답했다. 나 역시 차별과 혐오 앞에 놓인 내 친구 손덕중을 위해, 그의 옆에 함께 서서 똑같이 말해주고 싶다. "그래, 중국인이면 뭐가 잘못됐냐?"

사실 '우리 사회 곳곳에 침투한 중국인이 그 정체를 감추고 암약하고 있다', '그들은 우리 사회를 좀먹고 중국을 위해 간첩 활동을 한다', '누구누구도 알고 보면 중국인이라더라' 등의 언사들은, 그 '중국인' 자리에 '한국인, 조선인'을 집어넣으면 일본에서 우리 민족을 피해자로 했던 혐오와 배제의 언어들과 판박이처럼 닮았다는 것이다.

일본 재특회를 닮은 한국 극우

일본의 극우 단체 재특회는 재일조선인이 일본인에 비해 특혜를 받고 있다고 주장하며 혐오 시위를 조장한다. 한국의 극우들도 재특회처럼 선동했다. 중국 화교에게 국민 세금으로 장학금, 비행기표, 생활비까지 지원하고 화교 전형으로 지원한다면 6등급만 돼도 법대, 의대 입학이 가능하다는 등의 가짜뉴스가 난무했다. 정작 당사자인 의대생 법대생들은 그런 얘기를 하지 않는다. 의대생 휴학, 전공의 파업에서도 그런 얘기는 나오지 않았다.

헌법재판소 주변에서는 'CHINA OUT, NO CHINA, CCP(중국 공산당) OUT' 등 문구가 적힌 시위용품이 팔렸다. 윤석열 지지자들이 한남동에서 중국 국적으로 추정되는 여성이 임신했음을 호소하는 데도 욕설하며 폭행을 가하는 영상이 공개되었다. 탄핵 반대 집회가 열리는 공간에서는 "한국인 아니냐, 한국말 해보라", "말 안 하는 것을 보니 화교다"라는 등 검열 행위가 있었다. 서울 명동 중국대사관 앞에서는 집회에 참석한 이들이 멸공! 이라는 구호를 외치는 '멸공 페스티벌'도 있었다. 사태가 이 지경으로 발전해도 국민의힘에서는 수수방관했다. 윤석열이 파면되자 '우리의 승리'로 표현한 중국발 전단이 서울 도심에 무더기로 뿌려졌다는 가짜뉴스도 돌았다.

김희교 광운대 동북아문화산업학부 교수는 "온라인에 떠도는 중국에 관한 이야기는 대부분 사실이 아닌 것으로 판명되고 있다. 혐중을 퍼뜨리기 위해 가짜뉴스를 조직적으로 생산하는 자가 있다는 의미"라고 진단했다. 그는 《뉴시스》 인터뷰에서 "혐중 시위가 조직적으로 과격화, 인종주의화하고 있다. 법과 상식을 제대로 집행하지 않고 방치하는 경찰과 검찰을 비롯해 이 같은 현상이 인종주의 국가를 만들 수도 있다는 위기감을 느끼지 못하는 일부 법관의 책임이 크다. 정치인은 국가의 미래를 위해 반중감정에 편승해 표를 얻으려는 시도를 그만둬야 한다"고 했다. [탄핵 끝나자 일상 범람한 혐중정서-'인종주의화' 우려도.《뉴시스》, 2025년 4월 10일]

반북보다는 반중이 장사가 잘돼

혐중, 반중 정서는 미국에서 생산하고 한국에서 수입한 것이다. 트럼프가 조장하고 세계화로 피해를 봤다고 생각하는 백인들이 그 혐오를 즐겼다. 일본의 반중 정서와 결합하면서 한국에서 증폭되었다.

탄핵 반대 집회 참가자들이 소득이나 직업, 나이 관계없이 공통으로 갖고 있는 정서다.

사회가 불안하면 사람들은 악마를 찾는다. 그리고 자신들이 불행해진 책임을 악마에게 돌린다. 복잡한 사회현상을 설명하고 해법을 찾기는 쉽지 않다. '세상이 갈수록 어려워지고 있는 것은 동성애 때문이다, 하나님이 벌을 주시는 것이다, 그러니 우리가 나서야 한다'는 개신교 극우의 논법이다. '북한 공산당과 중국 태양광, 드론 때문에 우리나라가 경제 정치적으로 어렵다… 민주당이 여기에 동조하고 있다. 그런데 윤석열이 계엄으로 이를 일깨워 주었다' 등은 아스팔트 우파의 논리다. 개신교는 반동성애에서 반공으로 비즈니스를 확대했고, 윤석열은 유튜브와 온라인을 보면서 반북에서 반중으로 정치 비즈니스를 넓혔다.

《한겨레21》은 탄핵 반대, 부정선거 지지자들의 카카오톡 오픈채팅방을 분석했다. 2024년 12월 27일부터 2025년 2월 26일까지 두 달 동안 채팅방 5곳에서 언급된 문장을 집계했다. 이 문장들을 살펴보면, 북한보다 중국이라는 단어가 훨씬 많이 언급됐다고 한다. 중국(1만 2,650회), 중국인(3,185회), 중공(2,282회) 등 중국 관련 키워드는 북한을 나타내는 종북(4,273회), 북한(4,421회) 등을 압도했다. 그러니 유튜버도 정치인도 반중 비즈니스로 갈아타고 있고, 이들이 갈아타니까 반중 정서가 더 확산되고 있다.

청년층에게 중국 혐오를 보이는 유튜브 채널은 인기가 높다. "이승만 대통령을 비판하는 주장을 반박하는 영상으로 유명세를 탄 '그라운드씨'와 반페미니즘을 표방해 2030 남성들이 즐겨보는 '신남성연대'가 대표적이다… 중국 관련 영상의 평균 조회수(76만

5,000회)는 전체 영상 평균(39만 3,000회)보다 두 배 가까이 높았다. 신남성연대에서도 39개 영상 중 '탄핵 찬성 집회에 중국인이?' 등을 다룬 영상 4개의 평균 조회수는 다른 영상보다 8만 회 더 많았다."[청년층 스며든 반중 정서 자극해 '혐중 몰이'… 보수의 위험한 도박, 《한국일보》, 2025년 2월 18일]

내란의 행동대장 김용현은 옥중 편지에서 "악의 무리는 오직 권력욕에 매몰돼 중국 북한과 결탁하여 여론조작과 부정선거로 국회를 장악하고, 의회 독재를 이용해 행정사법을 마비시킴으로써 무정부 상태를 만들어 나라를 통째로 북한, 중국에 갖다 바치고자 한다"고 주장했다. 헌법재판소 탄핵심판 7차 변론에서 윤석열 측 차기환 변호사는 "(한국에서) 중국과 북한에 의한 하이브리드전이 진행되고 있으며, 중국은 이를 초한전이라고 부른다"라고 말했다. 중국이 일으킨 초한전이라는 국가비상사태에 맞서 윤석열이 계엄을 선포했다는 황당한 논리 전개다.

음모론, 끈질긴 생명력

"이지용 계명대 교수가 쓴《중국의 초한전: 새로운 전쟁의 도래》라는 책이 2023년 출판됐다. '초한전'은 한계와 경계를 초월한 전쟁이라는 뜻으로, 중국과 같은 후발 국가가 미국 등 선진국을 어떻게 물리치고 있는지 다룬 내용이다. 친중국 서적 같지만 사실은 중국의 테러전, 생화학전, 심리전, 여론전 등에 맞서 국가안보를 강화해야 한다는 것이 이 책의 취지다. 한국사 강사 전한길 씨가 포문을 열었다. 그는 2월 22일 탄핵 반대 집회에서 "중국의 '초한전'이 시작됐다"라며 그 시나리오를 열거했다. 중국 댓글 부대 4,000만 명을 통한 한국 내 여론전 전개, 한국 내 중국 비밀경찰 운용, 중국 공산당의 선전기구인 '공자학원' 23개 운용 등이 그것이다."['만들어진 혐중' 그 진원지를 찾아서, 《시사IN》] 정말 밑도 끝도 없는 논리 전개다.

미국 에모리대학 연구팀이 미국·영국·폴란드에서 15만 8,473명이 참가한 170개 연구의 데이터를 분석했다. 음모톤적 사고에 관한 이 메타분석 연구는 2023년 미국심리학회 학술지 《심리학회보(Psychological Bulletin)》에 발표됐다. 음모적 사고와 가장 강력한 상관관계가 있는 것으로는 첫째, 자신이 위협 위협을 받고 있다는 인식, 둘째, 이성보다는 직관에 의존하면서 이상한 믿음과 경험을 갖는 경향, 셋째, 타인에 대한 적대감이나 우월감이 꼽혔다. 많은 사람이 음모론을 통해 박탈된 동기부여를 다시 충족하려는 욕구를 실현한다. 음모론으로 인해 이제 할 일이 생겼고 소명의식이 싹 튼다. 자신이 겪는 고통과 장애 등을 이해하게 된다.

일단 여기에 의존하고 편입되게 되면 심리적 위협에서 벗어나 안전함을 느끼게 된다. 자신이 속한 공동체와 다른 집단은 부도덕하다고 생각한다. 모든 개인적·사회적 책임을 다른 집단에게 돌림으로써 소속 집단의 우월감을 유지한다. 새로운 증거가 나타나서 자신들의 이론이 깨져도 세계관과 믿음의 체계를 고수하려는 경향을 갖고 있다.

2016년 12월 4일 소총으로 무장한 20대 남성이 미국 워싱턴의 피자가게에 들어와 총기를 난사했다. 그는 "힐러리 클린턴이 이끄는 조직이 워싱턴의 코멧 펑퐁 피자가게 지하실에서 아동을 성적으로 학대하는 범죄를 저지르고 있다"는 음모론에 빠져있었다. 정의감이라는 동기가 부여됐다. 미국 사회를 충격에 빠뜨린 이른바 '피자 게이트'다. 다행히 피자 게이트에선 인명 피해가 없었다.

지금의 중국 음모론은 위험하다. 한국을 방문하는 외국인의 30% 가량이 중국인이다. 한국에 체류하는 외국인 중에서도 중국인(36%)이 가장 많았다. 한국 땅에 있는 외국인 3명 중 1명은 중국인인 셈이다. 한국과 중국의 무역 규모는 갈수록 늘어나고 있다. 중국은 우리의 숙명이다. 혐중이 대안이 될 수 없다. 독버섯처럼 퍼지는 혐중을 방관할 경우, 우리가 치러야 할 대가가 크다. 혐중은 필연적으로 중국인들의 혐한을 초래한다. 극우와 연결된 인종주의는 인종 차별, 이주민 차별로도 발전한다. 한국은 이미 다문화 국가가 되었고, 이민 국가가 되지 않으면 생존하기 힘든 인구학적 위기를 겪고 있다.

극우가 중국 혐오에 빠진 만큼 반대진영에서는 이들을 어리석고 비합리적인 사람이라며 경멸하는 경향이 있다. 《음모론이란 무엇인가》(바다출판사)의 저자 마이클 셔머는 음모론에 빠지는 경로를 세 가지로 분류한다. 부족 음모주의, 대리 음모주의, 건설적 음모주의. 이 중에서 정치적 발전 경로인 부족 음모주의는 해당 음모론을 믿는다고 공개하며 집단에게 충성심을 표현하고 유대감을 얻는다. 그 유대감은 웬만한 공격으로는 와해되지 않는다. 공격을 가할수록 사회 분열과 증오가 커진다며, 그들을 포용해야 한다고 한다. 정확한 지식을 공유하고 음모론의 생산자를 사회적으로 고립시켜야 건강한 민주주의가 가능하다.

특집 3

우리 안의 미중전쟁
빨강 부족의 숭미혐중(崇美嫌中) vs 파랑 부족의 연미협중(聯美協中)

윤석열은 2024년 내란을 일으키면서 중국의 주권 침해 행위 때문이라고 선동을 했다. 급기야 탄핵 반대 집회 현장에서는 중국인 혐오가 일상화되었다. 극우 유튜브에서 생성하는 온갖 혐중 뉴스가 국민의힘을 통해 미디어에 전달되고 있다.

1992년 수교 이후 반중, 혐중의 역사는 몇 가지 사건을 거쳐 발전했다. 맨 먼저 중국의 동북공정(2002~2007)이다. 이때의 반중은 역사 전쟁이었다. 우리가 경제적으로 우위에 있었던 시기였다. 따라서 반중 정서도 제한적이었다. 2단계는 사드 배치로 인한 경제제재(2016~)와 한한령이다. 반중은 경제·문화 이슈였다. 중국의 부상에 대한 위기의식이 생겼다. 경쟁에서 경계로, 경계에서 위기의식으로 반중 정서가 발전했다.

3단계는 팬데믹(2020)과 베이징동계올림픽(2022)이다. 이때부터 반중은 혐중이 되었고, 진영 논리에 편승하면서 정치화되었다. 청년층의 혐중 정서가 게임 및 인터넷 공간을 통해 확산되었다. 2020년 총선거, 2021년 보궐선거, 2022년 대통령 선거에서 적지 않은 비중의 선거 이슈가 되었다. 2024 계엄령으로 이어지면서 이제는 이른바 '애국보수세력'이 결집하는 정치적 자원이 되었다. 대한민국을 중국 공산당에 바쳐서는 안 된다고 호소하고 있다.

'정치적 부족주의' 등에 따르면 부족 사회는 사라졌지만 부족 본능은 인간에게 남아 있다. 고독한 개인은 집단에 대한 소속으로 행복감을 느낀다. 부족은 신앙·가치·정서·이념 등으로 세력을 키운다. 빨강 부족은 급격히 극우화하고 있다. 6·25세대의 반공주의, 박정희·전두환 시대의 기득권 지역주의, 정치 세력화된 개신교 보수주의(또는 번영신학), 2030 남성에게 퍼진 안티 페미니즘이 이들의 이념이다. 여기에 혐중이 MSG 이상의 비중을 차지하게 되었다.

민주평화를 내세우는 파랑 부족은 4050 세대의 민주주의, 독재정권하에서 핍박을 받으면서 형성된 저항적 지역주의, 2030 여성의 페미니즘, 강남좌파를 포함한 자유주의를 구성요소로 하고 있다. 지금은 빨강 부족과 파랑 부족이 정치적으로는 대등한 기반을 갖고 있다. SNS와 유튜브 등 알고리즘을 기반으로 한 중독성을 가진 미디어가 등장하면서 두 개의 부족이 공고해졌다.

극우화된 애국 보수는 애국을 표방하지만 민족주의와는 거리를 두었다. 그들에게 미국은 '신'이고 힘의 원천이다. 미국은 신의 은혜로 선택된 국가이고, 그 나라와 동맹을 맺은 것은 그에 버금가는 은혜이다. 기독 국가 건설을 표방한 이승만의 국부 만들기도 여기에서 시작한다. 그들은 미국 중심의 세계질서에 종속하면서, 태극기와 함께 성조기를 들었다. 미국을 숭상하면서 자연스럽게 친일적인 부족이 되어버렸다.

미국은 일본을 아시아 중심으로 하여 중국 포위 전략을 수립해왔다. 샌프란시스코 강화조약(1951) 이후, 신자유주의 세계화 기간(1990년대~2000년대)을 제외하고 일관된 입장이다. 그래서 박정희는 굴욕적인 한일협정(1965)을 맺었고, 박근혜는 한·일군사정보포괄보호협정(2016)을 체결했고, 윤석열은 한·미·일 삼각동맹에 합의했다. 이런 맥락에서 식민사관의 뉴라이트가 등장했고, 거리에서는 성조기와 함께 일장기도 흔드는 일이 발생했다. 그리고 파랑 부족으로부터 '토착왜구'라는 비판을 받아야 했다.

찝찝하던 차에 혐중을 발견하면서 중국을 악마화하여 우파 민족주의적인 요소를 보충하게 되었다. 우리나라가 공산화될 것이라며 공포를 확산시켰다. 새로운 애국의 소재를 만든 것이다. 공포가 강할수록 대중은 더 결집하게 되어 있고, 경멸이 심할수록 대중의 뇌는 만족감을 느끼게 된다.

빨강 부족의 혐중은 20대 키보드워리어*들이 가세하면서 힘을 키웠다. 이들은 생래적으로 반중이다. 기성세대의 반일이 역사적 경험이라면, 이들의 반중은 현실적 경험이다. 어릴 적부터 게임을 하면서 부딪친 중국 게이머들의 비매너**, 중국 유학생들과 수업을 함께 하면서 느끼는 피해의식, 중국이 자신들의 일자리를 빼앗아 가고 있다는 위기의식 등이 그들의 감정을 만들었다.

■ 키보드 전사라고도 불린다. 인터넷 공간에서 거침없는 말을 쏟아내는 사람을 일컫는다.
■■ 불법 프로그램인 핵을 이용한 반칙. 이들을 핵쟁이라고 뜻칭한다.

이들에게 혐중은 놀이문화가 되었다. 초기 단계에서는 대륙에서는 세상에 이런 일도 있다는 식의 대륙시리즈가 유행했다. 수만 명이 함께 모여 미대 입시를 치르는 밈 등이 중국 희화화의 소재였다. 한·중 관계가 악화되면서 더 감정적인 유희로 발전했다. "착한 짱깨는 죽은 짱깨"■라는 인터넷 언어가 일반화되었고 "중국인 발작 버튼 눌러보았습니다", "중국인 앞에서 시진핑 욕하면 생기는 일" 등의 유튜브 콘텐츠가 인기를 모았다.

극우 유튜버의 혐중 컨텐츠는 산업이 되었다. 혐중 정서를 자극할수록 조회수가 늘어나고 돈벌이가 되었다. 극우 유튜브에서 동북공정은 중국이 북한에 진주하기 위한 것이고, 타이완 병진은 남한을 고립시키기 위한 것이 되었다.

국민의힘도 여기에 가세했다. 중국인 영주권, 중국인 투표권, 중국인 의료보험, 중국인 토지 소유 등을 선거 이슈로 만들었다. 윤석열은 여기에 더해서 중국인 간첩, 중국인 드론, 중국인 해커, 중국인 부정투표까지⋯ '중국인'만 붙이면 되었다.

혐중 포퓰리즘이 정치화된 이상, 단기간의 유행으로 끝날 것 같지는 않다. 사회주의 강국을 꿈꾸는 중국과 이에 맞서는 미국의 대중봉쇄정책, G-2의 대결이 계속되면서 장기화될 자원을 갖게 되었다. 냉전시대에 종북 빨갱이 공격이 빨강 부족의 최고 전략자산이었다면 신냉전시대에 접어들어서는 '민주당 집권=친중공산정권 수립'이라는 프레임을 전략 무기화하고 있다.

미국은 중국 봉쇄 전략의 관점에서 우리 안의 반중 정서가 나쁘지

■ 중국인 중에 착한 중국인은 없다는 뜻이다.

않다. 그래서 빨강 부족의 혐중 포퓰리즘이 미국·일본 보수 세력에 의해 기획된 것이라고 보는 시각이 있다. 의도적으로 조직화된 정서라고 보는 것이다.

중국은 2016년 사드 배치에 대한 보복으로 시작한 경제제재와 한한령을 너무 오래 끌었다. 그리고 너무 강해졌다. 파랑 부족이 더 이상 안보는 미국, 경제는 중국이라는 안미경중(安美經中)의 노선을 선택할 수 없게 되었다. 굴종을 강요하면 반발하게 마련이다.

그러는 사이에 각종 여론조사에서 한국인이 가장 싫어하는 나라에서 일본을 제치고 중국이 1위가 되어버렸다. 진보, 보수에 차이가 없었다. 20대의 반중 정서는 다른 어떤 연령대보다 높다. 이렇게 될수록 빨강 부족은 반중 정서를 정치화하고, 장기적인 국가이익 대신에 단기적인 정치 이익(선거)에 탐닉하게 된다.

윤석열의 잘못된 내란범죄로 파랑 부족의 입지가 우세해졌다. 하지만 중국 이슈는 정서의 문제가 되어버려서 파랑 부족이 대응하기가 쉽지 않다. 한중 수교 이후 지난 30여 년간 반중 정서가 어떤 계기로 어떻게 발전했는가를 보면 국제화·조직화되고 있는 측면이 있다. 미국과 일본의 보수세력이 전 세계적으로 반중 정서를 기획했고, 여기에 한국의 빨강 부족이 편승한 것인지, 아니면 중국이 반중 정서를 자초한 것인지, 혹은 우리의 선택이 만든 결과인지 등등 여러 요소가 섞여 있다.

서울하계올림픽(1988)에서 동북공정(2007)까지

지금까지 한중 관계에서 가장 평화로웠던 기간이다. 한·중수교

(1992)는 공산주의 체제의 붕괴와 이에 맞물린 세계화가 시작되는 시기에 이뤄졌다. 이미 키신저 체제가 출범하여 일본, 미국이 중국과 수교를 했기에 한국도 그 시기를 노렸다. 88서울올림픽에 참가하는 대가로 중국은 86서울아시안게임에 이어 90중국아시안게임을 유치했다. 북한이 집요하게 중국의 서울올림픽 불참을 설득했지만 실패했다. 한국은 중국 민항기가 우리 영토에 불시착(1983)했을 때 환대하는 등 우호적 분위기를 일찌감치 조성해왔다.

한·중수교로 양국 간의 경제교역은 급속도로 증가했고, 우리 경제도 그 혜택을 보았다. 섬유, 의류, 신발 등 저임금에 의존하던 제조업 분야가 중국으로 이전했다. 그 결과로 이 분야의 노동자가 실직했지만 미국의 러스트 벨트처럼 되지는 않았다. 경제가 계속하여 성장해서 저임금 제조업 분야의 노동자가 다른 일자리를 찾을 수 있었다.

중국은 아직 우리의 경계 대상이 아니었다. 반대로 한국은 중국의 발전모델 중의 하나였다. 동북 3성에 흩어져 있던 조선족 동포가 조상의 나라, 번영된 한국을 찾아 이동했다. 한국은 선망의 대상이 됐다. 역사상 첫 남북정상회담(2000년)이 열렸다. 중국은 1인당 GDP가 채 1,000 달러가 되지 않던 시기였다. 중국의 동북공정이 이때 시작되었다. 만약 남북한이 통일된다고 한다면 동북 3성의 배후에 강력한 동일민족의 국가가 등장하게 되고, 중국에 위협이 된다고 보았다.

1994년에 '서태지와 아이들'의 〈발해를 꿈꾸며〉라는 노래가 나왔다. "진정 나에겐 단 한 가지 내가 소망하는 게 있어 갈려진 땅에 친구들을 언제쯤 볼 수가 있을까…" 1980년대에 발해·고구려를 포함하여 통일신라와 함께 '남북국시대'의 역사로 보는 사관이 확산됐다. 만주가 우리의 고토(잃어버린 땅)라는 입장이다. 민간 차원의 영유권 주장, 개신교의 동북 지역을 대상으로 한 공격적 선교가 이어졌다. 북한은 고난의 행군 시기를 경험했고 탈북자들이 대거 중국에 유입됐다. 우리나라에서는 재외동포법을 제정하여 투표권을 부여하려는 움직임이 있었다.

중국에서는 이미 1980년대부터 만주, 몽골, 돌궐, 고구려, 시베리아의 역사를 독립된 것으로 보려는 움직임에 반대하는 이론들이 만들어지고 있었다. 그러다가 소수민족의 이탈을 방지하고 조선족과 남북한의 유대를 차단하며, 훗날 분리독립 움직임을 차단하려는 차원에서 동북공정이 기획되었다. 고구려인, 발해인의 후예가 중국 민족에 대부분 흡수되었고, 그들이 중국에 살고 있으니 중국 역사라는 것이다. 청나라의 영토를 경계로 하여 그 안에 있었던 역사는 중국 역사라는 속지주의적 역사관이다. 우리의 혈통주의 역사관과는 접근 방법이 다르다.

비슷한 시기에 서남공정(티벳), 서북공정(신장-위그루)도 시작되었다. 소련의 붕괴를 목도한 중국이 개혁·개방과 함께 소수민족의 이탈을 방지하려는 차원에서 이뤄졌다. 탄압과 함께 역사공정을 하고 한족을 이주시키고 있다. 동북공정은 2007년에 종료됐지만 여전히 그때 생성한 자료를 유포하고 있다. 그 후에 조선족 자치구에 한족을 이주시키고 조선족 언어와 역사교육을 축소하고 있다.

동북공정이 남긴 충격은 여러 형태로 발전을 했다. 압록강, 두만강에 중국군 수십만 명이 주둔해 있는데 아무 때나 마음만 먹으면 북한에 진주할 수 있다는 것이다. 중국의 북한 병합과 진주를 위한 정지작업이라는 의혹은 여전히 남아있다. 김치와 한복의 원조가 중국이라는 중국 네티즌의 주장도 모두 김치공정, 한복공정이라고 할 정도로 동북공정에 대한 의구심은 뿌리를 내렸다.

하지만 이 시기 한국인의 대중정서는 대체로 우호적이었다. 한국전쟁을 일으키고 분단을 고착화한 책임이 있는 한쪽 당사자인 중국에 대한 적개심이 수교 이후의 경제적 성과로 눈 녹듯이 사라졌다. 1997년 한류의 원조가 된 드라마 〈사랑이 뭐길래〉의 대발이 아빠 붐으로 조성된 한국열풍도 한국인들에게 대국을 넘어섰다는 자부심을 갖게 했다. 이 당시의 중국인에 대한 정서는 '큰 나라, 작은 인민' 나라는 크지만 사람은 못살고 낙후하다는 무시가 지배적 정서였다.

베이징하계올림픽(2008)에서 사드 보복(2016)까지

2008년 베이징하계올림픽은 중국이 대국으로 부상했음을 알리는 세레머니였다. 2001년 중국이 세계무역기구(WTO)에 가입했을 때만 해도 미국과 유럽의 계산은 중국을 서구 민주주의 체제에 흡수하는 것이었다. 서방세계의 의도와 달리 중국은 이때부터 비약적으로 성장을 했고, 정치적으로 공산주의 체제는 더욱 공고해졌다. 한국은 중국의 등에 올라탔다. 수출 주도의 대기업이 세계적 기업이 된 것도 이때부터다. 그런데 중국의 부상이 현실화되면서 한국의 제조업은 추월을 당할 위기에 부딪혔다.

2010년 중국이 일본을 제치고 세계 2위의 경제대국이 되었다. 2012년 시진핑이 중국몽을 선언했다. 중국 공산당 창립 100주년이 되는 2021년에 전면적인 샤오캉(小康: 기초복지가 보장된 사회)를 건설하고, 건국 100주년이 되는 2049년까지 부강, 민주, 문명의 사회주의 현대화에 기초한 부국강병을 완성하겠다는 것이다. 여기서 민주는 대의제 민주주의를 뜻하는 것이 아니라, 인민이 주인이 되는 세상을 뜻한다.

중국은 세계화의 승자가 되었다. 미국은 다급해졌다. 오바마가 아시아로의 회귀 전략을 선언했다. 중국의 부상을 경계해야 했다. 중국을 견제하는 데 힘을 집중했다. 중국은 이에 맞서 신대국관계를 제안했다. 빅2가 공존하자는 취지였다. 하와이 서쪽으로는 미국, 동쪽으로는 중국이라는 경계를 제안했다. 미국은 '항해의 자유(해군의 자유로운 해양지배)'를 외치며 중국을 바다로 못 나오게 했고, 중국은 남중국해로 나오는 한편 일대일로라는 전략적 대체제를 만들었다. 미국은 이에 맞서 인도태평양 전략으로 중국을 포위하기 시작했다. 동서화해의 키신저 시대가 끝나고 신냉전시대가 열리기 시작했다.

2010년 남북관계에서 중요한 사건이 발발했다. 천안함 피격사건(2010.3.26.), 연평도 포격사건(2010.11.23.)이다. 이 두 가지 중요한 사건에서 중국은 중립을 지키는 듯 하면서 북한의 편을 들었다. 2006년 북한의 첫 번째 핵실험 이후에 중국이 보인 일련의 태도와 궤를 같이하고 있다. 중국이 남북대결과 남북통일에서 미국만큼 키를 쥐고 있는데 중국의 태도는 우리 국민의 기대와는 상반됐다.

2012년 집권한 박근혜는 어떤 근거에서인지 '통일대박론'에 빠졌다. 북한이 곧 붕괴할 것이라는 정세판단과 믿음에 빠졌다. 박근혜는 중국의 전승 70주년 행사에 참석했다. 푸틴보다 더 환대를 받았다. 박근혜가 무슨 의도로 이 행사에 참석했는지는 알려지지 않왔으나 통일대박론에 기대하여 중국의 역할을 기대했던 것으로 보인다. 중국에 대한 환상에 잠시 빠졌다.

대가는 크고, 결과는 참혹했다. 미국은 한국이 중국에 경사된 것인지를 의심했다. 사드 배치를 요구하고 밀어부쳤다. 결국 박근혜는 그 요구를 수용했다. 사드는 북한의 핵미사일 공격에 대응하는 방어용 무기라고 했으나, 중국의 미사일 공격을 탐지할 수 있는 레이다를 탑재했다는 점이 문제였다. 중국의 입장에서는 한국이 미국의 미사일방어 시스템에 편입된 것이고, 중국을 적대한 것이라고 판단했다.

중국은 경제제재와 한한령으로 보복을 했다. 한중관계로 보면 '잃어버린 10년'의 시작이었다. 시진핑의 중국몽은 중화주의의 현대판이다. 중화주의 세계관에서는 모든 나라가 중국을 중심으로 수직화한다. 다른 나라의 입지를 어떻게 보장할 것인지가 불분명하다. 중국은 경제제재와 한한령으로 한국이 수직계열화될 것을 압박했다. 수많은 전랑외교의 사례에서 보듯이 중국과 척을 지면 어떤 결과가 올지 여실히 보여주려고 했다.

한국 경제와 문화 수출에 미친 영향은 지대했다. 2002년~2007년 세계 경제 전체에 대한 한국 수출은 연평균 17.6% 성장했다. 중국에 대한 수출은 연평균 29.2%씩 성장했다. 한국의 연평균 경제성장률이 5% 안팎이던 시기이다. 중국에 대한 한국 수출은 한국 성장률의 5배가 넘었다. 그런데 2012년~2018년 사이에는 세계 경제 전체에 대한 한국 수출은 연평균 1.2% 성장했다. 중국에 대한 수출은 연평균 2.1% 성장했다. 한국 경제 연평균 성장은 3% 안팎이던 시기이다. 성장률과 비교하면, 수출은 성장률에 비해 3분의 1 수준으로

하락했다. [《좋은 불평등》, 최병천, 메디치미디어]

두 개의 시기 중간에 세계 경제와 중국 경제가 고성장을 끝내고 중성장이 정상적 상태가 되는 전환점이 있었다. 시진핑은 이를 신창타이(新常態. new normal, 2014년 5월)라고 규정했다. 금융위기를 겪으면서 대외의존도가 높은 중국이 세계 경제 위기에 취약하다는 판단을 하게 되었다. 그리해서 내수 경제를 활성화하고 대외의존도를 줄이는 경제체제를 구축했다. 속도에서 안정으로의 전환이었다. 뉴노멀과 이에 따른 중국의 경제구조전환으로 수출 중심의 한국 경제가 가장 큰 충격을 받았다.

이러한 구조 전환기에 경제제재와 한한령이 발동된 것은 우리 경제에 이중삼중의 타격이었다. 수출 주도의 한국 기업이 큰 타격을 받았다. 젊은이들은 일자리를 빼앗겼다는 생각을 갖게 되었다. 한국의 베이비부머 등이 중국을 통해서 일자리를 얻은 번영의 시대에 살았다면, 한국의 MZ세대는 중국으로 인해 얻은 것은 없고 잃은 것은 많다는 정서를 갖게 되었다.

이 시기는 중국의 애국주의 MZ세대인 샤오펀훙(小粉紅) 세대가 성장하고, 인터넷 등에서 맹위를 떨치던 시기이다. 중국이 G-2로 부상하면서 애국 민족주의로 무장한 세대이다. 시진핑 키즈는 각종 인터넷 커뮤니티와 플랫폼에서 활동한다. 사드 배치에 따른 반한정서를 조성하고 김치·한복 원조론을 공격적으로 펼쳤다. 당연히 한국의 MZ세대도 키보드 전쟁으로 맞대응했다.

다카하라 모토아키는 《한중일 인터넷 세대가 서로 미워하는 진짜 이유》에서 "미래의 불안을 외부의 사이버 적 탓으로 돌리는 것"을 그 이유로 들었다. 그의 분석대로 경제적 요인(미래에 대한 불안)이

기저에 깔려있는 것도 사실이다. 여기에 더하여 게임이라는 가상의 세계에서, 플랫폼에서 전투(사이버 적)를 벌이면서 누적된 감정이 현실 세계의 감정으로 전이된 점도 있다.

제1시기(88올림픽-동북공정)의 반중 정서는 순전히 한중 간의 관계에서 형성되었다. 제2시기(베이징올림픽-한한령)의 반중정서는 우리 밖의 미·중 간의 대결이라는 기본 구도 위에서 사드를 매개로 하여 형성되었다. 제3시기(코로나-윤석열 계엄)는 빨강 부족의 정치적 기획으로 발전했다. 그러면서 우리 안의 미중전쟁으로 전환되었다. 또 반중 정서는 국제적인 연결 관계를 갖게 되었다.

코로나(2020) 이후

이 시기부터는 반중에서 혐중 정서로 발전한다. 그리고 계기마다 정치가 작동한다. 선거와 연동된다. 2020년 총선거 때는 코로나가 발생하자 국민의힘이 국경봉쇄와 중국인 입국 금지를 총선의 이슈로 삼았다. 마스크 대란으로 민심이 흉흉하던 때였다. 문재인 탄핵 청원에 100만 명이 서명했지만 정부가 방역에 성공하면서 K-방역이 세계로 알려지고 결과적으로 민주당의 대승으로 끝났다.

2022년 대선 때에는 베이징동계올림픽 편파판정이 문제가 되었다. "눈 뜨고 코베이징"이라는 풍자가 대중정서를 압도했다. 조선족이 올림픽 개막식에 입고 나온 한복 이슈 등이 대중정서를 자극했다. 윤석열은 동북공정을 소환했고, 사드 재배치를 공약으로 내걸었다. 이재명도 올림픽이 동네잔치가 되었다며 서해안 불법조업어선을 격침시켜야 한다고 가세했다.

이를 전후해 많은 사건이 있었다. 이효리와 BTS의 수난, 중국 게임 샤이닝니키의 한복 캐릭터 삭제, 〈오징어게임〉과 〈지옥〉의 불법 유통, 중국의 절임요리 파오차이 국제표준화기구(ISO)등록, 싱하이밍 주한 중국대사 발언(중국 패배에 베팅하면 후회한다)는 사건은 한국인의 혐중 정서를 조성하기에 충분했다.

정용진 같은 재벌2세도 "끝까지 살아남을테다 멸공!!!"이라고 인스타그램에 게시물을 올리는가 하면 조선족을 다룬 〈황해〉, 〈청년경찰〉, 〈범죄도시〉 같은 극우적 문화코드의 영화가 하나의 장르가 되었다. 기성세대는 조선족을 여전히 동포로 생각하지만, 청년층은 그들을 외국인 노동자로 본다. 한중수교 40년 사이에 엄청난 변화가 생긴 것이다.

이런 정황에 기대어 국민의힘은 중국 이슈를 체계적·조직적으로 유포했다. 외국인 영주권자 투표권을 이슈화했다. 캐나다 선거에서 보듯이 중국이 내정에 개입할 수 있다며 영주권자의 투표권을 없애는 법안을 만들겠다고 했다. 외국인이 지방선거에서 투표권을 갖는 것은 생활 민주주의적 관점, 그리고 재일동포의 투표권 확보라는 관점에서 2006년 여야 합의로 추진된 것이다.

지금 외국인 투표권자는 12만 명이고 그중에 10만 명이 중국계이다. 이들의 투표율은 10%를 약간 웃도는 정도여서 실제로 지방선거에 미치는 영향이 미미한데, 빨강 부족은 중국이 투표를 통해 우리나라를 공산화할 수 있다고 공포를 극대화한다. 이 문제는 영주권자의 3년 실제 거주를 확인하여 투표권을 부여하는 등의 보완 조치를 취하면 해결될 문제이다.

중국인 해커가 2020년 총선에서 해킹을 한 후에 "Follow the Party"라는 지문을 남겼다거나 중국인이 선거 개표원으로 종사했다는 주장은 다 근거가 없는 것으로 밝혀졌다. 그럼에도 12월 3일 계엄령 발동 시에 중국인이 선거관리위원회에서 교육을 받고 있었다는 유언비어까지 조직적으로 유포되고 있다.

"중국인 주인에게 월세를 내는 시대가 온다"는 등의 자극적인 선전도 문제다. 우리나라에 외국인 주택 소유는 0.49%이고 그나마 미국인 교포가 주를 이룬다. 외국인 토지 소유는 전체 국토 면적의 0.26%이다. 그런데 제주도 하늘이 중국 하늘이 되어버렸다는 등의 온갖 공포가 확산되고 있다. 심지어 화교 특별전형이 있어서 서울대 의대가 중국 의대가 되어버렸다는 엉터리 같은 얘기들이 유포되고 있다. 다만 의료보험 재정 수지는 중국인의 경우 피부양자의 과다 등록으로 문제가 되고 있는 것은 맞다. 이는 부정수급을 감시하고 제도적으로 해결하면 될 일이다.

대부분은 정상적인 사고를 갖고 있는 보통의 사람이라면 믿을 수가 없는 사안인데 일단 부족 속에 편입이 되면 맹신자가 되는 속성이 있다. 그래서 극단이 힘을 얻게 된다. 정치적 기획으로 인한 혐중 정서의 유포 시기로 접어들면서 미국 보수 세력과의 조직적 연계가 눈에 띈다. 미국의 보수적 싱크탱크에서 중국의 한국 선거 개입 의혹을 제기하는가 하면, 부정선거 의혹을 제기했던 트럼프의 옛 참모가 한국을 방문한다.

정치는 넓은 의미의 전쟁이다. 국가 간 대결은 국민의 의지를 바탕으로 하여 치러진다. 빨강 부족의 정치권이 반중 정서를 정치적 자산으로 활용하면 그만큼 선택의 폭이 좁아지고 경직된다. 이런 정서는 우리의 국력이 되는 것이 아니라 미국이나 일본의 무기가 된다. 윤석열의 의지대로 혐중을 정치 이슈로 만든다고 해서 헌정주의 대 반헌정주의라는 대립구도가 바뀌지 않는다. 혐중의 정치화는 장기적 국익을 생각한다면 결코 바람직하지 않다. 우리의 지정학적 위치를 볼 때 결코 어느 일방에 포섭되어서는 안 된다.

파랑 부족을 대표하는 민주당의 균형 외교론은 갈수록 힘을 잃고 있다. 어떻게 균형을 취해야 할지 답을 찾지 못하고 있다. 혐중 정서와 미국의 대중전략을 의식하여 중국과의 협력 얘기를 꺼내지도 못하고 있다. 중장기적 국익은 숭미혐중(崇美嫌中)이 아니라 연미협중(聯美協中), 연미화중(聯美和中)임을 분명히 해야 한다.

중국의 전랑외교와 한한령은 한국인을 보수, 진보할 것 없이 반중으로 몰고 있다. 이와 같은 중국의 외교는 한국민을 적으로 돌리는 것이다. 상대 국민을 적대시해서는 근린 국가 간의 화평을 기대하기 힘들다. 중국의 전략적 오류이다. 경제제재와 혐한령의 지난 10년은 한국에게만 잃어버린 10년이 아니라 중국에게도 잃어버린 10년임을 알아야 한다. 그들이 우리에게 보내야 할 것은 미세먼지가 아니라 따듯한 훈풍임을 명심해야 한다. 그것이 중국에게도 이롭고 한국에게도 이롭다. 파랑 부족은 이런 메시지를 지속적으로 중국에게 보내야 한다.

—《뉴스투데이(2025년 2월 10일)》에 실린 저자의 글

42장

극우화된 국민의힘, 미래가 보이지 않는 보수

윤석열은 2022년, 대통령에 당선된 후 5·18광주민주화운동 기념식에 참석했다. 보수정당 대통령으로서는 처음으로 민주묘역 정문인 민주의 문을 통해 입장했다. 한동훈 법무부 장관 등 새로 꾸린 내각과 대통령실 비서진이 대통령 특별열차를 타고 광주로 내려왔다. 박근혜가 한사코 제창을 거부했던 〈임을 위한 행진곡〉도 따라 불렀다. 이 역시 보수정당 대통령으로서는 처음 있는 일이다. 국민의힘도 처음으로 당 차원에서 국회의원 대부분이 참여했다.

그리고 6월 1일 치러진 제8회 전국 동시지방선거에서 전국적으로 승리한 것은 물론이고 호남에서 상당히 의미있는 득표율을 기록했다. 광주시장 선거에서 주기환 후보는 15.90%, 전남도지사 선거에서 이정현 후보는 18.81%, 전북도지사 선거에서 조배숙 후보는 17.88%를 얻었다. 15% 이상을 득표하면 선거비 전액을 국고에서 돌려받는다. 1987년 민주화 이후 호남에서 이같이 높은 득표율을 올린 것은 처음 있는 일이다. 박근혜가 2012년 대통령 선거에서 광주 9.83%, 전남 10.0%, 전북 13.22%를 얻어 10%를 돌파한 기록을 깼다. 뿐만 아니라 윤석열의 2022년 3월 광주 12.72%, 전남 11.44%, 전북 14.42% 직전 기록도 가볍게 넘겼다.

그랬던 윤석열이 2024년 총선에서 참패를 당했다. 그리고 12·3 쿠데타로 모든 것을 까먹었다. 국민의힘은 2024년 12월 7일 윤석열 탄핵소추안 반대를 당론으로 확정했다. 이 표결에 국민의힘 국회의원 108명 중 105명(안철수·김예지·김상욱 의원 제외)이 불참했다. 윤석열과 손절하지 못했다. 윤석열을 당에서 제명하지 않았다. 계엄에 대해 명백하게 비판하지 못했다. 12월 14일 탄핵안이 가결되자, 책임을 지고 최고위원 전원이 사퇴했다. 12월 16일 한동훈 대표가 당 대표직에서 쫓겨났다.

윤석열과 전광훈에게 의지하는 보수정당

2025년 1월 5일, 한남동에서 열린 전광훈 목사의 탄핵 반대 집회에 윤상현 의원이 모습을 드러냈다. 전광훈이 "윤상현이 최고래요. 잘하면 대통령 되겠어"라고 치켜세우자 윤상현은 연단에 오르면서 90도 고개 숙여 인사했다. 그는 "너무나도 존귀하신 전광훈 목사님, 사랑하는 성도 여러분, 나라를 지키는 데 가장 선봉에 선 여러분께 경의를 표한다"라고 답을 했다.

1월 6일 국민의힘 의원 45명이 공수처가 윤석열을 체포하지 못하도록 한남동 관저 입구에 도열했다. 같은 당 조경태 의원이 "국회의원 자격이 있느냐"라고 물었다. 천하람 개혁신당 의원이 "현행범으로 다 체포해야 한다"고 지적했다. 1월 9일에는 김민전 의원이 흰 헬멧을 쓰고, 백골단을 자처하며 윤석열 체포 반대 집회를 연 집단의 국회 기자회견을 주선했다. 백골단은 전두환, 노태우 시절에 집회 시위를 무자비한 폭력으로 진압하며 살상을 일삼은 집단이다.

김민전 의원은 백골공주라는 별명을 얻었다. 윤석열이 체포된 1월 15일에는 새벽부터 35명이 한남동을 찾았다. 10여 명이 관저까지 들어가 구치소로 가는 윤석열을 배웅했다.

윤석열이 서울구치소에 머무는 동안에는 대통령이 외롭다며 면회 릴레이를 했다. 1월 29일 설날에는 원외 위원장들이 서울구치소 담벼락에서 윤석열을 향해 세배했다. 2월 3일 권영세 비대위장, 권성동 원내대표를 시작으로 경쟁하듯 구치소를 찾아갔다. "인간적 도리를 다하기 위해서" 개인 자격으로 면회를 한다고 했다. 박지원 민주당 의원은 "당사를 구치소로 옮기라"고 했다.

전광훈 목사, 손현보 목사가 주최하는 집회에 나가서 눈도장을 찍거나 발언을 했다. 2월 8일 세이브코리아 동대구 집회에 동원된 청중 규모가 컸다. 국민의힘 의원들이 전한길 역사 강사를 만나 인증샷을 찍었다. 현직 단체장인 이철우 경북도지사도 참석했다. 국민의힘은 홈페이지 첫 화면에 대구 집회 사진을 올리고 "보셨습니까. 국민 여러분의 힘입니다"라는 글귀를 올렸다. 서지영 원내대변인은 "비바람과 한파 속에도 집회에 참여하는 국민이 늘어나는 것은 민주당의 내란 극우 몰이에 대한 분노의 표출"이라는 논평을 냈다.

윤석열이 법원의 구속 취소로 일시 석방되던 3월 8일에는 서울구치소 앞에 10여 명의 의원이 도열했다. 강명구·강선영·김기현·박대출·박상웅·이철규·임종득·유상범·정점식·조배숙 의원 등이다. 이 중에는 만세를 외치는 이들도 있었다. 3월 12일에는 나경원 의원이 주도하여 82명이 탄핵 기각을 촉구하는 탄원서를 헌법재판소에 제출했다. 계엄령 이후 국민의힘의 123일간의 행적을 보면 최악의 경우를 향해서 치닫고 있었다. 만약 2024년 12월 3일 계엄령 해제 요구안을 의결하는 국회 본회의에서 국민의힘이 필리버스터에 나섰다면 어떻게 됐을까? 계엄군이 추가로 투입되면서 수많은 국민이 피를 흘렸을 것이다. 국민의힘 의원들은 완장을 차고 다니면서 계엄군의 민주당 의원 체포를 돕고 다녔을지도 모른다.

2025년 4월 4일 윤석열이 파면되자, 처음으로 대국민사과를 했다. 권영세 비대위원장은 "책임을 통감한다. 국민이 느끼셨을 분노와 아픔에 대해서도 무겁게 인식하고 있다"고 밝혔다. 사과같지 않은 사과였다. 그리고 권성동과 함께 윤석열을 찾았다. 윤석열은 이들에게 "당을 중심으로 대선 준비를 잘해 꼭 승리하기를 바란다"고 당부했다. 국민에게서 버림받은 윤석열을 찾아가 그의 축복을 받았다. 대선에 출마하려는 이들도 일주일 동안 한남동 관저를 찾아가서 선거운동을 했다. 여전히 윤석열이 표가 된다고 생각했다.

나경원 의원은 윤석열의 초대를 받고 한남동 관저에서 한 시간을 만났다. 윤석열이 "어려운 시기에 역할을 많이 해줘서 고맙다, 수고했다"는 취지의 말을 했다고 한다. 이철우 경북도지사는 한남동에서 윤석열을 만났는데 "나보고 대통령이 되라고 했다. 대통령이 되시면 사람 쓸 때 충성심만 보세요"라고 했다고 자랑했다. 윤상현 의원은 전한길과 함께 한남동을 찾았다. 윤석열은 "나야 감옥 가고 죽어도 상관없지만, 우리 국민들 어떡하나, 청년 세대들 어떡하나. 지난 겨울 석 달 넘게 연인원 수천만 명의 2030 청년과 국민께서 차가운 아스팔트 위에 섰다. 그분들께 너무 미안해서 잠이 오질 않는다"라고 했다.

정작 윤석열을 파면한 헌법재판소 판결에 대해 2030 국민은 절대적으로 찬성했다. 한국갤럽이 4월 8~10일 실시한 조사에서 20대는

73%가, 30대는 75%가 잘된 판결이라고 답했다. 전체 국민은 69%가 잘됐다고 했다. 잘못됐다는 응답은 20대가 11%, 30대가 18%, 전체 국민이 25%였다. 이들이 정치적으로는 보수화된 경향성을 보이면서도 계엄령에 대해서는 거리를 두고 있음을 알 수 있다.

국민의힘이 다시 중도화되거나 개혁적 보수를 천명하기란 불가능에 가까워 보인다. 국민의힘은 소수자에 대한 혐오와 혐중 정서에 결합하고 있다. 일본의 극우화에 대해 방관하고 있다. 헌법적 가치를 부인했다. 내란 우두머리를 비호했다. 국민의힘이 일시적으로 극우정당화된 것이 아니라, 그런 토양을 계속해서 축적한 결과로 명백히 극우정당이 됐다. 다만 지역주의와 민주당에 대한 반대 정서에 기반하여 여전히 보수 유권자의 지지를 얻고 있어 보수정당으로 보이기도 한다. 즉 보수와 극우 유권자를 포괄하고 있는 극우정당인 것이다.

아스팔트 우파와 체계적으로 결합

국민의힘은 민주화 이후 9번의 대통령 선거에서 5차례 승리했다. 김대중, 노무현 10년간 보수의 위기를 겪었다. 첫 민주 정부 10년간은 노무현 탄핵 같은 말도 안 되는 공세를 하다가 개신교 극우와 뉴라이트를 만나면서 활로를 찾았다. 이명박은 실용주의로, 박근혜는 경제민주화와 복지로 정권을 잡았다. 중원을 잡는 전형적인 중도 공략이다. 보수 10년의 성적표는 참혹했다. 박근혜가 탄핵되었고 문재인 정부 5년간 적폐로 몰렸다. 국민의힘은 2019년부터 아스팔트 우파와 체계적으로 결합했다. 그들 집회에 가서 발언하기 시작했고,

당 지도부에 입성하려면 그들의 눈치를 봐야 했다. 실제로 전광훈은 당 대표와 대통령 후보 경선에 관여했다.

21세기 들어와서 국회의원 선거의 양상이 달라지기 시작했다. 2004년 열린우리당이 단독으로 과반을 얻었다. 4·19혁명 직후 치러진 선거에서 승리한 이래 처음 있는 일이었다. 152명의 집권 여당 국회의원들이 청와대에서 〈임을 위한 행진곡〉을 불렀다. 2008년, 2012년 총선에서는 보수당이 이겼으나 2016년 총선에서 민주당이 다시 다수당이 되고, 2020년, 2024년 총선에서는 민주당이 압승했다. 보수정당 역사상 최대의 참패를 연이어 경험했다. 영남과 서울 강남권을 제외하고서는 살아남지 못했다. 수도권 전체가 민주당 표밭이 되었다. 대전, 세종, 충청권도 민주당이 다수파가 되었다.

나라 전체로 볼 때 국민의힘은 소수파 정당이지만 그들 내부에서 영남, 강원 극보수는 다수파다. 영남, 강원 의원들은 당의 노선을 정하고, 당 지도부 선거에도 크게 영향을 미친다. 특히 대구, 경북은 그 중심이다. 이 지역 유권자의 생각은 수도권, 중부권 유권자의 생각과 크게 다르다. 그런데 국민의힘은 그 지역 유권자의 생각을 중심으로 세상을 움직이려고 한다. 여기에서 심각한 괴리가 생겼다.

두 차례의 총선에서 대패하면서 가장 큰 문제가 된 것도 지역편중이다. 결과적으로 영남, 강원정당이 되었다. 전국정당 흉내도 낼 수 없는 상황이 되었다. 결국 수도권 유권자의 의식과 생각 속에서 성장하고 자라는 정치인들이 배출되지 못했다. 소장파 시절에는 개혁적인 색채를 띠던 정치인들도 당의 극우화에 휩싸였다. 혹은 극우화를 주도했다.

홍준표는 2005년 이중국적자 병역기피 논란을 정리한 국적법을 발의했다. 영남으로 정치 거점을 옮긴 후의 홍준표는 아주 다른 인물이다. 지난 3년 내내 윤석열 호위무사 역할을 했다. 한나라당 소장파를 이끌었던 옛날의 원희룡과 윤석열 정부에서 원희룡은 다른 사람이다. 정치에 처음 입문했을 때의 나경원에 비해 빠루를 들고 난 이후의 나경원은 많이 달려졌다. "현실과 이상 사이의 힘겨운 갈등에 가슴 아파했다"며 2004년 총선 불출마를 선언한 오세훈과 탄핵 국면에서 오락가락한 오세훈은 아주 다르다.

《K를 생각한다》를 집필한 임명묵 작가는 '난파한 보수, 어떻게 재건할 것인가'[《월간조선》 2025년 1월호]에서 보수가 윤석열의 계엄령 선언과 함께 멸망했다고 보았다. 그는 "이 초유의 사태를 해석하기 위해서는… 근본적으로는, 인재와 이념이 파산한 보수정당의 장기적 쇠락 과정을 돌아보아야 한다"고 했다.

인재와 이념은 정당의 양대 기둥이다. 그 두 가지가 다 파산됐으면 정당에 미래가 없다. 사실 국민의힘에는 주류라고 할 만한 것이 딱히 없다. 민주당은 동교동계 정치인, 재야, 386이 충원 구조였고, 이들이 그때그때 주류를 형성했다. 계파 정치라는 비판을 받지만 그래도 주류가 있어서 인적 충원의 뼈대를 갖고 다양성을 보강할 수 있다. 그리고 그런 주류가 있어서 나름의 이념도 갖추고 있다고 할 수 있다. 반면에 국민의힘에는 그런 주류가 없다. 굳이 있다면 검사들 중심의 법조계 인사들이다. 검사들은 직업이 과거를 캐는 일이고, 상명하복하는 조직문화를 갖고 있다. 미래를 논해 본 적이 없다.

임명묵 작가는 인재와 이념 대신에 "국민의힘에는 영남과 강남이라는 양남(兩南)과 노년층 지지기반, 그리고 민주당에는 국정을 맡길 수 없다는 공포심밖에 없다"고 지적했다. 그는 "이런 수준이라면 보수정당은 집권해도 대한민국의 발전에 기여할 수 없음은 물론이다. 오히려 실정을 거듭한 끝에 보수정당 자체가 사실상 영구적으로 궤멸해도 이상하지 않을 것이다"라고 진단했다.

국민의힘에 인물도 없고 이념도 없는 현상을 심화시킨 것은 2016년 박근혜 탄핵 사건이다. 이때 탄핵 찬성파가 당권을 잡았더라면 당의 문화와 체질이 바뀌고, 여야 간 대화와 타협이 가능한 풍토가 만들어졌을 수 있다. 유승민 등 탄핵 찬성파는 도저히 정치를 함께 할 수 없다며 바른미래당을 창당했다.

결과는 좋지 않았다. 나와서 큰 집을 짓는 데 실패하자 다시 본디 살던 집으로 돌아갔다. 대구, 경북 극보수 본류들이 유승민에게 배신자 낙인을 찍었다. 복당파는 선별적으로 구제되었다. 국민의힘에서는 살아남으려면 어떻게 해야 하는지를 뼈저리게 깨닫게 한 경험이었다. 결국 생계형 국회의원에게 정치 교과서 같은 사건이 되었다. 12·3 비상계엄 선포 후에 국민의힘 의원들이 2016년과 다르게 행동하게 된 배경이다.

생계형 정치인들의 헌법 부정

그들은 헌법 질서를 무너뜨리는 내란 행위를 보면서도 침묵하거나 동조했다. 민주공화제 헌법하에서 국회의원이 된 헌법기관이 헌법을 부정하는 행위를 서슴지 않고 했다. 국회의원직이라는 이익을 절대 놓쳐서는 안 된다는 생계형 정치인들이 헌법을 유린했다. 그렇게 해야 영남과 강남의 유권자들이 그들의 생계를 다시 챙겨줄 것이라는 기대를 갖고 있기 때문이다. 이런 토양에서는 정치의 미래와 방향과 같은 고민이 나올 수 없다. 극우 포퓰리즘에 기대는 것이 속 편하다.

양심에 기초하여 정치하려는 인물이 나오기 힘들어졌다. 그런 인물이 있으면 불편하다. 왕따를 시키거나 내보내는 것이 낫다. 김상욱 국민의힘 의원은 윤석열의 탄핵에 찬성했다. 계엄해제 요구안 표결에도 참여하여 찬성표를 던졌다. 그는 윤석열 탄핵소추안 표결을 앞두고 자신의 입장을 밝혔다.

"보수의 가치는 공정·합리·자유의 가치를 믿고 지향하며 헌법 질서와 자유민주주의를 수호하는 것입니다. 그런데 이번 비상계엄은 사유가 없어 반헌법적이고 목적이 정치적 반대 세력 척결이어서 반민주적입니다. 보수의 가치를 판단 기준으로 할 때 보수의 가치에 정면으로 반하여 용인할 수 없는 절대적 잘못입니다.

따라서, 대통령은 즉각 직무를 정지하고 법의 판단을 받아야 합니다. 이는 명백한 것으로, 상대의 하위 법령 위반이나 정치적 공격에 대한 방어 등으로 합리화될 수 없습니다. 다른 변명이 있을 수 없습니다. 엄단하여 반복되지 않게 해야 할 국가 범죄입니다. 이에 대통령의 사죄와 즉시 하야를 촉구합니다. 우리 여당에도 진지한 잘못 인정과 대통령 탄핵 협조를 요구합니다.

저는 오로지 보수의 가치 판단 기준인 헌정질서 및 자유민주주의 수호 정신에 따라 또 국민께 깊이 사죄하는 마음으로 반헌법적, 반민주적 비상계엄을 기획한 대통령에 대한 탄핵 표결에 적극 찬성합니다. 더하여 우리 여당에서도 보수의 가치를 정면 위반한 대통령의 탄핵에 함께 동참할 것을 요구합니다. 잘못에 책임 있는 여당이 국민을 위해 행동해야 할 최소한의 도리라고 생각합니다."

12월 29일, 홍준표 대구시장이 탄핵에 공개 찬성한 김상욱·조경태·김예지 의원의 당원권 정지를 촉구했다. 2025년 1월 권성동 원내대표가 김상욱에게 탈당을 요구했다. 의총에서는 그에게 "나가라, 함께 할 수 없다, 정치를 잘못 배웠다"고 말하는 이도 있었다. 그가 시당 위원장으로 있는 울산광역시의회, 그의 지역구인 울산광역시 남구의회 의원들이 탈당을 요구했다. 행정안전위원회, 여성가족위원회 간사직을 박탈당했다. 결국 울산시당위원장직도 내놓았다. 그는 세이브코리아가 광주 금남로에서 탄핵 반대 집회를 열자, 2월 24일 5·18 묘역을 찾아 1,500송이 국화를 1,500명의 유공자에게 헌화했다. 2월 27일, 국민의힘 의원 중 유일하게 명태균 특검법에 찬성표를 던졌다. 3월 12일에는 헌법재판소의 결정이 지연되자 대통령 탄핵이 기각될 경우 국회에서 죽을 때까지 단식하겠다고 했다.

 4월 4일 헌법재판소 인근에서 시민과 함께 전광판으로 파면 선고를 지켜보았다. 두 손을 꼭 모은 채 벅찬 표정으로 눈물을 쏟아냈다. 양복 앞주머니에는 노란 손수건이 꽂혀있었다. 4월 4일을 '민주주의 기념일'로 명명하고 국경일로 제정하자고 제안했다. 국민의힘 단체대화방에서는 원색적인 비판이 쏟아졌다. 하지만 그는 "제 인생에서 가장 자랑스러운 결정이며, 미래 세대에 부끄럽지 않은 결정, '명예로운 불복종'의 길을 선택했다. 명예로운 불복종의 용기가 귀감이 되어, 훗날 닥칠 수 있는 민주주의 위기를 극복하고 정의로움이 지켜질 수 있기를 기대한다"고 했다.

4월 9일 그는 한 방송에서 "극우주의자들의 손아귀에서 당이 계속 벗어나지 못한다면 새로운 사람들끼리 창당을 할 가능성도 있냐"는 질문을 받았다. 그는 대선을 앞두고 국민의힘을 탈당하여 민주당에 입당했다. 정치의 발전을 위해서 극우화된 국민의힘이 분당되는 것이 바람직할까? 분당이 되려면 수도권에서 개혁적 보수를 표방하는 새로운 정치세력이 나와야 한다. 그런데 국민의힘의 수도권에 그런 정치세력은커녕 국회의원도 없다. 만약 개혁적 보수정당이 만들어져 일정 정도 성공한다면 어떻게 될까? 그렇게 되면 국민의힘이 더 극우로 가거나, 중도화해야 하는 선택에 직면한다. 다당제는 다양성을 수렴하는 긍정적 측면도 있지만 유럽처럼 극우정당이 성장할 수 있는 제도적 토대가 되기도 한다. 복잡한 문제다.

국민의힘에서 배출한 역대 대통령의 정치적 말로가 좋지 않았다. 이승만은 사임했고, 박정희는 저격당했다. 전두환, 노태우, 이명박은 구속되었다. 박근혜, 윤석열은 탄핵 후 구속되었다. 모두가 이런 최후를 맞는 것은 개인의 문제일까? 헌법과 같은 제도의 문제일까? 아니면 제왕적 대통령제하에서 맹종하는 정당의 책임일까? 대선이 끝나고 1년 후 치러지는 지방선거는 개헌할 수 있는 적기다. 망상계엄을 겪으면서 개헌에 대한 국민적 공감대가 형성되어 있다. 다음 대통령은 거버넌스를 바꿔서 7공화국 체제를 여는 것만으로도 큰 업적을 남기게 된다. 이 점을 잊지 말아야 한다.

43장   보수의 마지노선 지킨
조갑제·정규재의 재발견

윤석열의 망상 계엄은 진정한 보수와 가짜 보스를 구분지었다. 보수주의에 대한 여러 규정이 있지만 공통된 것은 기존의 확인된 가치를 지키는 것이다. 우리는 그 가치를 헌법의 전문과 기본권으로 명문화했다. 헌법은 가치를 유지하는 방법(선거, 정부, 국회, 법원)을 각론으로 제시하고 있다.

헌법은 대한민국을 탄생시킨 출발이자 지켜야 할 최후의 보루이다. 흔들려서는 안 되는 가치다. 헌법은 우리 사회의 확인된 가치로 민주공화제를 규정하고 있다. 윤석열은 민주주의 그 자체인 선거를 부정했다. 다수에 의한 통치가 아니라 1인 독재자의 결단으로 계엄을 저질렀다. 공화제를 부정했다.

진정한 보수주의자라면 망상 계엄을 규탄하고 헌법을 수호하는 대열에 합류해야 했다. 그런데 국민의힘 절대다수의 국회의원은 반민주를 선택했다. 전광훈 목사의 극우 캠페인에 합류했다. 이 와중에서도 윤석열과 국민의힘을 신랄하게 비판한 보수주의자들이 있다. 조갑제닷컴의 조갑제 대표와 정규재 전 《한국경제》 주필 등이다. 각각 이념보수와 시장보수를 대표하는 논객으로 평가받고 있다.

이들은 소수이지만 울림은 더 컸다. 그리고 진정한 보수주의가 무엇인지 보여주었다. 한국 사회에서 진보와 보수는 북한에 대한 태도, 이승만과 박정희를 보는 시각, 과거청산, 복지와 교육 등에서 서로 다른 생각을 갖고 있다. 하지만 헌법이라는 기준점에 대해서는 다를 수가 없다. 지향과 사회 운영을 달리한다고 해도 우리 사회의 좌우를 대한민국이라는 공동체에 묶어둘 수 있는 것은 헌법이기 때문이다. 이것이 최저선이다. 그들은 최저선을 사수했다.

진보진영에서 '조갑제·정규재의 재발견'이라는 말이 돌았다. 조갑제, 정규재는 보수 세계에서는 '배신자'라는 낙인이 찍혔다. 한자리 얻으려고 하는 것이 아닌가 하는 의혹도 뒤따랐다. 그런데 이들은 헌법수호를 제외하고는 진보진영에 대한 적대감을 그대로 유지하고 있다. 한자리를 얻으려면 전향을 해야 하는데 그렇지 않았다. 진보진영에서는 이들의 옛 발언과 이런 태도를 문제삼았다. 하지만 굴하지 않았다. 헌법이라는 기본 가치를 갖고 얘기를 해서 오히려 다수의 국민에게 설득력이 있었다.

조갑제, "윤석열이 보수를 궤멸시켰다"

조갑제(1945)는 박정희를 구국의 영웅으로 본다. 이와 관련된 무수한 기사와 서적을 생산했다. 1980년 광주민주화운동을 취재 보도하다가 해직되었다. 1980년대 《월간조선》기자로 복귀하면서 전두환 체제를 비판하는 탐사보도로 필명을 날렸다. 그는 5·18 북한군 개입설을 퍼트리는 극우에 대해 일관되게 비판했다.

윤석열이 비상계엄을 발동하자 한마디로 '미치광이'라고 저격했다. 윤석열이 입에 달고 다녔던 자유민주주의는 자의적 민주주의에 불과하다고 신랄하게 비판했다. 무능한 통치자로 "만참(만 번을 참수)해도 모자랄 역사의 범죄자"라고 했다. "법꾸라지 자격도 없어… 극도의 이기주의자"이며 "내란이든 쿠데타이든 실패하면 최고 지도자는 죽는 것이 상례"인데 목숨 걸 용기도 없는 겁쟁이라고 힐난했다. 보수를 참칭한 윤석열이 보수를 궤멸시켰다고 했다.

윤석열이 구속 취소로 석방이 되었을 때에는 "'1순위 위험인물'이라며 석방은 마른하늘에 날벼락"이라고 규탄했다. 윤석열이 관저 정치를 하는 것에 대해서도 윤석열에 줄을 서면 앞으로 보수가 100년간 집권하지 못한다고 한탄했다. 헌법재판소의 판결이 길어지는 동안에도 일관된 입장을 보였다. 탄핵을 기각하면 김정은에게 남침 초대장을 주는 것이라며 적전 분열 망국의 길로 가는 것이기 때문에 그럴 리 없다고 확언했다. 헌법재판소가 전원일치로 윤석열을 파면할 것이라며 "대역죄 혐의자인 윤석열의 탄핵을 기각하는 것은 수시로 계엄령하라는 면허"인데 그런 판결을 할 리가 없다고 했다.

윤석열을 파면하는 것이 새 대한민국의 시작이라고 보았다. 헌법재판소의 심판이 나오면 여야가 모두 승복해야 한다는 《조선일보》의 주장에 대해서도 "이재명이 계엄 선포했냐?"며 "승복은 윤석열만 하면 된다"고 단번에 정리했다.

국민의힘에 대해서는 좀비 정당이라고 했다. "공당으로서 존재 이유를 상실하고 패거리당, 내란비호당, 부정선거음모당으로 전락했다"고 비판했다. 국민의힘 친윤의원들은 윤석열과 공범 관계라고 했다. 그는 "국민 배반자 윤석열을 싸고 도는 국민의힘도 국민 배반당이 된 것 아닌가. 이론적으로 귀책 사유가 있는 국민의힘은 조기 대선에 출마자를 내지 않아야 한다"고 했다. 아니면 적어도 국민을 설득할 수 있는 반성문을 제출해야 한다고 보았다. 윤석열과 관계를 어떻게 정리했다고 설득할 수 있어야 하는데 그런 게 없다는 것이다.

조갑제는 부정선거 음모론도 신랄하게 비판했다. "부정선거 음모론이라는 악령에 접수된 사교 집단"이라며 "그 악령을 퍼뜨려서 부정선거가 있었다고 믿도록 만든 정당이 국민의힘"이라고 지적했다. 보수 유권자도 비판했다. "지금도 부정선거 음모론을 믿고 있다면 보수적 유권자들은 투표하지 말아야 한다. 투표해봤자 다 도둑맞을 건데 '스탑 더 스틸(Stop the Steal)'이라는 푯말을 들고 설친 시간이 뭐냐"고도 지적했다. "이런 윤석열 편들기는 사실 정의·법치·자유를 3대 가치로 삼는 보수로선 자살행위이고 역사의 심판을 영구적으로 부르는 일이다. 윤석열 계엄은 거짓, 불법, 폭압으로 보수의 가치를 부정하였는데도 이번에 또 보수가 줄을 잘못 서면 천년 동안 재기할 수 없을 것이다"고 꼬집었다.

정규재, "보수는 망했다"

정규재는 자신의 유튜브에서 보수가 새출발을 하자며 '보수 행동지침'을 제안했다. 2024년 총선을 앞두고 보수가 한심하다며 10대 행동강령을 발표했다.

"보수 유튜브 중독을 극복한다. 부정선거와 '5·18 북괴군 특파설(음모론)'에서 벗어난다. 자신 속에 권위주의적 세계관을 벗어던진다. 자유민주주의와 자유시장 경제론에 대해 공부한다. 좌파 친구들과 반드시 대화한다. 하나 이상의 시민단체에 가입해 회비를 내고 활동한다. 단체활동을 할 때는 절대로 간부가 되려거나 싸우지 마라. 한 달에 한 권 이상 책을 읽는다. 한 달에 하나 이상의 공부 모임에 참여해 공부한다. 악성 댓글을 쓰지 않는다."

그의 바람과는 반대로 윤석열과 보수는 극우 유튜브에 중독되었다. 그리고 12·3 쿠데타를 일으키고 지지했다. 정규재는 이를 보고 "국민의힘은 파시즘 집단"이며 "보수는 망했다"라고 개탄했다. 정규재는 박근혜가 탄핵되었을 때 박근혜와 유일하게 단독 인터뷰를 했다. 그는 경제공동체라는 틀로 박근혜를 구속시킨 윤석열을 반대했다. 헌법에 국민의 자유권은 검찰권에 대한 자유권으로 명시돼 있는데 정치검찰이 되어서 검찰권을 행사하던 사람이 대통령이 되어서는 안 된다고 했다.

정규재는 윤석열이 내란죄가 아니라고 둘러대자 바로 직격을 했다. "윤석열은 제정신인가… 심야에 사위가 평온한 가운데 국회에 헬기를 착륙시키고 언론을 봉쇄한다고 발표하는 바로 그 순간 내란죄가 성립하는 것이다"고 비판했다.

윤석열이 구속 취소로 석방되었을 때에는 누구보다 앞서 분노했다. "대한민국 감옥을 모두 비워야 한다"는 글에서 "윤석열의 석방이 옳다면…, 그에게 도주와 증거인멸의 위험이 없다는 이유로 그를 석방해야 한다면, 미결감방에 있는 다른 모든 범죄자를 전면 석방해야 한다. 대통령에게 있는 특권이 다른 범죄자에게는 없다는 것이 말이 되나"라고 꼬집었다.

탄핵 반대 집회를 보면서 쓴 '보수의 집단 자살'에서는 "레밍(들쥐) 같다. 집단의 형성과 선회, 줄이어 달리기, 그리고 기어이 강물로 뛰어들어 자살하기 말이다. 지금 보수가 하는 짓이 그렇다. 목사들이 이 집단 선회를 주도하는 것 자체가 종말론적이다"라고 개탄했다. "그렇게 국민의힘은 망해가고 있다. 차라리 철저하게 그렇게 되어주기를 기대해 본다. 겨울이 와서 언 땅에 주검이 뿌려져야 새 봄을 맞을 수 있는 것이라는 봄의 이치를 그나마 기대해 볼 밖에는 길이 없다"고 자조했다. '보수를 고발한다'는 글에서는 "보수는 전두환 시대에서 한 걸음도 나아진 것이 없다. 그들은 여전히 종족적 동굴 속에 갇혀서… 보수를 참칭하고 있다"고 비판했다.

'계몽령이라는 거짓말'에서는 "얼토당토않다. 국민은 종종 계몽의 대상이 되지만 그 계몽하는 사람이 대한민국 정치판을 저토록 엉망진창으로 만들어 놓은 윤석열일 수는 없다. 그리고 간첩을 잡자는 것이 이 시대의 계몽이라면 이는 잘못된 것이다"라고 했다.

그는 이재명의 선거법 위반 재판에 대해서도 일관되게 비판했다. 부정한 방법으로 당선되는 것을 막자는 것이 선거법의 취지인데 패자를 얽매는 것은 법의 취지에 맞지 않는다는 것이다. 이재명이 항소심에서 무죄 판결이 난 후에는 "낙선자에게 공직선거법을 갖다 대는 검찰의 횡포가 제도적으로 수정되어야 한다고 생각한다. 검사를 정치에 끌어넣는 비열한 방식이다. 윤 정부는 이 짓으로 무려 3년을 끌어왔다"고 비판했다.

그는 변절했다는 비판에 대해서도 당당하게 자신의 입장을 밝혔다. "나는 언제나 나의 원점을 지켜왔고… 나는 지금까지도 그 집단이 우파라고 생각해 본적도 없다. 그러니 내게 변절 따위의 이야기를 하지 마라… 내가 자주 하는 말이지만 집단 속에는 지성이 없다. 무리에는 먼지만 뽀얗게 인다." 계엄정국에서 민주당 집회에도 참석했다. 광주에서 열린 포럼 만인공동대회에 참가한 것을 두고 말이 많자 "좌파계몽 독무대였지. 광주의 민주주의. 소위 농업민주주의는 역사상 성공한 적이 없다. 상업 민주주의로 가야 한다고 말해주고 왔지"라고 반박했다.

파시즘을 거부한 보수주의자들

《프레시안》은 "조갑제와 정규재의 이유 있는 투쟁, 노병은 죽지 않는다"라는 박세일 칼럼에서 그들이 지성적이라며 그들을 몰아내고 전광훈에 기대는 보수의 현실을 개탄했다.

> "이들이 중시하는 건 체제와 자유다. 보수의 특질이다. 그 두 가지를, 윤석열의 계엄이 박살냈다. 조갑제와 정규재와 같은 보수 이데올로그들이 분노하는 이유다. 무슨 변절이니, 진영이니 하는 말은 전부 거추장스런 것들이다."

역대 진보 정부에 대해 가장 날카롭게 각을 세웠던 이병태 KAIST 교수는 '정규재, 조갑제 그리고 나 자신을 위한 변호'라는 글에서 "대중 영합이 권력(영향력)과 돈을 가져다 준다면 그 일은 신나는 일이 될 수도 있다. 소셜미디어는 이 보상 체계를 크게 확대했다. 그래서 코인털이범들과 음모론자들이 득세하는 세상이 되었다"고 개탄했다.

그는 "신념과 양심을 팽개치지 말라고 훈련받는 직종과 사람들이 있다. 언론인과 학자들이 그런 직업이다"며 조갑제, 정규재에게 "지사적 태도와 양심을 의심해본 적이 없고 나보다 용감한 분들이라는 점에서 존경의 마음을 갖고 있다"고 했다. 이병태 교수는 "정직하고 다양한 의견이 경쟁하며 진실이 점차 드러난다고 믿는 것이 자유주의이고 휴머니즘이고 현대성이다. 정직성은 세상의 빛과 소금이 된다. 그걸 짓밟고 거부하면 파시즘의 세상이 된다"고 지적했다.

조갑제와 정규재의 주장은 헌법재판소에도 제출됐다. 윤석열 탄핵심판을 앞두고 국회는 파면을 촉구하는 자료를 제출했다. 467쪽 분량의 참고자료에 그들의 인터뷰가 실렸다.

감사원장 시절 문재인 정부와 각을 세웠던 최재형 전 국민의힘 국회의원도 극보수와는 다른 입장을 보였다. 그는 친구가 태극기를 들고 광화문에 가자고 한 것에 대해 공개적으로 반대하는 글을 썼다. "구국의 결단이라고 하더라도 군 병력을 국회의사당에 진입시키고, 국회의 활동을 금지하는 포고령을 발령한 것만으로도 중대하고 명백한 헌법과 법률 위반에 해당한다. 이러한 경우가 탄핵 사유에 해당하지 않는다면 앞으로 권력자는 대화와 협력이라는 정치력을 발휘해 나라를 이끄는 어려운 길보다 군병력을 이용한 비상조치라는 손쉬운 수단을 쓰려는 유혹으로부터 자유롭지 않게 될 것"이라고 상황을 재단했다.

한편《동아일보》는《조선일보》가 비상계엄 1주일이 지나면서부터 논조를 바꾼 것과 달리 일관되게 헌법을 지키는 입장에 섰다. 보수 언론은 극우 유튜버의 절독 캠페인과 구독자의 항의에 직면했다. 양비론으로 흐르는 보도에 대해 언론학자들은 내란에도 양비론이 있냐고 비판을 했다. 그런 중에《동아일보》는 보수 언론 중에서 시종일관 헌법수호의 입장을 고수했다는 평가를 받았다.

44장   문재인의 사과

2022년 5월 문재인 대통령은 역대 대통령 중에서 최고의 지지율을 기록하면서 퇴임했다. 5월 9일 퇴임을 앞둔 마지막 여론조사(한국 갤럽)에서 대통령 직무수행 긍정 평가는 45%였다. 노무현은 27%, 김대중 이명박은 24%, 김영삼은 4%의 지지율로 임기를 마쳤다. 팬데믹을 성공적으로 방어하고, 국격을 높인 것에 대한 평가였다. 문파(文派)라고 불리던 문재인 팬덤은 집권 5년 내내 그의 버팀목이자 디딤돌이 되어주었다. "문재인 보유국"이라는 그들의 표현 그대로 자부심이 넘쳤다. '달님'은 그의 별칭이 되었다.

  문재인은 2025년 2월 7일 《한겨레》 인터뷰에서 처음으로 윤석열을 검찰총장으로 발탁한 과정, 계엄령 발동과 내란 행위를 보면서 느꼈던 자괴감을 털어놨다. 박찬수 대기자와의 인터뷰에서 문재인은 "윤석열 정부 탄생에 문재인 정부 사람들도 책임에서 자유로울 수 없고, 물론 그중 내가 제일 큰 책임이 있다"고 밝혔다. 그는 "이런 사람에게 정권을 넘겨줬다는 자괴감이 아주 컸다. 게다가 이번에 계엄, 탄핵 사태가 생기니까 밤에 잠을 잘 수가 없을 정도로 국민께 송구스러웠다"고 말했다.

1 라운드. 윤석열의 거짓말

문재인은 2019년 당시 검찰개혁이 가장 중요한 과제였기 때문에 검찰총장 인선 기준은 개혁에 대한 동의였다고 밝혔다. 조국 민정수석은 검찰총장 후보추천위원회가 추천한 후보 4명을 직접 다 한 명 한 명 인터뷰를 진행하면서 검찰개혁에 대한 각 후보자의 의지나 생각을 확인했다. 3명은 검찰개혁에 대해서 반대하는 의견을 분명히 밝혔고 윤석열 후보자만 검찰개혁에 대해 지지하는 이야기를 했다고 한다.

평판 조회를 해보면 윤석열이 욱하는 성격에 자기 제어를 잘못하고 윤석열 사단이라는 말이 나올 정도로 자기 사람들을 챙기는 스타일이라는 비판이 적지 않았다. 그런데 그 당시에 검찰개혁에 너무 꽂혀있어서 다소 불편하더라도 윤석열을 선택했다고 문재인은 밝혔다. 결국 윤석열의 거짓말에 넘어갔고, 그는 검찰개혁에 대한 보복과 발목잡기에 나섰다.

윤석열은 본색을 드러냈고 검찰개혁을 좌초시키기 위해 조국을 희생양으로 삼았다. 문재인을 만나서 조국에게 이해할 수 없는 행위가 있다고 했다. 조국의 부인, 정경심을 기소하겠다고 했다. 함성득은 《위기의 대통령》이라는 책에서 당시의 풍경을 묘사했다. 문재인은 "꼭 그렇게 해야 하느냐?"고 물었고 윤석열은 "법리상 그렇게 해야 한다"고 대답했다. 문재인은 《한겨레》와의 인터뷰에서 윤석열이 '아무리 조국 수석이라도 용납할 수 없는 게 이른바 사모펀드다'라고 했는데 그게 사기였다고 술회했다. 실제로 사모펀드는 다 무죄가 났고 표창장 등 다른 것으로 틀어서 가족을 풍비박산을 냈다며 "한없이 미안하다"고 말했다.

문재인은 그 당시에는 이런 입장을 밝혔다. 2019년 11월 19일 〈MBC 국민과의 대화〉 생방송에서 조국 장관 임명과 관련된 질문에 "인사 문제는 참으로 곤혹스럽다. 국민 눈높이에 맞지 않다는 비판을 받고 있어서 굉장히 송구스럽다"고 사과했다. 2020년 1월 14일 신년 기자회견에서 윤석열에 대해 "엄정한 수사, 권력에도 굴하지 않는 수사, 이런 면에서는 이미 국민에게 신뢰를 얻었다고 생각한다"고 했다. 조국 사건에서 여론에 따라 윤석열의 손을 들어준 것이다. 문재인은 "윤석열 검찰총장이 검찰 조직 문화 개선에 앞장서면 더 신뢰받을 것."이라고 덧붙였으나 윤석열에게 검찰개혁은 사족처럼 들렸을 것이다.

2 라운드. 추미애 해임

문재인은 《한겨레》 인터뷰에서 윤석열의 저항에 대해 왜 단호한 입장을 취하지 못했는가에 대해서도 답했다. 권위주의 시대에는 '신뢰하지 않는다'라고 공공연하게 말하거나 물러나기를 바란다고 언론을 통해서 압박하면 검찰총장이 알아서 물러났다. 시대가 달라져서 지금은 그렇게 압박했다가는 윤석열 본인은 물론이고 검찰 조직 전체, 보수 언론도 들고일어나 엄청난 역풍이 생기고 차기 대선에서 굉장히 큰 악재가 되겠다고 판단했다는 것이다.

그 당시에 윤석열을 그만두게 할 수 있는 유일한 방법은 법무부 장관의 징계 건의로 징계 해임을 하는 것이었다고 문재인은 인터뷰에서 밝혔다. 대통령 윤석열의 시작이 검찰총장 발탁이었고 그것이

원죄인 것은 맞는데, 징계 과정이 매끄럽게 잘 안 되면서 굉장히 많은 역풍을 받고 그 바람에 정치적으로 더 키워주었다고 진단했다. 그래서 마치 윤석열을 문재인 정부와 대척점에 서 있는 사람처럼 만들어 주어서 대통령 후보로까지 올려준 거라고 생각한다고 했다.

추미애 법무부 장관이 2020년 11월 24일 윤석열에 대한 직무집행 정지를 명하고 징계를 청구했다. 그해 12월 16일 정직 2개월이 결정되었다. 징계 사유는 조국 사건 등 주요 재판부 판사 사찰 문건 작성, 《채널A》기자 취재윤리 위반사건, 국정감사 당시 정치적 발언 등이다.

직무 정지 및 징계 처분에 대해 대다수 검사가 반발했다. 법무부 감찰위원회에서도 만장일치로 절차상 중대한 흠결이 있다고 결론을 내렸다. 당사자일 수 있는 판사들이 '재판부 사찰 문건'에 대해 대응하지 않았다. 정국운영에 미치는 타격이 컸다. 당장 2021년 서울시장, 부산시장 보궐선거를 앞둔 민주당이 크게 흔들렸다. 문재인은 사과했다.

2021년 1월 18일 신년 기자회견에서 "윤석열 총장에 대해 여러 가지 평가가 있지만 저의 평가를 한마디로 말씀드리면 '문재인 정부의 검찰총장이다', 그렇게 말씀드리고 싶다. 검찰총장은 내가 임명한 사람이다. 윤석열 총장이 정치를 염두에 두고 정치할 생각을 하면서 검찰총장 역할을 하고 있다고는 생각하지 않는다"고 했다. 얼마 후에 추미애는 해임되었다. 정치적으로 체급을 올린 윤석열은 2021년 3월 4일 검찰총장직을 사퇴했고, 그해 6월 29일 정치 참여를 선언했다.

윤석열의 문재인 정부 비판

국민의힘 대통령 후보가 된 윤석열은 2022년 2월 9일 《중앙일보》 인터뷰에서 "민주당 정권이 검찰을 이용해서 얼마나 많은 범죄를 저질렀나. 거기에 상응하는 책임을 져야 한다"며 문재인 정부가 범죄를 저질렀다고 기정사실화했다. 이와 함께 '집권하면 전 정권 적폐 청산 수사를 할 것이냐'는 물음에 "해야죠. 해야죠. (수사가) 돼야죠"라고 말했다. 문재인으로서는 기가 찰 노릇이었다.

격앙된 문재인은 다음 날 청와대 참모회의에서 "중앙지검장, 검찰총장 재직 때에는 이 정부의 적폐가 있는 데도 못 본 척했다는 말인가. 아니면 없는 적폐를 기획 사정으로 만들어내겠다는 것인가 대답해야 한다"고 했다. 또한 "현 정부를 근거 없이 적폐 수사의 대상, 불법으로 몬 것에 대해 강력한 분노를 표하며 사과를 요구한다"고 말했다.

선거는 윤석열의 승리로 끝났다. 문재인은 3월 청와대 여민관에서 선거가 끝난 후 대한민국은 하나라며, 윤석열에게 통합과 포용의 정치를 주문했다.

> "사상 유례없이 치열한 경쟁 속에 갈등이 많았던 선거였고, 역대 가장 적은 표차로 당락이 결정되었습니다. 선거 과정이나 결과에 각자 많은 아쉬움이 있을 수 있지만, 선거가 끝난 이후의 대한민국은 다시 하나입니다. 우리 정부는 차기 정부가 국정 공백 없이 안정적으로 출발할 수 있도록 협력해 나가겠습니다. 무엇보다 지금은 통합의 시간입니다.

선거 과정과 결과에서 극명하게 드러난 갈라진 민심을 수습하고, 치유하고 통합하는 것이 가장 시급한 과제입니다. 다음 정부에서 다시 여소야대의 국면을 맞게 되었지만, 그 균형 속에서 통합과 협력의 정치를 해달라는 것이 국민의 요구이고 시대정신이라고 생각합니다. 특히 우리가 마주한 냉정한 현실을 직시할 필요가 있습니다."

어느 남쪽의 노을을 닮은 부부

용산 시대를 선언한 윤석열은 취임과 동시에 청와대를 개방하려고 했다. 극적인 효과를 얻기 위해서였다. 취임식에 참석해야 하는 문재인의 숙소가 문제였다. 윤석열은 즉시 방을 빼라고 했다. 5월 9일 자정까지가 임기인데 문재인은 이날 저녁 청와대를 나갔다. 서울 모처에서 하룻밤을 자고, 윤석열 취임식에 참석한 후 경남 양산으로 향했다. 노무현은 마지막 밤을 청와대에서 보낸 후 이명박 취임식에 참석하고 경남 김해로 갔다. 정작 윤석열은 파면 후에도 일주일을 더 한남동 관저에서 머물렀다.

문재인은 퇴임 후 고향 경남 양산에서 첫 일요일을 맞았다. 5월 15일, 주일 미사 참례를 마치고 돌아온 그를 맞이한 것은 극우 보수단체였다. 문재인은 "양산 덕계성당 미사. 돌아오는 길에 양산의 오래된 냉면집 원산면옥에서 점심으로 냉면 한 그릇. 집으로 돌아오니 확성기 소음과 욕설이 함께하는 '반지성'이 작은 시골 마을 일요일의 평온과 자유를 깨고 있습니다. 평산마을 주민 여러분 미안합니다"라고 했다. 윤석열이 취임사에서 밝힌 '반지성주의와의 투쟁'을 인용해 극우 단체의 행태를 비꼬았다.

"잊혀지겠다"며 자연인의 삶을 살겠다고 한 문재인의 일상은 평화로워 보였다. 감자 캐는 모습을 인스타에 올리기도 하고, 도서 추천 글을 올렸다. "어느 남쪽의 노을을 닮은 부부"의 모습을 보면서 문파들은 열렬히 응원했다. 문재인은 평균 4일에 한 번꼴로 SNS에 글을 올렸다.

정국에 직접 개입하는 것을 삼갔지만 정말 참을 수 없을 때에는 나섰다. 2023 새만금 세계스카우트 잼버리 대회가 준비 부족으로 실패하자 직접 나서서 유감의 뜻을 표명했다. 윤석열이 사과하지 않고 책임을 떠넘기자, 전 정부의 책임자로서 대신해 사과했다. 사실상 윤석열에 대한 비판이었다.

"새만금 잼버리 대회로 우리는 국격과 긍지를 잃었고, 부끄러움은 국민의 몫이 됐다. 사람의 준비가 부족하니 하늘도 돕지 않았다. 새만금을 세계에 홍보해 경제 개발을 촉진하고 낙후된 지역경제를 성장시키려던 전북도민들의 기대는 허사가 됐다. 그들이 대회 유치에 총력을 기울였던 것이 허사가 되고 불명예만 안게 됐다. 이번 실패로 실망이 컸을 국민들, 전 세계 스카우트 대원들, 전북도민 및 후원 기업에게 대회 유치 당시 대통령으로서 사과와 위로의 마음을 전한다. 대한민국이 보란 듯이 다시 일어서길 바란다."

다큐 〈문재인입니다〉

2023년 12월 전주영화제에서 이창재 감독의 〈문재인입니다〉가 공개됐다. 이창재 감독은 '정치가 싫었던 인권변호사 문재인이 왜 대통령이 되는 길을 택했을까, 권력을 내려놓은 이후 그의 삶은 어떻게 전개되었을까'라는 질문에 답하기 위한 작업이었다"고 의도를 밝혔다. 이 영화는 문재인이 대통령 임기를 마친 후의 삶, 평산마을에 사는 '인간 문재인'에 초점을 맞추었다. 이창재 감독은 《오마이뉴스》와의 인터뷰에서 영화를 찍고 난 후의 소감을 밝혔다.

"한뿌리에서 나와서 다르게 꽃이 핀 분들 같다. 세상을 향한 연민이 큰 뿌리라고 생각한다. 두 분 다 거기에서 시작해서 다른 열매를 보여주셨다. 노통(노무현)은 자체발광하신 분이다. 선명한 메시지가 있고 설득력도 뛰어났다. 근데 좀 이른 시기에 나와 시대와 보조를 맞추기 어려웠던 분이셨던 것 같다.

그에 비해 문통(문재인)은 자체발광보단 배경이 되시려던 분이다. 주인공이 아니더라도 세상에 도움이 되려는 태도를 취해오셨던 것 같다. 제가 이 영화를 오래 붙잡은 이유이기도 하다. 촬영 때도 일부러 배경을 환하게 하고 문통을 어둡게 담기도 했다. 본인 자체가 빛이 없는 분이 아닌데 조금 뒤로 물러나 상대를 대하려는 태도가 있으시더라.

계속 반복하신 말씀이 잊힌 존재가 되고 싶다는 말이었다. 그건 전임 대통령으로서 잊히겠다는 뜻일 텐데 엄연히 임기가 끝났고 자연인으로 제2의, 제3의 삶을 사시려는 분을 왜 사람들은 인정 못 해줄까, 한 사람의 시민으로 발언하는 걸 왜 정치적으로만 해석할까, 제가 다 안타깝다."

영화에서 문재인은 "5년간 이룬 성취, 제가 이룬 성취라기보다 대한민국 국민이 함께 이룬, 대한민국이 성취한 것인데. 그것이 순식간에 무너지고 과거로 되돌아가고 그런 모습들을 보면서 한편으로 허망한 생각이 든다"고 말했다. '잊히고 싶다'는 퇴임 당시 소감에 대해 "일단 제가 자연인으로서는 잊힐 수가 없지만 현실정치 영역에서는 이제는 잊히고 싶다는 뜻을 그렇게 밝혔던 것"이라며 "(여권이) 끊임없이 저를 현실정치로 소환하고 있으니까 그 꿈도 허망한 일이 됐다"고 말했다.

문재인은 또 "끊임없이 저를 현실정치 속에 소환하게 되면 결국은 그것이 그들에게 부메랑으로 돌아가게 될 것이라고 생각한다"고 덧붙였다. 윤석열의 검찰은 문재인과 이재명을 향해서 칼춤을 계속 추고 있었다.

정치에 소환되는 문재인

문제는 윤석열의 실정이었다. 윤석열의 난폭 운행이 심해질수록 그를 검찰총장에 앉힌 문재인의 책임이 거론되었다. 가장 성공한 정부는 정권 재창출을 한 정부라는 말이 있다. 정권 재창출에 실패하고 그 책임에서 자유롭지 못하니까 그 부담이 문재인에게 돌아왔다. 게다가 민주당은 이재명 대표의 당 대표 연임과 그의 사법리스크로 시끄러워지기 시작했다. 문파와 이재명 지지자인 개딸(개혁의 딸)의 싸움도 극심해졌다. 비이재명 의원들은 지난 대선에서 이재명만 아니었으면 누가 후보로 나섰든 승리했을 것이라고 했다. 그의 사법리스크 때문에 패배했다는 것이다. 반면 친명 의원들과 개딸은 문재인 정부의 실정으로 이재명이 대선에서 패배한 것이라며 책임론을 돌렸다. 어려움이 닥치면 정치인들은 문재인을 찾았다. 이재명을 포함하여 친명도 찾았고, 친문으로 분류되는 비명도 찾았다. 문재인이 소환되고 소비될수록 문재인의 정치적 효용성에 대한 의문도 제기되었다.

문재인 정부의 탄생을 직간접적으로 지켜보거나 관여했던 사람들은 2023년부터 상황 타개를 위해 그의 사과를 요구했다. 2024년 총선을 앞두고 위기감이 커졌다. 2023년 2월 문용식 전 한국지능정보사회진흥원 원장이 먼저 물꼬를 틀려고 했다. 그는 민들레에 게재한 특별기고에서 "문재인 대통령께 감히 부탁드린다. 대통령이 이 모든 사태의 가장 큰 당사자이다. 대통령이 앞장서서 내부 성찰의 물꼬를 터주길 바란다. 대통령의 성찰은 민주당의 내재적 갈등을 최소화하고, 지지자들에게 신뢰를 회복하는 결정적인 모멘텀이 되리라 믿는다"며 사과를 촉구했다.

8월에는 우희종 서울대 명예교수도 가세했다. "뜨거웠던 국민 열망을 무너트리고 무책임하게 정권교체를 빚어낸 지난 상황에 대하여 당시 총책임자였던 문재인 대통령의 진정한 대국민 사과가 필요하다. 그것이 문재인 대통령 스스로를 위한 길이기도 하다. 그것은 지금이라도 야당으로서의 긴 역사와 맥을 지닌 민주당의 단합된 모습을 되찾게 하고자 하는 지도자의 노력이다."

문재인은 이런 비판에 답을 하지 않았다. 2024년 총선에서 파란 점퍼를 입고 부산 지역 일부 후보들 지원 유세에 나섰다. 결과는 좋지 않았다. 2024년 8월 18일 이재명을 다시 당 대표로 선출한 민주당 전당대회에 문재인은 영상 축사를 보냈다. 일부 당원들은 야유를 보냈다.

《시사IN》은 매년 전직 대통령들을 상대로 하여 '가장 신뢰하는 대통령' 조사를 실시했다. 2022년 조사에서는 박정희(29.8%) 노무현(24.3%)에 이어 문재인은 15.1%로 3위를 기록했다. 2023년 조사에서는 박정희(32.4%) 노무현(22.0%)에 이어 3위를 기록했지만 낙폭이 컸다. 문재인 10.9%이고 김대중 10.3%였다. 2024년 조사에서는 4위로 밀려났다. 박정희(36.7%) 노무현(21.8%) 김대중(12.4%)에 이어 9.2%를 기록했다.

한국갤럽조사에서는 노무현, 박정희의 순위가 다르게 나타난다. 2024년 3월 '한국인이 좋아하는 역대 대통령' 조사에서 노무현 31%, 박정희 24%, 김대중 15%, 문재인 9%였다. 한국갤럽은 특이하게도 현직 대통령을 포함해서 물었는데 윤석열은 문재인보다 낮은 2.9%였다. 이어 이승만 2.7%, 박근혜 2.4%, 이명박 1.6%, 김영삼 1.2%, 노태우 0.4%의 순이었다. 전두환은 조사 대상에서 제외했다.

비상계엄을 접한 문재인

문재인은 《한겨레》 인터뷰에서 12·3 비상계엄을 접했을 당시의 충격적인 심정을 토로했다. 당장이라도 서울에 올라가 농성이라도 하겠다는 각오였다고 한다. 계엄은 그날 민주당의 기민한 대응으로 해제가 되었다.

문재인은 12월 12일 김경수 전 경남지사를 만난 자리에서 "반헌법적 내란 사태는 용서할 수 없는 일"이라며 "전 정부를 책임졌던 사람으로서 민주주의를 지속 발전시키지 못해 지금 같은 상황이 만들어지고, 국민이 이 추운 겨울 또다시 차가운 아스팔트 위에서 고

난을 겪게 만들어 늘 미안함을 갖고 있다"고 말했다. 문재인이 국민에게 미안한 심정을 밝힌 것은 대통령직 퇴임 후 처음이다. 문재인은 이날 대법원 최종판결을 받은 조국 조국혁신당 대표에게도 전화하여 안타까움과 함께 인간적인 미안함을 표했다고 한다.

  문재인은 2025년 2월 1일 "책을 안 읽는 정치는 나라를 추락시키고, 분열시키며, 국민의 삶을 뒷걸음치게 만든다"고 말했다. 페이스북에서 '새해 처음 추천하고 싶은 책'이라며 문재인 정부 청와대 연설비서관을 지낸 신동호 시인의 책 '대통령의 독서'를 소개했다. 책을 많이 읽는 문재인이 술을 많이 마시는 윤석열을 비판한 것으로 보이기도 했다. 비판은 문재인에게 돌아왔다. "책 많이 읽으셔서 윤석열을 검찰총장 만들어 정계 데뷔시켰냐"는 힐난도 있었다. 국민은 여의도 대첩, 남태령 대첩, 한강진 대첩으로 윤석열과 맞서는데 윤석열을 대통령으로 만든 책임이 있는 문재인이 한가해 보인다는 비판의 소리가 파도를 쳤다. 결국 문재인은 《한겨레》 대담을 통해 사과했다. 이 사과로 문재인에 대한 비판은 잦아들었다.

  4월 4일 헌법재판소에서 윤석열을 파면했다. 문재인은 "헌법과 정의의 이름으로 민주공화정을 지켜낸 것"이라며 놀라운 민주주의 회복력을 다시 한번 세계에 보여줬다"고 했다. 그는 "모두 국민 덕분이라며" 나라 걱정으로 밤잠 이루지 못하며 노심초사했던 국민께 위로와 감사를 드린다. 하루속히 계엄사태가 남긴 상처와 후유증을 치유하고 통합과 안정으로 나아가길 기대한다"고 했다. 또 "평화적으로 되찾은 민주주의를 더욱 튼튼히 하여 보다 성숙한 민주주의로 나아가는 계기가 되길 바란다"고 희망했다.

  옥중에서 윤석열 파면을 기원하며 매일 108배를 했던 조국은 "민주헌정을 파괴했던 내란수괴 윤석열이 드디어 파면됐다"며 극우 파쇼 세력이 여전히 존재하니 다시 한번 마음과 힘을 모아달라고 당부했다. 그러면서 "시간이 많지 않다. 새로운 다수 연합을 신속히 구축하여 압도적 기세로 정권교체를 이루고 새로운 대한민국을 위한 길을 열어야 한다"고 강조했다.

한편 윤석열 징계를 매끄럽게 처리하지 못했다는 이유로 법무부 장관직에서 물러나야 했던 추미애 민주당 의원은 2024년 12월 14일 윤석열 탄핵소추안이 국회에서 통과하자 입장을 밝혔다. "탄핵이 가결된 순간, 저는 꼬박 4년의 시각들이 하나하나 깊이 고통으로 제 안에 각인되어 있었기에 속에서 맺힌 것들이 일시에 터져 나오는 느낌을 참느라 어쩔 줄 몰랐다"고 밝혔다.

그는 "4년 전 언론의 편견과 구박 속에서도 저를 믿고 감찰과 징계에 최선을 다했으나 정치 상황의 급변으로 법무부를 떠나게 되었던 정의로운 검사들, 윤석열로부터 보복 수사를 받거나 누명을 쓰고 괴롭힘을 당하거나 법무부를 떠난 차관과 부당한 징계를 받고 검찰을 떠났던 검사들에 대한 미안함도 겹쳤다'고 했다.

추미애는 "저는 검찰총장 윤석열이 자신과 처족의 불법을 감추기 위해 감찰과 수사를 적극적으로 방해한 행위를 적발해 징계까지 했으나 결국 인사권자는 여론에 떠밀려 그를 제압하지 못했다"고 말했다. 이름 석 자는 얘기하지 않았지만 문재인에게 책임이 있다고 지적을 했다.

45장   헌법재판관의 송곳질문 vs 윤석열의 거짓말

국회는 2024년 12월 14일 윤 대통령 탄핵소추안을 재적의원 300명 중 204명 찬성으로 가결하고 사건을 헌법재판소에 접수했다. 헌재는 총 11차례 변론기일을 진행했다. 2025년 1월 14일 첫 변론기일부터 2월 20일 10차 변론기일까지 국무총리, 군, 경찰, 전직 국정원 관계자 등 16명의 증인이 출석했다.

 윤석열이 계엄을 선포한 행위의 위헌성, 포고령 선포 절차의 불법성, 군대와 경찰을 동원해 국회를 침탈한 행위, 선관위 침입, 정치인 및 법관 체포 시도 등 주요 쟁점에 대해 증인들의 진술을 들었다. 사실 여부와 그 사실의 위헌성이 중요하게 다루어졌다. 위헌성이 있더라도 파면을 정당화할 수 있을 정도의 헌법 위배라고 평가할 수 있는지가 재판의 중요한 쟁점이 되었다. 2월 25일 마지막 변론기일에는 양측의 최후진술을 들었다.

 2024년 10월 국회 추천 헌법재판관 3인의 임기가 만료되었다. 22대 국회에서는 여야 간의 첨예한 대립으로 국무위원 탄핵 사건을 다룰 헌법재판관의 구성이 중요해졌다. 민주당은 의석수에 비례하여 민주당이 2인, 국민의힘이 1인을 추천할 것을 주장하였다. 국민의힘은 여 1, 야 1, 여야 합의 1로 하자고 팽팽하게 맞섰다. 논의가 평행선을 달리며 헌법재판소가 2024년 10월부터 재판관이 6인밖에 남지 않게 되는 상황이 되었다. 7인 이상의 심리를 규정한 헌법재판소법에 따라 탄핵심판이 멈춰섰다.

12월 26일 한덕수 대통령 권한대행 국무총리는 여야의 합의 없이는 헌법재판소 재판관을 임명할 수 없다고 했다. 한덕수는 국회에서 탄핵되었다. 최상목 대통령 권한대행 경제부총리가 조한창(국민의힘 추천)과 정계선(민주당 추천) 후보자만 임명하고 마은혁(민주당 추천) 후보자는 여·야 합의가 필요하다며 임명을 보류했다. 8인 체제의 출범으로 헌법재판소 마비 사태는 일단 피했다.

국회의 몫인 헌법재판관을 대통령이 임명하는 것은 형식적인 절차에 불과하다. 선거에서 승리한 이를 선관위에서 당선증을 주는 것과 매한가지다. 그런데 선출되지 않은 권력인 권한대행이 국회 추천 몫 중에 2인만 선택함으로써 형식적인 임명권을 실질적으로 행사한 점이 문제가 되었다. 명백한 삼권분립 위배이다. 윤석열 정부에서 임명된 보수 기득권자들의 내란 동조 행위는 정당, 군, 검찰, 경찰 곳곳에서 계속되었다. 윤석열 하나만 사라진다고 나라가 정상화되지 않는다는 문제가 드러났다.

헌법재판소는 윤석열의 행위가 파면 사유에 해당하는지 쟁점을 다섯 가지로 압축하고 심리와 증거조사를 진행했다.

    1) 비상계엄 발동이 헌법상의 요건에 부합하는가
    2) 계엄포고령은 헌법과 법률에 근거한 것인가
    3) 계엄군의 국회 침입이 윤석열의 지시에 의한 것인가
    4) 계엄군의 선관위 점거는 적법한 행위인가

5) 정치인, 법관 체포 및 구금 지시는 누가 했는가

위 쟁점 중에서 단 하나라도 중대한 위헌 행위가 인정되어 6명 이상의 재판관이 탄핵소추를 인용하면 윤석열이 파면된다. 국론분열을 막기 위해서 인용이 될 경우 만장일치를 택하는 것이 바람직하다. 박근혜 탄핵심판 때도 8명 만장일치를 택했다.

헌법재판관은 16명의 증인을 상대로 직접 질문을 했다. 문형배, 김형두, 정형식, 이미선, 재판관이 열심히 질문했다. 윤석열을 상대로도 질문했다. 질문은 직설적이거나 날카로웠고 답변은 어리석거나 우스꽝스러운 경우가 많았다. 우문현답(愚問賢答)이 아니라 현문우답(賢問愚答)이었다. 정정미·김복형·정계선·조한창 재판관은 질문하지 않았다.

윤석열은 헌법재판소의 공간을 자신의 선전장으로 삼았다. 심지어 분장사까지 동원하여 얼굴 화장을 하고 나왔다. 1월부터는 여론 지형도 바뀌었다. 보수 유권자들이 결집했다. 윤석열이 겉으로는 의기양양한 모습을 연출했고, 극우 장외집회가 경쟁적으로 늘어났다. 윤석열은 법원에 구속 취소를 신청했다. 그가 석방된 3월 8일부터 4월 4일 헌법재판소의 판결이 있기까지는 긴장의 시간이었다.

윤석열의 답변은 거짓말과 기만으로 가득 찼다. 국회의원을 끌어내라고 한 적이 없다, 최상목에게 쪽지를 준 적이 없다, 정치인 체포를 지시한 적이 없다, 자유민주주의를 신봉한다 등등 모두 거짓말이었다. 어떻게 한 사람이 쉬지 않고 거짓말을 할 수 있는지, 그것이 가능한지 궁금했다. 어떻게 모든 책임을 하급자에게 돌리는지 통반장도 그러지 않는 일을 너무나 천연덕스럽게 했다.

한 아이가 자라나서 소년이 되고, 청년이 되어 검사가 되고 계엄령을 발동하는 괴물이 되었을지, 개인의 문제인지, 사회의 문제인지 연구 대상이 되었다. 한나 아렌트가 2차대전 전범인 아이히만의 재판을 관찰한 것처럼 정신분석학자나 심리학자들이 윤석열을 심도 있게 연구를 해서 평전을 써주면 좋겠다고 국회 측 장순욱 변호사가 말했을 정도다.

헌법재판소에서 벌어진 국회 측과 윤석열 측의 공방을 시간순이 아니라 쟁점 순으로 재구성했다. 직접적인 응급이 아닌 경우도 쟁점별로 이해하기 쉽도록 묶었다.

(1) 비상계엄 발동이 헌법상의 요건에 부합하는가

윤석열 측은 전체 심리의 가장 기본이 되는 비상계엄 발포의 정당성을 방어하지 못했다. 방어할 수 없었다. 온갖 해괴한 논리를 들이댔다. 통치 행위, 국민 계몽령, 야당 경고용 등등으로 논점을 변경해 나갔다. 일관성이 없었다. 헌법 77조는 "전시·사변 또는 이에 준하는 국가비상사태에 있어서 병력으로써 군사상의 필요에 응하거나 공공의 안녕·질서를 유지할 필요가 있을 때에" 계엄을 선포할 수 있다고 되어 있다. 계몽, 경고 등은 예방행위이며 사전적인 것으로 조건에 해당되지 않는다. 법률상 계몽이나 경고를 위한 계엄은 없다. 헌법과 법률을 전혀 이해하지 못하고 논리를 전개했다. 이에 가세한 보수 법조계와 학계, 보수 언론도 마찬가지였다.

① 통치 행위인가

윤석열 변호인단 측 조대현 변호사는 계엄령 발동은 통치 행위라서 법원과 헌법재판소의 사법 심사대상이 되지 않는다는 논리로 변호를 했다. 그는 "국가원수로서 국민의 국익, 모든 정보를 제일 잘 아는 대통령이 가장 정확하게 판단할 수 있고 국회·법원·헌법재판소는 그것을 심판할 정보도 없고 능력도 없다"고 말했다.[2차 변론] 민주화 이후에는 비상계엄의 선포가 국헌문란의 목적을 달성하기 위하여 행해진 경우, 국민의 기본권을 침해하는 경우 사법심사의 대상이 된다는 판례가 있다. 헌법재판소 심판정에서 열린 공개변론에서 대놓고 헌법재판소의 권한을 부정하여 변론 전략의 부재를 보여주었다.

② 야당은 박수 한번 없었다, 경고성 계엄이었다

윤석열 측에서 "대통령은 민주당의 권력 남용을 막기 위해 계엄을 선포했다"고 주장했다[4차 변론]. 계엄 선포 이유를 야당의 줄탄핵 때문이라고 했다. 이미선 재판관은 김용현에게 "계엄의 목적은 거대 야당에 경종을 울리고 부정선거의 증거를 수집하기 위한 것인가"라며 "이러한 목적을 위해서 비상계엄을 선포할 수 있다. 이렇게 생각하는 건가"라고 물었다. 이에 김용현은 "비상계엄 요건은 대통령님께서 판단하시는 것이기 때문에 그 요건에 대한 것은 대통령님 몫이라고 생각한다"고 답했다.

　윤석열은 "제가 대통령으로서 야당이 아무리 절 공격하더라도 왜 대화와 타협을 안 하겠나. (여당의) 의석수도 100석 조금 넘는 의석 갖고 어떻게든 야당을 설득해서 뭘 해보려고 한 건데 문명국가에서, 현대사에서 볼 수 없는 줄탄핵을 하는 건 대단히 악의적이고 대화와 타협을 하겠다는 게 아니라 그냥 이 정권을 파괴시키는 게 목표임을 명확히 보여주는 것"이라 주장했다. 윤석열은 자신이 야당과 타협할 의지가 없었다는 국회 측의 지적에 대해 야당은 자신의 연설에서 박수 한번 없었다면서 비상계엄의 이유를 강변하였다. '박수 한번 없음.' 참으로 찬란한 계엄 발동의 이유였다.

윤석열은 '경고성 계엄'이라는 자신의 진심을 국무회의에서 말하지는 않았다고 했다. 윤석열은 "(김용현) 장관에게 얘기할 때는 계엄의 형식을 빌린 대국민 호소이고, 국회 해제 결의가 있으면 즉시 (해제)할 것이라고 얘기하지만, 저 역시도 그런 내용은 해제하고 설명해야지 국무위원들에게 계엄 전에는 얘기할 수가 없는 것"이라고 거짓말을 늘어놓았다. 국무위원들을 상대로 쇼를 했다는 구차한 변명이다.

③ "국민을 계몽하기 위한 것이었다"

윤석열 측은 "거대 야당의 독주를 경고하기 위해 계엄을 선포한 것이 아니라, 주권자인 국민에게 호소하기 위한 것이었다"라고 입장을 바꿔 증언했다. [4차 변론] 윤석열이 국민에게 호소하기 위한 것이라고 초점을 바꾸자 변호인도 따랐다. 조대현 변호사는 "국민은 비상계엄을 '계몽령'이라고 이해하고 있다. 국민에게 경각심을 호소하기 위한 것인데 반국가 세력이 내란죄로 몰아 대통령까지 구속됐다"고 발언했다. '계몽령'은 극우 유튜버들과 윤석열 극렬 지지자들이 비상계엄 이후 어리석은 국민이 깨어났다는 의미로 사용해온 용어이다.

김계리 변호사는 탄핵심판 11차 변론기일에서 윤석열 측 종합변론 첫 주자로 나서 "비상계엄 후 담화문을 찬찬히 읽어보고, 임신·

출산·육아를 하느라 몰랐던 민주당의 패악과 일당독재, 파쇼 행위를 확인하고 이 사건 변호에 참여하게 됐다… 저는 계몽됐다"고 말했다. 윤석열을 아버지라고 생각하는 김계리는 그 후 윤버지(윤석열+아버지)를 지지하는 윤어게인(Yoon Again) 창당에 나서기도 했다.

④ 한덕수 "국무회의, 실체적 절차적 흠결이 있었다"

국무회의를 거치지 않은 계엄령 발동은 위법이다. 국무회의는 개의 선언, 안건 상정, 의결정족수 확인, 폐회, 그리고 참여한 국무위원들의 부서로 성립된다. 그 어느 하나도 과정상에 있지 않았다.

김형두 재판관이 한덕수 총리에게 물었다.[10차 변론] 김형두는 "사법적 판단이 아니라 증인의 생각을 듣고 싶다"고 말했다. 한덕수는 "통상의 국무회의와 달랐고 형식적 실체적 흠결이 있었다고 생각한다. 실체적 절차적 흠결이 있었다는 것은 팩트"라고 답했다. 기존에 진행해 오던 국무회의와는 큰 차이가 있었다고 했다.

윤석열은 이에 앞서 "조사를 받는 과정에서 계엄=내란이라는 프레임으로 자꾸 누르니까 아마 일부 국무위원들이 그런 식으로 답변을 한 것 같은데, 국무위원들이 대통령실에 간담회를 하러 오거나 놀러 왔다는 것은 말이 안 되는 이야기"라면서 계엄 선포 전에 열린 회의가 국무회의가 맞다고 주장했다. 사전에 충분한 논의가 있어서 국무회의는 5분 정도밖에 걸리지 않았다고 둘러대었다.

한덕수는 국회 측의 비상계엄에 찬성한 국무위원이 있었는가라는 질문에 "제 기억에는 없다. 경제와 대외 신인도, 국가 핵심을 흔들 수 있다는 생각에 만류했다. 당시 국무위원들은 위헌·위법 여부보다 비상계엄을 선포하면 우리나라가 어려움에 처할 수 있다는 의견이 많았다. 계엄 자체에 위헌이라고 얘기한 국무위원은 없었다"라고 말했다. 명백한 반대는 힘들었지만 우려를 표명하는 방식의 소극적 반대를 했다는 변명이었다.

정형식 재판관은 김용현에게 "비상계엄 선포문에 부서를 했나? 장관들이나 증인이 부서를 했나"라고 물었고[4차 변론] 김용현은 "그렇게는 하지 않았다"고 밝혔다. 이상민 전 행정안전부 장관도 개의 선언이 없었다고 했다.

⑤ 실패가 아니라 빨리 끝났다

윤석열과 김용현은 12·3 비상계엄이 실패하지 않았다고 했다. 윤석열은 "실패한 계엄이 아니라 예상보다 빨리 끝난 것"이라고 했다. 윤석열이 2024년 12월 12일 '국민에게 드리는 말씀'을 통해 "병력이 투입된 시간은 한두 시간 정도에 불과하다"며 "도대체 두 시간 짜리 내란이라는 것이 있냐"고 말한 것의 연장 선상이다. 불법 계엄은 규모가 작았든 컸든, 한두 시간짜리든 한 달짜리든 불법은 불법이다.

윤석열 측 미리 제출한 답변서에서 "안건 상정 등 절차 때문에 다수당인 민주당이 계엄을 해제하려고 해도 며칠은 걸릴 것으로 예상했다. 비상계엄 사유의 존부와 필요성 해소 여부를 조사 심의하지도 않고, 국회의장과 의원 190명이 비상계엄 해제를 의결했다"라고 적어냈다. 윤석열은 당초 계엄해제 의결이 국회 국방위(위원장 성일종 국민의힘 의원)를 거쳐 법사위와 본회의 표결까지 가는 데 며칠은 걸릴 것이라고 예상한 듯하다. 그래서 충분히 국회를 제압할 수 있었다고 계산했다. 국회의장이 직권상정할 수 있도록 한 국회법을 전혀 모르고 있었다. 국회가 심의할 수 있도록 계엄령을 국회에 전달하지도 않았다. 민주당, 조국혁신당과 국민의 기민한 대응으로 두 시간 만에 끝난 것이다. 윤석열은 두 시간 만에 끝낼 생각이 없었다.

(2) 계엄포고령은 헌법과 법률에 근거한 것인가
① 그냥 베껴왔다. 그냥 놔뒀다.
국회의원들의 활동을 전면 금지하는 내용을 담은 계엄포고령 1호 행위의 적법성도 큰 쟁점이었다. 민주화 이후 제정된 현행 헌법은 계엄령으로 국회 권한을 제한할 수 없도록 했다.

김형두 재판관이 물었다. "포고령 1항을 보면 '국회와 지방의회, 정당의 활동, 일체의 정치 활동을 금한다' 이렇게 돼 있거든요. 그래서 결국은 가장 주된 목표가 입법기구인 국회의 기능을 정지시키겠다고 하는 그런 의도가 있는 것으로 보이거든요."

윤석열의 변호인단이 헌법재판소에 "포고령 1호는 김용현이 종전 대통령에게 국회 해산권이 있을 당시 예문을 그대로 베껴온 것이다. 모든 절차를 평화적으로 신속히 진행하고 국회 해산 의결 시에 종료하려고 했던 것인데 문구의 잘못을 부주의로 간과한 것"이라고 변호했다.

윤석열은 포고령 1호 작성 책임을 김용현에게 돌렸다. [4차 변론] 윤석열은 "포고령 1호가 법규에도 위배되고 내용이 구체적이지 않아서 집행 가능성도 없지만 놔뒀다"며 "이를 기억하느냐"고 김용현에게 직접 물었다. 자신이 문제를 지적했다는 취지로 들리게 말했다. 헌법재판에서 가장 추한 장면으로 기록되고 있다. 그러자 김용현은 "말씀하시니까 기억난다"고 답했다. 김용현은 본인이 직접 다 작성했다고 주장했다. 국회 측에서 어떤 컴퓨터로 어떤 프로그램으로 작성했는가 물어보니 김용현은 말을 흐렸다.

② **전두환 국가보위입법회의 빼닮은 비상입법회의**
국회를 대체하는 비상입법기구를 구상한 점이 논란이 되었다. 헌재에서 증거로 채택된 '비상입법기구 문건'에는 예비비 확보, 국가비상 입법기구 관련 예산 편성 등의 내용이 담겼다. 이 문건은 윤석열이 계엄을 선포하고서 최상목 경제부총리에게 건네준 것이다.

문형배 헌법재판소장 권한대행은 윤석열에게 직접 신문을 했다[3차 변론]. "국가비상입법기구 관련 예산을 편성하라는 쪽지를 기획재정부 장관에게 준 적이 있으십니까?" 윤석열은 "준 적도 없고, 나중에 계엄을 해제한 후에 한참 있다가 언론에 이런 메모가 나왔다는 것을 기사에서 봤다"고 거짓말을 했다. 이 역시 가장 추한 장면 중 하나이다.

이미선 재판관은 "국가비상입법기구 아까 말씀하셨는데 입법 권한을 실행할 기구를 아마 생각을 하신 것 같다. 그게 그러면 5공화국 당시에 국가보위입법회의하고 같은 성격으로 보면 되겠는가?"라고 물었다. 윤석열 측은 아니라고 했으나, 그러면 그것이 무엇을 의미하는지 제대로 설명하지 못했다.

김형두 재판관은 "국가비상입법기구 관련 예산을 편성할 것이라는 내용이 있습니다. 저 내용이 왜 필요했습니까? 가운데(두 번째 줄)는 왜 쓰셨어요? 저거는 국회를 정지시키겠다는 뜻인 거잖아요"라고 물었다. 김형두 재판관은 최상목 쪽지의 두 번째 줄에 적힌 국회 관련 각종 보조금, 지원금, 임금 등 자금을 차단하라는 지시는 "국회(기능)를 정지시키겠다는 뜻이 아니냐"라고 물었다. 김형두 재판관은 특히 계엄포고령 1항에 적힌 '국회 등 정치 활동 금지' 조항과 '최상목 쪽지' 문건의 내용이 결합될 경우 "국회의 기능을 정지시키겠다는 의도가 있는 것으로 보인다"고 날카롭게 지적했다.

③ 답변 준비 안 한 김용현의 자백

김용현은 쪽지와 관련된 참고 사항에 관해서 "기재부뿐만이 아닌 총리와 행안부, 외교부에도 문건을 만들었다"면서 대통령의 지침에 따랐다고 진술했다. 그런 문건을 준 적이 없다는 윤석열의 진술과 상반되는 김용현의 증언이었다.

김용현은 윤석열 측의 전략자산이었다. 윤석열 측은 변론기일마다 김용현을 증인으로 부르겠다고 했다. 헌법재판소는 받아들이지 않았다. 짜고 치는 질문과 답변이라는 판단을 했다. 그러자 김용현은 국회 측 질문에 대해서는 진술거부권을 행사하겠다고 했다. 그것은 증인의 자유이지만, 이 경우 대통령 측 질문에 대한 증인의 답변을 신뢰할 수 없게 된다는 경고를 받았다. 결국 국회 측 질문을 준비 없이 받다가 쪽지 관련 사실을 증언하게 됐다.

(3) 계엄군의 국회 침입은 윤석열의 지시에 의한 것인가
① 질서유지라는 궤변

계엄 선포 이후 국회에 군, 경찰을 투입해 국회 활동을 방해하고 국회를 무력화하고자 시도하는 부분이 있었는지와 관련하여 많은 질의 답변이 오갔다. 윤석열의 아무말대잔치는 끝이 없었다. 자신은 국회의원들을 끌어내라는 등의 부당한 명령을 한 적이 없다고 발뺌을 했다. 심지어 군이 부당한 명령은 따르지 않을 것이라고 생각했다고 했다. 군대를 동원한 것은 질서유지 차원이라고 했다. 그러나 이는 김용현과 주요 사령관의 진술로 무너졌다.

정형식 재판관은 "질서유지 목적이면 굳이 거기를 군 병력이 왜 본청에 유리창을 깨고 진입을 했습니까? 군이 들어갔으니 충돌이 생긴 것 아닙니까"라고 물었다. 김용현은 "나머지 불필요한 인원은 들어오지 못하도록. 이렇게 딱딱 질서 정연하게…"라고 답을 했다. 국회 질서유지 차원이라는 것이다. 김용현은 담을 넘어 들어올 수 있을 정도로 출입통제가 없다시피 했던 상황에서 봉쇄만 시행할 경우, 외부인들이 국회 내부 질서를 교란시킬 수 있어 이를 막았다는 것이다.

계엄을 반대하는 시민들이 몰려오게 되어 있는데, 그들이 계엄 해제 요구안 표결을 방해할 이유가 없다. 그렇다면 반대로 계엄을 찬성하는 극우파가 몰려오는 것을 막겠다는 얘기인데 그때 그 상황에서 그들은 집에서 유튜브를 시청하고 있었을 뿐이다.

② 김용현의 앞뒤 안 맞는 진술

김형두 재판관은 김용현에게 "실제로 보면 국회의장께서도 그 출입구로 못 들어가서 담을 넘어서 들어갔고 일부 국회의원들께서는 그 차단한 병력이 그 진출로를 열어주지 않아서 국회에 못 들어간 그런 경우도 있었거든요. 출입구는 왜 막았을까요?"라고 물었다. 김형두 재판관은 김용현에게 "결국은 가장 주된 목표가 입법기구인 국회의 기능을 정지시키겠다는 의도가 있는 것으로 보입니다. 국회를 봉쇄할 계획이 없었다고 했는데, 출입구를 왜 막았나요"라고 물었다.

김용현은 "출입구 위주로 출입을 통제한 것이고 출입을 통제한다는 의미가, 출입을 전면 금지한다는 의미가 아니다"라고 둘러대었다. 김용현은 "국회의원들 통과를 중간에 다 시키지 않았습니까? 저는 그렇게 알고 있는데요"고 변명을 이어갔다. 김형두 재판관의 "그게 막았다가 통과 시켰다가 또다시 막았죠"라는 질문이 이어지자 "그건 제가 잘 모르겠는데…"라고 얼버무렸다.

③ 군인이 폭행당했다

윤석열의 답변은 압권이다. 윤석열은 12·3 비상계엄에 대해 "(계엄 당일) 군인이 국민에게 억압이나 공격을 가한 사실이 없고, 오히려 계엄 상황에서 경비 질서를 유지하러 간 군인이 시민에게 폭행당하는 상황이었다"며 책임을 시민들에게 돌렸다. 있지도 않은 거짓 주장을 늘어놓았다. 온 국민이 TV로 실황 중계를 봤는데 후안무치한 거짓말을 아무렇지도 않게 늘어놨다. 저런 거짓말이 헌법재판관에게 통할 것이라고 본 그의 심리를 이해할 수 없다는 반응이 많았다.

문형배 대행은 윤석열에게 "계엄 선포 후 계엄 해제 결의를 위해 국회에 모인 국회의원들을 끌어내라고 지시한 적이 있나요"라고 물었고 윤석열은 "없다"고 거짓 답을 내놓았다.

국회의사당 본청에 병력을 투입한 곽종근 전 특전사령관은 "현장에서 판단했을 때는 명백히 국회의원 끌어내는 것은 위법사항이고 임무 수행 인원이 법적 책임을 져야 하는 상황이 생기기 때문에, 저한테 부여된 명령이라서 항명이 될 줄 알았지만 그 임무를 지키지 않았다. 제가 (병력에게) 들어가지 말라고 지시했다"라고 했다. 양심적으로 독자적인 판단을 한 것이다.

윤석열, 김용현은 곽종근에게 "(국회)의원들을 빨리 데리고 나와라"라고 지시한 것이 아니라 "(계엄군 쪽) 요원들을 데리고 나와라"

라고 계엄군 철수를 지시한 것이었다고 주장했다. 곽종근은 "전투통제실에서 화면을 보면서 지휘를 했는데, 마이크가 켜져 있는 상태였던 것 같다. 그러다 보니 대통령과 장관의 지시를 받고 얘기한 내용이 전체 인원에게 생방송 됐다"고 밝혔다. 수많은 특전사 요원이 그날 현장에서 윤석열 지시가 중계되는 것을 보았다는 것이다. 거짓 증언을 해보았자 소용이 없다는 단적인 증거다.

④ "호수 위에 떠 있는 달그림자"

이진우 전 수도방위사령관은 "국회에 들어가서 훈련이라든가 정찰을 해본 적이 없었다. 그래서 내가 직접 가겠다그 말했고, 가서 보니 시민들이 너무 많았고 상황이 달랐다. 상황을 평가한 다음 장갑차를 출동하지 마라, 모든 장병은 총을 차에다 내려놓고 국회로 이동해라 등 지시를 했다"고 말했다. 정작 이진우를 구한 것은 조성현 수도방위사령부 제1경비단장이다. 조성현은 이진우로부터 국회에 진입해 의원들을 끌어내라는 지시를 받았으나 시민이 막아선 현장 상황을 고려해 특전사를 외곽에서 지원하는 수준으로 작전을 변경하자고 했다.

윤석열은 이진우의 진술이 끝나자 발언 기회를 요청하고 "이번 사건에서 보면 실제 아무런 일도 일어나지 않았는데, 지시를 했다느니, 지시를 받았다느니 이런 얘기들이 마치 호수 위에 떠 있는 달그림자 같은 걸 쫓아가는 느낌을 많이 받았다"고 말했다. 초현실주의 그림을 보는 듯해서 윤석열의 비상계엄을 '망상계엄', '초현실계엄'이라고 부르게 됐다.

⑤ 국방부 장관이 경찰 병력을 통제

윤석열은 2024년 12월 3일 계엄의 실질적인 지휘자인 김용현과 조지호 경찰청장, 김봉식 서울청장을 만나게 했다. 윤석열은 헌법재판소 진술에서 "김용현 전 장관은 국회 경비에 필요한 경찰 지원을 요청한 것이며, 그가 직접 경찰 간부에게 설명하게 만들기 위해 김봉식을 소개해 주려 안가에서 만났다. 김용현이 그림 그려가며 경력(경찰력) 배치를 설명했다. 국회 경내에 배치할 군인 숫자가 너무 적어 외곽에 배치하는 것이 좋겠다고 했다"라고 말했다고 진술했다.

김봉식은 윤석열로부터 체포 지시는 물론 '경찰 배치'도 지시받지 않았다고 증언했는데, 정작 윤석열이 "김용현 전 장관이 그림을 그려가며 설명하는 것을 봤다"는 증언에 의해 뒤집히고 말았다. 윤석열의 이 발언은 국회 외곽에 군인이 아니라 경찰들을 배치했다는 것을 강조하기 위한 것으로 보인다. 최소한의 계엄이라는 자기합리화의 일환이다. 이 증언은 김용현의 '대통령은 작전을 몰랐다'는 증언과도 배치되며, 국방부 장관이 지휘 계통이 다른 경찰청장에게 작전을 지시하는 비정상적인 상황에 윤석열이 관여했다는 증거이기도 하다.

(4) 계엄군의 선관위 점거는 적법한 행위인가

윤석열은 선관위에 군 투입 지시를 한 사실을 인정했다. [5차 변론] 윤석열이 계엄을 발동한 가장 큰 명분이 부정선거였다. 중앙선관위를 들추면 그 증거를 발견할 수 있다고 시종일관 얘기해왔다. 그래서 이곳에 대해서는 병력을 투입한 사실을 인정했다. 그런 지시에도 불구하고 방첩사령부 법무실에서 영장 없는 압수수색은 불법이라는 의견을 개진해 방첩사 현장요원의 사보타지로 이어졌다.

부정선거 음모론에 빠져있던 윤석열은 "내가 김용현 국방부 장관에게 지시했다. 엉터리 투표지가 많아서 출동을 지시한 것"이라는 입장을 밝혔다. 다만 "선관위 전산시스템이 어떤 게 있고, 어떻게 가동되는지 스크린하라는 차원이었다"고 했다. 또 "(출동한 군인들은) 서버를 압수하네 뭐네, 이런 식으로 생각할지 모르지만 제가 내린 지시는 장비가 어떤 시스템으로 가동되는지 보라는 것이었다"며 "하드웨어뿐만 아니라 어떤 소프트웨어나 콘텐츠도 압수한 게 전혀 없는 것으로 보고받았다"고 부연했다. 장비가 어떤 시스템으로 가동되는지 보기만 할 것이었다면 계엄령을 발동할 필요도 없고 그 많은 군을 동원할 이유가 없다. 거짓말은 끊이지 않았다.

① "제2의 서부지원 난동 부추기는 것"
국회 측은 계엄군의 선거관리위원회 습격 당시의 영상을 증거로 제시하며 반박했다. 청구인 측 장순욱 변호사는 중앙선거관리위원회에 침입한 계엄군들의 모습이 담긴 CCTV 영상을 재생하며 "계엄군이 미리 준비하지 않았다면 계엄 선포 후 4~5분 만에 바로 들어올 수 없다"는 취지로 설명했다. 단순한 스크린 차원으로 볼 수 없다는 것이다.

탄핵소추위원단은 "한 나라의 대통령이 이런 음모론 따위에 미쳐서 헌법재판소에서도 망상적인 발언을 멈추지 않았다. 이를 보아 (윤석열의) 헌법재판소 출석은 서부지법 폭동처럼 지지자를 선동하여 헌법재판소를 공격하기 위한 선동행위로 의심된다"고 했다. 그의 발언을 제2, 제3의 서부지원 난동을 부추기기 위한 것으로 본 것이다. 국회 측은 헌법기관인 선관위에 군·경을 투입하고 영장 없이 직원에 대해 압수 수색한 것이 '국헌문란'에 해당한다고 주장했다. 윤석열 측 조대현 변호사는 선관위의 보안성이 지극히 취약해서 아무나 해킹하여 선거 결과를 조작할 수 있다는 국정원 보고가 있었다는 취지로 주장하였다. 김용빈 중앙선관위 사무총장은 부정선거 의혹에 대해 "가능성이 전혀 없다. 선거 절차에 대한 이해 부족으로 단편적인 면만 부각해 투개표 조작 의혹을 제기하거나 여론을 선동하는 건 선거제도의 근간을 흔드는 행위다"고 비판했다[3차 변론].

② 국정원 고위관계자들, "부정선거 발생 증거 없다"

조태용 국정원장은 "2023년 이뤄진 국정원의 선관위 점검에서 해킹 취약점을 발견한 건 맞지만, 이로 인해 부정선거가 발생했다는 대통령에 대한 보고는 없었다"고 밝혔다. 또 22대 총선 이후 비상계엄 전까지 대통령에게 부정선거 의혹을 보고하거나 대화를 나눈 적이 있는지에 대해서도 없다고 진술했다. 김용빈 선관위 사무총장은 국정원과의 합동 보안 점검과 관련해 "당시 모의 해킹환경을 구성하여 진행한 것이고 실제 상황에선 데이터 조작이 불가능하다"고 밝혔다.

백종욱 전 국정원 3차장은 "부정선거에 대해서는 말하지 않겠다. 부정선거 관련 부분은 점검하지 않았기 때문에 이것만 가지고 부정선거를 같이 보면 안 될 수 있다"고 말했으며, 또한 점검 당시에는 선관위 시스템에 외부인이 침투한 흔적을 발견하지 못했다고 증언했다.

(5) 정치인, 법관 체포 및 구금 지시는 누가 했는가

정치인·법조인 체포 명단이 적힌 이른바 홍장원 메모는 탄핵심판의 가장 '뜨거운 감자'였다. 윤석열은 곽종근과 홍장원이 만든 내란 프레임으로 계엄의 본질이 왜곡됐다고 주장했다. 윤석열 측은 홍장원 전 국가정보원 1차장 진술의 신빙성을 흔드는 데 주력했다. 홍장원은 16명 증인 중 유일하게 헌재에 두 번 출석했다. 홍 전 차장은 5차, 10차 변론에서 계엄 당일 윤석열로부터 "이번 기회에 싹 다 잡아들이라"는 지시를 받았고, "여인형 당시 국군방첩사령관에게서 이재명·우원식·한동훈 등 체포조 명단을 통화로 듣고 받아 적었다"고 밝혔다(33장 '계엄의 고발자들'에서 상술).

홍장원은 10차 변론에선 자신이 받아적은 메모까지 들고나와 "명단이 존재했던 건 사실"이라고 재확인했다. 건강상 이유로 두 차례 불출석했던 조지호 전 경찰청장도 윤석열로부터 직접 국회의원 체포 지시를 받았다며 검찰에서 진술한 내용이 "사실관계가 맞다"고 증언했다. 여인형 전 국군방첩사령관이 명단을 불러주었는데, 기억은 일부 다르다고 말했다. 여인형 전 방첩사령관은 비상계엄 선포 직후 김용현으로부터 체포 대상자 14명의 명단을 받은 적 있느냐는 물음에 "형사재판 관련 사항이라 자세히 진술할 수 없다"며 진술을 거부했으나, 조지호 경찰청장과 전화 통화에서 '특정 인물들의 이름이 담긴 명단'을 전달하며 위치 정보를 요청한 사실은 인정했다.

김용현은 국회 측 변호사가 "그렇다면 정치인과 법조인이 포함된 명단을 여인형에게 알려준 적이 있느냐"라고 묻자, "체포 명단이 아니다. 포고령 위반 우려가 있는 대상자(명단)"라고 둘러댔다. 김용현은 "포고령 위반 우려 대상자를 몇 명 지목해 동정을 살피라고 지시한 것"이라며 체포 관련 윤석열의 지시를 전혀 받은 바 없다고 말했으나 이 역시 거짓이라는 것이 관계자들의 검찰 진술과 국회 진술로 드러났다.

46장 내란세력의 헌법재판소 흔들기

극우화된 국민의힘과 극우 단체는 헌법재판소 흔들기에 나섰다. 진보적 성향으로 알려진 재판관들의 신상털기, 재판관 기피신청과 회피 등을 조직적으로 전개했다. 헌법의 권능을 위협하는 행위, 헌법을 마지막으로 수호하는 헌법재판관에 대한 위해는 제2의 내란 행위와 다를 바가 없었다. 내란에 동조한 국민의힘을 헌법재판소의 판결로 해산해야 한다는 주장도 나오기 시작했다.

권성동 국민의힘 원내대표가 선봉에 서 있다. 그는 1월에 두 차례 헌법재판소를 찾아갔다. 첫 번째 방문에서는 "내란죄 철회는 국회 재의결 사항"이라는 윤석열 변호인단 주장을 반복했다. 이는 사실과 다르다. 헌법재판소는 "기본적 사실관계는 동일하게 유지하면서 적용 법조문을 철회·변경하는 것은 소추 사유의 철회·변경에 해당하지 않으므로, 특별한 절차를 거치지 않더라도 허용된다"라고 판단했다.

두 번째는 윤석열 탄핵심판 진행이 빠르다는 불만을 제기하려고 찾았다. 역시 사실과 다르다. 박근혜 탄핵심판에 비해서 더 속도감 있게 진행되었다. 재판이 진행 중인 사안에 대하여 어느 재판부도 면담 신청에 응한 일이 없다. 아니 어느 정치인도 면담을 요청한 일이 없다. 그 자체가 재판부에 대한 압박이다. 이런 압박이 일상적으로 허용되면 법관은 양심에 따라 독립적으로 재판할 수가 없다. 국민의힘이 사법부의 양심과 독립을 흔드는 행위를 자행한 것이다.

헌재가 면담을 거부하자 권성동은 기자들을 만나 "문형배 헌재소장 권한대행이 더불어민주당 이재명 대표의 모친상 때 조문했다"고 허위사실을 말했다. 문형배가 사법고시 동기인 이재명 대표와 친하므로 제척되어야 한다는 것인데 조문한 사실이 없다. 사실관계 자체가 틀렸다. 엉터리 주장을 모아서 헌법재판의 객관성·중립성 전제 자체를 무너트리려는 것으로, 지지자를 모아서 압박하려는 정치적 목적을 가졌다고 볼 수 있다. 헌재는 문형배 권한대행이 3년 전 이재명 대표가 경기지사로 있을 당시 경기도와 남양주시의 권한쟁의심판 청구 사건에서 남양주 측 손을 들어준 결정을 거론했다. 친분과 관계없이 재판은 독립적으로 이루어진다는 반박의 한 예이다.

색깔론으로 공격하는 국민의힘

탄핵심판의 쟁점은 비상계엄이 헌법에 반하냐, 아니냐에 있지 진보와 보수의 가치를 따지는 이념에 있지 않다. 그럼에도 여당을 주축으로 재판관 이념 등을 문제 삼으며 '헌재 흔들기'에 주력했다. 이는 국민의힘이 낡은 색깔론에 여전히 안주하고 있으며, 할 수 있는 것이 그것밖에 없다는 것의 반증이다. 진화하지 못한 정치세력의 현실을 보게 한다. 국민의힘이 앞장서는 '헌재 흔들기'는 극우 지지층에게 서부지원 난동 같은 잘못된 메시지를 줄 위험이 있었.

헌재는 1월 31일 국민의힘 및 보수 언론의 공격에 관해 "탄핵심판의 본질을 왜곡하고 있다"며 유감을 나타냈다. 천재현 공보관은 "대통령 탄핵심판 심리 대상은 피청구인의 행위가 헌법이나 법률에 위배되는지와 그 위반 정도가 중대한지인데 정치권과 언론에서 재판관의 개인 성향을 획일적으로 단정 짓고 탄핵심판의 본질을 왜곡하는 경우가 발생하고 있다. 이로 인한 사법부의 권한침해 가능성에 대해 헌재는 우려를 표한다"고 말했다.

탄핵심판이 막바지에 가까워지면서 극우 유튜브에선 또 한 번 큰 장이 섰다. 2월 11일 디시인사이드 중도보수 마이너 갤러리에 문형배 권한대행이 졸업한 고등학교 동문 온라인 카페에서 수년간 음란 사진이 공유되었다는 글이 올라왔다. 문형배 대행을 겨냥해 이 카페를 '행번방(N번방에 빗댄 말)'이라고 힐난하는 글이 올라왔다.《한겨레》취재 결과, 문형배 대행의 음란물 공유·댓글 작성 등 논란은 디시인사이드에 올라온 게시물이 '고성국TV', '가로세로연구소' 등 '극우 유튜브'를 거쳐 급격히 확산되고, 그중 일부가 극우·보수 매체를 통해 기사화되는 등 전형적인 '가짜뉴스의 누스화' 경로를 거쳐 확대 재생산된 것으로 나타났다.

박민영 국민의힘 대변인과 배현진·박성훈·나경원 의원 등은 사실 확인에 나서긴 커녕 가짜 뉴스를 확대했다. 박민영은 "문형배 재판관이 윤석열 대통령의 탄핵심판 변론 중에 해당 글을 삭제하기 위해 자리를 비웠다는 의혹까지 일파만파 확산되고 있다"라며 가짜뉴스 생산 대열에 합류했다. 나경원은 페이스북에 "만약 언론 보도와 의혹 제기가 사실이라면 수사 처벌의 대상"이라고 했다. 자칫하면 나경원이 이 글로 처벌받을 수도 있는 논평이었다. 이에 대해 문형배 대행은 "경찰에서 적극적으로 수사해주기 바란다"는 입장을 밝혔다.

윤석열 탄핵 반대 단체인 부정선거·부패방지대는 2월 17일과

24일, 문형배 대행 자택 추정장소에서 "빨갱이 포르노 판사 때려잡자" 등의 구호를 외쳤다. 부패방지대 회원은 문형배 대행의 관용차량 종류와 차 번호를 공개하면서 "경호 차량과 함께 다니는 저 차를 발견하면 모두 야유를 퍼붓고, 체포하라고 구호를 외치길 바란다"고 독려했다. 이들은 2월 16일부터 3월 12일까지 약 한 달 동안 해당 장소 집회 신고를 했다.

노무현, 박근혜 탄핵심판 때는 재판관 성향 분류는 했지만 이번처럼 인신공격, 가짜뉴스 퍼나르기는 없었다. 그만큼 극우가 조직화되었다는 반증이다. 국민의힘은 여기에 가세했을 뿐만 아니라 윤석열 측과 함께 문형배, 이미선, 정계선 등 진보 성향 재판관 3인에 대한 회피 신청을 했다. 재판관 개인의 이념적인 성향을 문제 삼아서 헌법재판의 결과에 대한 불신을 조장하려는 것이다. 헌법기관에 대한 신뢰 저하는 사회적 자산을 갉아먹고 통합을 저해하는 행위이다.

페이스북 블로그까지 다 뒤져

국민의힘은 문형배 대행에 대해서는 10여 년 전 페이스북과 블로그 게시글을 뒤져서 문제삼았다. 2010년 9월 문형배가 UN 기념공원 참배 뒤에 올린 글이다.

"17세의 나이로 한국전쟁에서 전사한 호주 출신 병사 도은트를 비롯한 16개국 출신 유엔군 참전용사들은 무엇을 위하여 이 땅에 왔을까? 전쟁의 방법으로 통일을 이루려는 자들은, 제1차 세계대전을 거치면서 좋은 전쟁이란 낭만적 생각에 불과하다는, 인류의 보편적인 깨달음을 몰랐을까? 전쟁의 방법으로 통일을 이룬다면 완전한 통일이 될 수도 없을 뿐만 아니라 얻는 것보다 잃는 것이 더 많다는 것을 그들은 몰랐을까? 묘역을 떠나면서 내 머리를 떠나지 않는 단어는 '평화'였다."

박수영 국민의힘 의원은 이 글이 '북침론'과 궤를 같이 하고 있다며 재판관 사퇴를 촉구했다. 문형배는 "원문을 읽어보시죠"라고 하면서, '전쟁의 방법으로 통일을 이루려는 자들'은 "북한을 가리킨다. 그들의 침략을 규탄한다는 뜻"이라고 반박했다.

문형배가 법원 내 진보적 공부 모임인 우리법연구회 회장 출신이라는 것도 문제 삼았다. 2010년 5월 문형배는 트위터에 "굳이 분류하자면 우리법연구회 내부에서 제가 제일 왼쪽에 자리잡고 있을 것"이라는 글을 올렸다. 이를 두고 주진우 국민의힘 의원이 문형배 대행의 편향성 우려가 한계를 넘었다고 주장했다. 문형배의 트위터 글은 이렇게 이어졌다. "그런데 친구들과 이야기해보면 제가 참 보수적이거든요. 문제는 좌, 우를 나누는 잣대조차 불분명하다는 것입니다" 판사들이 사회적 흐름에 비해 보수적인 경향성이 높다는 점을 경계하는 차원에서 쓴 글인데 거두절미하고 회피의 사유로 만들었다.

이미선 재판관의 친동생인 이상희 변호사가 민주사회를 위한 변호사모임 '윤석열 퇴진 특별위원회' 부위원장으로 활동하고 있는 것도 문제 삼았다. '윤석열 퇴진 특별위원회'는 12·3 비상계엄 직후 설립되었다. 이상희 변호사는 민변 사무차장, 참여연대 공익제보지원센터 소장을 역임하고 부회장으로서 당연직 부위원장이 되었다.

정계선 재판관의 남편 황필규 변호사는 공익인권법재단 공감 변호사로 활동하고 있다. 법인의 이사장이 국회 쪽 탄핵소추대리인단 공동대표인 김이수 변호사이다. 이것이 이해충돌 소지가 있다고 국민의힘이 물고 늘어졌다. 황필규 변호사는 난민, 세월호 참사, 가습기 살균제 등 사회적 사안에 대해 적극 나서고 있다. 황필규 변호사가 소속된 공감은 2004년 설립된 공익변호사 단체이다. 시민의 후원으로 운영되고 있으며, 수임료를 받지 않고 사회적 약자의 인권 개선을 목표로 공익소송을 지원하고 있다. 국민의힘이 재판관들의 동생 남편까지 뒤져서 문제를 제기했지만 설득력이 없었다.

윤석열 측과 국민의힘이 일부 재판관 기피 회피 신청을 하는 것은, 문형배와 이미선의 임기가 종료되는 4월까지 결정 선고를 하지 못하게 함으로써 헌재를 다시 6인 체제로 만들려는 의도라고 볼 수 있다. 이건태 민주당 대변인은 "국민의힘이 헌법재판소 흔들기에 총력을 다하고 있다. 윤석열에 대한 탄핵 인용을 대비해 불복할 의도를 노골적으로 드러냈다. 이런 식이면 윤석열과 서울대학교 법과대학 동문인 헌법재판소 재판관들도 재판에서 손을 떼야 마땅하다. 한마디로 헌재의 결정을 부정하기 위한 생트집 잡기에 불과하다. 공당의 주장이라기엔 비루하기 짝이 없다. 극우 유튜버들과 조금도 다를 바 없는 한심한 주장"이라고 비판했다.

이영림 춘천 지검장은 검찰 내부 게시판인 이프로스에 '일제 치하 일본인 재판관보다 못한 헌재를 보며'라는 제목의 글을 올렸다. 느닷없이 헌법재판소의 심리에 뛰어든 것이다. 이영림 지검장은 "헌법재판소 문형배 재판관은 지난 6차 변론에서 증인신문 이후 3분의 발언 기회를 요청한 대통령 요구를 '아닙니다. 돌아가십시오'라며 묵살했다"며 "(일제) 재판부는 안중근 의사가 스스로 '할 말을 다 하였으니 더 이상 할 말이 없다'고 할 때까지 주장을 경청했다"고 적었다.

"나라를 구하는 재판이 되겠다"

국회 측 김진한 변호사는 기자들을 만나 "헌재 절차가 어떻게 진행되는지 동영상을 보기를 권한다. 동영상을 보면 본인 생각보다 피청구인(윤석열) 방어권이 과도하게 보호되고 있다는 생각이 들 것이다. 우리 헌재를 일제 식민지 시대의 총독부 재판소랑 비교하는 잘못된 표현으로 국민을 혼란시키지 말았으면 좋겠다. 그것이 공직자의 도리라는 것을 알아줬으면 하는 바람"이라고 말했다. 헌법재판소는 시간 배분 규칙에 따라 발언 기회를 공평하게 배분했고, 윤석열에 대해서는 최후진술을 1시간 10분에 걸쳐서 하게 하는 등 상당한 배려를 했다.

헌법재판소를 이렇게 흔드는 와중에도 변론은 계속됐다. 김진한 변호사는 국회에서 대통령 윤석열 탄핵소추안이 통과되는 걸 보면서 생각했다. "이번 탄핵심판은 나라를 구하는 재판이 되겠다." ['나라 구하는 재판' 승리하기까지, 《시사IN》 2025년 4월 8일 인터뷰] 그 마음으로 국회 대리인단에 합류했고 탄핵심판에 뛰어든 다른 변호사 16명(김이수·송두환·이광범 공동대표, 권영빈·김남준·김선휴·김정민·김현권·박혁·서상범·성관정·이금규·이원재·장순욱·전형호·황영민 변호사)도 마찬가지였을 것이라고 했다.

김진한 변호사는 윤석열이 출석할 것이라고 확신하지는 못했다고 한다. 사과하러 나오는 게 아니라면, 부끄러워서 나오지 못할 거라고 생각했다. "그런데 심판정에 떡하니 나타나서 '실제 아무 일도 일어나지 않았다'는 등 국민을 계속 선동했다. 어떤 말보다도 그의 제스처가 참 부끄러웠다. 본인한테 불리한 이야기가 증인이나 대리인 입에서 나오면, 그 상황을 어떻게든 모면해보려고 부지런히 움직여 상의하는데, 그 모습이 초라해 보였다. 결국 자기가 한 일을 진술하는 것에 불과한데, 그걸 막아보겠다고 머리를 굴리는 모습이 국민의 한 사람으로서 참 부끄러웠다." [《시사IN》인터뷰]

장순욱 변호사도 윤석열의 인간 됨됨이에 의문을 표했다. "이런 부분은 아랫사람한테 책임을 떠넘기는 거죠. 정직하지 못한 것은 물론이고 국군 통수권자로서, 최고 국정운영 책임자로서 비겁하다고 해야 할까요? 비열하다고 해야 할까요?… 설사 그랬던 사람이라 하더라도 전 국민이 다 보는 탄핵 재판에 임해서는 그래도 '아, 이 사람도 한 나라의 대통령이었구나' 이런 생각이 들게 하는 장면을 하나쯤은 보여주지 않을까 기대를 했는데 그런 기대는 충족이 안 됐던 것 같아요."라고 기억했다. [《한겨레》썰전]

헌법재판소의 윤석열 탄핵심판 마지막 변론이 2월 25일 마무리됐다. 윤석열이 2024년 12·3 비상계엄을 선포한 지 84일만, 12월 14일 국회에서 윤 대통령 탄핵소추안이 가결된 지 73일 만이다. 이날은 늦은 밤까지 양측의 최후진술을 들었다.

"절대 권력자도 잘못하면 벌을 받는다"

정청래 국회 측 탄핵소추위원

"대한민국 국민은 헌법을 사랑합니다. 헌법은 생각과 주장, 의견이 다를 때 대한민국은 이 방향으로 가자고 결정해놓은 대국민 합의문서입니다. 국민 전체의 약속이자 국민이 지켜야 할 국가의 이정표입니다. 헌법은 나침반입니다. 헌법은 국민이고, 애국가이고, 태극기입니다. 대한민국 국민 누구도 헌법 위에 군림할 수 없습니다. 대한민국 주권은 국민에게 있고, 모든 권력은 국민으로부터 나온다는 것, 이것이 헌법 제1조 민주공화국의 헌법정신입니다….

그런데 나라와 헌법을 사랑하는 국민을 총칼로 죽이려 했고, 피로써 지켜온 민주주의를 짓밟고 피를 잉크 삼아 한 자 한 자 찍어 쓴 헌법을 파괴하려는 사람이 있습니다. 지금 이 탄핵심판정에 있는 피청구인 윤석열입니다… 이제 공상에 빠져있던 권력자가 무너뜨리려고 한 평화로운 일상을 회복해야 합니다.

그를 파면함으로써 하루빨리 대한민국을 정상으로 돌려놔야 합니다. 피청구인을 파면하는 것은 대통령이라는 최고 권력자에게 헌법을 준수할 의무를 다시금 상기시키고, 헌법의 적으로부터 헌법을 수호하는 일입니다. 헌법을 파괴한 행위에는 예외 없이 단호하게 대처한다는 것이 헌법의 준엄한 명령입니다. 민주주의의 적은 민주주의로 물리치고, 헌법의 적은 헌법으로 물리쳐야 합니다… 지금 우리에게 필요한 것은… '절대권력자도 잘못하면 벌을 받는다'는 일반 상식입니다. 대통령에 대한 파면 결정은 사적 감정의 정치 보복이나 정치적 공격이 아니라 오직 헌법과 법치주의를 회복하기 위한 헌법수호자의 결단입니다. 피청구인 윤석열에 대한 파면 결정은 대한민국 민주주의의 놀라운 회복력을 보여줌과 동시에 대한민국 헌법이 살아있고 현실에서 작동하는 실질 규범임을 보여주는 역사 기록될 것입니다….

 피청구인은 이에 대한민국 대통령직을 유지할 자격이 없습니다. 국민 마음속의 대통령이 아닙니다. 우리 국민은 헌법의 적을 헌법으로 막았습니다. 민주주의 적도 민주주의로 지켜냈습니다. 대통령 윤석열을 파면함으로써 헌법수호의 의지를 보여주기 바랍니다. 피청구인에 대한 파면으로 얻을 국가적 이익이 압도적으로 큽니다. 필연은 우연의 옷을 입고 나타난다 했습니다. 비상계엄이 몽상가의 우연한 돌출행동이었다면 내란극복은 국민이 이뤄낸 필연입니다. 그 필연이 대한민국 민주주의의 저력입니다."

국회 측에서 10명의 변호사가 나서 최후진술을 했다. 그중에 장순욱, 김진욱 변호사의 최후 변론을 일부 옮겼다.

"아름다운 헌법의 말을 오염시키지 마라"

장순욱 변호사(국회 탄핵소추위원단 측 대리인)

"말은 말을 사용하는 언어공동체 구성원이 서로 소통하는 수단이자 생각을 담는 그릇이라고 합니다. 따라서 누군가가 사용하는 말이 그 말하고자 하는 대상을 제대로 담아내지 못하고 엉뚱한 의미로 심지어 정반대 의미로 쓰인다면 더 이상 소통은 불가능할 것입니다.

만일 그 누군가가 권력자라면 개인과 개인의 소통 단절에 그치는 것이 아니라 언어공동체 전체가 큰 혼란을 겪게 될 것입니다… 피청구인은 자유민주주의를 무너뜨리는 언동을 하면서도 자유민주주의의 수호를 말했습니다. 헌법을 파괴하는 순간에도 헌법수호를 말했습니다. 이것은 아름다운 헌법의 말, 헌법의 풍경을 오염시킨 것입니다.

제가 좋아하는 노래 가사에 이런 구절이 있습니다. "세상 풍경 중에서 제일 아름다운 풍경, 모든 것들이 제자리로 돌아가는 풍경", [〈풍경〉 포크가수 '시인과 촌장' 1986] 이 노랫말처럼 모든 것들이 제자리로 돌아가고 우리도 하루빨리 평온한 일상으로 돌아갈 수 있기를 소망합니다. 저는 그 첫 단추가 권력자가 오염시킨 헌법의 말들을 그 말들이 가지는 원래의 숭고한 의미로 돌려놓는 데서 시작되어야 한다고 믿습니다(변론하면서 울컥). 국민과 함께한 이 사건 탄핵 결정문에서 피청구인이 오염시킨 헌법의 말과 헌법의 풍경이 제자리를 찾는 모습을 꼭 보고 싶습니다."

헌재가 갖고 있는 질문의 힘

김진한 변호사(국회 탄핵소추위원단 측 대리인)

"헌법재판소는 대한민국의 헌법 질서를 지키는 최후의 보루입니다. 하지만 권력자나 다른 국가기관을 압도할 수 있는 힘을 갖고 있지 못합니다. 헌법재판소가 갖는 재판의 권한도 사실 다른 권력기관이 갖는 힘과 비교할 때 그 힘이 미미합니다. 판단하는 힘이라기보다는 오히려 질문하는 힘에 가깝습니다. 헌재가 갖는 유일한 힘은 바로 그 질문하는 힘, 그리고 그 질문이 갖는 설득력입니다. 헌법재판소는 그동안 이런 질문의 힘을 공정하고 정의롭게 사용해 왔습니다. 그 덕분에 우리 사회는 한 걸음 더 성장할 수 있었습니다….

오늘의 민주주의가 성숙하게 된 데에 기여한 수많은 요인 중 헌법재판소의 업적을 빼놓을 수는 없습니다. 정치인들에게, 정치 세력에게 헌법재판소를 흔드는 행위를 중단할 것을 호소드립니다. 헌법재판소가 우리 사회에 던지는 질문에 공감하지 않더라도, 그래서 질문의 내용을 비판하더라도, 질문하는 재판관들이 편향된 사람이라고 선동해서는 안 됩니다. 그것은 자신들의 편견 가득한 이념 틀로 재판관들의 생각과 양심을 함부로 규정짓는 행위며, 헌법재판소의 질문하는 입을 폭력의 손으로 틀어막는 행위입니다….

만일 헌법재판소에 대한 신뢰마저도 무너뜨린다면 우리 사회는 헌법 이전의 '만인 대 만인의 투쟁' 상태로 돌아갈 것입니다. 우리에게 남아 있는 것이라고는 미움과 혐오, 그리고 중단 없고 한계 없는 최악의 갈등이 될 것입니다….

우리들 자신이 직접 나서지 않는다면 그 어떤 권력도 우리의 자유를 대신 지켜주지 않습니다. 우리가 올바른 질문을 던지고 잘못된 것에 대해서 맞서며 행동할 때 민주주의는 회복될 수 있습니다. 이번 헌법적 위기 상황 속에서 우리가 지켜보아야 했던 가장 안타까운 장면은 경찰과 사법기관을 향해 폭력을 행사하는 일부 젊은이들의 모습이었습니다. 우리는 이 젊은이들을 비난하는 것에 그쳐서는 안 될 것입니다.

우리 사회의 법과 제도, 현실과 관행이 우리 젊은이들의 꿈을 좌절하도록 만들지는 않았는지, 우리 사회가 그들에게 합당하고 공정한 희망을 나누어 주었던 것인지 돌아보아야 합니다. 민주주의는 단순한 법과 절차로 유지될 수는 없습니다. 구성원 모두가 그 공동체 속에서 희망과 신뢰를 찾을 수 있을 때 지속될 수 있습니다.

2025년 민주주의 위기 속에서 우리는 진지하게 고민해야 할 것입니다. 우리 국민들이 대한민국을 사랑하고 신뢰할 수 있도록 하기 위해서… 영화〈한국이 싫어서〉(장강명 작가 동명 소설 원작)처럼 한국이 싫어서 한국을 떠나가지 않도록 하기 위해서 우리는 과연 어떤 나라를 만들어야 할 것인가에 관하여서 말입니다…."

계엄의 형식을 빌린 계엄이라는 궤변

윤석열은 이날 밤늦게 마지막으로 최종 의견 진술에 나섰다. 국민의힘 지도부와 보수 언론들조차 '진솔한 대국민 사과'가 있어야 한다고 요구했지만 묵살했다. 그는 진술 앞부분에서 12·3 비상계엄 선포 사태와 관련해 "국민 여러분께 죄송하고 감사하다는 말씀을 먼저 드리고 싶다"고 '죄송'이라는 말을 두루뭉술하게 꺼냈다. 여기서 죄송이라는 표현은 쿠데타를 성공시키지 못한 것에 대한 죄송으로 들렸다. 1시간 10분에 걸친 최후 진술은 "2시간짜리 계엄이 어디 있느냐"는 종전의 주장을 반복했다. 다음은 발췌본이다.

"작년 12월 3일 비상계엄을 선포한 후, 84일이 지났습니다. 제 삶에서 가장 힘든 날들이었지만, 감사와 성찰의 시간이기도 했습니다. 저 자신을 다시 돌아보면서, 그동안 우리 국민께 참 과분한 사랑을 받아왔다는 생각이 들었습니다. 감사한 마음이 들면서도, 국민께서 일하라고 맡겨주신 시간에 제 일을 하지 못하고 있는 현실이 송구스럽고 가슴이 아팠습니다.

한편으로, 많은 국민께서 여전히 저를 믿어주고 계신 모습에 무거운 책임감도 느꼈습니다. 국민 여러분께 죄송하고 감사하다는 말씀을 먼저 드리고 싶습니다. 제가 비상계엄을 선포하고 몇 시간 후 해제했을 때는 많은 분께서 이해를 못하셨습니다. 지금도 어리둥절 하시는 분들이 있을 겁니다. 계엄이라는 단어에서 연상되는 과거의 부정적 기억도 있을 것입니다. 거대 야당과 내란 공작 세력들은 이런 트라우마를 악용하여 국민을 선동하고 있습니다.

그러나 12·3 비상계엄은 과거의 계엄과는 완전히 다른 것입니다. 무력으로 국민을 억압하는 계엄이 아니라, 계엄의 형식을 빌린 대국민 호소입니다. 12·3 비상계엄 선포는 이 나라가 지금 망국적 위기 상황에 처해 있음을 선언하는 것이고, 주권자인 국민께서 상황을 직시하고 이를 극복하는 데 함께 나서 달라는 절박한 호소입니다. 무엇보다, 저 자신, 윤석열 개인을 위한 선택은 결코 아니었다는 사실을 분명하게 말씀드릴 수 있습니다….

그런데도 거대 야당은 이것을 내란이라고 주장하고 있습니다. 병력 투입 시간이 불과 2시간도 안 되는데, 2시간짜리 내란이라는 것이 있습니까? 방송으로 전 세계, 전 국민에게 시작한다고 알리고, 국회가 그만두라고 한다고 바로 병력을 철수하고 그만두는 내란을 보셨습니까? 대통령이 국회를 장악하고 내란을 일으키려 했다는 거대 야당의 주장은 어떻게든 대통령을 끌어내리기 위한 정략적인 선동 공작일 뿐입니다….

거대 야당은 야당에 대한 대통령의 인식을 탓하기 전에, 공당으로서 국가에 대한 책임 있는 자세와 신뢰를 보여주는 게 우선이라고 생각합니다. 저는 자유민주주의 헌법 원칙, 국가안보, 핵심 국익 수호만 함께한다면, 어떤 정치세력과도 기꺼이 대화하고 타협할 자세가 되어 있는 사람입니다. 나라와 국민을 위한 일에 좌파, 우파가 어디 있습니까? 하지만 자유를 부정하는 공산주의, 공산당 1당 독재, 유물론에 입각한 전체주의가 다양한 속임수로 우리 대한민국에 스며드는 것은 막아야 합니다. 이런 세력과 타협하고 흥정해서는 안 됩니다.

제가 직무에 복귀하게 된다면, 먼저 87체제를 우리 몸에 맞추고 미래

세대에게 제대로 된 나라를 물려주기 위한 개헌과 정치개혁의 추진에, 임기 후반부를 집중하려고 합니다. 저는 이미 대통령직을 시작할 때부터, 임기 중반 이후에는 개헌과 선거제 등 정치개혁을 추진하겠다는 계획을 가지고 있었습니다. 현직 대통령의 희생과 결단없이는 헌법 개정과 정치개혁을 할 수 없으니, 내가 이를 해내자고 생각했던 것입니다. 저는 여러 전직 대통령들이 후보 시절 공약하고도 이행하지 못한 청와대 국민 반환도 당선 직후 바로 추진하고 이행한 바 있습니다. 잔여 임기에 연연하지 않고, 개헌과 정치개혁을 마지막 사명으로 생각하여, 87체제 개선에 최선을 다할 것입니다.

국민의 뜻을 모아 조속히 개헌을 추진하여, 우리 사회 변화에 잘 맞는 헌법과 정치구조를 탄생시키는 데 신명을 다하겠습니다. 개헌과 정치개혁 과정에서 국민 통합을 이루는 데도 노력을 다할 것입니다. 결국 국민 통합은 헌법과 헌법 가치를 통해 이루어지는 만큼, 개헌과 정치개혁이 올바르게 추진되면 그 과정에서 갈라지고 분열된 국민이 통합될 것이라고 믿습니다. 그렇게 되면 현행 헌법상 잔여 임기에 연연할 이유가 없고, 오히려 제게는 크나큰 영광이라고 생각합니다. 그리고, 국정 업무에 대해서는 급변하는 국제정세와 글로벌 복합위기 상황을 감안하여, 대통령은 대외관계에 치중하고 국내 문제는 총리에게 권한을 대폭 넘길 생각입니다."

문형배 헌재소장 권한대행은 윤석열의 진술까지 들은 뒤 밤 10시 14분쯤 "이것으로 변론을 종결하겠다"고 선언했다.

47장 민주주의를 수호한 헌법재판관

헌법재판관들은 쉬지 않고 111일을 달렸다. 2월 25일 최종변론을 듣고 4월 4일 판결을 했다. 그동안 많은 억측이 있었다. 8명 중 3명의 재판관이 기각 또는 각하의 의견을 갖고 있어서 판결이 오래 걸린 것 아니냐는 관측이 많이 돌았다. 윤석열도 기각을 확신했다고 한다. 윤상현 국민의힘 의원에 따르면 윤석열은 탄핵이 인용될 줄 전혀 생각을 못 하고 있었다며 그래서 판결을 보고 마치 둔기로 얻어맞은 느낌이었다고 한다.

4월 4일 역사적 판결문을 만든 헌법재판관 8인의 면면에 대해 기록으로 남겨두는 것도 의미가 있을 것이다. 출신이 다른 사람들이 하나의 합의에 이른 것은 높이 평가할만하다. 추천한 대통령과 대법원장, 그리고 정당이 달라도 그들은 최종의 합의, 하나의 결론을 위해 노력했다. 국민통합을 위해 만장일치의 결론을 내고자 애를 썼다.

① 문형배 헌법재판소장 권한대행

문형배 권한대행(1965년, 경남 하동)은 가난한 농부의 3남 1녀 중 장남으로 태어났다. 친척들로부터 낡은 교복과 교과서를 물려받으면서 겨우 중학교까지 마칠 수 있었다. 빈농의 집안에서 고등학교 진학은 쉽지 않은 선택이었다. 고등학교 2학년 때 독지가인 김장하 선생을 만나 대학교 4학년 때까지 장학금을 받을 수 있었다. 학업을 무사히 마칠 수 있었고 사법시험에도 합격했다. 한 사람이 내민 손이 누군가에게는 큰 힘이 되었다.

김장하 선생은 어려운 환경에서 중학교를 간신히 졸업하고 18세에 한약업사 자격증을 취득해 '남성당 한약방'을 운영했다. 김장하 선생은 한약방을 운영해 얻은 수익으로 1983년 진주에 명신고등학교를 세워 1991년 경상남도에 기증했다. 1,000명 넘는 학생에게 장학금을 지급했다. 경남 진주 일대에서 60년 넘는 선행을 쌓았다. MBC 경남이 〈어른 김장하〉라는 다큐멘터리를 제작해 많은 이들에게 큰 울림을 줬다. 이 시대의 진정한 어른이라는 평가와 존경을 받았다.

2019년 4월 문형배는 인사청문회에서 "고등학교 2학년 때 독지가 김장하 선생을 만나 대학교 4학년 때까지 장학금을 받을 수 있었다. 사법시험에 합격하고 인사하러 간 자리에서 선생은 '자신에게 고마워할 필요 없고 갚으려거든 사회에 갚으라'고 말했다"고 감사의 마음을 표시했다. 훗날 그는 사회에 갚았고, 사회는 그에게 고마워했다.

그는 대표적인 지방 법관이었다. 1992년 부산지법 판사로 임관한 이후 27년간 부산, 경남 지역에서만 근무했다. 창원지법 부장판사, 진주지원장, 부산고법 부장판사, 부산가정법원장 등 지역에서 오래 근무한 향판이다. 향판 중에서는 대충 재판을 한다거나 지방 토호들과 어울리는 등 문제가 되는 이들이 간혹 있는데 문형배는 자기관리에 철저했다.

문형배의 판결 중에 미담이 되어 언론에 회자된 사건이 있다. 2007년 2월 7일 창원지법 315호 법정에서 열린 형사3부 재판에서 문형배가 피고인에게 주문했다. 3,000만 원 카드빚 때문에 자살하려고 여관방을 방화한 혐의로 구속된 30대에게 "'자살'이라는 단어를 10번 반복해보라"고 했다. 자살자살자살자살… 문형배가 입을 열었다.

"피고인이 외친 '자살'이 우리에겐 '살자'로 들린다. 죽어야 할 이유를 살아야 할 이유로 새롭게 고쳐 생각해보라"고 말하며 집행유예 형을 선고했다. 문형배는 "30대 초반의 젊은 나이에 죽으려고 하는 것은 옳지 않습니다. '자살'이 '살자'가 되는 것처럼, 때로는 죽으려고 하는 이유가 살아가는 이유가 되기도 합니다. 여기 《살아있는 동안 꼭 해야 할 49가지》라는 제목의 책을 선물하겠습니다. 책을 읽어보고 난 뒤에나 죽든지 말든지 알아서 하세요."라고 말했다. ["'살자 판사' 문형배, 강하게 尹 탄핵 의견낼 것" 이런 장담 왜, 《중앙일보》 2024년 12월 30일]

독서를 즐기는 문형배는 피고인에게 맞춤형 책을 선물하곤 했다. 공무집행방해로 기소된 20대 청년에게 류시화 시인의 《사랑하라, 한 번도 상처받지 않은 것처럼》을, 환각물질 흡입으로 재판을 받는 20대 청년에게는 《마시멜로 이야기》를 선사했다. 문형배의 블로그, '착한 사람들을 위한 법 이야기'는 누적 방문꺄 수 200만 명을 넘어섰다. 법률가는 대중과 함께해야 한다는 취지로 소통해 왔다.

"법관들이 언제부터 권력의 눈치를 보지 않고 자유롭게 재판할 수 있게 되었습니까. 1970년대나 80년대에는 검사가 건네주는 쪽지를 보고 독재정권 입맛에 맞게 그대로 판결하는 법원이었습니다. 고

작해야 1990년대에 민주주의를 위하여 자기 한 몸 바쳐온 수없이 많은 사람 덕분에 이렇게 달라졌습니다."

《경남도민일보》 김훤주 기자의 '문형배론'에 나오는 얘기다. 문형배는 강연에서 민주화운동에 대한 부채의식을 말하곤 했다.

"요즘 진보 성향 판사들이 뭔가 있는 척하며 〈타는 목마름으로〉 같은 민중가요를 목청껏 부르는데 그 사람들이 모르는 것이 있어요. 법관들은 민주주의를 위하여 한 일이 없습니다. 대부분의 법관은 동료와 선후배들이 학교와 거리와 일터에서 민주화운동을 할 때 골방에 틀어박혀 공부만 했습니다. 판사들은 고마워할 줄 알아야 합니다."

그는 진보적 법관으로 분류된다. 법원 내 대표적 진보 법관 모임인 우리법연구회 회장을 역임했다. 김명수 대법원장, 강금실 법무부 장관, 검찰총장 윤석열과 부딪혔던 이용구 법무부 차관과 한동수 대검 감찰부장도 우리법연구회 출신이다.

자신의 이념적 성향이 진보로 분류되는 것에 대해서는 동의하지 않았다. 다음은 인사청문회에서 한 발언이다.

"저는 스스로 나태와 독선에 빠지는 것을 경계하기 위해 부산판례연구회나 우리법연구회 등 학술단체에 가입한 적이 있을 뿐 결코 정치적 이념을 추구하기 위해 단체에 가입한 적은 없다는 말씀을 드립니다."

"저는 법관으로 재직하는 기간 '헌법과 법률에 의하여 그 양심에 따라 독립하여 심판하였다' 그렇게 감히 자부합니다. 오로지 증거에 의해서 사실을 인정하고 헌법과 법률이 정한 바에 따라 법리를 도출한 다음 당해 사건에 적용하였을 뿐 그 외의 것은 어떤 것도 고려하지 않았습니다. 지금까지와 마찬가지로 앞으로도 임명권자를 포함한 사회의 모든 세력으로부터 독립된 상태에서 공정한 재판을 하는 데 저의 모든 것을 바칠 각오가 되어있다는 점은 이 자리를 빌려 명확히 말씀드리고 싶습니다."

문형배는 2024년 10월 헌법재판소장 권한대행을 맡았고, 이번 윤석열 탄핵재판을 이끌었다. 이강윤 시사평론가는 "문형배 소장권한대행은 헌재의 권위와 논리 전개의 정연함을 확실하게 보여줬음. 재판관으로서는 당연한 덕목이지만서도, 중립적 진행과 증인에 대한 배려도 돋보였음. 증인에 대한 일부 변호인의 중언부언 질문을 제한하며 흐름을 잡아나가 논점 일탈을 막음"이라고 평가했다.

문형배는 4월 18일 6년 임기를 마치고 퇴임했다. 하루 전날 인하대학교 법학전문대학원에서 '법률가의 길: 혼·창·통'이라는 과목의 수업에 초청받아 특강을 진행했다. '혼'은 '왜 나는 법률가가 되려 했나'를 끊임없이 생각하는 것, '창'은 '독창적이고 적절한 것인가를 고심하는 것', '통'은 '막힌 것을 뚫고 물처럼 흐르게 하는 소통을 의미'한다고 설명했다. 혼·창·통을 갖춘 법률가가 되기 위해서는 경청의 자세와 자기 뜻을 밝히는 의사 표현이 중요하다고 강조했다.

문형배는 질의응답에서 탄핵심판에 대해 "만장일치를 이루어내기 위해 많은 노력을 했다"고 밝혔다. 그는 "미국의 민주주의가 발전하게 된 것은 성문법만 아니라 불문율에 힘입은 바도 크다"며 "그 불문율이 관용과 자제"라고 했다. 그는 "탄핵소추가 야당의 권한이다. 문제없다. 이렇게 얘기한다면 비상계엄은 대통령의 권한 아니냐고 하는데, 그렇게는 답을 찾을 수 없다. 관용과 자제를 뛰어넘었느냐 아니냐, 현재까지 탄핵소추는 그걸 넘지 않았고 비상계엄은 그걸 넘었다는 게 헌법재판소의 판단"이라고 답했다.

그는 탄핵심판을 내리기까지 오랜 시간이 걸린 이유도 밝혔다. "야당에 적용되는 권리가 여당에도 적용돼야 하고, 여당에 인정되는 절제가 야당에도 인정돼야 그것이 통합이다. 나에게 적용되는 원칙과 너에게 적용되는 원칙이 다르면 어떻게 통합이 되겠는가. 그 통합을 우리가 좀 고수해보자. 그게 탄핵선고문의 제목이다. 그래서 시간이 오래 걸렸던 것"이라고 설명했다.

문형배는 "헌재 결정에 대한 학술적 비판은 당연히 허용돼야겠지만 대인논증(對人論證) 같은 비난은 지양돼야 한다"고 밝혔다. 탄핵심판 과정에서 여야 모두가 제기한 재판관 성향 등에 대한 비난이 옳지 않다는 것이다.

② 이미선 재판관 - 윤석열 탄핵 사건 수명 재판관

이미선 재판관(1970, 강원도 화천)은 이발사의 딸로 태어났다. 1983년 화천여중 시절, 담임 선생님이 아버지와 진로상담을 했다. 담임은 공부를 잘해서 1등을 놓치지 않는 이미선의 장래를 위해 대처로 나갈 것을 조언했다. 유학을 보낼 정도로 살림이 넉넉하지 않았다. 외가가 있는 부산으로 가서 대학교까지 마치고 사법시험에 합격했다.

1997년 서울지법에서 판사 생활을 시작한 이미선 재판관은 서울지법 북부지원, 청주지법, 수원지법, 대전고법을 거쳐, 2019년 4월 문재인 대통령이 임명해 역대 최연소 헌법재판관으로 부임했다. 여성으로서는 다섯 번째 헌법재판관이다.

2010년 대법원 재판연구관을 지낸 이미선은 통상임금 사건 등에 대한 연구를 수행해 노동사건 전문가로 평가받는다. 이미선은 노동법 전문가로서 사회적 약자를 보호하는 데 힘썼다. 탄핵 사건에서는 사건의 쟁점 등을 정리하는 수명재판관을 맡았다. 그래서인지 날카로운 질문이 많았다.

이미선은 퇴임하면서 "헌법재판관으로 근무하면서 마음속에 무거운 저울이 하나 있다는 생각을 했다. 사건마다 저울의 균형추를 제대로 맞추고 있는지 고민했고, 때로는 그 저울이 놓인 곳이 기울어져 있는 것은 아닌지 근심하기도 했다. 그 저울의 무게로 마음이 짓눌려 힘든 날도 있었지만, 어느 한쪽에 치우치지 않도록 경계하면서 국민의 기본권을 보장하고 헌법 질서를 수호하는 헌법재판의 기능이 구현될 수 있도록 노력했다"고 자부했다. 이번 탄핵심판과 관련 "주권자인 국민의 명령이고 자유민주국가가 존립하기 위한 전제"라며 "국가기관은 헌법을 준수해야 한다"고 강조했다.

> "국가기관이 헌법을 준수하지 않고 무시할 때 우리 사회를 지탱하는 질서가 흔들릴 수 있습니다. 헌법의 규범력이 훼손되지 않도록 우리 헌법재판소가 그동안 해왔던 것처럼 국민의 기본권 보호와 헌법 질서의 수호·유지에 전력을 다해주시길 부탁드립니다."

문형배와 이미선은 임기 동안 기본권의 보장을 강화했다. 백남기

농민을 사망에 이르게 했던 경찰의 직사 살수가 국민의 생명권과 집회의 자유를 침해했다며 재판관 8대 1 의견으로 '위헌' 결정(2020년 4월)을 내렸다. 죽은 사람이 산 사람을 살게 한 판결이다(37장 두 번째 대첩, 남태령 참조). 박근혜 정권의 문화예술계 블랙리스트에 대해서는 재판관 전원일치 의견으로 위헌 결정(2020년 12월)을 했다.

③ 김형두 재판관

김형두 재판관(1965, 전북 정읍)은 핵심 요직을 두루 거친 전형적인 엘리트 법관이다. 판사 시절 해외연수 대상으로 두 번이나 선발되어 도쿄대학과 컬럼비아대학에서 객원 연구원으로 연구했다. 서울중앙지방법원의 요직인 영장전담판사, 형사합의부 부장판사를 거쳐, 서울동부지방법원 부장판사로 일했다. 특허법원과 서울고등법원 부장판사를 거쳐 2015년 사법정책연구원 수석연구위원을 맡았다. 2021년 법원장급인 법원행정처 차장에 임명되었다. 2023년 김명수 대법원장의 지명으로 헌법재판관이 되었다.

2009년, 서울중앙지방법원 부장판사 재직 시절, 서울시장 선거를 앞두고 있던 한명숙 전 국무총리가 뇌물수수 혐의로 기소된 사건을 맡았다. 1심 부장판사로서 집중적인 심리를 통해 3개월 반 만에 재판을 매듭지었다. 공판 중심주의자인 그는 거의 매일 검찰과 변호인의 대립 상황을 중재하며 밤늦게 퇴근했다.

집중심리의 결과 한명숙 전 총리가 무죄선고를 받아 지방선거에 출마할 수 있었다. 이 재판을 계기로 해서 규정에는 있지만 실무에서는 구현하기 어렵다는 집중심리주의, 공판중심주의가 확립되었다. 윤석열 탄핵 사건의 주심을 맡은 정형식 재판관은 항소심에서 한명숙 전 총리에게 유죄를 선고했다. 그런데 둘은 윤석열 탄핵에 대해 같은 결론을 냈다.

2023년 3월 김형두는 국회 인사청문회에서 가정사를 공개했다. 그는 둘째 아들이 자폐성 장애 1급 진단을 받은 자폐아라고 밝혔다.

"유난히도 잘 생기고 순한 아이였던 둘째가 자폐 진단을 받고 나서 우리 가족의 생활은 송두리째 바뀌었다. 저희 부부는 자고 싶을 때 마음대로 잘 수 없고, 쉬고 싶을 때 편히 쉴 수가 없으며, 둘째랑 같이 외출을 하면 다른 사람들로부터 특별한 시선을 받아야 하는 고단한 처지가 됐다. 제 처는 천직으로 생각하던 교사직을 포기하고 둘째 뒷바라지에 전념해야 했고, 첫째는 둘째와 같은 초등학교를 다니면서 자폐아의 형이라는 시선을 감내해야 했다. 지금도 제 처와 저의 몸에는 둘째로부터 꼬집히거나 물려서 생긴 상처, 그리고 흉터가 남아있다. 우리 둘째는 가족들에게 다른 누구보다도 더 많은 사랑을 받으며 살고 있다고 생각한다.

온종일 둘째를 돌봐야 하는 힘겹고 고단한 생활은 지금도 계속되고 있지만, 이러한 힘겨운 삶의 경험들은 저에게 세상에는 나 자신도 어찌할 수 없는 일들이 많이 있고, 주변에 우리 가족보다 더 어려운 처지에 있는 사람들이 많이 있으며, 내 처지가 좀 어렵더라도 더 어려운 사람들을 도와가면서 살아야 한다는 생각을 갖게 했다."

그는 이러한 경험을 통해 세상을 좀 더 폭넓고 깊이 있게 이해하게 됐고, 법관으로서의 자세나 시각에도 긍정적인 영향을 얻었다고 했다. 양길승 녹색병원 이사장이 "세상에는 두 부류의 사람이 있다. 장애인과 함께 살아 본 사람과 그렇지 않은 사람이 있다"고 했는데 아마도 김형두 재판관은 장애인과 살아보면서 포용적인 철학을 형성했던 것으로 보인다.

김형두는 청문회에서 각오도 밝혔다.

"헌법재판소는 헌법 가치를 수호하고 진정한 사회 통합을 이뤄내기 위한 중추적 역할을 요청받고 있다. 만약 제게 헌법재판관으로 일할 기회가 주어진다면 헌법의 이념이 어떠한 형태로 구체화되어야 하는지를 항상 고민하겠다. 이를 통해 다수결의 원칙이 지배하는 민주주의 사회에서 소수자, 약자의 인권을 보호하고 실질적 평등의 원칙을 실현하는 한편 헌법 질서가 존중되는 사회를 이뤄나가는 데 혼신의 힘을 다하겠다."

이강윤 시사평론가는 김형두 재판관이 '단연 시선 강탈자이자 헌법재판소 재판정의 스타'였다고 평가했다.

"김형두 재판관의 정중하고 겸손한 태도, 조곤조곤 그러나 의표를 찌르는 신문은 권위와 팩트의 중요함을 동시에 각인시킴. 재판관 중 증인신문 횟수가 11회로 가장 많았음. 심리 때마다 서류 뭉치를 잔뜩 들고나와 색깔 별 포스트잇으로 체크해 놓은 부분을 들추며 의표를 찌르는 질문을 해 증인들과 윤석열 측 대리인단을 쩔쩔매게 하곤 했음."

4월 4일 문형배는 주문을 읽고 헌법재판소 법정을 나가면서 김형두의 등을 토닥거렸다. 김형두는 문형배가 퇴임한 후 헌법재판소장 권한대행을 맡았다.

④ 정형식 재판관 - 윤석열 탄핵 사건 주심

정형식 재판관(1961. 강원도 양구군)은 탄핵심판의 주심을 맡았다. 주심은 안건과 쟁점을 정리해 재판관 회의에 제시하는 업무를 맡는다.

보수 성향으로 윤석열 대통령이 지명했다. 대통령실은 "지녀야 할 자질과 덕목, 법조계의 신망을 두루 갖추고 있어 헌법재판소 본연의 임무를 수행하는 재판관으로서 더 없는 적임자"라고 지명 이유를 밝혔다. 2023년 그가 헌법재판관이 되면서 헌법재판소의 구성이 4년 8개월 만에 보수 우위로 재편되었다. 중도 보수 5명과 진보 4명이 된 것으로 법조계는 분석했다.

인사청문회에서 정형식은 "대통령의 잘못된 결단에 대해서도 헌법의 원칙과 법률에 근거해 다른 의견을 낼 수 있다"고 소신을 피력했다. 청문보고서는 "소신있는 태도를 보이고 있고, 최근의 탄핵소추 사건들에 대해서도 입법부 권한을 존중하는 등 신중한 태도를 견지하고 있다"고 평가했다. 민주당은 부적격 의견을 냈다. 그는 취임하면서 "사안을 판단함에 있어 우리 시대가 추구해야 할 이상을 추구하되 현실과의 괴리감 없이 이상과 현실 사이에 균형점을 찾도록 노력하겠다"고 밝혔다.

서울행정법원 수석부장판사, 대전고법원장, 서울회생법원장을 지냈고 법리에 해박하다는 평을 받고 있다. 서울지방변호사회가 소속 변호사들을 상대로 한 '2015년 법관 평가'에서 우수법관으로 선정되었다.

2018년 박근혜 국정 농단 사건 2심에서 이재용 삼성전자 회장에게 징역 2년 6개월에 집행유예 4년을 선고했다. 재벌에 너그러운 판결이라는 비판을 받았다. 반면 한명숙 전 총리 정치자금법 위반 사건은 1심 무죄를 뒤집고 2년 실형을 선고했다.

이강윤 시사평론가는 "흰 눈썹. 역시 일부 변호인들의 증인에 대한 압박성 질문을 제어하며 칼같이 진행한 것은 백미(白眉)였음. 카랑카랑 말투에는 집요함과 권위주의적인 면모가 배어 있어서 보기에 불편한 분들도 있었을 것. 상대나 법정을 자신의 스타일대로 지배하려는 타입 같음. 재판에서 재판관의 권능이나 역할상 이해 안 가는 건 아닌데, 김형두 재판관과 대비됐음. 호오나 선악으로 구분할 일은 아니라고 봄… 법관은 판결로 말하니 곧 알게 될 터. 홍장원 메모의 단어 선택('검거'냐 '검거 지원'이냐)을 두고 보인 집요함은 엄정함일 수도, 그의 성향에 따른 시비성 추궁일 수도"라고 평가했다.

⑤ 정계선 재판관

정계선 재판관(1969. 충북 충주)은 서울대 의대를 다니다가 영화 한 편을 보고 인생을 바꿨다. 1987년 서울대 후생관에서 〈용감한 변호사(…And Justice for All)〉가 상영되었다. 정계선은 '정의란 무엇인가'라는 질문에 꽂혔다. 의사는 그 대답을 찾을 수가 없을 것 같았다. 1988년 서울대 법대에 재입학해 학생운동에 투신했다.

조영래 변호사의 《전태일 평전》을 읽고 조 변호사를 롤모델로 삼아 뒤늦게 사법시험 공부를 시작했다. 1995년 사법시험에 수석 합격했다. 직전에 아버지는 뇌출혈로 사망해서 딸이 법복을 입는 것을 보지 못했다. 어머니는 한복점을 하고 있었다. 대학 4년 동안 아르바이트를 해서 동생 학비를 지원했다.

정계선은 《경향신문》에 실린 사시 수석 합격자 인터뷰에서 "법조계가 너무 정치 편향적이다. 검찰의 5·18 관련자 불기소와 미지근한 6공 비자금 문제 처리 등에서 볼 수 있듯 정치적으로 해결하려고 한다. 법대로라면 전직 대통령의 불법 행위도 당연히 사법처리해야 한다"라고 소신을 밝혔다.

서울행정법원, 청주지방법원 충주지원, 의정부지방법원 고양지원 등에서 일했고, 옥스퍼드대학교에 연수를 다녀왔다. 헌법재판소에서 2년간 헌법연구관을 지냈고, 법원으로 돌아와 서울고등법원에서 형사사건을 다뤘다. 2018년 법원행정처 출신 남성 엘리트 판사가 독점해오던 형사합의27부 재판장이 되었다. 중앙지방법원 형사27부는 공직비리, 뇌물 등 부패사건을 전담하는 재판부인데 여성 최초로 부장판사를 맡게 되었다.

정계선 판사는 소신이 강하다는 평을 받는다. 정계선은 2018년 뇌물 혐의로 기소된 이명박 전 대통령에게 징역 15년에 벌금 130억 원을 선고하고 82억 7000여만 원을 추징했다. 그는 "국가원수이자 행정수반인 이명박 대통령의 행위는 직무 공정성과 청렴성 훼손에 그치지 않고 공직사회 전체에 대한 신뢰를 무너뜨리는 행위"라며 "죄질이 좋지 않다"고 양형 이유를 밝혔다. 재판 과정에서 이명박의 불출석을 놓고도 강하게 질타했다. 재판 출석은 피고인의 의무라고 강조했다.

"피고인이 자신의 재판에 출석하여 정당한 방어권을 행사하겠다는 것을 막을 수 없다. 형사소송법은 법원이 피고인을 소환할 수 있으며(68조), 출석 동행명령을 할 수 있고(79조), 피고인의 재정의무를 정하고 있다(281조 1항). 우리 형사소송법의 해석상 피고인의 재판 출석은 권리이기도 하지만 동시에 의무라고 보아야 한다. 피고인이 자기 마음대로 출석 여부를 결정한다면 재판이 뭐가 되겠나?"

헌법재판관 8인 중 유일하게 한덕수 권한대행 총리직 탄핵 '파면' 의견을 냈다. 한덕수가 국회 추천 몫 헌법재판관 후보 3인 임명을 보류한 것이 탄핵 사유에 해당한다고 보았다.

"대통령의 권한을 대행하는 국무총리로서 불필요한 논란을 최소화하고 국가적 혼란을 신속하게 수습해야 할 의무가 있음에도 불구하고 오히려 이 같은 헌법 및 법률 위반 행위로 인해 논란을 증폭시키고 혼란을 가중시켰다… 헌법재판소가 담당하는 정상적인 역할과 기능마저 제대로 작동할 수 없게 만드는 헌법적 위기상황을 초래하는 등 그 위반의 정도가 파면을 정당화할 수 있을 정도로 중대하다. 재판관 선출 관련 여야 합의 시도가 여러 차례 있었고, 후보자들이 국회 의결을 통과했음에도 권한대행이 추가적인 '여야 합의'를 요구한 것은 임명 의무를 방기해 헌법과 민주주의를 부정하는 것이다."

여야 합의를 계속해서 요구하는 것이 결국은 소수 여당인 국민의힘에 따르는 것이라고 보았다.

"소수 여당의 의도나 계획에 부합하는 일방적인 국정 운영이다. 여소야대 국회에서 소수 여당은 실질적 민주주의에서 보호하고자 하는 진정한 의미의 소수자라고 할 수 없다. 소수 여당의 뜻에 따라 국회 의결을 좌우하고자 하면 대통령을 견제하는 국회의 책무를 다할 수 없게 되고, 국민의 총의가 반영된 국회의 구성을 무시하는 결과를 초래한다."

⑥ 김복형 재판관

김복형 재판관(1968년. 경남 거제)은 조희대 대법원장이 지명했고 중도 성향으로 분류된다. 대법원 재판연구관, 수원고법 부장판사, 춘천지법 수석부장판사 등을 역임했다. 여성 법관 최초로 대법관실 소속 전속 연구관으로 일한 이력이 있다.

1995년 서울지방법원에서 판사 생활을 시작한 뒤 2002년 프랑스 파리2대학으로 2년간 연수를 다녀왔다. 서울 근무가 가장 많았지만, 울산·수원·대구·춘천 등 전국 각지 법원에서 민사·형사·행정·가사 등 다양한 재판을 두루 다뤘다. 그를 지명한 조희대 대법원장은 "30년 가까이 법관으로 재직하면서 재판 업무를 떠나지 않아 재판 실무 경험이 풍부하다"고 평가했다.

2024년 9월 10일 인사청문회에서 본인의 입장을 명확히 밝히지 않아 논란이 되었다. 대한민국 건국 시기가 언제냐는 질문에 17초의 침묵 끝에 답을 해서 질책을 받았다. 건국이냐, 정부 수립이냐는 논란에 대해서 정치적 성향을 잘 드러내지 않았다. 서면 답변에서 민주당이 추진하는 검사 탄핵, 대통령의 재의 요구권(거부권) 행사에 대한 견해를 두고도 "정치적으로 민감한 사안에 개인적 견해를 말씀드리는 건 적절하지 않다"며 구체적 답변을 피했다. 자신의 정치적 성향을 두고는 "정치적 중립성을 지키기 위해 노력해 왔다. 진보와 보수 중 어디에 가까운지 생각해 본 적이 없다"고 밝혔다. 포괄적 차별금지법과 생활동반자법 도입에 대해선 "국민적 합의를 통해 신중하게 결정해야 한다"고 답했다.

김복형은 정치와 사법의 관계에 대해서는 비교적 소신을 분명히 밝혔다. '정치적 압박에 따른 사법부 독립 훼손 우려'를 묻는 질의에 "사회 여러 세력으로부터 재판의 독립, 사법부의 독립을 지키기 위한 확고한 의지가 필요하다"고 했다. 그는 '사법의 정치화'와 관련해서도 "사법부의 독립성과 중립성을 위협하고 결국 국민의 사법 신뢰를 무너뜨리는 결과를 야기할 수 있다. 사법부와 구성원들이 정치화됐다는 의혹이 제기되지 않도록 각별한 주의가 필요하다"고 강조했다.

김복형은 취임식에서 "어떤 길이 국민의 인간으로서의 존엄과 가치, 행복을 추구할 권리와 기본권 등을 보장하고 자유민주적 기본질서와 법치주의 등 헌법적 가치를 수호하기 위한 최선인지 치열하게 고민하겠다. 세대·지역·성별·이념 등을 둘러싸고 급변하는 사회 현상을 주시하고 사회적 약자와 소수자 목소리에도 충분히 귀를 기울이겠다"며 최근에는 탄핵심판, 권한쟁의심판 등 사건이 증가하면서 정치적 갈등 해결기관의 역할도 많이 요구되는 상황이라며 정치적 중립을 유지하겠다고 말했다.

한덕수 탄핵 사건에 대해서는 완전 기각 의견을 냈다. 한덕수가 국회 추천 몫 헌법재판관의 임명을 보류한 것에 대해서 문형배, 이미선, 김형두, 정정미는 "헌법과 법률을 위반했다고 볼 수 없으며 일부 위반이 있더라도 파면을 정당화할 정도로 중대하지 않다고 판단"했다. 김복형은 한발 더 나아가 "헌법재판관 임명 부작위가 헌법과 법률을 위반이 아니다"며 탄핵 사유가 되지 않는다고 판단했다. 정계선과 대척점에 섰다. 정형식, 조한창은 권한대행의 탄핵 의결 정족수가 대통령과 같은 3분의 2라며 각하 의견을 냈다.

㉠ 정정미 재판관

정정미 재판관(1969. 부산)은 꽃가게 노점을 하는 어머니 밑에서 자랐다. 김명수 대법원장이 지명했으며, 역대 여섯 번째 여성 헌법재판관이다. 인천·서울·전주에서 판사를 한 뒤 2004년부터는 대전에서만 근무한 향판이다.

정정미는 인사청문회에서 자신의 인생사에 대해 "부산 남포동 골목에서 노점상으로 꽃장사를 시작하신 부모님은 가난했지만, 성실하고 정직하며 명예를 소중히 여기는 분들이었다. 독실한 불교신자였던 어머니는 '만인을 구하는 부처님이 되어라'고 하시며 항상 사람을 구하는 마음을 품고 살라고 가르치셨고, 이런 부모님의 마음은 법관 생활을 하는 데에 지표가 됐다"고 소개했다.

충청 지역 판사일 때 특히 사회적 논란이 되는 사건을 많이 맡아 주목받았다. 20살 남자가 19살 여자와 혼인 신고를 하고 일본 오사카에서 니코틴 주사로 살해한 사건(대전지방법원 2018고합149)의 1심 재판장을 맡아 무기징역을 선고했다. 생후 20개월 영아를 고문, 성폭행, 살해한 대전 20개월 영아 강간 살해 사건(대전고등법원 2022노

6)의 항소심 재판장을 맡아 원심(징역 30년)을 파기하고 무기징역을 선고했다. 사회적 공분을 일으킨 사건에 대해서는 단호한 판결을 내렸다.

그래서 엄정한 양형을 통해 사회정의의 실현과 헌법적 가치의 수호에 충실했다는 평가를 받았다. 그는 청문회에서 "재판을 하면서 제 판단이 맞는지, 혹시 공부가 부족해서 잘못된 것이 없는지, 기록을 꼼꼼하게 보지 않아서 놓친 것은 없는지 늘 걱정했다. 결론적으로 유죄라고 판단한 때엔 피고인이 저지른 잘못과 그 결과의 중대성에 상응하는 엄정한 양형을 하려고 노력했다. 그러나 막상 판결을 선고하고 나서도 밤에 그 사건이 거듭 떠올라 혹시 잘못 판단한 것은 아닌지 하는 번민과 마음의 괴로움을 겪었다"고 했다.

사회적 약자와 소수자 보호 의지가 강하다. 국민권익위원회 비상임위원 시절 폭넓은 시각으로 권리구제가 필요한 사건들을 적극 발굴하여 관계 기관의 협력과 제도 개선을 이끌어냈다. 그는 재판관 취임사에서도 "절차적, 실질적 민주주의가 구현되고, 소수자와 약자의 인권이 보호되는 사회, 우리 사회 구성원 모두가 서로 배려하며 살아가는 사회, 젊은이들이 미래를 꿈꾸는 정의로운 사회를 만드는 데에 힘을 보태겠다"는 의지를 밝혔다.

⑧ 조한창 재판관

조한창 재판관(1965. 경기 수원)은 국민의힘 추천으로 탄핵 정국에서 헌법재판관으로 임명되었다. 대법원 재판연구관으로 근무해 상고심 보조 경험이 있고, 사법연수원 교수로도 활동했다. 평택지원장, 서울고법부장판사, 부산고법부장판사 등을 지냈다. 여러 차례 대법관 후보로도 거명되었다.

 2024년 12월 24일 인사청문회에서 윤석열의 비상계엄 선포에 대해 "황당한 느낌을 받았다"고 밝혔다. 국민의힘 추천을 받았는데 이날 청문회에 국민의힘 의원들은 불참했다. 청문회를 사보타지해서 헌법재판소의 탄핵 사건 심리를 불능화하겠다는 전략이었다. 조한창은 청문회에서 계엄 선포 당시의 상황과 윤석열의 담화 내용이 현실과 부합하지 않았다고 말했다. 그는 윤석열의 부정선거 의혹에 대해서도 동의하지 않는다고 입장을 밝혔다. 선거관리위원회가 중립을 지키기 위해 노력하고 있는 것으로 안다고 말했다.

 두 차례의 사법 농단 사건에 연루되어 논란의 중심에 선 바 있다. 인사청문회에서 이에 대해 수차례 사과했다. 2008년 미국산 소고기 수입 반대 촛불집회 당시 신영철 서울중앙지방법원장으로부터 관련 재판들을 배당받아 연달아 유죄판결을 내렸다. 신영철의 재판 개입에 동조한 것이다.

 2015년 서울행정법원 수석부장판사 시절, 통합진보당 의원직 상실 무효 행정소송에 대해 담당 부장판사에게 각하를 검토해보라고 해 또 한 번 재판 개입 논란이 일었다. 이 사건은 양승태 대법원장 사법 농단 의혹 사건의 대표적인 예로 거론되었다. 의원직 상실 사건을 두고 헌법재판소와 대법원 간에 관할 주도권 다툼이 있었다. 양승태는 법원의 위상 강화를 노리고 이 사건을 헌법재판소보다 앞서서 다루기로 했다. 조한창은 재판 가이드라인을 법원행정처로부터 전달받고, 이를 전달하는 중간다리 역할을 했다. 민주사회를 위한 변호사모임이 성명을 내어 "헌법 질서 수호가 긴요한 시점에서 재판 개입 등에 협력한 반헌법적 이력이 있는 그가 헌법재판관이 되는 일은 없어야 한다"고 비판했다.

인사청문회에서 민병덕 민주당 의원도 문제를 제기했다. "국민의힘 추천 사유를 보면 '법 원칙을 준수하고 기본에 충실한 재판을 법원 내 전파했다'는 건데 사법 농단 사건을 보면 추천 사유가 맞는지 의심스러워진다. 깔끔하게 사과할 건 사과해야 한다"고 주문했다. 조한창은 "사법부 독립이나 사법 신뢰에 누를 끼친 사실이 있다고 보이기 때문에 그 부분에 대해서는 정중히 사과의 말씀을 드리겠습니다"고 답을 했다.

이렇게 고향도 다르고, 살아온 역정도 다르고, 생각이 다른 8명의 재판관이 모여 하나의 합의를 만들어냈다. 헌법을 지키겠다는 공통분모가 있어서 가능한 일이었겠지만 인내와 관용을 갖고 만들어낸 결과물로 보인다.

문형배는 KAIST 초청강연에서 자세한 내용을 털어놓았다.

"그런 사건은 당연히 인용론과 기각론 둘 다 쓴다. 그래서 인용론 입장에서 기각론을 비판하고, 기각론 입장에서 인용론을 비판한다. 그러면 인용론을 계속 수정한다. 기각론도 이렇게 간다. 가다 보면 공통적인 것을 갖고 이견이 해소된다. 다만 시간이 필요하다. 여름이 오기도 전에 반팔을 입는 사람이 있고, 여름이 다 지나갈 때까지 긴팔을 입는 사람이 있다. 그걸 갖고 '너는 왜 내 속도에 못 맞추냐' 이렇게 할 수 없다.

헌법이란 공통분모를 가지고 있기 때문에 저는 시간만 주어진다면 틀림없이 한 지점으로 모일 거라고 생각했고, 모였다. 왜냐? 기각론은 성립할 수 없다. 인용론만 가능하다. 군인을 동원해서 해결할 문제가 아니다. 헌법은 상식이다. 이게 우리 (재판관들의) 생각이었다. 그런데 시간이 좀 걸린 거다. 이게 다 되지 않은 상태에서 표결을 했다면 어떻게 됐을지 모른다. 표결이란 건 끝까지 해보고 정말 안될 때, 예를 들면 곧 10초 뒤에 폭파가 일어난다면 결론을 내야될 것 아닌가. 그런 상황이 아니라면 설득에는 그렇게 시간을 아낄 필요가 없다.

그리고 우리 사회에서 가장 부족한 게 저는 설득이라고 본다. 짐짓 '너와 나는 생각이 다르다'고 하는데, 며칠 계속 얘기해보면 별로 다른 것도 없다." [문형배 "탄핵 기각론은 성립불가.. 관용과 자제 말하고 싶었다", 《오마이뉴스》 2025년 5월 28일]

그는 결정문이 쉽게 쓰여진 이유에 대해서도 설명했다.

"결정문은 TF에 속한 연구관들이 초안을 써왔고, 저희들이 토론하면서 고치는 식으로 됐는데, 선고 시간이 늦어짐으로 해서 수정본이 많아졌다. 제가 알기론 인용론은 열 몇 번 수정했을 것이다. 탄핵선고가 늦어짐으로 인해서 국민들이 속이 탄 것도 사실이지만, 그 대가로 문장이 쉬워졌다. 또는 정확해졌다."

헌법재판소 결정문에 대한 찬사가 이어졌다. 한인섭 서울대 법학전문대학원 교수는 자신의 사회관계망서비스(SNS)에 "이보다 더 완벽할 수 없었다. 마디마디, 조목조목 짚었다. 헌재 재판관들의 노고에 경의 표한다"고 썼다. 한인섭 교수는 《프레시안》 인터뷰에서 "안

개와 구름이 걷히고 햇살이 비추면서 겨울에서 봄으로 순간 이동을 한 것 같았다. 온 천지에 봄의 꽃들이 한꺼번에 터진 듯 환희가 느껴졌다. 윤석열의 계엄사태가 '겨울 공화국'이었다면, 헌재의 파면 선고는 봄의 도래를 알리는 팡파르였다"라고 말했다.

대한법학교수회도 성명을 통해 "선택과 집중이 명확하게 표명됐다. 장기간의 평의와 숙고를 통해 그 결정문을 국민의 눈높이에서 이해하기 쉽고 유연한 논리로 무리함 없이 작성함으로써 모든 권력의 원천이 되는 주권자 국민을 존중한 점은 칭찬받아 마땅하다"고 말했다.

정성호 민주당 의원이 보수 성향으로 분류돼 비난을 받았던 헌법재판관들에게 사과했다. 그가 직접 헌법재판관을 지목해 비판한 적은 없었다. 당내 강경파가 원색적인 비판을 통해 압박하는 전술을 구사했었는데 그들을 대신하여 통 크게 사과했다. 페이스북에 글을 올려 "정형식, 조한창, 김복형 재판관의 용기와 결단에 깊은 존경과 감사의 마음과 함께 죄송하다는 말씀도 전한다. 111일 동안 상상할 수 없는 압박과 근거 없는 비난 속에서도 법률가로서의 양심을 굽히지 않고 헌법 수호자로서의 소명을 다해주셨다. 오늘 대한민국 헌법과 민주주의의 승리는 그분들의 신념과 결단 없이는 불가능했을 것이다"라고 강조했다.

48장   검찰 공화국의 일몰

3월 7일 법원이 내란 우두머리 윤석열을 구속 취소했다. 3월 8일 심우정 검찰총장이 즉각 항고하지 않고 석방 지시를 내렸다. 5,000만 명이 탑승한 대한민국호를 음주 운항으로 위기에 빠트렸던 윤석열이 서울구치소를 빠져나왔다. 의기양양했다. 경호차에서 내려 손을 흔들며 인사를 했다. 직장에서 갑질을 해도 피해 당사자와 분리 조치하게 하는 것이 법이다. 산에서 멧돼지가 내려와도 출동해서 격리시키거나 사살한다.

검찰 공화국의 일몰

그런데 내란 수괴를 풀어주었다. 그것도 검찰의 내란 특별수사본부와 경찰의 국가수사본부를 지휘하는 검찰총장의 결정이다. 이 황당한 상황을 보면서 시민들은 이제 검찰에 대한 마지막 실낱같은 기대마저 포기했다. 거악을 척결하다가 어느새 스스로 거악이 된 검찰이다. 모든 권력이 국민으로부터 나오는 민주공화국을 모든 권력이 검사에게서 나오는 검찰 공화국으로 만든 것이 윤석열이다. 윤석열의 쿠데타와 심우정의 결정으로 이제 '검찰 제국(帝國)'의 일몰

(임은정 검사)'은 피할 수 없게 되었다.

  검찰은 일제 유산을 안고 출발했다. 일본 제국주의가 통치의 편의를 위해서 검찰에 모든 권한을 몰아주었다. 오랜 기간의 군사정권이 끝나고 군부를 견제하기 위해서 노태우 정부 시절부터 검찰을 집중적으로 키웠다. 김영삼 정부 들어서서 5·6공 세력 견제를 위해 검찰이 동원되었다. 검찰의 힘이 너무 비대해지고, 수사가 자의적이 되고 정치에 개입하기 시작했다. 정치검사 몇몇이 준동하는 정치검찰의 시대에서 검찰이 정권의 운명을 좌지우지하는 검찰 정치의 시대가 되었다.

  검찰을 견제하고, 수사에 대한 신뢰를 회복하기 위해 김대중 정부 들어서 특별검사제가 도입되었다. 노무현 대통령은 검찰개혁에 나섰다. 정치에 물든 수뇌부를 대거 교체하고, 기수 파괴로 서열주의를 타파하려고 했다. 검사들이 반발하자 '검사와의 대화' 자리를 만들었다. 노무현의 기수 파괴를 검찰 무시로 본 검사들은 집단적으로 저항했다. 고졸 대통령에게 학번이 어떻게 되느냐는 등의 조롱과 같은 질문을 하면서 희희낙락했다. '검사스럽다'는 말이 회자됐다. 엘리트주의에 젖어 있는 한심한 모습이었다. 이 자리에 배석했던 문재인 민정수석은 "목불인견", 눈을 뜨고 볼 수가 없었다고 했다. 그들은 대통령이 퇴임하자마자 대통령을 사냥했다. 검사들의 1차 쿠데타라고 할 수 있다.

윤석열, 2012년 검난을 주도

2012년 12월 대통령 선거에서 박근혜, 문재인 후보는 대검 중수부 폐지를 공약했다. 공통 공약이 되었다. 한상대는 이명박 정부 들어서 승승장구하면서 권력과 재벌 봐주기를 했고, 2011년 8월에 검찰총장직에 올랐다. 검찰 내부에서 코너에 몰린 한상대는 2022년 11월, 이명박의 동의를 얻어 국면 돌파용으로 중수부 폐지를 전격 선언했다. 선제적 개혁조치처럼 보였다. 중수부는 검찰총장 직속 수사기관으로 총장의 하명 사건을 수사하는 곳이다. 검찰 권위와 권력의 상징물이었다.

대검 소속 검사들이 직급별로 찾아와 그의 퇴진을 압박했다. 서울중앙지검 부장들은 시한까지 못박아 최후 통첩했다. 한상대 검찰총장에 맞서 대검 중수부장이 특수통 검사들을 이끌고 승리했다. 윤석열은 당시 반군(특수부)의 대변인 역할을 했다. 대검 대변인실에 맞서 언론을 상대했다. 윤석열은 일선 검사들의 집단행동에 완급을 조정하는 역할도 도맡았다. 윤석열은 검찰 공화국을 지킨 1등 공신이자 리더로 부상했다. 검사들의 2차 쿠데타였다. 중수부는 2012년 기준, 직전 5년간 기소한 사건의 1심 무죄율이 9.6%로 일반 사건의 0.36%보다 26.7배 높았다. 대법원에서 무죄율은 24.1%였다. 결국 박근혜 정부에서 폐지되었으나 특수부 검사들의 파워는 더 강해졌다. 중수부라는 껍데기만 없어졌을 뿐이었다.

윤석열, 검찰 공화국을 완성하다

윤석열은 문재인 정부 들어서서 승승장구했다. 문재인은 윤석열에 대한 특별한 신뢰를 갖고 있었다. 2013년《한국일보》법조팀이 펴낸《민간인 사찰과 그의 주인》추천사를 썼다. "사람이 희망입니다.

캄캄한 어둠 속에서 진실을 비추는 불빛들이 있습니다. 검찰의 윤석열 같은 분들입니다"라고 할 정도였다. 문재인 정부가 적폐청산의 필요성을 느꼈고, 윤석열은 그러면 특수부를 강화해 달라고 손을 내밀었다. 윤석열은 특수부를 무기로 하여 전방위 수사를 했다. 이명박을 구속했다. 사법농단을 수사하면서 판사들을 대거 소환했다. 경제검찰인 공정거래위원회도 수사했다. 사법농단, 공정거래위 판결 결과는 신통치 않았다. 무리한 수사였다. 하지만 그러는 사이에 윤석열은 정의로운 검사의 대명사가 되었다.

윤석열은 '공정'이라는 말에 올라탔다. 조국, 추미애 두 법무부 장관을 물러나게 했다. 여론전에서 우위에 섰다. 검사들의 3차 쿠데타였다. 늘 승리했다. 이제는 정말 검찰 공화국이 되었다. 마침내 검사가 직접 나서서 대통령 선거에 뛰어들었다. 대선 캠프에는 검사 출신들이 즐비했다. 윤석열이 대한민국을 검찰 공화국에서 검찰 독재국으로 만들려고 시도한 것이 12·3 비상계엄이었다. 4차 쿠데타였다. 반국가세력과 싸우고 자유민주주의를 수호하기 위해서는 검찰 독재국이 필요하다는 망상에 빠졌고 실제 이를 이행하다가 실패했다. 20여 년에 걸쳐 네 번의 쿠데타로 완성될 뻔한 검찰 독재국이 국민의 저항으로 실패했다. 그 마지막 순간에 썩은 동아줄 같은 구명 밧줄을 건네준 것이 심우정이었다. 윤석열이 석방되어서 나오자 극우 보수 세력들은 기가 살았다. 그리고 헌법재판소의 윤석열 탄핵 기각을 압박했다.

지귀연의 산수, 단 한 사람만을 위한 적용

윤석열 내란사건을 심리하는 서울중앙지법 형사25부(부장판사 지귀연)는 3월 7일 윤 대통령에 대한 구속 취소 결정을 내렸다. 지귀연 부장판사는 검찰이 구속 기간을 잘못 계산해서 구속 기간이 끝난 후 윤석열을 기소했다며 석방해야 한다고 판결했다.

범죄 피의자의 구속 기간은 최초 10일이다. 한 번 더 연장할 수 있으나 법원이 두 차례 반려했다. 그러면 구속 기간인 10일 이내에 구속기소를 하는 공소장을 검찰이 법원에 접수해야 구속이 이어진다. 윤석열이 체포된 날은 1월 15일, 최대 구속 기간은 10일째인 1월 24일이다. 형사소송법은 영장 심사에 소요되는 시간을 더해 구속 수사를 할 수 있도록 하고 있다. 소송서류가 법원에 가 있어서 수사를 진행할 수 없는 점을 고려한 것이다.

형사소송법은 "피의자를 심문하는 경우 법원이 구속영장 청구서, 수사 관계 서류 및 증거물을 접수한 '날'부터 구속영장을 발부하여 검찰청에 반환한 '날'까지의 기간은 그 구속 기간에 이를 산입하지 아니한다"라고 규정하고 있다. 법 조문에 시간 계산을 '시간'이 아니라 '날'로 하도록 되어 있다.

윤석열 측에서는 피의자의 신체 자유가 과도하게 침해되지 않도록 하는 게 헌법 정신에 부합한다며 구속 기간을 '날'이 아닌 '시간'으로 계산해야 한다고 주장했다. 윤석열의 변호사를 맡은 이들조차도 검사 시절에 한 번도 이런 주장을 한 일이 없었을 것이다. 영장실질심사를 위해 수사 관계 서류 등이 법원에 접수된 시기는 1월 17일 오후 5시 46분경이었고, 구속영장이 발부돼 수사 관계 서류 등이 수사기관에 반환된 시기는 19일 오전 2시 53분경이었다. 이것을 날로 계산하면 17일부터 19일까지이니 3일간 구속 기간에서 제외된다. 윤석열 측은 시간으로 계산해서 33시간 7분간만 구속 기간에서 제외해야 한다고 맞섰다. 검찰이 윤석열을 기소한 시점은 1월 26일, 저녁 6시 52분이다. 윤석열 측의 시간 계산법으로는 26일 오전 9시 7분에 구속 기간이 만료된다. 이런 전례 없는 산수로 윤석열이 풀려났다.

심우정은 왜 그랬을까

특별수사본부는 지귀연의 결정에 크게 반발하고 즉시 항고하겠다는 입장을 밝혔다. 그런데 심우정이 대검 참모들과 협의하고서는 윤석열의 석방을 지휘했다. 헌법재판소가 구속집행정지, 보석 결정의 즉시 항고가 위헌이라고 판단한 취지를 존중한다는 것이다. 구속 취소에 대한 즉시항고가 위헌 소지가 있다는 것이다. 하지만 헌재는 구속 취소 시 즉시 항고가 위헌이라고 판단한 적이 없다. 일시적으로 구속 상태를 해제하는 구속집행정지 및 보석과 아예 구속 상태에서 풀어주는 구속 취소는 차원이 다른 문제이다.

  2015년 국회에서 형사소송법을 개정할 당시, 정부의 반대로 구속 취소의 즉시 항고 규정이 법조문에서 삭제되지 않았다. 당시 법무부 차관이었던 김주현 대통령실 민정수석이 이를 강하게 주장했다. 판사 출신인 차성안 서울시립대 법학전문대학원 교수는 "언제부터 검찰이 미리 위헌 소지 있다며 피고인을 위해 명문 규정 효력까지 무시해 가며 피고인의 인권과 불구속을 위해 노력했나"라고 비판했다.

심우정은 왜 그랬을까? 앞서 재판부가 구속 기간이 만료되었다고 본 그 시간에 심우정 검찰총장은 윤석열 구속 기소 여부를 두고 전국 검사장 회의를 열었다. 이 때문에 하루를 까먹었다. 특별수사본부의 의견을 받아 구속 기소를 결정하면 될 것을 쓸데없이 검사장들을 불러 하루를 소비했다. 심우정은 법원이 즉시항고를 통해 판단을 구해 볼 필요가 있다고 한 것에 대해서도 묵살했다. 3월 12일 국회 법제사법위원회에 출석한 천대엽 법원행정처장이 입장을 밝혔다. 천대엽 처장은 "(검찰의) 즉시 항고를 통해 상급심 판단을 받는 것이 필요하다고 본다"고 밝혔다.

날로 계산하지 말고 시간으로 계산해야 한다는 법원의 결정에 대검이 동의한 것이 되자 일선 검사 사이에서는 큰 혼란이 일었다. 대검이 지침을 내렸다. 지귀연의 계산 방식에 대해 다투는 항고를 하지는 않으면서 대검찰청이 전국 일선 검찰청에 구속 기간을 원래대로 '날'로 산정하라고 했다. 내란 우두머리 윤석열 1인을 위한 법원의 결정을 1회성으로 수용하는 내란동조행위를 했다는 비판을 받았다. 윤석열 '정권 수호대'로 전락한 검찰의 사법 참사였다.

꼬리 무는 반발. "오늘로써 검찰은 끝났다"

3월 13일 즉시항고 기한을 하루 앞두고 검찰청 앞에서 1인 시위를 한 박은정 조국혁신당 의원과 서지현 전 검사는 "한 때 검사였던 점에 사죄드린다"고 했다. 임은정 검사는 "이제 죽은 권력인 윤석열 대통령과 검찰의 일원으로 상복을 입고 (검찰의) 장례를 치른다는 마음이었는데 잠시 장례를 중단하고 '권순표의 뉴스 하이킥' 전화 인터뷰에 응했습니다"라고 밝혔다. "죄송한 마음으로 조문객을 맞는 마음으로 전화 인터뷰에 임했습니다. 하늘에 죄를 지으면 빌 데가 없다는데, 그래도, 빌지 않을 수 없어 많은 벗님들께 거듭 사죄드립니다"라고 거듭 말했다.

판사 출신인 박범계 민주당 의원은 '김어준의 겸손은 힘들다 뉴스공장' 인터뷰에서 "다분히 고의적"이며 일부러 실책을 유발했다고 분석했다. 윤석열 측이 새로운 산수를 들고 나올 가능성이 큰데 맞춤형 실책을 했다는 것이다. 이런 비판을 받아도 검찰이 변명하기 힘든 상황이 됐다. 김규현 변호사도 같은 방송에서 "실질적으로 검찰 지휘부가 내란 동조 세력과 같은 판단을 하고 있는 것으로 본다"고 주장했다.

검사장 출신인 양부남 민주당 의원은 '장윤선의 취재편의점'에 출연해 "그동안 사회적 약자 사건에도 법과 원칙을 외쳐 가면서 무죄여도 항고하고 별거 다 한 검찰이 윤석열 앞에서 느닷없는 인권운동가가 됐다"고 꼬집었다. 군 법무관 출신인 최강욱 전 민주당 의원은 현직 '비윤' 검사들의 반응이라며 "윤석열이 흔들어 놓은 검찰, 심우정이 뿌리째 뽑았다", "윤석열이 관을 짰고, 심우정이 관뚜껑에 못질까지 했다", "상대가 이재명, 조국이었어도 대검이 장시간 회의를 했겠느냐. (구속 취소 인용 결정) 10분 만에 반박 성명 내고 한 시간 만에 항고했을 것"이라고 전했다. 검사장 출신인 박균택 민주당 의원도 이날 유튜브 방송 '장윤선의 취재편의점'에 나와 "오늘로써 검찰은 끝났다"고 했다. ["심우정, 검찰 관뚜껑에 못질" …윤석열에만 새로운 잣대 파문, 《한겨레》]

법 기술자들의 음모

심우정은 2024년 8월 윤석열 정부의 두 번째 검찰총장이 되었다. 심우정은 2017년 윤석열이 서울중앙지검장 시절 형사1부장을 지냈다. 법무부 기조실장이던 2020년에는 추미애 당시 법무부 장관이 윤석열 검찰총장 징계에 나서자 반기를 들었다. 윤석열 편에 섰다.

정진석 대통령 비서실장과도 가깝다. 심우정의 아버지 심대평은 국회의원과 대전시장, 충남지사를 지냈다. 정진석의 아버지 정석모는 내무부 장관과 국회의원, 충남도지사를 지냈다. 2대에 걸쳐 가깝게 지냈다. 김주현 대통령실 민정수석이 검찰국장을 지낼 때 심우정이 법무부 검찰과장을 지냈다. 임은정 검사 등은 심우정의 즉시항고 포기 등 일련의 행동을 김주현과의 관계와 연관해서 분석했다.

김주현 수석은 비상계엄 직후 12월 4일 삼청동 대통령 안가에 모인 4인방 중 한 명이기도 하다. 이상민 전 행정안전부 장관, 박성재 법무부 장관, 이완규 법제처장과 함께 2차내란을 모의했다는 의혹을 받았다. 김주현이 막후기획자라는 의혹을 받고 있는 대목이다. 김용현 검찰 출석과 관련해 진실 공방도 벌이고 있다. 김용현은 "대통령께 지금 출석해도 되는지 묻자 민정수석과 협의해보라고 해 김주현 수석과 상의했다"고 검찰에 진술했지만, 김주현은 "그런 얘기를 한 적 없다"고 부인했다.

한상대 검찰동우회 회장은 2월 25일, "대통령 변호인단으로부터 대통령 석방 청원에 동참할 의사가 있는 분들을 알려달라는 요청이 왔다. 동참할 사람은 연락 달라"는 문자를 회원들에게 보냈다. 윤석열이 석방된 후 "동우회 회원님들의 도움과 협조로 대통령께서 석방됐다. 석방 청원에 동참해 준 회원들께 깊은 감사를 드린다"는 문자를 보냈다. 헌법과 법률을 수호해야 할 검찰 출신들의 동우회에서 내란 우두머리를 옹호하는 행위를 하는 것에 대한 비판이 높았다.

심우정은 '2024년도 검찰 동우 신년인사회 및 정기총회'에 법무부 장관 직무대리 자격으로 참석했다. 2023년 인천지검장 시절에도 참석했다. 심우정은 검찰동우회 문자에 대한 입장을 묻자 "퇴직자들의 모임이고 검찰과 관계가 없다"고 선을 그었다. 윤석열 내란사건을 통해 대한민국 검사 엘리트들의 민낯이 완전히 드러났다.

지귀연의 계속되는 내란 우두머리 비호

지귀연은 2024년 2월, 삼성물산과 제일모직 합병에 부당하게 관여한 '삼성그룹 경영권 불법 승계' 사건 1심에서 이재용 삼성전자 회장의 19개 혐의에 대해 모두 무죄를 선고한 바 있다. 지귀연은 내란 우두머리 윤석열 1차 재판에서 재판정 입장부터 재판 전 모습까지의 모든 과정을 비공개로 진행했다. 언론의 법정 촬영도 불허했다. 전두환부터 노태우, 박근혜 그리고 이명박까지 전직 대통령의 공판은 법정 촬영이 허용되었고 국민 모두 그 모습을 지켜볼 수 있었다. 윤석열만 예외였다.

지귀연은 인정신문에서 윤석열에게 직접 직업을 묻지 않고, "직업은 전직 대통령이고…"라고 대신 답을 해주었다. 이는 형사소송법 위반이다. 형사소송법은 "재판장은 피고인의 성명, 연령, 등록기준지, 주거와 직업을 물어서 피고인임에 틀림없음을 확인하여야 한다"고 규정하고 있다. 박근혜는 "직업이 어떻게 됩니까"라는 질문에 직접 "무직입니다"라고 대답했다. 이명박도 "무직"이라고 직업을 직접 밝혔다. 전두환, 노태우는 "없습니다"라고 답변하였다. 윤석열은 지귀연의 대신 대답에 고개를 끄덕였다. 지귀연은 윤석열에게 지하 통로로 법정에 출석하게 허가했다. 박근혜, 이명박은 호송차에서 내려 걸어서 들어갔다. 출정하는 모습이 사진에 찍혔다. 윤석열은 모두 진술을 무려 90분간이나 진행했는데 판사가 이를 제지하지 않았다. 최후진술에는 제한이 없지만 모두 진술은 대개 변호사가 하거나 간단하게 한다.

지귀연 탄핵해야

헌법 제65조 제1항은 법관에 대한 국회의 탄핵을 명문화하고 있다. 국회는 단 한 명의 법관도 탄핵한 적이 없다. 미국은 하원에서 탄핵 소추를 발의해 상원에서 심리 및 탄핵 여부를 결정하는데, 이제까지 15명의 연방 법관이 탄핵 소추되어 8명이 파면됐다. 소추 사유들을 보면 정신적 불안과 재판 중 주취 상태가 발각된 경우, 자의적이고 고압적으로 재판 지휘를 한 경우, 재판거부, 소송 당사자와 부적절한 사업상 관계를 맺은 경우, 탈세, 위증혐의와 뇌물 요구 모의 등이다. 개인 비위다.

사법 후진국으로 불리는 일본조차도 법관 탄핵법에 의거하여, 국민이 국회에 판사 탄핵 신청을 할 수 있으며, 1948년부터 2014년까지 7명의 재판관이 국회에 의해 탄핵되었다. 박은정·백선희·정춘생 조국혁신당 의원과 이성윤 민주당 의원, 시민단체 촛불 행동은 "지귀연 부장판사는 헌법과 법률에 의한 양심에 따라 독립된 판결을 해야 하는 법관의 자격을 이미 상실했다. 민심은 즉각 탄핵을 요구하고 있다"며 탄핵을 촉구했다. 외국에서는 시민들이 징계를 요청할 수 있다. 지귀연은 윤석열뿐만 아니라 내란 주요 종사 혐의로 기소된 김용현과 노상원 등의 재판도 비공개로 진행했다. 국민의 알 권리를 침해했다는 비판을 받은 지귀연은 결국 재판을 공개로 전환했다.

검찰은 법원 기피 신청을 하지 않았다. 검사들 역시 윤석열의 검찰 공화국에서 살았던 이들이다. 그들의 인간관계 역시 과거로부터 자유롭지 못하다. 내란 특검은 선택이 아닌 필수가 되었다.

검찰 수사에서는 빈 구석이 너무 많았다. 그것을 하나하나 채워 넣어야 했다. 검찰에 대한 수사는 아예 이루어지지도 않았다. 윤석열 체포 방해에 대한 수사도 해야 했다. 노상원 수첩의 진상도 규명해야 한다. 다시는 군과 검찰과 경찰이 민주주의를 파괴하는 행위에 관여할 수 없도록 하기 위해서는 모든 진상이 낱낱이 파악돼야 한다. 그래야 제대로 된 제도개선도 할 수 있다.

이재명 민주당 의원(대선 출마를 위해 대표직 사퇴)은 4월 15일 "검찰 수사권 문제에 대해 '기소하기 위해 수사해선 안 된다'는 생각을 갖고 있다. 수사와 기소는 분리해야 한다", "고위공직자범죄수사처를 대폭 강화하고 수사기관끼리 상호 견제하게 만들겠다"고 입장을 밝혔다.

이재명 의원은 '사람사는세상 노무현재단' 유튜브 채널을 통해 중계한 유시민 작가, 도올 김용옥과의 특별 대담에서 "수사기관끼리

상호 견제하고 서로 수사하게 만들어야지, 한 군데에 일을 시키면 안 된다"고 강조했다. 그는 "공수처를 대폭 강화하고 경찰 국가수사본부의 독립성과 역량을 강화해야 한다. 지금은 (공수처에) 검사가 너무 없다"고 지적했다. 민주당 검찰개혁 TF(단장 김용민)는 지난해 검찰청을 폐지하고 공소권은 공소청에, 수사권은 중대범죄수사청과 국가수사본부, 공수처에 나누는 검찰 개혁안을 내놓은 바 있다. 이재명 의원은 "공소청과 수사청을 분리한다면 철저히 분리해 견제하게 해야 한다"고도 말했다.

이에 앞서 이재명은 2월 27일 검찰개혁 방향을 두고 "검찰 일부 특수부 라인 등의 문제가 있으니 그 문제를 교정하면 되는 것"이라고 밝혔다. SBS 〈정치컨설팅 스토브리그〉에서 '집권하면 검찰을 없애는 것 아니냐'는 질문에 "검찰을 없애면 기소, 공소 유지는 누가 하겠나. 제도는 필요한데 지휘하는 사람이 문제"라며 이같이 말했다. 이재명은 "칼은 잘못이 없다. 의사의 칼이 되기도 하고 강도의 흉기가 되기도 하는 것"이라고 해 검찰 특수부 라인 일부의 문제를 바로잡으면 된다는 취지로 받아들여졌다.

이를 두고 과거 정권처럼 검찰을 이용하려는 것이 아니냐는 회의가 있었다. 착한 칼잡이를 쓰면 된다는 과거 정권의 실패 전철을 밟은 수 있다는 우려가 있었다. 유시민 작가가 이런 점을 의식한 듯 "이재명이 대통령이 되면 검찰개혁을 스톱시키고 자기 말 들을 사람을 검찰총장에 꽂고 칼 들고 와서 다 죽이는 게 아니냐는 시선이 있다"라고 질문했고 이재명 의원은 철저한 검찰개혁으로 답을 해서 논란을 불식시켰다.

마지막 검찰총장 심우정

노무현 대통령은 검찰개혁을 추진했다. 검찰의 노골적 정치보복 수사가 시작되었다. 결국 노무현을 잃게 되었다. 김대중 대통령은 "내 몸의 절반을 잃은 심정"이라고 했다. 문재인은 노무현의 실패를 두고 "모든 개혁에는 국민의 지지가 필수적이다. 특히 검찰과 같은 어려운 개혁 과제는 국민의 지지가 없으면 이루어질 수 없다"고 회고했다.

 문재인 정부는 적폐청산에 심취했다. 촛불에 가세한 다수파 연합으로 정치를 하려고 하지 않고 적폐청산을 통한 구악의 제거를 통해 지지기반을 확대하려고 했다. 그 과정에서 윤석열 등 정치검찰의 힘을 키워주었다. 검찰과 경찰의 수사권, 기소권을 분리하는 검수완박을 하고, 공수처를 신설했지만 불완전 개혁이었다. 결과적으로 되치기 당했다. 윤석열 정부의 한동훈 법무부 장관이 시행령을 개정하는 방법으로 검찰의 수사권을 되찾아갔다. 공수처는 검사가 25명 정도여서, 살아있는 권력을 수사하기엔 턱없이 약체였다. 구멍가게를 만들어 놓았다.

 이연주 변호사는 《내가 검찰을 떠난 이유》(도서출판 포르체)에서 검찰의 생리에 대해 이렇게 말했다. "검찰은 오직 자신의 이익을 위해 움직인다. 정의도, 공익도 없으며 민주주의가 경각에 걸리거나 말거나, 남의 인생이 망가지거나 말거나 오직 자신들의 전리품을 위해 움직인다." 이런 검찰에 손을 벌려서는 안 되고 철저한 개혁을 했어야 했다. 그들이 전리품을 챙길 수 없을 정도로 힘을 빼는 것이 최고의 개혁이다.

조국 전 의원은 "검찰과 손잡지 않고 검찰을 이용하지 않겠다는 이념을 가진 깨끗한 정권이어야 한다. 정권 초반에 검찰개혁을 단행해야 한다. 정권 후반이 되면 검찰은 그다음 정권에 줄을 설 것이기 때문에 정권 초반에 진보적이고 개혁 의지가 강한 인물들이 들어갈 때만 개혁은 가능하다"고 했다.

가능하면 지방선거가 있는 2025년 상반기까지 개헌을 포함한 사회개혁을 마무리해야 한다. 그것이 가능한 이유는 절대다수의 의석을 갖고 있기 때문이다. 헌법과 법률을 고치고, 그중 하나로 검찰개혁이 이루어진다면 심우정 다음의 검찰총장은 기소청장, 혹은 공소청장 등으로 불리게 될 것이다. 그렇게 되면 심우정은 아마도 검찰총장으로 불리는 마지막 검사가 될 것이다. 윤석열의 12·3 비상계엄에 이어 심우정의 3·8 즉시항고 포기로 회복할 수 없는 상황을 만들었다.

49장   국회가 묻고 답하다

국회 '윤석열 정부의 비상계엄 선포를 통한 내란 혐의 진상규명 국정조사 특별위원회'는 2024년 12월 31일 첫 회의를 시작해서 2025년 2월 28일 활동을 종료했다. 12·3 비상계엄의 진상을 밝히고, 재발 방지책을 마련한다는 목적으로 시작한 내란 국조특위는 60일간 두 번의 기관보고 및 현장조사, 다섯 번의 청문회 등을 진행했다.

  결과보고서는 3월 13일 본회의에서 야당 주도로 본회의에서 채택됐다. 재석 236명 중 찬성 151명, 반대 85명으로 가결됐다. 특위에서 여야가 합의했지만, 이날 본회의에서는 표결에 참여한 국민의힘 의원 전원이 반대표를 던졌다.

  특위는 결과보고서 채택과 함께 윤석열, 김용현을 비롯해 7명을 불출석을 이유로, 조태용 국정원장, 김성훈 대통령경호처 차장, 김현태 707특임단장은 위증혐의로 고발을 의결했다. 핵심 증인은 출석하지 않았고, 이상민 전 행정안전부 장관, 이진우 전 수도방위사령관 등은 자신의 수사나 형사재판을 이유로 증언을 거부했다.

  국조특위는 내란에 관여한 민간인들이 대통령 경호처의 비화폰을 사용했다는 사실을 밝혀냈다. 민간인 신분인 노상원 전 정보사령관에게도 비화폰을 지급했고, 김용현이 국방부 장관에서 면직 후 일

주일 동안 경호처 비화폰을 소지하고 있었다는 것도 드러났다. 국조특위는 계엄 당시 국회 단전 시도와 수방사 B1 벙커에 50여 명을 구금하려는 계획을 밝혀냈다. 소방청장은 청문회에 출석해 이상민 전 행정안전부 장관으로부터 언론사 단전·단수를 지시받았다고 증언했다.

안규백, 그날 밤 14명 체포명단 제보받아

홍장원 전 국가정보원 1차장은 다시 한번 명료하게 정치인 체포 명단에 관해 진술했다. 안규백 내란 국조특위원장은 2024년 12월 3일 밤 11시 25분 국회 담벼락을 넘는 과정에서 누군가로부터 14명의 정치인·언론인 체포명단을 제보받았다고 했다. 그가 공개한 것을 뒷받침하는 증언들이 나왔다. 김대우 전 방첩사 수사단장은 여인형 전 방첩사령관에게서 정치인 14명을 신속하게 잡아서 수도방위사령부 B1 구금시설로 이송하라는 지시를 받았다고 증언했다. 곽종근 전 특전사령관도 일관되게 흔들리지 않고 윤석열이 국회의원들을 끌어내라고 지시한 것을 증언했다. 이들의 진술은 계엄의 그날 밤을 생생하게 재현하는 데 도움이 됐다.

  2차 계엄 의혹도 확인했다. 경찰이 2024년 12월 4일 새벽 1시 30분부터 수원 선거연수원을 봉쇄했고, 해당 경력이 계엄 해제 30분 뒤인 오전 3시 30분 다른 임무를 수행하려 이동한 사실이 밝혀졌다. 또 특전사 제9공수여단 탄약수송용 트럭이 결의안 가결 후 50분이 지난 오전 1시 52분 신월~여의 지하차도를 지나고 있었던 것도 확인됐다. 권영환 합동참모본부 계엄과장이 국회 계엄해제 의결 이후 계엄을 즉시 해제해야 하는 상황을 설명하자 박안수 계엄사령관이 '일이 되게끔 하라', '일머리가 없다'라고 질책한 것도 증언을 통해서 드러났다. 권영환 계엄과장은 이를 계엄을 유지하겠다는 의도로 이해했다고 진술했다. 계엄 해제 이후 12월 4일 새벽 3시 육군본부에서 계엄상황실로 34명을 태운 버스가 출발했다. 박안수 계엄사령관은 버스의 출발 여부를 확인했다.

'윤석열 정부의 비상계엄 선포를 통한 내란 혐의 진상규명 국정조사 결과보고서'는 총 635쪽으로 되어 있다. 국조특위 구성은 민주당 10인(김병주·김승원·민병덕·민홍철·박선원·백혜련·안규백·윤건영·추미애·한병도), 국민의힘 7인(강선영·곽규택·김성원·박준태·임종득·주진우·한기호), 비교섭단체 1인(용혜인) 등 총 18명이다. 위원장은 안규백 민주당 의원이다. 국회의 결과보고서는 헌법재판소의 결정문처럼 하나의 결론을 향해 가는 것이 아니라, 진행 상황을 그대로 정리하는 형식으로 사료로서 의미가 크다. 내란 국조특위의 보고서 중에 결론에 해당하는 '종합의견'은 이 책의 마지막 장의 QR 코드를 통해 메디치미디어 홈페이지에서 확인할 수 있다.

50장   오전 11시 22분, 윤석열을 파면한다

"주문. 피청구인 대통령 윤석열을 파면한다."

헌법재판소의 이 결정을 듣기 위해 123일을 기다렸다. 12·3 쿠데타가 있은 지 123일 만에 헌법재판소가 대통령 윤석열 파면을 결정했다. 윤석열 즉각퇴진·사회대개혁 비상행동은 전국 1,732개 단체로 구성되었다. 비상행동은 2024년 12월 14일 발족하여, 시민항쟁을 이끌었다. 비상행동은 123일의 시민항쟁에 의미를 부여했다.

"12·3 쿠데타 사태 발발 123일 만에 내란수괴 윤석열이 마침내 대통령직에서 파면됐습니다. 무장한 계엄군은 시민들을 향해 총부리를 겨누었지만, 시민들은 비폭력적·평화적 방식으로 맞섰습니다. 촛불과 여러 응원봉을 든 사람들이 한데 어우러져 빛의 향연을 이루며, 민중가요와 K-팝이 함께 울려 퍼지며, 광장은 민주주의를 수호하고자 하는 시민들로 가득 찼습니다. 내란세력은 한국 민주주의의 시계를 40년 전으로 되돌리려 했지만, 시민의 힘으로 민주주의를 지켜냈습니다. 시민이 승리했습니다."

그 결과 중학생도 이해할 수 있고, 국민통합의 메시지를 담은 윤석열 파면 결정문 선고 요지가 나왔다. 한인섭 서울대 명예교수는 헌재의 선고 요지와 결정문이 전 국민의 헌법 교재로 해도 손색이 없을 정도로 "완벽하다"고 평가했다. 한인섭 교수는《프레시안》인터뷰에서 "어려운 법률 용어나 개념을 쓰지 않고 국민이 쉽게 이해할 수 있도록 명료하게 전달했다. 전 국민의 헌법 교육 시간이었다"고 의미를 부여했다.

선고 요지는 여야 갈등에 대해 통합적 시각을 제공했다. 윤석열이 그런 생각을 하게 된 동기를 이해하려고 노력하면서도, 그 해법을 민주주의 원리 안에서 찾았어야 했다고 질타했다.

> "피청구인이 국회의 권한 행사가 권력 남용이라거나 국정 마비를 초래하는 행위라고 판단한 것은 정치적으로 존중되어야 합니다. 그러나 피청구인과 국회 사이에 발생한 대립은 일방의 책임에 속한다고 보기 어렵고, 이는 민주주의 원리에 따라 해소되어야 할 정치의 문제입니다."

헌법재판관들이 내전을 종식시키기 위해 만장일치의 판결을 내렸고, 통합의 관점에서 선고 요지의 문장 하나하나를 가다듬은 노력이 잘 드러나고 있다. 한인섭 교수는 "좋은 의미의 '법'은 전쟁을 평화로 만드는 것이다. 헌법재판소가 전면적 갈등 상황을 법이라는 매개를 통해 평화적 과정으로 전환하는 결정적 모멘텀을 제공했기 때문에, 이보다 더 완벽할 수 없다"고 말했다.

결정문은 윤석열이 공을 들여 논리를 쌓은 호소형 계엄에 대해서

명쾌하게 그 논리를 허물어뜨렸다. "계엄이 야당의 전횡과 국정 위기상황을 국민에게 알리기 위한 '경고성 계엄' 또는 '호소형 계엄'이라고 주장하지만, 이는 계엄법이 정한 계엄 선포의 목적이 아닙니다" 계엄은 비상 상황에 대한 사후적인 것이지 사전적이거나 예비적인 것이 아니라는 의미이다.

결정문은 "두 시간 만에 끝나는 계엄이 어디 있느냐"는 윤석열 측의 주장에 대해서도 날카롭게 논박했다. 윤석열은 호수 위의 달그림자 같은 일이었다며 법 위반이 중대하지 않았다고 주장했다.

헌법재판소는 이에 대해 "국회가 신속하게 비상계엄 해제 요구 결의를 할 수 있었던 것은 시민들의 저항과 군경의 소극적인 임무 수행 덕분이었으므로, 이는 피청구인의 법 위반에 대한 중대성 판단에 영향을 미치지 않습니다"고 잘라 말했다. 민주사회를 위한 변호사모임의 임재성 변호사는 페이스북을 통해 "법률 문서에서 '저항'이라는 단어를 이렇게 긍정적인 문장으로 만나다니…"라고 감탄했다. 권김현영 여성현실연구소장도 페이스북에서 "'없습니다', '않습니다', '어렵습니다'라는 세 개의 부정어미를 가장 좋아하게 된 날"이라고도 했다.

선고 요지는 주문에 앞서 "민주공화국의 주권자인 대한국민의 신임을 중대하게 배반하였습니다. 결국 피청구인의 위헌·위법행위는 국민의 신임을 배반한 것으로 헌법수호의 관점에서 용납될 수 없는 중대한 법 위반행위에 해당합니다"라고 판단했다.

대한국민이라는 표현을 쓴 것에 대해 한인섭 교수는 "헌법 전문(前文)에 '유구한 역사와 전통에 빛나는 우리 대한국민'이라고 나와 있다. 제일 상위법인 헌법만 이런 전문을 갖고 있다. 그래서 결정문에 대한국민이라는 주어를 쓴 것은 굉장히 의미가 있다"고 했다. 대한민국은 민주공화국이고 그 주권자가 대한국민임을 재차 선포한 선고 요지이자 결정문이란 것이다. 재판관들이 헌법정신에 기초해서 판결하기 위해 고심했음을 보여주는 대목이다.

대한법학교수회는 성명을 내고 "헌재의 판단은 선택과 집중이 명확하게 표명됐다. 장기간의 평의와 숙고를 통해 그 결정문을 국민의 눈높이에서 이해하기 쉽고 유연한 논리로 무리함이 없이 작성함으로써 모든 권력의 원천이 되는 주권자 국민을 존중한 점은 칭찬받아 마땅하다"고 밝혔다.

국회 탄핵소추위원 법률대리인단의 이금규 변호사는 파면 결정문 제목 읽기도 제안했다. 그는 "파면을 선고한 114쪽 결정문에 헌법과 민주주의 교과서 같은 가르침이 있다"며 "다 읽기가 부담스럽다면 결정문 목차라도 써보는 운동을 했으면 좋겠다"고 했다. 결정문 '결론(83P)' 부분의 첫 소제목은 다음과 같다. '파면 결정문' 전문은 이 책의 마지막 장의 QR 코드를 통해 메디치미디어 홈페이지에서 확인할 수 있다.

  가. 대한민국은 민주공화국이다(헌법 제1조 제1항).
  나. 피청구인은 야당이 다수의석을 차지한 제22대 국회와의 대립 상황을 병력을 동원하여 타개하기 위하여 이 사건 계엄을 선포하였다.
  다. 우리 헌법은 기본적 인권의 보장, 국가권력의 헌법 및 법률 기속, 권력분립원칙, 복수정당 제도 등 국가권력이나 다수의 정치적 횡포를 바로잡아 민주주의를 보호할 자정 장치를 마련하고 있으므로, 피청구인으로서는 야당이 중심이 된 국회의 권한행사가 다수의 횡포라고 판단했더라도 헌법이 예정한 자구책을 통해 견제와 균형이 실현될 수 있도록 하였어야 한다.

라. 민주주의는 자정 장치가 정상적으로 기능하고 그에 관한 제도적 신뢰가 존재하는 한, 갈등과 긴장을 극복하고 최선의 대응책을 발견하는 데 뛰어난 적응력을 갖춘 정치체제이다.

4월 4일 오전 11시. 문형배 헌법재판소장 권한대행이 "지금부터 2024헌나8 대통령 윤석열 탄핵사건에 대한 선고를 시작하겠습니다"라며 선고 요지를 읽어나갔다. 다음은 선고 요지 전문이다.

선고 요지

지금부터 2024헌나8 대통령 윤석열 탄핵사건에 대한 선고를 시작하겠습니다. 먼저, 적법요건에 관하여 살펴보겠습니다.

① 이 사건 계엄 선포가 사법심사의 대상이 되는지에 관하여 보겠습니다. 고위공직자의 헌법 및 법률 위반으로부터 헌법 질서를 수호하고자 하는 탄핵심판의 취지 등을 고려하면, 이 사건 계엄 선포가 고도의 정치적 결단을 요하는 행위라 하더라도 그 헌법 및 법률 위반 여부를 심사할 수 있습니다.

② 국회 법사위의 조사 없이 이 사건 탄핵소추안을 의결한 점에 대하여 보겠습니다.

헌법은 국회의 소추 절차를 입법에 맡기고 있고, 국회법은 법사위 조사 여부를 국회의 재량으로 규정하고 있습니다. 따라서 법사위의 조사가 없었다고 하여 탄핵소추 의결이 부적법하다고 볼 수 없습니다.

③ 이 사건 탄핵소추안의 의결이 일사부재의 원칙에 위반되는지 여부에 대하여 보겠습니다.

국회법은 부결된 안건을 같은 회기 중에 다시 발의할 수 없도록 규정하고 있습니다. 피청구인에 대한 1차 탄핵소추안이 제418회 정기회 회기에 투표 불성립되었지만, 이 사건 탄핵소추안은 제419회 임시회 회기 중에 발의되었으므로, 일사부재의 원칙에 위반되지 않습니다. 한편 이에 대해서는 다른 회기에도 탄핵소추안의 발의 횟수를 제한하는 입법이 필요하다는 재판관 정형식의 보충의견이 있습니다.

④ 이 사건 계엄이 단시간 안에 해제되었고, 이로 인한 피해가 발생하지 않았으므로 보호이익이 흠결되었는지 여부에 대하여 보겠습니다.

이 사건 계엄이 해제되었다고 하더라도 이 사건 계엄으로 인하여 이 사건 탄핵 사유는 이미 발생하였으므로 심판의 이익이 부정된다고 볼 수 없습니다.

⑤ 소추의결서에서 내란죄 등 형법 위반 행위로 구성하였던 것을 탄핵심판청구 이후에 헌법 위반 행위로 포섭하여 주장한 점에 대하여 보겠습니다.

기본적 사실관계는 동일하게 유지하면서 적용법조문을 철회 변경하는 것은 소추사유의 철회 변경에 해당하지 않으므로, 특별한 절차를 거치지 않더라도 허용됩니다. 피청구인은 소추사유에 내란죄 관련 부분이 없었다면 의결정족수를 충족하지 못하였을 것이라고도 주장하지만, 이는 가정적 주장에 불과하며 객관적으로 뒷받침할 근거도 없습니다.

⑥ 대통령의 지위를 탈취하기 위하여 탄핵소추권을 남용하였다는 주장에 대하여 보겠습니다.

이 사건 탄핵소추안의 의결 과정이 적법하고, 피소추자의 헌법 또는 법률 위반이 일정 수준 이상 소명되었으므로, 탄핵소추권이 남용되었다고 볼 수 없습니다. 그렇다면 이 사건 탄핵심판청구는 적법합니다. 한편 증거법칙과 관련하여, 탄핵심판절차에서 형사소송법상 전문법칙을 완화하여 적용할 수 있다는 재판관 이미선, 김형두의 보충의견과 탄핵심판절차에서 앞으로는 전문법칙을 보다 엄격하게 적용할 필요가 있다는 재판관 김복형, 조한창의 보충의견이 있습니다.

다음으로 피청구인이 직무집행에 있어 헌법이나 법률을 위반하였는지, 피청구인의 법위반 행위가 피청구인을 파면할 만큼 중대한 것인지에 관하여 살펴보겠습니다. 우선 소추사유별로 살펴보겠습니다.

① 이 사건 계엄 선포에 관하여 보겠습니다.

헌법 및 계엄법에 따르면, 비상계엄 선포의 실체적 요건 중 하나는 '전시·사변 또는 이에 준하는 국가비상사태로 적과 교전 상태에 있거나 사회질서가 극도로 교란되어 행정 및 사법 기능의 수행이 현저히 곤란한 상황이 현실적으로 발생하여야 한다'는 것입니다. 피청구인은 야당이 다수의석을 차지한 국회의 이례적인 탄핵소추 추진, 일방적인 입법권 행사 및 예산 삭감 시도 등의 전횡으로 인하여 위와 같은 중대한 위기상황이 발생하였다고 주장합니다.

피청구인의 취임 후 이 사건 계엄 선포 전까지 국회는 행안부장관, 검사, 방통위 위원장, 감사원장 등에 대하여 총 22건의 탄핵소추안을 발의하였습니다. 이는 국회가 탄핵소추사유의 위헌·위법성에 대해 숙고하지 않은 채 법 위반의 의혹에만 근거하여 탄핵심판제도를 정부에 대한 정치적 압박수단으로 이용하였다는 우려를 낳았습니다. 그러나 이 사건 계엄 선포 당시에는 검사 1인 및 방통위 위원장에 대한 탄핵심판절차만이 진행 중이었습니다.

피청구인이 야당이 일방적으로 통과시켜 문제가 있다고 주장하는 법률안들은 피청구인이 재의를 요구하거나 공포를 보류하여 그 효력이 발생되지 않은 상태였습니다. 2025년도 예산안은 2024년 예산을 집행하고 있었던 이 사건 계엄 선포 당시 상황에 어떠한 영향을 미칠 수 없고, 위 예산안에 대하여 국회 예결특위의 의결이 있었을 뿐 본회의의 의결이 있었던 것도 아닙니다. 따라서 국회의 탄핵소추, 입법, 예산안 심의 등의 권한 행사가 이 사건 계엄 선포 당시 중대한 위기상황을 현실적으로 발생시켰다고 볼 수 없습니다. 국회의 권한 행사가 위법·부당하더라도, 헌법재판소의 탄핵심판, 피청구인의 법률안 재의요구 등 평상시 권력 행사 방법으로 대처할 수 있으므로, 국가긴급권의 행사를 정당화할 수 없습니다.

피청구인은 부정선거 의혹을 해소하기 위하여 이 사건 계엄을 선포하였다고도 주장합니다. 그러나 어떠한 의혹이 있다는 것만으로 중대한 위기상황이 현실적으로 발생하였다고 볼 수는 없습니다. 또한 중앙선관위는 제22대 국회의원 선거 전에 보안 취약점에 대하여 대부분 조치하였다고 발표하였으며, 사전 우편 투표함 보관장소 CCTV 영상을 24시간 공개하고 개표 과정에 수검표 제도를 도입하는 등의 대책을 마련하였다는 점에서도 피청구인의 주장은 타당하다고 볼 수 없습니다. 결국 피청구인이 주장하는 사정을 모두 고려하더라도, 피청구인의 판단을 객관적으로 정당화할 수 있을 정도의 위기상황이 이 사건 계엄 선포 당시 존재하였다고 볼 수 없습니다.

헌법과 계엄법은 비상계엄 선포의 실체적 요건으로, '병력으로써 군사상의 필요에 응하거나 공공의 안녕질서를 유지할 필요와 목적이 있을 것'을 요구하고 있습니다. 그런데 피청구인이 주장하는 국회의 권한 행사로 인한 국정마비 상태나 부정선거 의혹은 정치적 제도적 사법적 수단을 통하여 해결하여야 할 문제이지 병력을 동원하여 해결할 수 있는 것이 아닙니다.

피청구인은 이 사건 계엄이 야당의 전횡과 국정 위기상황을 국민에게 알리기 위한 '경고성 계엄' 또는 '호소형 계엄'이라고 주장하지만, 이는 계엄법이 정한 계엄 선포의 목적이 아닙니다. 또한 피청구인은 계엄 선포에 그치지 아니하고 군경을 동원하여 국회의 권한 행사를 방해하는 등의 헌법 및 법률 위반행위로 나아갔으므로, 경고성 또는 호소형 계엄이라는 피청구인의 주장을 받아들일 수 없습니다. 그렇다면 이 사건 계엄 선포는 비상계엄 선포의 실체적 요건을 위반한 것입니다.

다음으로, 이 사건 계엄 선포가 절차적 요건을 준수하였는지에 관하여 보겠습니다.

계엄의 선포 및 계엄사령관의 임명은 국무회의의 심의를 거쳐야 합니다. 피청구인이 이 사건 계엄을 선포하기 직전에 국무총리 및 9명의 국무위원에게 계엄 선포의 취지를 간략히 설명한 사실은 인정됩니다. 그러나 피청구인은 계엄사령관 등 이 사건 계엄의 구체적인 내용을 설명하지 않았고 다른 구성원들에게 의견을 진술할 기회를 부여하지 않은 점 등을 고려하면 이 사건 계엄 선포에 관한 심의가 이루어졌다고 보기도 어렵습니다. 그 외에도, 피청구인은 국무총리와 관계 국무위원이 비상계엄 선포문에 부서하지 않았음에도 이 사건 계엄을 선포하였고, 그 시행일시, 시행지역 및 계엄사령관을 공고하지 않았으며, 지체 없이 국회에 통고하지도 않았으므로, 헌법 및 계엄법이 정한 비상계엄 선포의 절차적 요건을 위반하였습니다.

② 국회에 대한 군경 투입에 관하여 보겠습니다.

피청구인은 국방부 장관에게 국회에 군대를 투입할 것을 지시하였습니다. 이에 군인들은 헬기 등을 이용하여 국회 경내로 진입하였고, 일부는 유리창을 깨고 본관 내부로 들어가기도 하였습니다. 피청구인은 육군특수전사령관 등에게 '의결정족수가 채워지지 않은 것 같으니, 문을 부수고 들어가서 안에 있는 인원들을 끄집어내라'는 등의 지시를 하였습니다. 또한 피청구인은 경찰청장에게 계엄사령관을 통하여 이 사건 포고령의 내용을 알려주고, 직접 6차례 전화를 하기도 하였습니다. 이에 경찰청장은 국회 출입을 전면 차단하도록 하였습니다. 이로 인하여 국회로 모이고 있던 국회의원 중 일부는 담장을 넘어가야 했거나 아예 들어가지 못하였습니다.

한편, 국방부 장관은 필요시 체포할 목적으로 국군방첩사령관에게 국회의장, 각 정당 대표 등 14명의 위치를 확인하라고 지시하였습니다. 피청구인은 국가정보원 1차장에게 전화하여 국군방첩사령부를 지원하라고 하였고, 국군방첩사령관은 국가정보원 1차장에게 위 사람들에 대한 위치 확인을 요청하였습니다. 이와 같이 피청구인은 군경을 투입하여 국회의원의 국회 출입을 통제하는 한편 이들을 끌어내라고 지시함으로써 국회의 권한 행사를 방해하였으므로, 국회에 계엄 해제 요구권을 부여한 헌법 조항을 위반하였고, 국회의원의 심의·표결권, 불체포특권을 침해하였습니다. 또한 각 정당의 대표 등에 대한 위치 확인 시도에 관여함으로써 정당 활동의 자유를 침해하였습니다.

피청구인은 국회의 권한 행사를 막는 등 정치적 목적으로 병력을 투입함으로써, 국가 안전보장과 국토방위를 사명으로 하여 나라를 위해 봉사하여 온 군인들이 일반 시민들과 대치하도록 만들었습니다. 이에 피청구인은 국군의 정치적 중립성을 침해하고 헌법에 따른 국군통수의무를 위반하였습니다.

③ 이 사건 포고령 발령에 관하여 보겠습니다.
피청구인은 이 사건 포고령을 통하여 국회, 지방의회, 정당의 활동을 금지함으로써 국회에 계엄 해제 요구권을 부여한 헌법 조항, 정당제도를 규정한 헌법 조항과 대의민주주의, 권력분립 원칙 등을 위반하였습니다. 비상계엄하에서 기본권을 제한하기 위한 요건을 정한 헌법 및 계엄법 조항, 영장주의를 위반하여 국민의 정치적 기본권, 단체행동권, 직업의 자유 등을 침해하였습니다.

④ 중앙선관위에 대한 압수수색에 관하여 보겠습니다.
피청구인은 국방부 장관에게 병력을 동원하여 선관위의 전산 시스템을 점검하라고 지시하였습니다. 이에 따라 중앙선관위 청사에 투입된 병력은 출입통제를 하면서 당직자들의 휴대전

화를 압수하고 전산시스템을 촬영하였습니다. 이는 선관위에 대하여 영장 없이 압수·수색을 하도록 하여 영장주의를 위반한 것이자 선관위의 독립성을 침해한 것입니다.

⑤ 법조인에 대한 위치 확인 시도에 관하여 보겠습니다.
앞서 말씀드린 바와 같이, 피청구인은 필요시 체포할 목적으로 행해진 위치 확인 시도에 관여하였는데, 그 대상에는 퇴임한 지 얼마 되지 않은 전 대법원장 및 전 대법관도 포함되어 있었습니다. 이는 현직 법관들로 하여금 언제든지 행정부에 의한 체포 대상이 될 수 있다는 압력을 받게 하므로, 사법권의 독립을 침해한 것입니다.

지금까지 살펴본 피청구인의 법 위반 행위가 피청구인을 파면할 만큼 중대한 것인지에 관하여 보겠습니다.

피청구인은 국회와의 대립 상황을 타개할 목적으로 이 사건 계엄을 선포한 후 군경을 투입시켜 국회의 헌법상 권한 행사를 방해함으로써 국민주권주의 및 민주주의를 부정하고, 병력을 투입시켜 중앙선관위를 압수·수색하도록 하는 등 헌법이 정한 통치구조를 무시하였으며, 이 사건 포고령을 발령함으로써 국민의 기본권을 광범위하게 침해하였습니다. 이러한 행위는 법치국가원리와 민주국가원리의 기본원칙들을 위반한 것으로서 그 자체로 헌법질서를 침해하고 민주공화정의 안정성에 심각한 위해를 끼쳤습니다.

한편 국회가 신속하게 비상계엄해제요구 결의를 할 수 있었던 것은 시민들의 저항과 군경의 소극적인 임무 수행 덕분이었으므로, 이는 피청구인의 법 위반에 대한 중대성 판단에 영향을 미치지 않습니다. 대통령의 권한은 어디까지나 헌법에 의하여 부여받은 것입니다. 피청구인은 가장 신중히 행사되어야 할 권한인 국가긴급권을 헌법에서 정한 한계를 벗어나 행사하여 대통령으로서의 권한 행사에 대한 불신을 초래하였습니다.

피청구인이 취임한 이래 야당이 주도하고 이례적으로 많은 탄핵소추로 인하여 여러 고위공직자의 권한행사가 탄핵심판 중 정지되었습니다. 2025년도 예산안에 관하여 헌정 사상 최초로 국회 예산결산특별위원회에서 증액 없이 감액에 대해서만 야당 단독으로 의결하였습니다. 피청구인이 수립한 주요 정책들은 야당의 반대로 시행될 수 없었고, 야당은 정부가 반대하는 법률안들을 일방적으로 통과시켜 피청구인의 재의 요구와 국회의 법률안 의결이 반복되기도 하였습니다.

그 과정에서 피청구인은 야당의 전횡으로 국정이 마비되고 국익이 현저히 저해되어 가고 있다고 인식하여 이를 어떻게든 타개하여야만 한다는 막중한 책임감을 느끼게 되었을 것으로 보입니다. 피청구인이 국회의 권한 행사가 권력 남용이라거나 국정마비를 초래하는 행위라고 판단한 것은 정치적으로 존중되어야 합니다.

그러나 피청구인과 국회 사이에 발생한 대립은 일방의 책임에 속한다고 보기 어렵고, 이는 민주주의 원리에 따라 해소되어야 할 정치의 문제입니다. 이에 관한 정치적 견해의 표명이나 공적 의사결정은 헌법상 보장되는 민주주의와 조화될 수 있는 범위에서 이루어져야 합니다.

국회는 소수의견을 존중하고 정부와의 관계에서 관용과 자제를 전제로 대화와 타협을 통하여 결론을 도출하도록 노력하였어야 합니다. 피청구인 역시 국민의 대표인 국회를 협치의 대상으로 존중하였어야 합니다.

그럼에도 불구하고 피청구인은 국회를 배제의 대상으로 삼았는데 이는 민주정치의 전제를 허무는 것으로 민주주의와 조화된다고 보기 어렵습니다. 피청구인은 국회의 권한 행사가 다수의 횡포라고 판단했더라도 헌법이 예정한 자구책을 통해 견제와 균형이 실현될 수 있도록 하였어야 합니다.

피청구인은 취임한 때로부터 약 2년 후에 치러진 국회의원 선거에서 피청구인이 국정을 주도하도록 국민을 설득할 기회가 있었습니다. 그 결과가 피청구인의 의도에 부합하지 않더라도 야당을 지지한 국민의 의사를 배제하려는 시도를 하여서는 안 되었습니다. 그럼에도 불구하고 피청구인은 헌법과 법률을 위반하여 이 사건 계엄을 선포함으로써 국가긴급권 남용의 역사를 재현하여 국민을 충격에 빠트리고, 사회·경제·정치·외교 전 분야에 혼란을 야기하였습니다.

국민 모두의 대통령으로서 자신을 지지하는 국민을 초월하여 사회공동체를 통합시켜야 할 책무를 위반하였습니다. 군경을 동원하여 국회 등 헌법기관의 권한을 훼손하고 국민의 기본적 인권을 침해함으로써 헌법 수호의 책무를 저버리고 민주공화국의 주권자인 대한국민의 신임을 중대하게 배반하였습니다. 결국 피청구인의 위헌 위법행위는 국민의 신임을 배반한 것으로 헌법수호의 관점에서 용납될 수 없는 중대한 법 위반행위에 해당합니다.

피청구인의 법 위반행위가 헌법질서에 미친 부정적 영향과 파급효과가 중대하므로, 피청구인을 파면함으로써 얻는 헌법수호의 이익이 대통령 파면에 따르는 국가적 손실을 압도할 정도로 크다고 인정됩니다. 이에 재판관 전원의 일치된 의견으로 주문을 선고합니다.

탄핵 사건이므로 선고시각을 확인하겠습니다. 지금 시각은 오전 11시 22분입니다.

"피청구인 대통령 윤석열을 파면한다."

이것으로 선고를 마칩니다.

헌법재판소 판결있고 난 후 20여 분만에 용산 대통령실 건물 정면에 설치된 봉황기가 내려갔다. 봉황기는 대통령의 존재를 의미하는 것으로 대통령이 외국 순방을 가도 항상 게양된다. 봉황기가 내려간 것은 대통령의 부재를 뜻한다.

이로써 괴물 윤석열이 저지른 123일의 내란이 끝났다. 이로 인해 국민은 감내하기 힘든 좌절과 고통을 겪었으나 놀라운 회복력을 보여주었다. 이 모든 것은 국민이 이뤄낸 승리이다. '빛의 혁명'이 있었기에 가능했다.

글을 맺으며

뜻하지 않게 계엄이라는 질곡에 빠졌다가 나오면서 이 글을 마무리하게 된다. 어떻게 하다가 이 나라가 이 지경에 빠졌을까? 수렁에서 빠져나온 놀라운 회복력의 원천은 무엇일까? 앞으로 이 나라는 과거로 회귀하지 않고 미래로 갈 수 있는 토대를 구축한 것일까? 과거와 현재, 그리고 미래에 대한 질문을 던지고 답을 얻으려고 했다.

과거에 대한 질문 - 보수는 어떻게 망하는 길로 달려왔을까?

윤석열이라는 괴물은 어떻게 탄생했을까? 어떻게 가능했을까? 1948년 정부 수립 이후 1987년 6월 항쟁까지 40년간 이 나라는 완벽한 독재국가였다. 이승만의 민간독재에서 박정희, 전두환에 이르는 군사독재까지 극우 보수가 지배했다. 1987년부터 1997년까지 노태우, 김영삼의 집권 기간은 보수가 시대의 변화에 적응했다. 노태우는 북방정책으로, 김영삼은 문민화로 시대의 흐름에 조응했다. 보수의 주도권하에 꾀한 변화이다. 그래서 보수 우파의 기득권은 흔들림이 없었다.

1997년 김대중의 집권은 반세기 만에 처음 겪은 사건이다. 이어서 노무현의 집권으로 진보 10년의 시대가 왔다. 여기에서 진보, 보수라는 분류는 한국 정치의 특성에 기반한 것이다. 유럽 정치의 분류법은 아니다. 그만큼 한국적 역사성이 있고, 국민이 그런 분류에 동의하기에 사용했다. 외교·안보·복지·노동 등에 대한 양당의 태도로 볼 때 한국적 보수, 진보 분류법은 충분히 타당성이 있다.

김대중의 집권 이후 20년이 넘는 기간 동안 보수는 의제를 상실했다. 작아졌다. 문재인, 이재명으로 넘어오는 동안 진보의 도전에 대응하기에 바빴다. 박근혜가 경제민주화와 복지국가를 표명한 것이 그 단적인 예이다. 반면 진보세력의 성장은 놀라웠다. 1990년대까지 만년 소수 야당이었던 진보가 21세기 들어서서 원내 과반의 승리를 얻는 일이 세 번이나 있었다.

2004년까지 전국동시지방선거의 기초의원, 광역의원 선거에서 진보 후보는 당선이 거의 불가능하다시피 했다. 지방 유지가 당선되는 것이 지방선거였다. 당연히 보수 후보가 지방의회를 장악했다. 정당공천제로 바뀌면서 진보 후보가 지방의회에 진출하더니 지방선거에서도 엎치락뒤치락하는 상황까지 벌어졌다.

김대중, 노무현, 문재인 세 차례의 진보 정부의 경험은 세력 관계를 바꾸었다. 1990년대 보수정당 60~70, 진보정당 30~40의 지형이 2000년대 들어서서는 50 대 50의 지형이 되었다. 때로는 한국사회의 주류가 바뀌었다고 할 정도로 정치 지형(2018년 지방선거, 2020년 총선거 연승)이 바뀌었다. 사회의 허리에 해당하는 40대, 50대는 완전히 민주당의 콘크리트 지지자가 되었다.

보수가 왜소해졌다. 과거처럼 그들이 생각하는 대로 움직이지 않았다. 지역적으로도 협소해졌다. 인구의 절반이 모여사는 수도권은 진보의 영토가 되었다. 중원도 내주다시피 했다. 보수는 동부권 정당이 되었다. 정치적으로는 소수화되고 노쇠해졌다. 기득권이 존경받는 시대가 지나갔다. 새로운 상상력으로 보수의 활력을 찾아야 하는데 그렇지 못했다.

이런 시기에 윤석열이 집권했다. 보수 기득권의 최고 정점인 검찰에서 일생을 살아왔다. 정치적 고민이나 철학이 있을 리 없다. 정치를 하라고 했더니 3년간 검사 노릇을 했다. 그래도 안 되니까 총칼을 동원했다. 보수가 망하는 지름길, 나라가 조각나는 길을 택했다. 그런데 그 주변에 보수가 아무도 견제하지 않았다. 아스팔트 우파와 극우 유튜버에 심취했다. 그 누구도 윤석열의 망조를 경고하지 않았다. 이명박의 자원외교, 박근혜의 문고리 정치에 이어 최악으로 향해 가는 동안 그들은 잠재적 동조자 역할에 머물렀다.

현재에 대한 질문 - 놀라운 회복력

민주주의 회복력은 놀라웠다. 기적에 가까웠다. 국민에게 국회는 헌법 수호의 거점이었다. 내란세력에게는 헌법을 유린하기 위한 고지였다. 계엄군이 고지를 먼저 장악하기 전에 국회의원이 먼저 거점을 확보했다. 계엄군보다 시민이 먼저 도착했다. 그리고 12월 4일 새벽 1시 1분 계엄을 진압했다. 헌법의 적을 헌법으로 물리쳤다.

이 정도의 회복력은 세계 어느 나라 역사에도, 어떤 혁명사에도 없는 일이다. 신속하고 기민했다. 그 이후 4월 4일 헌법재판소가 윤석열을 파면하기까지 노장청 남녀 모두 깃발을 들었다. 저마다의 깃발을 내걸었다. 내가 좋아하는 아이돌의 응원봉을 들었다. 그 응원봉이 모여 빛의 혁명이 되었다.

 혁명의 세대가 바뀌었다. 20·30대 청년세대, 특히 여성들이 움직였다. 그동안 사회적으로 소외되고 억압받았던 소수자들이 해방 공간에서 목소리를 내기 시작했다. 그것을 헌법 수호라는 저항의 플랫폼에서 다 받아들였다. 그것이 헌법이기 때문에 가능한 일이었다. 더 넓은 민주주의, 더 깊은 민주주의를 향한 출발이었다.

 1960년 4월혁명, 1980년 5·18민주화운동, 1987년 6월항쟁은 반독재 민주화운동이었다. 대상이 독재였고 목표가 민주주의였다. 혁명은 그 자체로 끝나지 않는다. 혁명은 성취한 영토를 뛰어넘으려는 속성을 갖고 있다. 1960년 4월혁명은 통일운동으로 발전했다. 동족상잔의 전쟁이 휴전으로 봉합된 지 7년이 채 안 되는 때였다. 남북을 하나로 묶어야겠다는 바람이 뜨거웠다.

 1980년 5·18민주화운동은 민주주의를 온 국민의 염원으로 만들었다. 전두환 독재에 대한 끈질긴 저항의 정신을 만들었다. 사랑도 명예도 이름도 남김없이 민주주의 여정에 합류하는 수많은 민주학생과 민주노동자가 태어났다. 마침내 1987년 6월 항쟁을 통해서 대통령을 내 손으로 뽑는 민주주의를 달성했다. 1987년 노동자 대투쟁으로 이어지면서 기본권 확대의 역사를 만들기 시작했다.

 2024년 12·3 빛의 혁명은 대상이 독재였던 점에서 앞의 혁명들과 같다. 이 혁명이 어디로 나아갈지는 지켜보아야 할 것 같다. 누군가가 여의도·남태령·한강진 대첩을 보면서 나중에 키세스같은 이미지만을 차용할까 걱정했다. 3대 대첩과 전국 곳곳에서 그들이 내걸었던 깃발에 담긴 함의가 실현되어야 진정한 국민주권의 시대가 열릴 것이다.

미래에 대한 질문 - 어떤 나라를 만들 것인가

새로운 나라는 헌법이 기본인 나라여야 한다. 민주주의를 복원하고 확대해야 한다. 정치·경제·사회 모든 곳에서 민주주의가 더 많이 꽃 피워야 한다. 다음 정부는 무엇보다 우리 사회의 거버넌스인 헌법을 개정해야 한다. 과거에는 헌법이 밥 먹여주냐며 헌법 개정이 만능이 아니라는 비판도 있었다. 지금은 헌법 개정에 대한 공감대가 형성되어 있다.

헌법을 개정해야 통치구조를 바꿀 수 있다. 효율성과 통합성을 함께 고민해야 한다. 여소야대가 없는 내각제를 기본으로 해서 합의형 거버넌스를 만드는 것이 바람직하다고 생각한다. 국민소환제, 군의 정치적 중립의 실질화, 정치검찰의 해체, 신뢰받는 사법개혁 등이 헌법 개정과 함께 진행되기를 바란다. 경제민주화, 사회안전망의 확대, 소수자 보호 등 수많은 요구를 새 정부는 껴안아야 한다.

새 정부는 마음만 먹으면 무엇이든 할 수 있는 권력을 갖고 있다. 200석에 가까운 여당과 그 우군이 자산이다. 개혁의 우선순위와 속도 등을 정해놓고 가면 될 일이다. 문제는 국민적 공감이다. 한 발짝 앞서가며 추진할 일을 몇 발짝 앞서서 가다가는 역공에 휘둘리기 쉽다. 과거를 청산하는 것보다 미래를 열어가는 일이 더 어렵다. 여기서 주저함이나 두려움이 있어서는 안 된다.

절대권력은 승리에 도취하고 성급함에 빠질 수 있다. 팬덤은 홍위병처럼 단일한 깃발을 걸고 오직 청산만을 요구할 수 있다. 일극화되어 있는 민주당 스스로가 내부 민주주의를 실현할 수 있어야 한다. 가장 우려스러운 것은 이 대목이다. 2000년대 이후 민주당은 급진파 혹은 텔레반의 목소리가 컸다. 이들이 민주당을 움직이는 자극제가 되기도 했지만, 많은 기간 동안 이들에게 끌려다닌 측면이 있다. 이재명은 선거 기간 동안 운동장을 넓게 쓰고, 그물을 넓게 던지려고 했다. 실용주의다. 자기 노선을 잃지 않으면서 외연을 확대해야 한다.

글을 마무리하면서 지난 4월 4일 헌법재판소의 대통령 윤석열 탄핵안 선고문을 다시 읽어보았다. 국민 통합의 관점에서 쓰였다는 이 선고문에서 특히 눈에 띄는 대목이 있었다.

"피청구인과 국회 사이에 발생한 대립은 일방의 책임에 속한다고 보기 어렵고, 이는 민주주의 원리에 따라 해소되어야 할 정치의 문제입니다. 이에 관한 정치적 견해의 표명이나 공적 의사결정은 헌법상 보장되는 민주주의와 조화될 수 있는 범위에서 이루어져야 합니다.

국회는 소수의견을 존중하고 정부와의 관계에서 관용과 자제를 전제로 대화와 타협을 통하여 결론을 도출하도록 노력하였어야 합니다. 피청구인 역시 국민의 대표인 국회를 협치의 대상으로 존중하였어야 합니다."

통합의 정치에 대한 주문이다. 민주주의 원리를 다시 확인해주고 있다. 이재명 정부가 윤석열처럼 총칼을 드는 우를 범할 리는 없다. 하지만 헌법재판소가 권한 민주주의의 원리에 충실할 수 있을지 의문이다. 국민 통합이라는 주제를 끝까지 안고 가겠다는 지금의 신념을 지킬 수 있을지도 확신을 주지 못하고 있다. 숫자의 유혹에 빠지기 쉽다.

　계엄을 보면서 국민이 느꼈던 당혹감의 하나는 계엄을 지지하고 탄핵을 반대하는 이들의 수가 의외로 많다는 것이다. 대통령 선거를 경과하면서도 보수의 결집력에 놀라는 이들이 많다. 나망국(나라가 망해도 국민의힘만 지지)의 세력이 저런 정도로 유지된다는 것은 언제든지 민주주의의 위험 요소가 될 수 있다. 보수세력 내에서 극우파가 줄어들고 개혁파가 늘어나는 것이 최선의 길일 것이다. 이재명 정부가 그들을 포용함으로써 헌법의 적들이 발붙이지 못 하게 해야 한다. 성공한 정부만이 국민을 통합하고, 헌법의 적들이 발을 붙이지 못하게 할 수 있다.

참고자료

1부

https://shindonga.donga.com/politics/article/all/13/1850192/1
https://www.sisain.co.kr/news/articleView.html?idxno=54968
https://www.joongang.co.kr/article/23497108
https://www.joongang.co.kr/article/25302020
박성진(2025), 《용산의 장군들》, 메디치미디어
https://www.joongang.co.kr/article/25304830
김진표(2024), 《대한민국은 무엇을 축적 해왔는가》, 사이드웨이
https://newstapa.org/article/_V8KK
https://h21.hani.co.kr/arti/politics/politics_general/56399.html
https://v.daum.net/v/20241228145213345
https://www.chosun.com/national/national_general/2024/12/26/Y7UO7FTARFEHDFJ4QUKRQSYGYQ/
https://www.joongang.co.kr/article/25307118
https://www.segye.com/newsView/20241211515633
https://www.sisajournal.com/news/articleView.html?idxno=215935
https://www.khan.co.kr/article/202501162100075
https://www.donga.com/news/article/all/20241204/130565233/1
https://news.jtbc.co.kr/article/NB12229331?influxDiv=NAVER
https://www.ohmynews.com/NWS_Web/View/at_pg.aspx?CNTN_CD=A0003083581

2부

https://www.hani.co.kr/arti/opinion/column/1175502.html

https://www.ohmynews.com/NWS_Web/View/at_pg.aspx?CNTN_CD=A0003083581

https://www.pressian.com/pages/articles/196868no=196868&utm_source=naver&utm_medium=search

백선엽(2016).《백선엽의 6·25 징비록 ①》, 책밭

https://www.ohmynews.com/NWS_Web/View/at_pg.aspx?CNTN_CD=A0003127816

https://weekly.chosun.com/news/articleView.html?idxno=38681

https://www.ohmynews.com/NWS_Web/View/at_pg.aspx?CNTN_CD=A0003087534

https://www.sisain.co.kr/news/articleView.html?idxno=54518

https://www.sedaily.com/NewsView/2DHZMDRZEK

https://www.hani.co.kr/arti/society/society_general/1175395.html

https://www.ohmynews.com/NWS_Web/View/at_pg_w.aspx?CNTN_CD=A0003104502&CMPT_CD=P0010&utm_source=naver&utm_medium=newsearch&utm_campaign=naver_news

김상집(2021).《윤상원 평전》, 동녘

https://www.ohmynews.com/NWS_Web/View/at_pg.aspx?CNTN_CD=A0003090005

https://www.kmib.co.kr/article/view.asp?arcid=0021173968&code=61121111&cp=nv

https://www.khan.co.kr/article/202502190600015

김병희(1982).《한경직 목사》, 규장문화사

강인철.《한국기독교와 국가 시민사회》, 한국기독교역사연구소

https://ws.or.kr/article/29634

김진호(2020).《한국전쟁과 '한경직의 종교', 그 적폐의 기원》, 녹색평론

김병희(1982).《한경직 목사》, 규장문화사

https://www.ohmynews.com/NWS_Web/Series/series_premium_pg.aspx?CNTN_

CD=A0003091708

https://h21.hani.co.kr/arti/society/society_general/56632.html

https://www.ohmynews.com/NWS_Web/View/at_pg.aspx?CNTN_CD=A0003094321

https://www.ohmynews.com/NWS_Web/View/at_pg.aspx?CNTN_CD=A0003097136

3부

https://v.daum.net/v/20250217055512676

https://www.donga.com/news/article/all/20250117/130880052/1

https://www.newsis.com/view/NISX20250409_0003133218

이연주(2020). 《내가 검찰을 떠난 이유》, 포르체

https://www.hankookilbo.com/News/Read/A2025021617320001336

https://www.sisain.co.kr/news/articleView.html?idxno=55137

http://monthly.chosun.com/client/news/viw.asp?nNewsNumb=202501100030

https://www.sisain.co.kr/news/articleView.html?idxno=55410

https://www.joongang.co.kr/article/25303733

https://www.ohmynews.com/NWS_Web/View/at_pg.aspx?CNTN_CD=A0003134944&CMPT_CD=P0010&utm_source=naver&utm_medium=newsearch&utm_campaign=naver_news

내란 국조특위의 보고서 중에 결론에 해당하는 '종합의견'과 '파면 결정문' 전문은 QR 코드를 통해 메디치미디어 홈페이지에서 확인가능합니다.

빛의 혁명
국민이 지켜낸 민주주의

초판 1쇄 2025년 6월 27일 발행
초판 2쇄 2025년 7월 14일 발행

지은이 민병두
펴낸이 김현종
기획총괄 배소라 **출판본부장** 안형태
책임편집 김수진 **편집** 최세정 진용주 황정원
디자인 조주희 김연주 **마케팅** 김예리 김인영
미디어·경영지원본부 신혜선 백범선 박윤수 이주리 문상철 신잉걸

펴낸곳 (주)메디치미디어
출판등록 2008년 8월 20일 제300-2008-76호
주소 서울특별시 중구 중림로7길 4
전화 02-735-3308 **팩스** 02-735-3309
이메일 medici@medicimedia.co.kr **홈페이지** medicimedia.co.kr
페이스북 medicimedia **인스타그램** medicimedia
유튜브 medici_media

© 민병두, 2025
ISBN 979-11-5706-447-2 (03300)

이 책에 실린 글과 이미지의 무단 전재·복제를 금합니다.
이 책 내용의 전부 또는 일부를 재사용하려면 반드시 출판사의 동의를 받아야 합니다.
파본은 구입처에서 교환해드립니다.